utb 6182

Eine Arbeitsgemeinschaft der Verlage

Brill | Schöningh – Fink · Paderborn
Brill | Vandenhoeck & Ruprecht · Göttingen – Böhlau · Wien · Köln
Verlag Barbara Budrich · Opladen · Toronto
facultas · Wien
Haupt Verlag · Bern
Verlag Julius Klinkhardt · Bad Heilbrunn
Mohr Siebeck · Tübingen
Narr Francke Attempto Verlag – expert verlag · Tübingen
Psychiatrie Verlag · Köln
Ernst Reinhardt Verlag · München
transcript Verlag · Bielefeld
Verlag Eugen Ulmer · Stuttgart
UVK Verlag · München
Waxmann · Münster · New York
wbv Publikation · Bielefeld
Wochenschau Verlag · Frankfurt am Main

Moritz Schulz · Benjamin Hofmann ·
Johannes Marx · Daniel Mayerhoffer

Methoden der Politischen Theorie

Eine anwendungsorientierte Einführung

BRILL | FINK

Die Autoren:
Moritz Schulz lehrt seit 2019 als wissenschaftlicher Mitarbeiter am Lehrstuhl für Politische Theorie an der Universität Bamberg. Zugleich promoviert er in Philosophie an der FAU Erlangen-Nürnberg. Er forscht zu Themen an der Schnittstelle von Ethik und Politischer Philosophie.

Benjamin Hofmann ist wissenschaftlicher Mitarbeiter am Lehrstuhl für Politische Theorie an der Universität Bamberg. Er hat an der Princeton University in Politischer Theorie promoviert und forscht an der Schnittstelle von Ideengeschichte und Normativer Politischer Theorie.

Johannes Marx ist Professor für Politikwissenschaft und Inhaber des Lehrstuhls für Politische Theorie an der Universität Bamberg. Seine Forschungsschwerpunkte sind Moderne Politische Theorie, Wissenschaftstheorie und Methoden der Politischen Theorie sowie der Einsatz von Computersimulationen.

Daniel Mayerhoffer analysiert als Assistant Professor am Amsterdam Institute for Social Science Research der UvA Amsterdam komplexe gesellschaftliche Phänomene u.a. mittels agentenbasierter Computersimulation. Er promovierte am Lehrstuhl für Politische Theorie in Bamberg.

Umschlagabbildung: Moritz Schulz

Bücher, Online-Angebote oder elektronische Ausgaben sind erhältlich unter **www.utb.de**

Bibliografische Information Der Deutschen Nationalbibliothek

Die Deutsche Nationalbibliothek verzeichnet diese Publikation in der Deutschen Nationalbibliografie; detaillierte bibliografische Daten sind im Internet über https://www.dnb.de abrufbar.

www.brill.com

Printed in Germany.
Herstellung: Brill Deutschland GmbH, Paderborn
Einbandgestaltung: siegel konzeption | gestaltung

UTB-Band-Nr. 6182
ISBN 978-3-8252-6182-5
eISBN 978-3-8385-6182-0

Inhaltsverzeichnis

Verzeichnis des digitalen Zusatzmaterials

Ergänzend zu den Inhalten dieses Buches gibt es an einigen Stellen online abrufbares Bonusmaterial, das Sie an dem folgenden Symbol in der Randspalte erkennen: 

Das Bonusmaterial ist unter diesem Link abrufbar: **https://www.utb.de/doi/suppl/10.36198/9783838561820**

Zu: 2. Bausteine einer Arbeit
- Ideen finden

Zu: 4. Eigene und fremde Argumente strukturiert analysieren
- Signalwörterliste
- Formalisierung von Aussagen: Wahrheitstafeln
- Darstellung und Evaluation von Argumenten in Wahrheitstafeln
- Weitere umfassend analysierte Beispielargumente
- Weitere Beispiele für Argumentationsfehler

Zu: 5. Methodische Grundlagen der Positiven Politischen Theorie
- Spiele mit mehr als zwei reinen Strategien
- Sequentielle Spiele
- Agentenbasierte Computersimulationen, Simulationssoftware und Beispielsimulationen

Zu: 8. Aus dem Kopf aufs Papier: Was macht einen guten wissenschaftlichen Text aus?
- Checkliste für schriftliche Arbeiten

1. Einleitung

„Ein philosophisches Problem hat die Form: ‚Ich kenne mich nicht aus.'"
(Wittgenstein [1953] 1984, § 123)

Wenn Sie dieses Buch aufschlagen, dann werden Sie wohl in der einen oder anderen Weise im Begriff sein, Politische Theorie zu betreiben. Das freut uns! Wenn Sie sich dabei in der Situation wähnen, die Wittgenstein beschreibt, dann ist es sehr gut, dass Sie den Weg zu diesem Buch gefunden haben: Unser Anliegen ist es, Ihnen bei eigenständigen wissenschaftlichen Arbeiten in Ihrem Studium zur Seite zu stehen – indem wir Ihnen einerseits helfen, besser einzuordnen, was Politische Theoretiker*innen machen und Ihnen andererseits grundlegende Methoden vorstellen, die Sie selbst anwenden können (und sollten).

1.1 Was finden Sie in diesem Buch?

Wahrscheinlich haben Sie zumindest eine grobe Vorstellung davon, was Sie erwartet, wenn Sie ein Lehrbuch zu Methoden der empirischen Sozialforschung aufschlagen: Irgendetwas wird dort zu quantitativen versus qualitativen Methoden stehen, Umfragen und Interviews werden vorkommen, und Probleme der Operationalisierung und Stichprobenauswahl auch. Im Falle dieses Buches ist Ihnen das vielleicht nicht so klar. Was haben wir also im Blick, wenn wir von Methoden der Politischen Theorie reden?

Hinter dieser Verunsicherung stecken vermutlich zwei Fragen: die Frage danach, was genau eigentlich Politische Theorie ist. Und die Frage danach, was jenseits bestimmter Beispiele eigentlich im Allgemeinen Methoden sind. Für Letztere schlägt Ihnen Kuno Lorenz (2004, 867) in der Enzyklopädie Philosophie und Wissenschaftstheorie folgende Definition vor:

Was sind Methoden?

> „[E]in nach Mittel und Zweck planmäßiges [...] Verfahren, das zu technischer Fertigkeit bei der Lösung theoretischer und praktischer Aufgaben führt."

Vielleicht scheint Ihnen das reichlich unspezifisch – für unsere Zwecke tut es aber bereits: In diesem Buch geht es um planmäßige Verfahrensweisen, die Sie dazu befähigen, Aufgaben der Politischen Theorie erfolgreich zu bearbeiten. Dafür müssen Sie zunächst ein grundlegendes

Aufbau des Buchs

Verständnis davon haben, worin diese Aufgaben bestehen: Diese Frage gehen die Kapitel 2 und 3 an. In Ersterem werfen wir zunächst einen Blick auf die grundlegende Frage, worin Ihre Aufgabe eigentlich allgemein besteht, wenn Sie sich daran machen, eine wissenschaftliche Arbeit zu schreiben. Davon ausgehend skizziert Kapitel 3 dann in groben Zügen, mit welchen Arten von Erkenntnisproblemen sich Politische Theoretiker*innen befassen – in Abgrenzung zur empirischen Politikwissenschaft einerseits (3.1) und innerhalb der drei Teilbereiche der Normativen (3.2) bzw. Positiven Politischen Theorie (3.3) und Ideengeschichte (3.4) andererseits.

Kapitel 4 steht an der Schnittstelle zwischen diesen Vorüberlegungen und den zentralen Methoden-Kapiteln: Hier möchten wir Ihnen zunächst einen Einblick in die für alle Spielarten von Politischer Theorie essentiellen Grundlagen der Argumentationstheorie bieten.

Die Kapitel 5 bis 7 wenden sich dann jeweils den bereits erwähnten drei Teilbereichen der Politischen Theorie zu: In Kapitel 5 beginnen wir mit der Positiven Politischen Theorie. Hier lernen Sie grundlegende Instrumente der Entscheidungs- und Spieltheorie kennen und erhalten einen Ausblick darauf, wie man diese für die Zwecke sozialwissenschaftlicher Erklärungen und in Computersimulationen einsetzen kann. Kapitel 6 widmet sich den Methoden der Normativen Politischen Theorie – also der Frage, was wir uns darunter vorstellen können, uns wissenschaftlich mit Fragen nach Gerechtigkeit und der Gestaltung unseres Gemeinwesens auseinanderzusetzen. Kapitel 7 führt sie schließlich in wichtige Argumentationsmuster ein, mittels derer wir in der Ideengeschichte Texte interpretieren und erklären.

Nach diesem Rundumschlag kehren wir in Kapitel 8 noch einmal zu einer profaneren, aber für den Erfolg Ihrer Arbeit dennoch entscheidenden Frage zurück: nämlich der, was einen guten wissenschaftlichen Text, in dem Sie solche Forschungsvorhaben darlegen, eigentlich ausmacht.

1.2 Wie können Sie dieses Buch verwenden?

Sie können dieses Buch von vorne nach hinten lesen und natürlich wünschen wir uns das. Vielleicht packt Sie die Lektüre ja so sehr, dass Sie es gar nicht mehr zur Seite legen mögen. Aber natürlich können Sie daraus auch Gewinn schöpfen, wenn es Ihnen nicht so ergeht.

Zu Beginn Ihres Studiums

Aus unserer Sicht sollten Sie sich zu Beginn Ihres Studiums einmal mit Kapitel 3 und den Kapiteln 2, 8 und 4 auseinandersetzen. Das erstere vermittelt Ihnen eine grobe gedankliche Landkarte dafür, was Politische Theorie überhaupt beinhaltet. Und von den letzteren drei Kapiteln sollten Sie nicht nur in unserem Teilgebiet, sondern ganz allgemein in Ihrem Studium profitieren. Vielleicht bieten sich diese auch begleitend zu einem Propädeutikum im wissenschaftlichen Schreiben an. (Denken Sie deshalb aber bitte nicht, dass sich die Lektüre nicht lohne, wenn Sie schon ein paar Semester dabei sind!)

Zur Begleitung von Seminaren

Die für die drei Bereiche der Politischen Theorie spezifischen Kapitel 5 bis 7 empfehlen wir Ihnen als begleitende Lektüre vor oder während eines Seminars des fraglichen Schwerpunkts. Natürlich können Sie das auch aufschieben, bis es Zeit für Ihre Hausarbeit wird. Sie sollten aber nicht unterschätzen, wie hilfreich ein wenig grundlegende methodische Orientierung auch dafür ist, nachzuvollziehen und kritisch zu beurteilen, was in Ihrer Seminarlektüre vor sich geht.

Beim Schreiben einer Arbeit

Natürlich versteht sich aber, dass Sie den Weg zu einem Methoden-Lehrbuch häufig dann finden werden, wenn die Abgabe Ihrer Hausarbeit in bedrohliche Nähe gerückt ist und sich die ersten Funken heller Panik bemerkbar machen. Selbstverständlich können Sie in dieser Situation gezielt in den für Sie relevanten Kapiteln nachschlagen, ohne das ganze Buch von hinten nach vorne durchzuarbeiten. Sofern Sie irgendwie die Zeit dafür erübrigen können, lesen Sie aber bitte zu Beginn Ihres Hausarbeitsvorhabens noch einmal Kapitel 2 und im Prozess des Schreibens oder der Endredaktion Kapitel 8.

Auch Theorie braucht Praxis!

Leider ist es so, dass die Lektüre eines Methoden-Lehrbuchs Sie nicht unmittelbar in die Lage versetzen wird, diese auch eigenständig anzuwenden – genauso wenig, wie das mit einem Lehrbuch zum Fallschirmspringen der Fall wäre. Kompetenz in ihrer Anwendung erfordert Übung. Bleiben Sie nicht beim aufmerksamen Durchlesen stehen, sondern versuchen Sie, die hier vermittelten Inhalte aktiv mit Inhalten Ihres Studiums in Verbindung zu setzen. Was erkennen Sie wo wieder? Wo können Sie die Inhalte eines Textes vielleicht mit neuen Kenntnissen kritisch bewerten? An welchen Beispielen könnten Sie denkbare Erkenntnisprobleme einmal gedanklich durchspielen? Auf welche Weise könnten Sie eine beschriebene Methode selbst einüben? Schließlich sollten Sie das Gespräch mit Ihren Dozierenden suchen. Sprechen Sie sie an, wenn Sie einmal alleine nicht weiterkommen oder mehr wissen wollen – denn dafür sind sie da!

1.3 Was predigt dieses Buch?

Nur die Wahrheit, was sonst? Scherz beiseite: Wie Ihnen bewusst sein wird, spiegeln Lehrbücher in aller Regel auch ein bestimmtes Forschungsprofil ihrer Verfasser*innen wieder, das im weit ausdifferenzierten Fachdiskurs selten alternativlos ist. Zu einem gewissen Grade verhält es sich natürlich auch mit diesem Buch so: Wir können hier notwendigerweise nur eine Auswahl dessen, was insgesamt unter dem breiten Dach der Politischen Theorie betrieben wird, berücksichtigen – teils weil wir Ihnen keine 500 Seiten zumuten möchten und teils freilich auch, weil wir uns zu manchem nicht kompetent äußern könnten. Grob gesagt orientieren wir uns in unserer Auswahl an der im weitesten Sinne analytischen Politischen Theorie, die an moderne empirische Sozialwissenschaft einerseits und die analytische Philosophie andererseits anschlussfähig sein möchte und seit etlichen Jahrzehnten im internationalen englischsprachigen Forschungsdiskurs wohl guten Gewissens als ‚Mainstream' zu bezeichnen ist.

Zugleich versprechen wir Ihnen: Unser Anliegen in diesem Buch ist es nicht, irgendeiner bestimmten Agenda Vorschub zu leisten. Wir versuchen Ihnen hier vorzustellen, was wir besten Gewissens für die beste Antwort auf die Frage halten, wie man Politische Theorie fruchtbarerweise betreiben sollte. Denn freilich ist Methodologie immer ein (epistemisch) normatives Unterfangen: Es geht ja nicht darum, alle möglichen Vorgehensweisen unterschiedslos zu katalogisieren – sondern darum, zu sagen, wie man etwas sinnvollerweise machen sollte. Wir hoffen, dass Sie von unseren Überlegungen auch dann profitieren können, falls Sie (oder Ihre Dozierenden) letztlich in der einen oder anderen Frage zu einer anderen Auffassung gelangen sollten.

Methodenausbildung im Studium

Der Umstand, der uns zum Schreiben dieses Buches bewogen hat, ist, dass die Politische Theorie, wenn sie im Rahmen politikwissenschaftlicher Studiengänge gelehrt wird, in aller Regel der einzige Teilbereich des Fachs ist (und oftmals ohnehin ein randständiger), für den keine grundlegende Methodenausbildung vorgesehen ist. Das ist sehr verständlich, insofern der Platz in einem Studiengang begrenzt ist und eine Ausbildung in den spezialisierten Methoden der empirischen Teilbereiche, die den Großteil des Fachs ausmachen, unerlässlich ist, wenn man rundum kompetente Sozialwissenschaftler*innen ausbilden will. Vielleicht liegt dieser Lücke manchmal auch die Überzeugung zugrunde, dass die Theorie eigentlich gar keine Methoden hat – dass man angestrengt nachdenken und herumreden ja ohnehin kann. Und vielleicht fühlen Politische Theoretiker*innen sich nicht immer gut gewappnet, solchen Vorurteilen zu begegnen, weil es in diesem Fach tatsächlich weniger etabliert ist, mit explizit benannten, spezifischen Methoden zu hantieren, die man aus dem Stegreif auf einen Punkt bringen könnte. Dieses Buch versucht, ein grundlegendes Bild in der Politischen Theorie praktizierter Methoden wissenschaftlichen Arbeitens zu zeichnen, von dem alle Studierenden der Politikwissenschaft profitieren können – gerade auch, weil Grundfertigkeiten wie analytische Argumentationskompetenz auch im empirischen Arbeiten keinen Schaden anrichten.

1.4 Schlussbemerkungen

1.4.1 Anmerkungen zum gendersensitiven Sprachgebrauch

Die deutsche Sprache ist stark durch das generische Maskulinum geprägt. Damit wird die männliche Genus-Form oft als geschlechtsneutrale Bezeichnung verwendet, obwohl diese auch für die Kennzeichnung von Männern steht. Es geht auch anders. Es gibt verschiedene Möglichkeiten, gendersensitive Sprache zu verwenden. Wir haben uns in diesem Buch entschieden, möglichst genderneutrale Formulierungen (wie Studierende) zu verwenden und ansonsten auf das Gendersternchen zurückzugreifen, um alle Geschlechter anzusprechen. Bei Beispielen im Text, die sich mit Einzelpersonen befassen, werden wir auf Protagonist*innen aller Geschlechter zurückgreifen. Feststehende Fachtermini (etwa *Akteur* oder *Median-Wähler-Theorem*) verbleiben in diesem Buch in ihrer in der Literatur etablierten Form. Pragmatisch bedeutet dies, dass Sie die entsprechenden Termini unmittelbar aus und in anderen (Lehr-)Büchern oder Aufsätzen wiedererkennen. Inhaltlich unterstreicht die Nicht-Anpassung zudem das Wesen dieser Termini in der Politischen Theorie: Beispielsweise kann ein Agent in einem agentenbasierten Modell als Element einer Theorie unmöglich irgendeiner realen Entität (und damit Träger*in einer Genderidentität) entsprechen oder mit ihr identifiziert werden und auch Downs' Medianwähler entspringt zentral kontrafaktischen Überlegungen und entstammt keinem menschlichen Wahlvolk. Damit ist das grammatikalische Geschlecht bei diesen Begriffen wirklich ausschließlich ein solches.

1.4.2 Autorschaft & Danksagungen

Auch wenn dieses Buch ein Gemeinschaftsprojekt ist und ein geteiltes Verständnis der Methoden der Politischen Theorie widerspiegelt, zeichnen die Mitglieder unseres Autorenteams entsprechend ihren Forschungsschwerpunkt für verschiedene Kapitel hauptsächlich verantwortlich: Benjamin Hofmann für die Kapitel 3.4 und 7; Johannes Marx für Kapitel 3.1–3.3 und zusammen mit Daniel Mayerhoffer Kapitel 5; letzterer zudem für Kapitel 4; sowie Moritz Schulz für die Kapitel 6, 2 und 8.

Für kritische Anmerkungen und Verbesserungsvorschläge danken wir: zu Kapitel 4 Simon Scheller und Bettina Gregg; zu Kapitel 5 Maximilian Noichl, abermals Simon Scheller und Bettina Gregg sowie Jan Schulz-Gebhard; zu Kapitel 6 Ufuk Özbe und Konstantin Weber; zu Kapitel 7 Patrick Harman. Als sorgfältige Korrekturlesende machten sich zudem Karolina Kohlmann, Lukas Horneber, Seoyun Hong und Theo Sauerbrey verdient. Schließlich danken wir Nadine Klassen und Sophie Stangl auf Seiten des Verlags Brill | Fink für die zuvorkommende Betreuung des Projekts.

2. Bausteine einer Arbeit

Sie wollen also eine Arbeit in Politischer Theorie schreiben. Herzlich willkommen auf der Reise! Wir erkennen ja durchaus an, dass wir da als Politische Theoretiker voreingenommen sind – wir denken aber jedenfalls, dass das ein lohnenswertes Unterfangen ist. Und wir haben sogar schon davon gehört, dass Leute dabei Spaß hatten.

Wie Sie aus der Einleitung oder einem Blick ins Inhaltsverzeichnis schon gelernt haben, beinhalten die Kapitel 5–7 dieses Buches das, was Sie wohl unmittelbar von einer Einführung in die *Methoden der Politischen Theorie* erwarten würden: Dort werden wir versuchen aufzudröseln, was man eigentlich macht, wenn man in der Positiven (Kap. 5) oder Normativen Politischen Theorie (Kap. 6) oder der Ideengeschichte (Kap. 7) Forschung betreibt. Wenn Sie am Anfang des Weges zu Ihrer Arbeit stehen (ob das nun ein Kurzessay sei oder eine Masterarbeit), ist es aber wahrscheinlich gar nicht so hilfreich, direkt dort einzusteigen. Lassen Sie uns deswegen in diesem Kapitel und dem folgenden erst einmal in aller Kürze die Szenerie beschreiben, innerhalb derer Sie irgendwelche Methoden dann später einsetzen werden. In Kapitel 3 werden wir dazu abstecken, was Politische Theorie eigentlich beinhaltet. In diesem Kapitel werden wir versuchen, erst einmal zu klären, worin eigentlich Ihre *Aufgabe* besteht. Dazu werfen wir vor allem einen Blick auf zwei zentrale Bausteine *egal welcher* Arbeit – Erkenntnisprobleme (2.2) und Argumentationsziele (2.3) – sowie deren Zusammenspiel in Ihrem Vorhaben (2.4).

Im Onlineanhang (https://www.utb.de/doi/suppl/10.36198/9783838561820) finden Sie zudem noch einige Tipps, wie Sie die Suche nach Ideen für Ihre Arbeit angehen können (2.5). Zuallererst aber lassen Sie uns kurz eine Frage aufgreifen, die man im Alltag des Studiums nur allzu leicht übersehen kann: *Wozu* schreiben Sie solche schriftlichen Arbeiten überhaupt?

2.1 Wozu eine Arbeit schreiben?

Bausteine Ihres Studiums

Eine Arbeit zu schreiben ist für Sie immer auch eine Gelegenheit, sich mit einem Thema (häufig einem Ihrer Wahl) vertieft auseinanderzusetzen, sich dazu zusätzliches Wissen anzueignen und zu für Sie neuen Erkenntnissen zu kommen. In dieser Hinsicht sind schriftliche Arbeiten nicht nur Ihnen auferlegte Pflichten, sondern immer auch *Lerngelegenheiten* für Sie, die Ihnen einen Gestaltungsspielraum in Ihrem Studium eröffnen. Vielleicht klingt das für Sie allzu romantisch, wenn Sie gerade einfach eine Hausarbeit schreiben *müssen*. Denken Sie trotzdem daran, diesen Spielraum zu nutzen! Sie studieren schließlich, weil Sie aus Ihrem Studium irgendetwas mitnehmen wollen – und die Ausgestaltung Ihrer schriftlichen Arbeiten ist genauso wie die Wahl Ihrer Lehrveranstaltungen eine Stellschraube dafür, *was* Sie daraus mitnehmen.

Prüfungsleistungen

Im Kern jedoch handelt es sich bei Hausarbeiten oder Essays um Prüfungsleistungen, die Sie in einer Lehrveranstaltung ablegen. Was genau bedeutet das?

! In einer Prüfungsleistung geht es darum, zu beurteilen, in welchem Maße Sie die *Lernziele* dieser Lehrveranstaltung erreicht haben.

Normalerweise sollte also die Art von Arbeit, die Sie für ein Seminar schreiben müssen, von Ihnen verlangen, die Fähigkeiten anzuwenden, die Sie im Zuge des Seminars erwerben sollten – sowohl inhaltlicher als auch methodischer Natur.

Gegenüber stärker strukturierten und formalisierten Prüfungsformen (wie vielleicht einer Multiple-Choice-Klausur mit feststehenden Antwortoptionen) bietet Ihnen eine schriftliche Arbeit eher so etwas wie eine Bühne, auf der Sie Ihre Fähigkeiten zeigen können. Das zu verstehen ist wichtig: Wenn Sie gute Hausarbeiten erreichen wollen, müssen Sie diese Bühne auch *nutzen*, um zu zeigen, was Sie können. Stellen Sie sich Ihre Prüfungsleistung wie eine Art Abschlussplädoyer in einem Gerichtsverfahren vor, in dem die Geschworenen (Ihre Dozierenden) entscheiden müssen, ob Sie die Lernziele des Seminars erreicht haben. Da wollen Sie natürlich, dass die Argumente und Beweise, die Sie präsentieren, ein absolut zwingendes Bild ergeben und keinen Raum für Interpretationen lassen – Sie wollen nicht, dass sich die Geschworenen am Kopf kratzen und überlegen: „Was machen wir nun daraus? Hat sie es verstanden oder nicht? Ist das jetzt so oder so auszulegen?" Sie wollen ein Plädoyer halten, das die Geschworenen in den Bann zieht und nach dem man denkt: „Ja natürlich, wie könnte man es anders sehen, es liegt ja alles klar auf dem Tisch!"

Was genau Sie in diesem Plädoyer demonstrieren sollen, hängt ein Stück weit von Ihrer jeweiligen Lehrveranstaltung ab (umso mehr natürlich, falls Ihnen eine Themenstellung vorgegeben ist). Aber auch gar nicht so sehr. Verraten Sie es nicht weiter – aber eigentlich geht es in einem Seminar über Mills *On Liberty*, einem über globale Gerechtigkeit und einem über kollektive Entscheidungsprozesse im Grunde um dieselbe Sache: Sie sollen die Fähigkeit erwerben, für unser Fach interessante und relevante Problemstellungen mit geeigneten Mitteln zu bearbeiten. Abzüglich etwas schmückenden thematischen Beiwerks läuft ein Gutteil der Lernziele Ihrer Seminare darauf hinaus. Und das ist auch keine Überraschung: Denn in einem wissenschaftlichen Studium geht es im Kern darum, Sie an die Bearbeitung wissenschaftlicher Problemstellungen heranzuführen.

Wissenschaftliche Arbeiten

Das ist der Grund, warum wir in diesem Buch von hier an kaum mehr von *Prüfungsleistungen* sprechen werden, sondern von *wissenschaftlichen Arbeiten* – als wollten Sie einfach Politische Theorie betreiben, so wie wir das als Wissenschaftler tun. Uns ist schon klar, dass Sie das vielleicht gar nicht vorhaben und dass Ihre Hausarbeit sich nicht wirklich an einen Forschungsdiskurs wendet, sondern in den meisten Fällen nur von Ihrem Schreibtisch auf den Ihrer Dozentin wandert. Das ändert aber nichts daran, dass ‚echtes' wissenschaftliches Arbeiten die Praxis ist, nach der Studienarbeiten modelliert sind – und letztlich sogar diejenige, an der Sie (wenn auch in weniger öffentlicher Weise) tatsächlich teilhaben, wenn Sie eigenständige Erkenntnisse gewinnen.

Wenn das so ist, dann ist eine wichtige Antwort auf die Frage, wozu Sie Ihre Arbeit schreiben, natürlich auch die Antwort auf die Frage: Wozu schreiben wir überhaupt *wissenschaftliche* Arbeiten?

Dazu gibt es sorgfältige Antworten, die sich über ein paar Regalmeter erstrecken. Die kurze Antwort lautet so: Wissenschaft ist eine soziale Praxis, die im Kern durch das systematische Streben nach *Erkenntnis* bestimmt ist. Einzelne Disziplinen und Diskurse tun das für bestimmte Gegenstandsbereiche und mit etwas unterschiedlichen Mitteln: In Kapitel 3 werden wir darauf zu sprechen kommen, was die Politische Theorie (etwa im Unterschied zur empirischen Politikwissenschaft) herausfinden will und in den Kapiteln 5–7 zoomen wir dann noch einmal in verschiedene Varianten der Politischen Theorie selbst hinein. Der größte Teil dieses Buches befasst sich also mit genau diesem „systematischen Streben nach Erkenntnis" – innerhalb unseres Fachs. Darüber sollten wir aber nicht den Teil mit der „sozialen Praxis" vergessen: Wissenschaft ist mindestens in ihrer gegenwärtigen Erscheinungsform ein *kooperatives* Unterfangen, in dem es uns nicht nur darum geht, Wissen in unserem eigenen Kopf anzuhäufen, sondern darum, arbeitsteilig einen gemeinsamen Erkenntnishorizont zu verschieben. Vielleicht kann man das an unserem Alltagsverständnis der Naturwissenschaften noch etwas leichter veranschaulichen: Wenn Sie sich ein Teleskop bauen und durch Ihre sorgfältigen Himmelsbeobachtungen herausfinden, dass sich die Erde um die Sonne dreht, dann mag es sein, dass *Sie* dadurch etwas sehr Wichtiges dazugelernt haben – und vielleicht fühlt es sich für Sie wie eine echte persönliche Errungenschaft an. Aber Sie haben damit *die Astronomie* nicht weitergebracht – zu deren Wissensbestand zählt das nämlich schon seit mindestens 400 Jahren. Und umgekehrt werden neue astronomische Erkenntnisse in der Regel nicht von einzelnen Forscher*innen gewonnen, sondern von großen Teams, die mit allerhand Gerätschaften hantieren und weltweit Daten austauschen. Was Theoretiker*innen und Geisteswissenschaftler*innen tun, wirkt häufig einsamer. Es ist aber im Grunde dasselbe. Denn auch wenn wir alleine an unserem Schreibtisch brüten, ist das nie der Endpunkt und wohl noch nicht einmal die Hauptsache unserer Forschungstätigkeit: Wir reden miteinander. Wir tauschen Argumente aus. Wir überzeugen einander davon, was wir zu bestimmten Fragen unseres Fachs denken sollten – und welche Fragen sich zu stellen lohnen. Genau zu diesem Zweck schreiben wir: Wissenschaftliche Arbeiten sind die Kommunikationsform, in der wir unser Streben nach neuen Erkenntnissen vollziehen und den Pool der Ressourcen, auf die wir in diesem Unterfangen zurückgreifen können, vergrößern. Warum es wichtig ist, das im Kopf zu behalten, sehen wir im nächsten Abschnitt (und dann neuerlich in Kap. 8.1).

2.2 Das Problem

2.2.1 Erkenntnisprobleme als Ausgangspunkt wissenschaftlicher Arbeiten

In Kapitel 1 hatten wir bereits eine sehr allgemeine Definition von *Methoden* eingeführt: Grob gesagt handle es sich um planmäßige Verfahren, die einen dazu befähigen, bestimmte Probleme zu lösen (Lorenz 2004, 867). Das stößt uns bereits mit der Nase auf den wichtigsten Baustein einer wissenschaftlichen Arbeit: Ihre Arbeit dient dazu, ein *Problem* zu lösen. Natürlich gibt es allerhand Arten von Problemen, die wir hier nicht meinen: Etwa jene, für die man zur Psychotherapie geht oder die Polizei ruft. In einer wissenschaftlichen Arbeit versuchen Sie, ein *wissenschaftliches* Problem zu lösen. Und das heißt, wie wir gerade schon sagten, allgemein: ein *Erkenntnisproblem.*

! *Daseinszweck* und *Zielpunkt* Ihrer Arbeit ist es, ein vor dem Hintergrund einer wissenschaftlichen Debatte interessantes und relevantes *Erkenntnisproblem* zu lösen.

Dass Sie mit Ihrer Arbeit ein Problem zu lösen versuchen, macht Ihre Arbeit *interessant* und *relevant* für Leute, die an dem Unterfangen beteiligt sind, innerhalb dessen es ein Problem darstellt: in unserem Fall also für andere Politische Theoretiker*innen im Allgemeinen oder konkreter innerhalb einer bestimmten Debatte der Forschungsliteratur. Deswegen ist ein fundamentaler Baustein Ihrer Arbeit, ein solches Problem zu finden und anderen klarzumachen, dass es sich dabei wirklich um ein Problem handelt.

Ein Erkenntnisproblem ist keine staubige Formalie – es ist das, was *Sie herausfinden wollen*. Ein nicht unwesentlicher Schritt auf dem Weg zu einer gelingenden Arbeit ist, sicherzustellen, dass das auch wirklich so ist: Das Erkenntnisproblem liefert den Grund, warum Ihre Arbeit geschrieben werden muss – und insofern liefert es auch Ihnen einen Grund, sie zu schreiben: *Sie* müssen es spannend genug finden, um die Motivation, daran zu arbeiten, aufrechtzuerhalten. Ein erster pragmatischer Test für eine gute Problemstellung ist daher: Können Sie in den Spiegel schauen und aufrichtig sagen, dass die Frage, die Sie sich ausmalen, wirklich ein Problem ist? Etwas, das Sie dazu auffordert, eine Lösung zu finden? Können Sie einer Freundin klar machen, warum es interessant ist, das herauszufinden? Und wenn Sie das tun, klingen Sie da selbst überzeugt?

Erkenntnisproblem als Motivationsquelle

Während Ihre persönliche Wahrnehmung ein guter erster Prüfstein und ausschlaggebend für Ihre Motivation ist, ist es zugleich, wie wir oben bereits sahen, nicht der letztlich entscheidende Maßstab: Eine wissenschaftliche Arbeit ist kein Tagebucheintrag, in dem Sie Ihren Leidenschaften nachspüren, sondern ein Beitrag, den Sie an einen akademischen Diskurs adressieren. Erinnern Sie sich daran, was wir vorhin über Ihre Entdeckungen zum heliozentrischen Weltbild gesagt haben.

Beitrag zu einem Forschungsdiskurs

Ein gutes Erkenntnisproblem ist nicht nur *für Sie persönlich* interessant, sondern sollte auch außenstehenden Leser*innen *vor dem Hintergrund eines bestimmten Forschungsdiskurses* interessant und relevant erscheinen.

!

Für Hausarbeiten ist es in der Regel Ihr Seminar, das diesen fraglichen Forschungshintergrund etabliert. Normalerweise wird von Ihnen in einer Hausarbeit (anders als etwa in Abschlussarbeiten) nicht erwartet, dass Sie eigenständig den gesamten (meist sehr weitläufigen) Forschungsstand aufarbeiten und Ihre Arbeit darin präzise verorten. Sie können stattdessen ungefähr auf diesen Test zurückgreifen: Stellen Sie sich eine Person vor, die in einem anderen Themengebiet akademisch vorgebildet ist, aber auch ein grundlegendes Interesse an dem Themengebiet Ihrer Arbeit hegt und wichtige Forschungsbeiträge dazu auf dem Schirm hat – vielleicht, weil sie dasselbe Seminar besucht hat wie Sie. Einer solchen Person sollte Ihre Problemstellung interessant und relevant erscheinen (mehr dazu später in 2.4.1).

2.2.2 Was ist ein Erkenntnisproblem nicht?

Probleme vs. Fragen

Wenn wir vor einem Problem stehen, können wir dieses Problem in aller Regel gut in Gestalt einer *Frage* wiedergeben, die wir beantworten müssen: Wie bekomme ich meine Heizung wieder zum Laufen? Oder eben: Was macht eine Verteilung von Gütern innerhalb einer Gesellschaft gerecht? Deshalb wurde Ihnen ganz zu Recht in Ihrem Studium wahrscheinlich schon eingebläut, dass Sie für eine Hausarbeit zuallererst eine *Forschungsfrage* benötigen. Dennoch ist es hilfreicher, so eine Fragestellung als Darstellungsform des Problems, das Sie angehen, zu sehen: Denn selbst wenn man jedes Problem als Frage darstellen kann, steckt nicht hinter jeder Frage auch ein echtes Problem. Und manchmal kann man eine Frage so formulieren, dass sie eigentlich nur eine These in ein anderes Gewand verpackt („Ist es so? – Ja, es ist so.").

Probleme vs. Themen

Auf ähnliche Weise etwas irreführend ist die verbreitete Rede von einem „Hausarbeitsthema". Ein Thema ist an und für sich kein Erkenntnisproblem. Sie könnten sich als Thema zum Beispiel vornehmen, eine Arbeit über Nozicks Staatsbegriff zu schreiben. In der Tat kann das das Thema einer interessanten Arbeit sein. Nur – wo genau ist da jetzt ein *Problem*, das es zu lösen gilt? Was wollen Sie herausfinden? Ein Problem zu lösen ist das Ziel Ihrer Arbeit. Ein Ziel aber ist etwas Spezifisches, was Sie *erreichen* können – und etwas, bei dem Ihnen und Ihren Leser*innen klar sein sollte, unter genau welchen Bedingungen es erreicht wird. Das gilt für ein Thema ganz und gar nicht: Nozicks Staatsbegriff wird noch lange nach Ihrer Arbeit Stoff vieler weiterer Aufsätze sein.

Kontext vs. Aufgabe Ihrer Arbeit

Das gilt natürlich auch dann, wenn man ein Thema als großes Problem verstehen kann: Auch ein solches wird nach Ihrer Arbeit noch vielen weiteren Material liefern. Nicht jedes Problem, das Ihre Arbeit interessant macht, ist daher das Problem, das Sie mit Ihrer Arbeit lösen. Ein größeres Problem kann den Kontext aufspannen, innerhalb dessen ein kleineres Problem, das Sie zu lösen beabsichtigen, relevant ist – genauso wie das Problem „Wie können wir einen Defekt des Überdruckventils ausschließen?" deswegen relevant sein kann, weil wir darüber hinaus vor dem Problem „Wie bekommen wir die Heizung wieder zum laufen?" stehen. Insofern kann auch ein Problem, das Sie nicht lösen, eine wichtige Rolle dabei spielen, das Vorhaben Ihrer Arbeit zu *motivieren*. Darüber dürfen Sie aber nicht aus dem Blick verlieren, dass es immer noch ein konkretes Problem geben muss, das Sie in Ihrer Arbeit *lösen*.

2.3 Die Lösung

Der Punkt an einem Problem ist natürlich, dass Sie eine Lösung dafür anbieten. Eine Arbeit zu schreiben bedeutet, Ihren Mund aufzumachen. Und wenn Sie nur ein Problem hätten und keine Lösung dafür, dann wären Sie in aller Regel besser beraten weiter nachzudenken.

Die zentrale Aufgabe Ihrer Arbeit ist es, eine bestimmte *Position zu beziehen*, die durch den Kontext, in dem Sie Ihr Vorhaben situieren, als Lösung für ein Erkenntnisproblem verständlich wird.

Wenn Sie Ihr Problem als Frage formulieren, ist die Lösung eine *Antwort* darauf. Wenn das Erkenntnisproblem nicht als Frage formuliert wird, spricht man häufig von der zentralen *These*, die Sie in Ihrer Arbeit vertreten.[1] Um jenseits der Verpackung einen klaren Blick auf die Funktion dieser Lösung innerhalb Ihrer Arbeit zu behalten, lassen Sie uns von dem *Argumentationsziel* Ihrer Arbeit sprechen.

2.3.1 Problem und Lösung: Das Projekt Ihrer Arbeit

Zusammengenommen bilden Problem und Lösung die Eckpfeiler des Vorhabens Ihrer Arbeit. Jeder wissenschaftliche Text sollte so etwas sagen wie: Hier ist etwas, was es zu lösen gilt – und so werde ich es lösen. Diese Eckpfeiler klar vor Augen zu haben, bietet Ihnen einen Kompass für den gesamten Weg dazwischen:

Das Argumentationsziel ist der *Zielpunkt* und das *Organisationsprinzip* Ihrer gesamten Arbeit: Alles, was Sie in der Arbeit tun, folgt daraus und muss sich darauf beziehen.

Konstruieren Sie die Arbeit vom Ziel rückwärts

Versuchen Sie, bei der Entwicklung Ihrer Arbeit von diesem Zielpunkt aus rückwärts zu denken: Wenn Sie dorthin gelangen möchten, welche Schritte müssen Sie auf dem Weg gehen? In welcher Reihenfolge ergeben diese Schritte Sinn? Bringt Sie der Schritt, den Sie im Kopf haben, tatsächlich Ihrem Ziel näher? Wenn nicht, lassen Sie ihn weg (vgl. Kap. 8.2).

Rolle für die Bewertung

Dass das Erkenntnisziel der Daseinszweck Ihrer Arbeit ist, bedeutet außerdem, dass es zentral für deren Bewertung ist. In den meisten Fällen sind die zwei wichtigsten Fragen, die Korrektor*innen an Ihre Arbeit stellen werden: Haben Sie ein Argumentationsziel ausgewählt, das dieser Art von Arbeit angemessen ist? Und: Haben Sie es erreicht? (Und wie haben Sie sich auf dem Weg dorthin geschlagen?) Wie genau Sie Ihr Ziel definieren, ist daher durchaus entscheidend für Ihre Bewertung – es etabliert den Maßstab, an dem Ihr Ergebnis gemessen wird.

---

1 Beachten Sie: Wenn wir davon reden, „eine These zu vertreten", dann verwenden wir „These" nicht im Sinne einer „Hypothese" im Kontext empirischer Arbeiten – also einer Aussage, die durch ihr research design auf Konsistenz mit erhobenen Daten überprüft werden soll. Eine These ist hier die zentrale Konklusion der Argumentation Ihrer Arbeit (s. 2.3.2). Eine solche These vertreten Sie nur dann, wenn Sie dafür wirklich argumentieren können – es ist also unsinnig, davon zu reden, die These am Ende „abzulehnen" oder „zu bestätigen", so als ob Sie überprüfen würden, ob sie zur Datenlage passt.

Wenn Sie eine Arbeit schreiben, die wirklich überzeugend ein Ziel X erreicht, aber in der Einleitung eindeutig Y als Ihr Ziel ausweisen, dann erreicht diese Arbeit nicht ihr Ziel. Sie hätte gut sein können, wenn Sie auf die richtige Darstellung des Ziels acht gegeben hätten (vgl. 2.4.4).

2.3.2 Argumente

Mit Ihrem Argumentationsziel (Ihrer Antwort oder These) beziehen Sie, wie wir sagten, eine Position dazu, wie das Problem, das Sie adressieren, zu lösen ist. Insofern es uns in der Wissenschaft (anders als im Fall der kaputten Heizung) um Erkenntnis bestellt ist, geht es in der einen oder anderen Weise darum, was wir in einer bestimmten Frage glauben oder wie wir uns etwas vorstellen sollten. Das Problem ist: Wie ist es mit X? Und Ihre Position ist: So ist es mit X. In dieser Weise Farbe zu bekennen, macht Sie aber verwundbar für die Gegenfrage: Warum gerade so? Warum nicht anders? Weil es Ihre Aufgabe ist, diese Gegenfrage zu beantworten, statt einfach nur eine angebliche Lösung in den Raum zu stellen, haben wir vom *Argumentations*ziel Ihrer Arbeit gesprochen: Argumente sind, wodurch Sie zeigen, dass wir *das* für die richtige Lösung halten sollten.

Wie kommt es, dass gerade Argumente das zu leisten vermögen? Diese Frage stellt sich Ihnen, wenn Sie sich nicht erinnern, was eigentlich ein Argument ist. Und vor diesem Problem stehen Sie wiederum, wenn Sie bei *Monty Python's Flying Circus* nicht gut aufgepasst haben. Dort heißt es in dem didaktisch wertvollen Sketch *Argument Clinic*

Argumente

nämlich: „An argument is a collective series of statements to establish a definite proposition." Oder in unseren Worten (vgl. Kap. 4.1):

! Ein *Argument* ist eine zusammenhängende Reihe von Aussagesätzen, bei der ein Teil dieser Aussagesätze (die Prämissen) zusammengenommen einen vernünftigen Grund liefern soll, einen weiteren Aussagesatz (die Konklusion) für wahr zu halten.

Argumente liefern Gründe, eine Konklusion für wahr zu halten. Die Position, die Sie in Ihrer Arbeit beziehen, ist die Konklusion der Argumentation Ihrer Arbeit. Die Substanz Ihrer Arbeit besteht also einfach aus einer Reihe ineinandergreifender Argumente, an deren Ende Ihr Argumentationsziel steht.

Rationalitätsanspruch der Wissenschaft

Dass Sie überhaupt Argumente anführen, statt einfach nur eine Behauptung aufzustellen, ist zentral dafür, dass Sie Ihre Problemstellung *wissenschaftlich* bearbeiten. Denn einer wissenschaftlichen Lösung des Problems geht es nicht darum, dass Ihnen dieses oder jenes eine gute Idee zu sein scheint, sondern darum, dass Sie auf eine intersubjektiv nachvollziehbare Weise zeigen, dass es *vernünftig* ist, etwas zu glauben. Daher spricht man auch von der *Objektivität* der Wissenschaft im Unterschied zu bloßen subjektiven Meinungen. Gemeint ist damit, dass der Begründungszusammenhang, den Sie ins Feld führen, nicht nur für Sie persönlich gelten soll, sondern ganz allgemein. Wenn wir uns später in den Kapiteln 5–7 mit Methoden verschiedener Zweige der Politischen Theorie beschäftigen, dann geht es dabei auch weitgehend um die Frage, was gute Argumente für typische Argumentationsziele in diesen Bereichen ausmacht: Wie argumentiert man zum Beispiel für ein Gerechtigkeitsprinzip? Oder dafür, dass eine bestimmte Interpretation eines historischen Textes besser ist als eine andere?

Argumente und Methoden

2.4 Was macht ein gutes Projekt aus?

Bisher haben wir drei zentrale Bausteine Ihrer Arbeit sowie die Beziehungen zwischen Ihnen herausgestellt: Das *Argumentationsziel* ist das, worauf alles in Ihrer Arbeit hinausläuft. Aber das ist nur deswegen so, weil es ein relevantes *Erkenntnisproblem* löst. Als Lösung können Sie es aber wiederum nur ausgeben, wenn Sie auch überzeugende *Argumente* haben, die Ihr Ziel vollständig erreichen (anders gesagt: Ihre These untermauern). Entlang dieser Beziehungen ergeben sich zwei wichtige Kriterien für gute Projekte – oder umgekehrt Fallstricke, über die Sie stolpern können, wenn Sie sie nicht im Auge behalten.

2.4.1 Erreichbarkeit

Der erste davon mag unspektakulär klingen, ist aber eine klassische Hürde in der Konzeption einer Arbeit: Wenn Sie das Ziel im Rahmen Ihrer Arbeit oder mit Ihren Mitteln nicht erreichen können, können Sie es sich nicht als Ziel vornehmen. Häufig handelt es sich dabei durchaus um spannende Erkenntnisziele – aber wenn Sie sie zwangsläufig verfehlen, bringt Ihnen das auch nichts. Schätzen Sie Ihre Möglichkeiten realistisch ein und setzen Sie aller Wahrscheinlichkeit nach viel kleiner an, als Sie zunächst denken.

2.4.2 Erkenntnisgewinn

Zweitens gibt es umgekehrt natürlich auch die Möglichkeit, dass Sie Ihr Ziel sehr wohl erreichen können, es aber schlicht nicht wirklich interessant oder angemessen herausfordernd erscheint – wenn also etwas mit dem Erkenntnisproblem, dem Sie sich widmen, nicht stimmt. Ersteres ist z.B. dann der Fall, wenn das, was Sie zeigen wollen, jeder vernünftigen Betrachterin schon klar ist: Wieso würde man irgendetwas anderes denken als das, was Sie sagen? An dieser Frage sehen Sie, dass Sie diesem Problem auch durch eine Kontextualisierung Ihres Vorhabens entgegenwirken können: Sie können zum Beispiel eine plausibel erscheinende oder in der Literatur vertretene Alternative aufzeigen, sodass nachvollziehbar wird, warum es hier einen Klärungsbedarf gibt – und dadurch ein *Problem* entsteht. Andererseits kann das Problem, dem Sie sich widmen, so leicht zu lösen sein, dass es sich eigentlich gar nicht lohnt, dazu eine ganze Arbeit zu schreiben – und Sie mithin auch nicht zeigen können, was Sie können (s. 2.1). Häufig ist das der Fall, wenn Ihnen entgeht, dass eine These eigentlich viel weniger aussagt, als Sie denken – z.B. indem sie besagt „nicht immer X", es aber trivial ist, irgendeinen einzigen Fall zu finden, indem „nicht X" gilt.

Erkenntnismehrwert vs. Originalität

Daran sehen Sie auch, dass ein *interessantes* Vorhaben nicht dasselbe ist wie ein *originelles*: Vielleicht wäre Ihr Gegenbeispiel für „nicht X" tatsächlich originell – niemand hat je zuvor auf diese Weise gegen die „immer X"-These argumentiert! Und es wäre vielleicht auch kein Unsinn (mit dem es leicht ist, originell zu sein), sondern inhaltlich einschlägig und überzeugend. Doch es könnte trotzdem nicht interessant sein.[2] Der Grund, warum niemand es bisher gemacht hat, könnte just sein, dass es keine neue Erkenntnis bringt.

! Eine Erkenntnis bringt uns etwas grob gesagt dann, wenn wir danach Optionen, wie etwas hätte sein können, ausschließen können, die wir vorher nicht ausschließen konnten: Es hätte auch anders sein können, aber Sie zeigen, dass es so-und-so ist.

In diesem Sinne könnte man sagen, dass ein relevantes Forschungsvorhaben für einen außenstehenden Betrachter immer mit einem gewissen *Risiko des Scheiterns* verbunden sein sollte. (Achtung: Das heißt nicht, dass Sie in Ihrem Vorhaben tatsächlich scheitern dürfen. Wenn Sie Ihr Erkenntnisproblem nicht lösen können, können Sie keine Arbeit dazu schreiben.) Beachten Sie auch, dass neue Erkenntnisse zu

2 Ob umgekehrt ein Beitrag, der im Forschungsdiskurs *nicht neu* ist, trotzdem einen interessanten Beitrag zu diesem Diskurs darstellen kann, ist methodologisch heißeres Terrain. Die Philosophie ist ein mindestens 2500 Jahre altes Fach, das weitestgehend ohne neue Daten auskommt. Schätzen Sie einmal die Wahrscheinlichkeit ab, dass alles aus den tausenden von Aufsätzen und Büchern, die jedes Jahr erscheinen, *noch nie zuvor* gesagt wurde. De facto machen wir also eher so etwas wie: den Horizont derjenigen Wissensbestände erweitern, derer wir uns als aktuelle Forschende in der Debatte gerade kollektiv bewusst sind. Inwieweit das aber nun ein beklagenswerter Zustand ist oder ganz legitim, ist eine spannende metaphilosophische Frage, die wir hier nicht klären können (als Einstieg etwa: Ernst 2013; Chalmers 2015; sowie breiter: Overgaard, Gilbert, und Burwood 2013).

gewinnen nicht zwangsläufig beinhaltet, herauszufinden, wie sich die Dinge in Wahrheit verhalten. Die Vorstellung von Erkenntnisgewinn, auf die wir oben Bezug nehmen, läuft letztlich darauf hinaus, im logischen Raum mit der Bowlingkugel Ihrer Arbeit mögliche Weltzustände auszuknocken. Lassen Sie uns das kurz erklären.

Erkenntnisse und Möglichkeitsräume

Angenommen, Sie fragen sich, ob es gerade regnet. Auf diese Frage gibt es genau zwei mögliche Antworten:[3] Entweder es regnet oder es regnet nicht. Das sind zwei *mögliche Weltzustände*, von denen Sie (in Ihrem fensterlosen WG-Zimmer) nicht wissen, in welcher der beiden Sie sich tatsächlich befinden. Wenn Sie jetzt eine der Optionen ausschließen können (weil Ihnen einfällt, dass Sie bei Regen das Gluckern in der Regenrinne hören könnten), wissen Sie natürlich automatisch auch, dass die alternative Möglichkeit tatsächlich der Fall ist: Es regnet nicht. Sehr häufig gibt es aber weit mehr als zwei Optionen – etwa in der Frage, wie eine Zunahme politischer Polarisierung zu erklären ist. Auch dann lernen Sie im Prinzip etwas hinzu, wenn Sie zeigen, dass *eine mögliche* Erklärung nicht *die richtige* ist – ohne zu zeigen, welche der verbleibenden Möglichkeiten es stattdessen ist. Oder wenn Sie hingegen zeigen, dass es *eine weitere mögliche* Erklärung gibt, derer wir uns bisher nicht bewusst waren (vgl. Kap. 5.4).

Und auch für nicht-empirische Fragestellungen gibt es einen logischen Raum möglicher Antworten. Wenn Sie sich etwa die normative Frage stellen, wie andere Staaten darauf reagieren sollten, wenn ein Staat nicht so viel gegen den Klimawandel unternimmt, wie er es gerechterweise müsste, dann gibt es grundsätzlich drei mögliche Antworten (Miller 2011): Sie sollten mehr tun als ursprünglich verlangt; sie sollten genauso viel tun wie ursprünglich verlangt; oder sie sollten weniger tun als ursprünglich verlangt. Manchmal sieht die Sache natürlich noch deutlich komplizierter aus – etwa wenn es darum geht, logische Beziehungen zu den Antworten, die man wiederum auf andere Fragen geben könnte, mit im Blick zu behalten. Gerade in solchen Fällen kann es dann durchaus schon ein wertvoller Beitrag sein, den Raum möglicher Antworten abzustecken und zu zeigen: Auf *dieses* Problem können wir genau *diese* konsistenten Antworten geben. Damit finden Sie zwar noch gar nichts darüber heraus, welche Antwort richtig ist, aber Sie ordnen die Debatte und weisen womöglich nachfolgenden Untersuchungen den Weg.

3 Natürlich können Sie noch weitere Antworten *formulieren*. Dass es gerade (an derselben Stelle) regnet *und* nicht regnet, ist aber eben kein *möglicher Zustand* der Welt.

2.4.3 Die Balance finden

Die in den letzten zwei Abschnitten angeführten Eigenschaften stehen allerdings typischerweise in Spannung zueinander: Wenn Sie ein interessantes Ziel identifizieren, das zu erreichen einen erheblichen Erkenntnisgewinn bedeuten würde, Sie es aber mit Ihren Mitteln nicht erreichen können, dann haben Sie am Ende gar nichts gezeigt. Wenn Sie hingegen ein sehr einfach zu erreichendes Ziel auswählen, können Sie in Ihrer Arbeit hieb- und stichfest dafür argumentieren, aber es ist wahrscheinlich ziemlich uninteressant. Ihre Aufgabe ist es, diese beiden Werte in der Konzeption Ihres Vorhabens auszutarieren. In aller Regel werden Sie an beiden Parametern im Laufe Ihres Entwicklungsprozesses immer wieder schrauben. Dann ist es ganz besonders wichtig, beide im Blick zu behalten. Vielleicht fällt Ihnen auf, dass Ihre spannende Ausgangsidee überambitioniert ist, und Sie grenzen sie auf ein kleineres Ziel ein. Aber ist dieses neue Ziel dann immer noch interessant? Oder finden Sie es nur interessant, weil Sie noch Ihre größere Ausgangsidee im Kopf haben, die Sie aber gar nicht mehr zu bearbeiten planen?

2.4.4 Der Forschungsdiskurs

Sowohl in dieser letzten Frage der Wahl adäquater Methoden als auch in der Frage, worin ein relevantes Erkenntnisproblem bestehen könnte, sind Sie jedoch glücklicherweise gerade nicht auf sich allein gestellt: Vieles von dem, was wir in diesem Kapitel behandelt haben, erweckt vielleicht den Eindruck, Sie müssten sich ein Forschungsvorhaben aus dem Nichts heraus selbst erdenken – in etwa so, als sollten Sie auf der Straße auf einen Fremden zuzugehen, ein Gespräch eröffnen und dazu ein spannendes Thema liefern. Tatsächlich ist Forschung aber in aller Regel eher eine Unterhaltung, die schon am Laufen ist – Sie können aufmerksam zuhören und sich darin einbringen, indem Sie einfach an das anknüpfen, was andere sagen. Ein ganz erheblicher Teil der Forschungsliteratur (und ein noch größerer Teil der für Studienleistungen geeigneten Vorhaben) gibt nicht neuerlich eigene Ziele aus, sondern reagiert vielmehr auf bereits vorhandene Beiträge und führt eine Diskussion fort. Dann ist einerseits schon etabliert, welche Arten von Problemen Forschende in einer bestimmten Debatte bearbeiten – dafür sollte Ihnen insbesondere eine zugehörige Lehrveranstaltung schon ein gutes Gefühl vermittelt haben. Andererseits ist durch die Art und Weise, wie andere diese Probleme bearbeiten, häufig das wesentliche methodologische Framework auch schon vorgegeben und Ihre Aufgabe besteht oftmals schlicht darin, es richtig zu verstehen und z.B.

zu beurteilen, ob jemand das, was er oder sie dort macht, *gut* macht. Die Kapitel 5–7 helfen Ihnen dann dabei, zu verstehen, was dort vor sich geht, um kompetent daran anzuknüpfen. Es liegt aber nicht bei Ihnen, voraussetzungslos erst eine Methode zu wählen.

3. Forschungsfelder und -methoden in der Politischen Theorie

Angenommen, Ihnen laufen auf einer großen Konferenz drei Menschen über den Weg, die von sich sagen, dass sie Politische Theorie betreiben. Es ist ohne Weiteres möglich, dass Sie Ihnen danach von komplett unterschiedlicher Forschung erzählen – und dass sie mit dem, was die jeweils anderen beiden machen, selbst nur wenig am Hut haben. Politische Theorie ist ein weites Feld. Das ist einerseits sehr spannend, weil es Ihnen sehr vielfältige Optionen anbietet, ein Thema unter dem Schirm der Politischen Theorie zu behandeln. Andererseits ist es damit aber umso wichtiger, dass Sie den Finger darauf legen können, was genau Sie da eigentlich machen. Nachdem Sie sich auf der Grundlage von Kapitel 2 noch einmal klar vor Augen geführt haben, worin Ihre Aufgabe besteht, und vielleicht erste Ausgangsideen gesammelt haben, soll Ihnen dieses Kapitel für diese Verortung zunächst schrittweise Orientierung bieten. Nach der Lektüre sollen Sie in der Lage sein, für ein gegebenes Erkenntnisziel und die zu dessen Erreichung vorgesehen Methoden jeweils einzuschätzen,

- ob es sich um ein Forschungsvorhaben mit Politik-Bezug handelt.
- ob es sich um empirisches oder theoretisches Forschungsvorhaben handelt.
- ob dieses theoretische Forschungsvorhaben primär normativen, positiven oder ideengeschichtlichen Charakter aufweist.

Schließlich sollten Sie eine grobe Kenntnis von der Bandbreite politiktheoretischer Forschungsansätze gewonnen haben, sodass Sie charakteristische Unterschiede anhand beispielhafter Forschungsvorhaben skizzieren können und wissen, wie und wo sie sich tiefere Kenntnisse aneignen können.

3.1 Theoretische vs. empirische Arbeit in der Politikwissenschaft

Vielleicht fragen Sie sich, was eine Hausarbeit in Politischer Theorie eigentlich ausmacht – und insbesondere, wie sie sich von anderen *politikwissenschaftlichen* Hausarbeiten oder aber Arbeiten in der *Philosophie* unterscheidet.

Politik als Forschungsgegenstand

Starten wir zunächst mal ganz allgemein mit der Frage, was das Spezifische einer politikwissenschaftlichen Arbeit ausmacht. Zwar kann man sich wie in den meisten Fächern auch in der Politikwissenschaft vortrefflich streiten, wie genau diese Disziplin eigentlich zu definieren ist (etwa Schmitt [1932] 1963; Easton 1965; für einen einführenden Überblick siehe Herzog 2019, Kap. 1.1). Einen zentralen Punkt, über den aber wohl weitgehend Einigkeit bestehen wird, bringt eine Definition von Bernauer et al. (2022) treffend heraus: Sie starten zunächst mit dem Begriff der *Politik* und bestimmen diesen als „soziales Handeln, das auf Entscheidungen und Steuerungsmechanismen ausgerichtet ist, die allgemein verbindlich sind und das Zusammenleben von Menschen regeln" (Bernauer u. a. 2022, 24). Diese Definition macht deutlich, dass eine spezifische Art von Handlungen im Fokus steht: Sie sind erstens *sozialer* Natur. Gemeint ist damit, dass es sich um Interaktionen mit anderen Akteuren handelt. Zweitens zielt dieses Handeln auf Entscheidungen oder Steuerungsmechanismen ab, die das Zusammenleben der Menschen *kollektiv verbindlich regeln* sollen. Hier interessieren uns nun nicht nur Handlungen, sondern auch die Voraussetzungen und das Ergebnis dieses Handelns, wenn etwa Institutionen entstehen oder Policies implementiert werden. Die Politikwissenschaft untersucht nun diesen hier nur grob skizzierten Gegenstand, indem sie *wissenschaftlich*, d.h. mit Hilfe geeigneter Methoden, politische Phänomene beschreibt, interpretiert, erklärt und bewertet (siehe Kapitel 1 und 2).

! Die Politische Theorie ist ein Teilgebiet der Politikwissenschaft, insofern sie genau das macht: Sie befasst sich wissenschaftlich mit politischen Phänomenen.

Im Unterschied zu den anderen Teilgebieten, die man manchmal unter dem Schlagwort „empirische Politikwissenschaft" zusammenfasst, tut sie das aber nun anscheinend *theoretisch*. Was bedeutet das?

Die kurze Antwort lautet: In einer Hausarbeit im Teilbereich Politische Theorie versuchen Sie, durch Argumente zur Lösung eines theorieorientierten Erkenntnisproblems zu gelangen. Vielleicht nutzen Sie in den anderen Teilgebieten sonst ein handliches Theorie-Methode-Empirie-Schema und fragen sich angesichts des Labels „Politische Theorie", wie das hier genau mit Empirie und Methodologie funktioniert. Vielleicht rätseln Sie auch allgemein, welche Struktur eigentlich für theoretische Hausarbeiten angemessen sein könnte. Wenn Ihnen das als Grundlage Ihrer Hausarbeit merkwürdig und fremd erscheint, ist es hilfreich, einen Schritt zurückzutreten: Im Grunde ist das, was Sie vermutlich aus empirischen Methodenvorlesungen und Seminaren anderer Teilgebiete als Research Design mit empirisch orientierten Methoden kennen, nichts anderes als eine Argumentation, mit der Sie versuchen, Ihre Leserschaft (im Zweifelsfall also Ihre Dozierenden) von der Wahrheit Ihrer Hypothese zu überzeugen. Sie lässt sich grob in die übliche Struktur empirisch orientierter wissenschaftlicher Hausarbeiten überführen und folgendermaßen zusammenfassen:

1. Wir haben gute Gründe, eine Hypothese für wahr zu halten, wenn sie (a) eine Forschungsfrage beantworten kann und (b) vor dem Hintergrund bisherigen theoretischen Wissens plausibel erscheint und (c) geeignete Methoden für ihre Überprüfung verwendet werden und (d) sie mit empirischen Beobachtungen, die Sie anhand dieser Methoden gewonnen haben, konsistent sind.
2. Ihre Hypothese liefert eine Antwort auf eine relevante Frage (Einleitung mit Forschungsfrage).
3. Ihre Hypothese erscheint vor dem Hintergrund bisherigen theoretischen Wissens plausibel (Theorieabschnitt).
4. Ihre Methode ist *geeignet*, um zu empirischen Beobachtungen zu führen, die mit Ihrer Hypothese entweder konsistent oder inkonsistent sind (Methodenabschnitt).
5. Die Durchführung dieser Methode führt zu Beobachtungen, die mit Ihrer Hypothese konsistent sind (Empirieabschnitt).
6. Also: Wir sind vorläufig darin gerechtfertigt, Ihre Hypothese für wahr zu halten.

Sie sehen: Es gibt also keinen Grund zur Sorge. Sie argumentieren ohnehin schon andauernd. Die übliche Rede von Research Designs wie auch Theorie-Methode-Empirie-Schemata ist, wenn Sie so wollen, eine etablierte Verpackung für eine bestimmte Form von Argumentation. Für die Politische Theorie gilt nun bedauerlicherweise, dass es einen dermaßen standardisierten Aufbau einer wissenschaftlichen Arbeit nicht gibt. Das bedeutet im Umkehrschluss jedoch nicht, dass die Politische Theorie überhaupt nicht auf Methoden oder bewährte Argumentationsformen zurückgreifen kann. Sie machen nämlich im Kern dasselbe, wenn Sie Politische Theorie betreiben – nur auf einer abstrakteren und dadurch formal freieren Ebene.

Theoretische vs. empirische Forschung

Woran erkennen Sie nun, ob Ihr Erkenntnisziel theoretischer oder empirischer Natur ist? Eine pragmatische Möglichkeit bestünde darin, dass Sie sich einfach einmal ansehen, was Politische Theoretiker*innen so machen und sich dann fragen, ob Ihr Vorhaben dem hinreichend ähnlich sieht. Das wäre definitiv keine schlechte Idee – die nachfolgenden Abschnitte dieses Kapitels können Ihnen dafür einen ersten Eindruck und Startpunkt für eine weiterführende, eigenständige Lektüre bieten. Insofern Sie eine Arbeit für ein Seminar schreiben möchten, stehen Ihnen über die von den Dozierenden ausgewählte Seminarlektüre ja sogar schon konkretere Ansatzpunkte zur Verfügung, in welche Richtung Ihre Reise gehen sollte.

Möchte man hingegen allgemeiner etwas dazu sagen, was eine theoretische Fragestellung ausmacht, ist ein erster guter, intuitiver Prüfstein, wohin Sie schauen müssten, um die Forschungsfrage zu untersuchen. Wenn Sie für die Beantwortung der Forschungsfrage „in die Welt" schauen müssen, indem Sie selbst Daten erheben und verwerten oder auf solche Informationen zurückgreifen, die andere Forschende gewonnen haben, handelt es sich mit großer Wahrscheinlichkeit um ein empirisches Forschungsinteresse. Umgekehrt handelt es sich ziemlich sicher um ein theoretisches Thema, wenn die Forschungsfrage verlangt, dass Sie sich mit der internen Konsistenz oder Kohärenz einer Menge von Aussagen auseinandersetzen. Anders gesagt: Wenn Sie sich fragen, was Ihre Antwort auf die Forschungsfrage wahr oder richtig machen würde und Sie feststellen, dass Sie dafür nicht ausschließlich auf Eigenschaften der Welt verweisen müssen, sondern Ihre Argumentation in Beziehung setzen müssen zu anderen Theorien oder die argumentative Struktur Ihrer Aussagen analysieren müssen, dann handelt es sich mit großer Wahrscheinlichkeit um ein theoretisches Forschungsproblem.

In den beiden folgenden Abschnitten wird es nun darum gehen, zu verstehen, worin sich Forschungsarbeiten der Normativen Politischen Theorie (3.2) von denen der Positiven Politischen Theorie (3.3) unterscheiden. Später werfen wir dann noch einen Blick auf die politische Ideengeschichte (3.4)

3.2 Was ist Normative Politische Theorie?

Auf der großen Konferenz, die wir am Anfang des Kapitels erwähnt hatten, könnte Ihnen zum Beispiel eine Politische Theoretikerin über den Weg laufen, die sich mit Rechtsstaatlichkeit aus Perspektive der Normativen Politischen Theorie beschäftigt. Was aber zeichnet nun eine *normative* Perspektive aus, und inwiefern unterscheidet sie sich von dem, was der Empiriker am Nachbartisch macht, der auch zu Rechtsstaatlichkeit forscht? Für die Klärung dieser Fragen hilft es, sich vor Augen zu führen, was es bedeutet, eine empirische oder normative Überzeugung zu besitzen.

Direction of fit

Eine erste intuitive Unterscheidung setzt am Verhältnis zwischen den *Überzeugungen eines Akteurs* und den *Eigenschaften der Welt* an. Stellen Sie sich vor, Sie haben eine empirische Überzeugung, die Sie überprüfen wollen. Nehmen wir einmal an, Sie sind davon überzeugt, dass Russland alle Eigenschaften eines demokratischen Rechtsstaates erfüllt und wollen Ihre empirische Überzeugung noch mit ein paar Beobachtungen stützen. Jedoch beobachten Sie nun, dass in Russland freie Wahlen, fundamentale Bürgerrechte, Pressefreiheit und Gewaltenteilung nicht gewährleistet sind. Dies sind jedoch gemäß Ihrem normativen Verständnis von Rechtsstaatlichkeit notwendige Kriterien, die erfüllt sein müssen, damit wir von einem demokratischen Rechtsstaat sprechen können. Ihre Beobachtungen geben Ihnen somit Gründe, zu glauben, dass es sich bei Russland doch nicht um einen Rechtsstaat handelt. Es kommt also zu einem Konflikt zwischen Ihren ursprünglichen empirischen Überzeugungen und den Schlüssen, die Sie aus Ihren Beobachtungen ziehen. In einer solchen Situation wäre es offensichtlich angebracht, dass Sie Ihre ursprünglichen empirischen Überzeugungen hinsichtlich der Rechtsstaatlichkeit Russlands korrigieren. Anders gesagt:

Für empirische Aussagen gilt, dass ihr Wahrheitswert *von den Eigenschaften der Welt abhängt*. Wenn es einen Konflikt zwischen Ihren empirischen Überzeugungen und der Welt gibt, gewinnt die Welt. !

Für normative Aussagen sieht das anders aus. Das können wir uns anhand einer ähnlichen Situation wie oben veranschaulichen. Sie haben nun die normative Überzeugung, dass ein Land u. a. die oben genannten Charakteristika erfüllen muss, um als Rechtsstaat zu gelten. ‚Rechtsstaat' wird hier nun als normatives Konzept verstanden. Nun machen Sie die empirische Beobachtung, dass in einem Land diese Merkmale nicht erfüllt werden, auch wenn Sie dieses Land bisher als Rechtsstaat eingeordnet hatten. Auch hier kommt es zu einer Spannung zwischen Ihrer normativen Überzeugung, was einen Rechtsstaat auszeichnet, sowie Ihrer deskriptiven Überzeugung, dass Russland ein Rechtsstaat sei, und der empirischen Beobachtung, dass es in Russland keine freien Wahlen gibt. Während im ersten Szenario diese Spannung nun Anlass war, Ihre (empirische) Überzeugung zu korrigieren, steht die normative Überzeugung, welche Charakteristika einen Rechtsstaat auszeichnen, in einer solchen Konstellation nicht zur Disposition. Sie sollten das Problem hier gerade nicht so auflösen, dass Sie sagen: Ach, na dann sind freie Wahlen ja gar keine Bedingung für Rechtsstaatlichkeit! Stattdessen könnte diese Beobachtung den Ausgangspunkt darstellen für eine negative Bewertung des Staates als Unrechtsstaat, für Tadel oder sogar politische Aktivität. In diesem Fall wäre es also nicht angebracht, die Überzeugungen zu korrigieren, sondern auf die Änderung der beobachteten und bewerteten Zustände in der Welt hinzuwirken.

Wenn also die Welt nicht zu unseren normativen Überzeugungen passt, dann zieht die Welt den Kürzeren. !

Für diese zwei unterschiedlichen Konfliktkonstellationen hat sich in der Philosophie der Begriff der *direction of fit* (Passungsrichtung) etabliert (Searle 1975, 346–47): Entweder wir passen unsere Vorstellung der Welt an (empirisch), oder wir passen die Welt unseren Vorstellungen an (normativ).

Dass wir tatsächlich beides tun und eben nicht nur Abbilder der Welt schaffen, wie sie ohnehin schon ist, ist eine gleichzeitig alltägliche und bemerkenswerte Tatsache, wie Christine Korsgaard (1996, 1) einmal gut auf den Punkt gebracht hat:

> „It is the most striking fact about human life that we have values. We think of ways that things could be better, more perfect, and so of course different, than they are; and of ways that we ourselves could be better, more perfect, and so of course different, than we are. Why should this be so? Where do we get these ideas that outstrip the world we experience and seem to call it into question, to render judgment on it, to say that it does not measure up, that it is not what it ought to be?“

Für die Zwecke dieses Kapitels bietet es sich an, zu sagen: Natürlich ploppen sie nicht einfach aus dem Nichts in unseren Kopf. Wir ziehen Ideen für eine andere und hoffentlich bessere Welt aus allen möglichen Quellen. Eine wichtige Quelle für solche Ideen stellt die Normative Politische Theorie dar. Zumindest ist es der Anspruch dieses Teilgebiets, uns dabei zu helfen, bessere statt schlechtere Vorstellungen davon zu entwickeln, wie die Welt *sein sollte* – in einer Weise ganz ähnlich zu den empirischen Wissenschaften, die uns dabei helfen sollen, bessere statt schlechtere Vorstellungen davon zu entwickeln, wie die Welt *beschaffen ist*. Wie das in der Normativen Politischen Theorie gehen soll, betrachten wir näher in Kapitel 6.

Praktische Fragen

Die Idee, dass wir die Welt unserer Vorstellung anpassen, zeigt zudem ein weiteres Merkmal normativer Aussagen: Ihr Ziel ist es, uns etwas darüber zu sagen, wie wir handeln oder die Welt gestalten sollten. Das drückt man manchmal auch darin aus, dass sie uns Antworten auf *praktische Fragen* liefern sollen. Das wiederum können normative Aussagen auf zwei Arten tun: Häufig sagen sie uns, was wir tun *sollen* oder wozu wir *verpflichtet* sind (deontische Aussagen). Andererseits können sie uns aber auch sagen, wie *gut* oder *schlecht* ein bestimmter Zustand der Welt ist (evaluative Aussagen). Das kann genauso auch anhand einer Vielfalt spezifischerer wertender Begriffe geschehen – etwa indem man sagt, etwas sei vernünftig, ehrenhaft, großzügig, grausam, demokratisch, schön, clever usw. Solche Aussagen sind für praktische Fragen relevant, insofern wir vernünftigerweise gute Handlungsergebnisse anstreben und schlechte vermeiden oder zumindest bessere schlechteren Ergebnissen vorziehen sollten.

Deontische vs. evaluative Aussagen

Dies gilt bereits, wenn wir über unser eigenes Leben und uns als Person nachdenken. Daneben gibt es aber auch noch die Sphäre des öffentlichen Lebens und der Politik. Erst recht gilt dieser Zusammenhang dort: Wenn wir über kollektiv verbindliche Institutionen nachdenken, fällt uns schnell auf, dass sie eben immer auch anders sein könnten. So können wir uns bessere Regulierungen des Umweltschutzes vorstellen oder eine andere Verteilung von Einkünften und sozialen Lasten. Das stellt uns vor praktische Fragen: Wie *sollten* Regulierungen etwa im Bereich des Umweltschutzes aussehen? Wie *sollten* die Kosten solcher Regulierungen innerhalb und zwischen Staaten verteilt werden? Was sind denn die *angemessenen* Gerechtigkeitsstandards, die wir für die Beurteilung solcher Fragen heranziehen sollten? Solch praktische Fragen verlangen normative Antworten, und wenn die Sphäre der Politik betroffen ist, dann scheint dies ein zentraler Bereich unserer Kompetenz als Politische Theoretiker*innen, darüber systematisch nachzudenken.

Sie könnten sich vielleicht an dieser Stelle fragen, ob die hier skizzierten Themen wirklich in die Politikwissenschaft gehören oder nicht viel mehr in die Philosophie. So stammen doch auch die oben angeführten Zitate primär von Philosoph*innen. Zur Abgrenzung dieser beiden Disziplinen können wir an die oben angeführte Definition von Politikwissenschaft anknüpfen. Zentral war hier die Idee, dass es in der Politik um Entscheidungen mit kollektiver Verbindlichkeit geht. Bereits bei Henry Sidgwick findet sich der Unterschied zwischen einer Individualethik, wie sie Gegenstand der Philosophie ist, und Normativer Politischer Theorie folgendermaßen auf den Punkt gebracht:

> „The boundaries of the study called Ethics are variously and often vaguely conceived: but they will perhaps be sufficiently defined [...] if a ‚Method of Ethics‘ is explained to mean any rational procedure by which we determine what individual human beings ‚ought' – or what it is ‚right‘ for them – to do, or to seek to realise by voluntary action. By using the word „individual“ I provisionally distinguish the study of Ethics from that of Politics, which seeks to determine the proper constitution and the right public conduct of governed societies: both Ethics and Politics being, in my view, distinguished from positive sciences by having as their special and primary object to determine what ought to be, and not to ascertain what merely is, has been, or will be.“ (Sidgwick [1874] 1962, 1)

Individual- vs. Kollektivebene

Sidgwick spricht zunächst das Problem der schwierigen Abgrenzung der Ethik von anderen Disziplinen an. Dann macht er einen Vorschlag: Als minimales Abgrenzungskriterium bietet er uns eine spezifische methodische Haltung mit einem inhaltlichen Fokus an. Demnach könne man als ‚Methode der Ethik' wohl solche Verfahren bezeichnen, mittels derer wir rational bestimmen können, was zu tun richtig und falsch ist. Der besondere inhaltliche Fokus liegt dabei auf Individuen. Solange sich die oben angesprochene rationale Methodik also auf einzelne Menschen bezieht, fällt diese Art der Untersuchung in das Gebiet der Ethik. Zu Politischer Theorie wird es, wenn es diese Ebene übersteigt und es um Fragen nach der richtigen formellen Verfasstheit eines Staates geht oder Regeln für das Verhalten im öffentlichen Raum gefunden werden sollen.

Ethik vs. Politische Theorie

Hoffentlich haben Sie nun schon einmal ein erstes Verständnis davon gewonnen, in welche Richtung Fragestellungen der Normativen Politischen Theorie zielen. Um noch ein wenig zu illustrieren, wie solche Fragestellungen dann genauer aussehen könnten und welche methodischen Zugänge zur Verfügung stehen, möchten wir noch einen kurzen Blick auf Themen werfen, die in diesem Bereich häufig diskutiert werden, und die Sie als Ausgangspunkt für weiterführende Erkundungen heranziehen können.

Nehmen wir dafür wieder die oben eingeführte Politikdefinition als Ausgangspunkt. Ein zentraler Punkt dieser Definition war der Fokus auf soziales Handeln, das auf die Herstellung von allgemein verbindlichen Regeln abzielt. Diese Regeln müssen formuliert, überwacht und durchgesetzt werden. In größeren Gesellschaften geschieht dies in der Regel nicht durch Einzelpersonen, sondern durch organisierte Gruppen von Akteuren, die beispielsweise durch Wahlen bestimmt werden. Wir haben es also auf der einen Seite mit kollektiven Akteuren zu tun, wie z.B. dem Staat bzw. spezifischen Organen des Staates, und auf der anderen Seite mit Individuen wie z.B. Bürger*innen.

Politik und Regeln allgemeiner Verbindlichkeit

Um Ihnen etwas Orientierung in den vielfältigen Themen der Normativen Politischen Theorie zu geben, strukturieren wir den Einblick in das Themenspektrum des Feldes anhand einer Makro-Mikro-Differenzierung, die Ihnen aus politikwissenschaftlicher Forschung in den empirisch orientierten Teilgebieten bekannt sein sollte: Wir unterscheiden zwischen drei fundamentalen Perspektiven: (1) Theorien, die sich dem Verhältnis zwischen Individuum und Staat widmen, (2) solchen, die auf die Beziehungen zwischen Individuen auf der Mikroebene ihren Fokus legen und (3) Theorien, die primär das Verhältnis zwischen Staaten auf der Makroebene in den Blick nehmen.

(1) Der Schwerpunkt der Normativen Politischen Theorie liegt auf Theorien, die auf das Verhältnis zwischen Individuum und Staat blicken. Schon in der Politikdefinition ist diese Beziehung angelegt. Das zentrale Thema dieser Theorien ist Herrschaft. Diskutiert werden z.B. unterschiedliche Typen von Regierungsformen und ihre normativen Effekte etwa auf Freiheits- oder Gleichheitsansprüche von Individuen

Verhältnis Individuum – Staat

oder auch Standards für die Legitimität von Herrschaft. Wenn Sie sich für diese Themen interessieren, lohnt sich beispielsweise der Blick in die vertragstheoretische Literatur. Einen guten Einstieg in vertragstheoretisches Denken finden Sie über die Literaturempfehlungen am Ende von Kap. 3.2.

Rechtfertigung von Herrschaft

Vertragstheoretisches Denken zeichnet sich dadurch aus, dass das Individuum als die zentrale Instanz betrachtet wird, vor der Herrschaft gerechtfertigt werden muss. Dies wird notwendig, weil es eine zentrale normative Prämisse eines westlichen, im weitesten Sinne liberalen Verständnisses von Individualität ist, dass wir uns Menschen als frei und gleich vorstellen. Vor diesem Hintergrund stellt sich das Problem der Rechtfertigung von Herrschaft in einer ganz spezifischen Weise, die die besondere Berücksichtigung der normativen Rolle der Individuen einfordert. Vertragstheorien bieten eine spezifische Lösung für dieses Rechtfertigungsproblem an (J. Marx und Tiefensee 2015c). Darüber hinaus hilft es, sich klar zu machen, dass vertragstheoretisches Denken in Form eines Gedankenexperiments stattfindet:[4] Demnach erklären Individuen durch einen Zustimmungsakt, den man als analog zu einem Vertragsschluss auffassen kann, ihr Einverständnis mit einer spezifischen staatlichen Ordnung. Dieser Zustimmungsakt geschieht freiwillig und unter theoretisch näher zu bestimmenden Bedingungen, die metaphorisch weitgehend unter dem Begriff Naturzustand subsumiert werden können. Daneben gibt es häufig noch weitere Annahmen bezüglich der Eigenschaften der Akteure, etwa hinsichtlich ihrer Rationalität oder inwieweit sie in ihrem Handeln von Leidenschaften bestimmt sind. Naturzustand bezeichnet einen apolitischen, vorstaatlichen Zustand, der häufig durch Güterknappheit, Konkurrenz und damit verbundene Kooperationsprobleme gekennzeichnet ist. Durch den Vertragsschluss kann dieser imaginierte, vorpolitische Zustand überwunden werden. Damit wird eine Lösung gezeigt, wie Akteure in einem Akt der Selbstgesetzgebung eine staatliche Ordnung zur Überwindung der dem Naturzustand zugeschriebenen Kooperationsprobleme schaffen können. Vor diesem Hintergrund lassen sich dann beispielsweise folgende Fragen diskutieren: Was sind die Quellen staatlicher Legitimität? Wo liegen die Grenzen staatlicher Herrschaft? Wie ist es zu rechtfertigen, dass einer Person Handlungsbeschränkungen durch einen Staat auferlegt werden? Wie sieht eine gerechte staatliche Ordnung aus? Welche Strukturmerkmale sollte eine legitime politische Ordnung aufweisen? Zur Lektüre lohnen die Klassiker Hobbes (2012),

4 Es gibt vereinzelt auch vertragstheoretische Entwürfe, die sich nicht als Gedankenexperiment verstehen, sondern einen expliziten Zustimmungsakt verlangen. Siehe etwa Simmons (1981) oder Steiner (1978).

Locke (2012), Rousseau ([1762] 2020) und Kant (1968a; 1968b), die alle Studierenden der Politikwissenschaft kennen sollten.

Moderne Vertragstheorie

In modernen Varianten der Vertragstheorie wie etwa bei Rawls (1999), Nozick (1974), Buchanan (1992) oder Gauthier (1997; 1987) wird nicht mehr allgemein nach der Rechtfertigbarkeit von Herrschaft oder von unterschiedlicher Regierungsformen gefragt, sondern viel konkreter der Leistungsumfang und das Aufgabenspektrum staatlicher Herrschaft diskutiert. So findet sich etwa bei John Rawls eine in der Politischen Theorie sehr prominente Auseinandersetzung mit Fragen politischer Freiheiten und sozioökonomischer Verteilungsgerechtigkeit. In seinem Werk *Eine Theorie der Gerechtigkeit* (1999) begründet er neben Standards für politische Freiheiten Gerechtigkeitsprinzipien, denen politische Institutionen mit Verteilungswirkung genügen sollten. Eine Umsetzung dieser Ideen würde weitgehende Umverteilungsmaßnahmen verlangen, um materielle Chancengleichheit zwischen den Individuen zu ermöglichen. Natürlich blieben diese Überlegungen nicht unwidersprochen. So bestimmt Nozick (1974) etwa das Aufgabenspektrum des Staates deutlich reduzierter und stellt die Eigentumsrechte der Individuen in den Vordergrund.

John Rawls: Eine Theorie der Gerechtigkeit

Mit diesem Gegenstandsbereich beschäftigen sich Politikwissenschaftler*innen nicht nur aus normativer Perspektive. Hier bestehen z.B. enge Anknüpfungspunkte an die Vergleichende Politikwissenschaft, wenn etwa unterschiedliche Regierungstypen im Hinblick auf ihre demokratische Qualität, Responsivität oder Performanz untersucht werden (siehe etwa Lijphart 2007; 1999; Dahl 2020). Auch die Internationale Politik kennt ähnliche Argumentationsmuster, wie sie aus vertragstheoretischem Denken bekannt sind, wenn es etwa um den Zusammenhang zwischen Anarchie und Krieg oder Institutionalisierungsprozesse in der als anarchisch gedachten, internationalen Staatenwelt geht (siehe etwa Waltz 1959; Wendt 1992).

Auch wenn es sich um den vielleicht fruchtbarsten Zweig der Normativen Politischen Theorie handelt, blieb diese Herangehensweise nicht ohne Kritik (siehe etwa Frühbauer u. a. 2023). Eine prominente Stoßrichtung der Kritik nennt sich Kommunitarismus (Haus 2013). Kommunitaristische Denker stellen etwa die kulturelle Gebundenheit des Individuums heraus und äußern Kritik an der Rationalitätsanforderung, die mit vertragstheoretischem Denken einhergeht. Für eine feministische Kritik an vertragstheoretischem Denken lohnt sich der Blick in Pateman (1988). Daneben setzte sich Charles Mills (2019) mit Blick auf die Unterdrückung von nicht-weißen Personen kritisch mit vertragstheoretischem Denken auseinander.

(2) Ein zweiter Literaturstrang in der Normativen Politischen Theorie untersucht schwerpunktmäßig normative Sachverhalte auf der Mikro-

ebene. Hier werden die Beziehungen von Individuen innerhalb einer staatlichen Ordnung in den Blick genommen. Diskutiert werden die Grenzen individueller Freiheit, individuelle Rechte und Pflichten, die die Beziehungen zwischen Personen und auch zum Staat bestimmen sowie die Abgrenzung zwischen privatem und öffentlichem Leben. Einen zentralen Platz in diesem Literaturstrang nimmt auch die Auseinandersetzung mit dem Bürgerstatus ein (E. F. Cohen und Ghosh 2019; Kymlicka 2016; Kymlicka und Norman 2000). So zeichnen sich Bürger*innen beispielsweise dadurch aus, dass mit ihrem Status spezifische politische Rechte einhergehen, z.B. ist in Demokratien üblicherweise das Wahlrecht an den Bürgerstatus gekoppelt. Gleichzeitig gibt es eine Reihe spezifischer Pflichten, wie etwa in manchen Ländern die Wehrpflicht, die Pflicht, als Laienrichter*in zur Verfügung zu stehen oder einfach allgemeine Kooperationsgebote gegenüber Mitbürger*innen, die mit dem Bürger*innen-Status einhergehen. In den letzten Jahren wird in diesem Kontext auch vermehrt diskutiert, inwieweit Bürger*innen gewissen Rationalitätsnormen genügen müssen, wenn es etwa um den Umgang mit Verschwörungstheorien oder der Verbreitung falscher Überzeugungen geht (O'Connor und Weatherall 2019; Landemore 2012).

Beziehungen von Individuen innerhalb staatlicher Ordnung

Als aufmerksamer Leser kann man hier den Einwand äußern, dass diese Fragen doch auch das Verhältnis zwischen Staat und Individuum betreffen und somit nicht vollständig auf der Mikroebene zu verorten sind. Das ist richtig, denn es handelt sich ja weiter um ein Themengebiet der Normativen Politischen Theorie. Und aufgrund der Politikdimension gibt es Berührungspunkte zur Ebene der politischen Institutionen. Dennoch liegt der Fokus hier auf der Mikroebene und nicht auf der Ebene der Institutionen.

Diese Berührungspunkte zur Ebene der politischen Institutionen zeigen sich auch im Gegenstandsbereich, wenn es um individuelle Freiheit geht. Grob lassen sich hier zwei Arten der Handlungsbeschränkung herausstellen, die den Raum individueller Handlungsfreiheit definieren. Eine erste Beschränkung ist staatlicher Natur und betrifft die Austarierung des Verhältnisses von individueller Freiheit und politischer Herrschaft. Die zweite Beschränkung liegt auf der Ebene der sozialen Beziehungen und ergibt sich aus den Rechten und Pflichten, die das Verhältnis zu anderen Akteuren bestimmen.

Diskutieren wir zunächst die erste Dimension individueller Handlungsbeschränkungen. Einem intuitiven Verständnis nach könnte man Freiheit in einem anarchistischen Sinn als Abwesenheit externer Herrschaft verstehen. Menschen würden sich demnach als Freie begegnen, wenn staatliche Herrschaft abwesend wäre. Auch wenn Kant (1968a) und später auch Mill (1859) die Zähmung der Staatsgewalt als eine zentrale Voraussetzung begreifen, damit Menschen in Freiheit mitei-

Freiheit als Abwesenheit von Herrschaft

nander leben können, geht dieses Verständnis von Freiheit noch nicht weit genug (siehe etwa Berlin 2006). Die Staatsgewalt ist zwar eine dauernde Bedrohung individueller Freiheit, aber zugleich auch eine ihrer Ermöglichungsbedingungen. Daher soll auf der einen Seite die Staatsgewalt gezähmt werden durch die Bindung an das Recht. Auf der anderen Seite kann der Staat auch Voraussetzungen dafür schaffen, dass eine freie Entfaltung der Individuen möglich wird. Vor diesem Hintergrund können soziale, politische und kulturelle Bedingungen für die individuelle Entfaltung diskutiert werden. Hier liegt der Fokus auf einem Aspekt individueller Freiheit, der über das erste Begriffsverständnis von Freiheit als Abwesenheit von Herrschaft hinausgeht. Stattdessen geht es nun um die Frage, welche Faktoren autonomes Handeln von Individuen ermöglichen.

Ermöglichungsbedingungen von Freiheit

Prominent wurde diese Differenzierung des Freiheitsbegriffs durch Isaiah Berlin (2006). In seiner Auseinandersetzung mit einschlägigen Texten der Ideengeschichte arbeitet Berlin zwei Arten von Freiheit heraus: Die negative Freiheit bezieht sich auf das Recht von Individuen, nicht durch unrechtmäßige staatliche Eingriffe in ihr Leben eingeschränkt zu werden. Daneben betont Berlin, dass Freiheit auch eine positive Dimension umfasst, die sich auf die Entfaltung der menschlichen Autonomie bezieht. Unter positiver Freiheit versteht Berlin das Vermögen individueller Akteure, sich entsprechend ihren eigenen Vorstellungen und Wünschen zu entwickeln. Vor dem Hintergrund dieses Freiheitsverständnisses begründet sich die Wertschätzung von Verfassungen, die auf der einen Seite die notwendigen Grenzen staatlicher Herrschaft nennen und damit negative Freiheit garantieren. Diese Garantie umfasst auch den Schutz gegenüber Mitbürger*innen, die es auf ihr Eigentum oder ihre körperliche Unversehrtheit abgesehen haben könnten. Darauf beschränkt sich jedoch das Aufgabenspektrum von Staaten nicht, wenn es um Freiheit geht. Der positive Freiheitsbegriff fordert darüber hinaus auch ein, dass Staaten darauf hinwirken, ein Mindestmaß an wirtschaftlicher und sozialer Gerechtigkeit zu gewährleisten, um das individuelle Recht auf freie Entfaltung zu ermöglichen. Hier offenbart sich ein Bereich individuellen Lebens und sozialer Interaktion, der zwar eingebettet in einem politischen System stattfindet, aber direkter politischer Herrschaft entzogen ist. Nun ist es Aufgabe der Normativen Politischen Theorie, den Umfang dieses Bereiches zu diskutieren und zu klären, welche Aspekte individuellen und sozialen Lebens dieser umfasst.

Negative und positive Freiheit

An dieser Stelle könnte man einhaken und die Frage aufwerfen, warum es überhaupt einen Bereich individuellen Lebens geben sollte, der staatlicher Kontrolle entzogen ist? Wie lässt sich denn überhaupt begründen, dass staatliche Herrschaftsansprüche zu weit gehen und blockiert werden sollten oder dass die Ansprüche anderer Personen zurückzuweisen sind? Hier kommen individuelle Rechte ins Spiel. Allerdings werden Rechte hier nicht in einem juristisch-legalen Sinn verstanden als die konkreten von einem Staat erlassenen Gesetze, die ein bestimmtes Tun ge- oder verbieten. Stattdessen geht es um das moralphilosophische Verständnis von Rechten und damit um die Frage, welche Rechte gelten *sollten*. Es geht also darum, philosophisch einen Maßstab zu begründen, der beispielsweise eine Grenze setzt für Eingriffe durch andere Akteure in meine Freiheits- oder Eigentumsrechte. Hierbei bleibt offen, ob es sich bei den anderen Akteuren um Privatpersonen handelt oder ob es um staatliche Herrschaftsansprüche geht, denen Grenzen gesetzt werden sollen.

Freiheit versus Herrschaft

Um dies angemessen diskutieren zu können, hilft ein Verständnis davon, was Rechte und Pflichten auszeichnet und wie sie begründet werden können. Ein wichtiger Ausgangspunkt für die Diskussion solcher Fragen ist Raz (1984; 1995; siehe auch Hohfeld 1913; Kramer und Steiner 2017). Demnach besteht ein enger Zusammenhang zwischen Rechten und Pflichten.

Stellen wir uns einmal die Bedingungen vor, unter denen ein Akteur A ein Recht besitzt, eine gewisse Handlung durchzuführen und nennen wir dieses Recht einmal X. So besitzt ein Akteur A ein Recht auf X, wenn ein anderer Akteur B eine gewisse Pflicht gegenüber A hat. Diese Pflicht von Akteur B könnte etwa beinhalten, As Bestreben ‚X zu tun' nicht zu unterbinden. Oder sie könnte auch bedeuten, dass B Dinge zu unterlassen hat, die As Möglichkeiten ‚X zu tun' einschränken (siehe auch J. Marx und Tiefensee 2015b). Sie könnte sogar bedeuten, dass Akteur B Dinge tun muss, um A zu unterstützen ‚X zu tun'. Damit sind wir schon mal einen Schritt weiter und haben das Verhältnis zwischen Rechten und Pflichten bestimmt (detaillierter dazu Kap. 6.3.1–6.3.2). Nun müssen wir noch erläutern, welche besonderen Merkmale ein Akteur als Rechtsträger*in bzw. als Pflichtadressat*in qualifiziert.

Verhältnis Rechte – Pflichten

Raz zufolge hat ein Akteur A ein Recht auf X, wenn er ein schützenswertes Interesse an X hat (1984, 195). Dieses Interesse muss so relevant für sein Wohlbefinden sein, dass es hinreichend Gründe liefert, für Akteur B eine entsprechende Pflicht zu begründen.[5] Gleichzeitig kann Akteur B nur als Adressat von Pflichten in Frage kommen, wenn er gewisse Bedingungen erfüllt. So muss Akteur B in der Lage sein, seine Handlungen entsprechend zu kontrollieren. Ansonsten wäre es unfair,

Schützenswerte Interessen

5 Für eine alternative Konzeption von Rechten siehe Hart (1982). Dieser Theorie folgend leiten sich Rechte nicht aus schützenswerten Interessen ab. Stattdessen ist die Fähigkeit eines Akteurs ausschlaggebend, das Recht auch durchzusetzen. Und eben diese Fähigkeit begründet erst Rechte. Für eine Diskussion konkurrierender Konzeptionen von Rechten siehe Kramer und Steiner (2017).

eine gewisse Handlung von ihm zu verlangen, wenn diese komplett außerhalb seiner Handlungsmöglichkeiten liegen würde. Aus diesen Überlegungen begründet sich beispielsweise die besondere Behandlung von Minderjährigen, wenn es um die Diskussion der Schuldfähigkeit geht. Dafür sorgt das normative Prinzip ,Sollen impliziert Können' (*Ought implies Can*). Folgt man diesem Prinzip, lassen sich moralische Pflichten zurückweisen, die ein Akteur aus prinzipiellen Gründen nicht oder nur eingeschränkt erfüllen kann (vgl. Kap. 6.6.3). Die zweite Dimension von Freiheitseinschränkungen führt uns damit in das Reich der Rechte und Pflichten, die zwischen gleichen, aber auch zwischen voneinander abhängigen Personen bestehen können.

Individuelle Rechte und staatliche Herrschaft

Mit Hilfe der skizzierten Theorie der Rechte lassen sich nun schützenswerte Interessen bei den Bürger*innen eines Staates identifizieren, die beispielsweise einen Bereich privaten Lebens abgrenzen, der staatlicher Herrschaft entzogen ist. Dies hat zur Folge, dass nicht alles staatlich verboten ist, was in moralischer Hinsicht zu verurteilen ist. So mögen Sie beispielsweise Ihre*n Partner*in betrügen und dies mag normativ verwerflich sein. Gleichwohl stellt es in liberalen Rechtsstaaten keine strafbare Handlung dar, da Ihre Privatsphäre aufgrund besonderer Schutzrechte staatlichen Eingriffen entzogen ist. Rechte spielen in den unterschiedlichsten Kontexten eine Rolle. Sie können begründen, warum gewisse sozioökonomische Standards in Staaten garantiert sein sollten. Sie sind relevant beim Umgang mit strukturellem Rassismus, indem sie beispielsweise Schranken für Racial Profiling setzen. Sie erlauben zu diskutieren, was Menschen etwa angesichts gravierender sozioökonomischer Ungleichheit einander schulden. Und sie spielen auch eine Rolle bei der Verteilung von Lasten im Klimaschutz. Schließlich erlauben sie, gewisse Schutzstandards für Migranten, Asylsuchende, Kinder, Senioren und viele weitere Gruppen zu begründen. Folgt man dieser Konzeption von Rechten, dann ist die Reichweite von Rechten nicht auf menschliche Akteure beschränkt. Auch Tiere als nichtmenschliche Akteure hätten dann insofern Rechte, als dass sie schützenswerte Interessen haben. An dieser Stelle ist noch einmal der Hinweis wichtig, dass es sich hier um normativ begründete Rechte handelt. Dies bedeutet nicht, dass diese Rechte sich in den Gesetzen eines Landes wiederfinden müssen. Allerdings können wir vor dem Hintergrund einer normativen Theorie der Rechte die gegebene rechtliche Ordnung eines Staates kritisieren, wenn diese Ordnung philosophisch begründete Rechte nicht angemessen berücksichtigt. Wie Sie gesehen haben, sind Rechte in nahezu allen Gebieten privaten und öffentlichen Lebens relevant. Es lohnt daher, sich eingehender mit ihnen zu beschäftigen.

Auch bei diesen Themen finden sich viele Anknüpfungspunkte zu Forschungsgebieten, sowohl in der Politikwissenschaft als auch in benachbarten Disziplinen. Beispielsweise ist es ein zentrales Thema in der Didaktik der Politikwissenschaft und der Entwicklungspsychologie, wie man demokratische Kompetenzen und Normen vermitteln und Heranwachsende zu Bürgern erziehen kann (siehe etwa Rippl, Seipel, und Kindervater (2015) und Dewey (1903)). Auch wird in der Vergleichenden Politikwissenschaft untersucht, ob es zwischen der Art des Regierungssystems und den jeweils gewährten Freiheits- oder Eigentumsrechten einen Zusammenhang gibt (Bollen und Paxton 2000; Boix, Miller, und Rosato 2013). Auch in den Rechtswissenschaften beschäftigt man sich mit Rechten und Pflichten, wenn es beispielsweise darum geht, welche Implikationen bestimmte Rechte haben – allerdings aus juristischer Perspektive und mit dem Fokus auf formal verankerte Rechte und Pflichten (Horn 2011). Und schließlich, wenn es um den internationalen Schutz von Menschenrechten geht, finden sich Arbeiten der Normativen Politischen Theorie neben empirisch orientierten Untersuchungen aus Sicht der Internationalen Politik und juristischen Arbeiten zu diesem Thema (siehe etwa Freeman 2022). Sie sehen, die Theorie der Rechte bietet ein breites Spektrum potenzieller Anwendungsgebiete.

Rechte in der empirischen Forschung

(3) Der dritte hier ausgewählte Gegenstandsbereich der Normativen Politischen Theorie betrifft das Verhältnis zwischen Staaten. Hier könnte man fragen, ob dies wirklich einer eigenen Kategorie bedarf, da dies doch der Interaktion zwischen Individuen ähnelt. In der Tat gibt es hier insofern eine große Ähnlichkeit zum vorher besprochenen Literaturstrang, als dass wir auch Staaten als Akteure bezeichnen können. Damit läge es nahe, staatliche und menschliche Akteure gleich zu behandeln und für die normative Betrachtung zwischenstaatlicher Beziehungen auf die gleichen Argumentationsmuster zurückzugreifen, die wir eben im zweiten Literaturstrang kennengelernt haben, als es um die Betrachtung der Beziehung zwischen Individuen ging. Dies ist jedoch nur in Teilen möglich, denn es gibt einen großen Unterschied zwischen diesen Fällen. Während für die zweite Perspektive kennzeichnend war, dass die Interaktion individueller Akteure innerhalb eines staatlichen Ordnungsrahmens stattfand, gilt dies nicht für die Interaktion zwischen staatlichen Akteuren. In aller Regel findet sich hier kein Gewaltmonopol, das Rechte schützen und Pflichten einfordern kann. Hier geht es im besten Fall um die Entstehung staatsähnlicher, supranationaler Institutionen, die die Interaktionen zwischen Staaten bzw. zwischen supranationalen Einheiten, Staaten und ihren Bürgern regulieren.

Verhältnis zwischen Staaten

Vor diesem Hintergrund stellen sich nun ganz andere Fragen: Dies wird unmittelbar einsichtig, wenn es um Krieg und Frieden geht und Fragen der moralischen Bewertung militärischer Gewalt analysiert werden. Hier wird etwa diskutiert, ob es legitime Anwendungen kriegerischer Mittel gegenüber anderen Staaten geben kann, oder unter welchen Bedingungen Sezessionsbestrebungen von Teilpopulationen eines Landes legitim sind. Typische Fragestellungen lauten: Welche Mittel dürfen zur Durchsetzung staatlicher Interessen in der internationalen Politik eingesetzt werden? Welche besonderen Pflichten bestehen zwischen den Teilen eines zerfallenden Staates? Wie sollten prinzipiell die Beziehungen zwischen Staaten reguliert werden? Welche Akteure sollten in den internationalen Institutionen Mitglied sein? Wie sollten Institutionen gestaltet sein, damit ihre Entscheidungen Legitimität beanspruchen dürfen? Welche Reichweite sollten Regulierungen auf internationaler Ebene haben? Sollen diese Institutionen innerstaatliche Angelegenheiten in den Mitgliedsländern regulieren dürfen?

Theorie des gerechten Krieges

Die theoretische Auseinandersetzung mit solchen Fragen hat eine lange Tradition in der Ideengeschichte. Erste Ideen (2011a; 2011b) finden sich bereits in der Antike etwa bei Cicero (106-43 v.Chr.). Im frühen Mittelalter wurden diese Ideen dann von Augustinus von Hippo (354-430) aufgegriffen und in seinem Werk *De Civitate Dei* (2010) ausgebaut. Einflussreich für die heutige Diskussion der theoretischen Grundlagen des gerechten Krieges sind immer noch die Gedanken von Thomas von Aquin (1225–1274), die dieser unter anderem in theoretischer Auseinandersetzung mit den antiken Schriften von Aristoteles in der *Summa Theologicae* entwickelte (von Aquin 2021). In dieser Schrift argumentiert er beispielsweise, dass ein Recht zum Krieg (*ius ad bellum*) etwa nur besteht, wenn es einen gerechten Kriegsgrund gibt und eine gerechte Kriegsabsicht vorliegt. Einen Überblick über die Geschichte der Theorie des gerechten Krieges bis zu den Überlegungen von Immanuel Kant finden Sie bei Sutor (2013).

Michael Walzer griff diese Ideen im 20. Jahrhundert wieder auf und setzte mit seinem Buch *Just and Unjust Wars* ([1977] 2015) einen zentralen Bezugspunkt für die moderne Diskussion der Theorie des gerechten Krieges. Demnach müssen für die Beurteilung eines Krieges die folgenden Fragen getrennt betrachtet werden: Erstens kann man diskutieren, ob es einen gerechten Grund zum Krieg gibt (*ius ad bellum*). Davon unabhängig stellt sich die Frage, ob der Krieg gerecht geführt wird (*ius in bello*). Demnach sind Angriffskriege beispielsweise niemals gerechtfertigt. Allerdings haben Staaten unter gewissen Bedingungen ein Recht auf Krieg, wenn etwa ein gerechter Kriegsgrund vorliegt. Dies könnte etwa sein, wenn man sich gegen einen Angriff eines Staates wehren muss und dieser Krieg mit der richtigen Gesinnung geführt wird. Um dem Recht im Krieg Genüge zu tun, müssen Standards der Kriegsführung eingehalten werden. Diese fordern etwa

Recht zum Krieg und Recht im Krieg

den besonderen Schutz der Zivilbevölkerung, die Verhältnismäßigkeit der eingesetzten Mittel sowie die Einhaltung besonderer Regeln beim Umgang mit Kriegsgefangenen. In der modernen Diskussion der Theorie des gerechten Krieges wird darüber hinaus auch noch die Frage diskutiert, welche Rechtsmaßstäbe zur Beendigung eines Krieges (*ius post bellum*) Anwendung finden sollten. Auch hier können besondere normative Anforderungen formuliert werden, die etwa die Frage von Reparationen sowie Kompensationszahlungen zum Wiederaufbau der Infrastruktur umfassen.

Die Bandbreite an Themen in diesem dritten Gebiet der Normativen Politischen Theorie beschränkt sich jedoch nicht auf Fragen von Krieg und Frieden. Daneben wird beispielsweise auch diskutiert, inwieweit Kategorien distributiver Gerechtigkeit, wie wir sie etwa aus den vertragstheoretischen Schriften von John Rawls kennen, im internationalen Kontext Anwendung finden dürfen. Hier stehen sich kosmopolitische und anti-kosmopolitische Positionen gegenüber. Während Vertreter*innen des Kosmopolitismus argumentieren, dass es für die Geltung distributiver Gerechtigkeitsansprüche keinen Unterschied macht, ob man Bürger*in eines Landes ist oder nicht (Pogge 1992; 2007a; Beitz 2005), verneinen Anti-Kosmopolit*innen diese Position und argumentieren etwa, dass solche Ansprüche einen geteilten kulturellen Hintergrund (Miller 2007; 1988) oder effektive internationale Institutionen mit Sanktionsgewalt als Ermöglichungsbedingung (Nagel 2005) voraussetzen. Andere argumentieren, dass es zwar in normativer Hinsicht keinen Unterschied macht, ob eine Mitbürgerin oder ein Bürger eines anderen Landes in Not ist und Hilfe bedarf, jedoch aufgrund von Koordinationsproblemen praktische Gründe für besondere Pflichten zwischen Bürger*innen bestehen (Goodin 1988). Insgesamt finden sich in dieser Diskussion starke Bezüge auf das Gebiet der Vertragstheorie bzw. auf die Diskussion um individuelle Rechte und Pflichten.

Kosmopolitismus und Anti-Kosmopolitismus

Auch hier finden sich zahlreiche Anknüpfungspunkte zur empirisch orientierten Politikwissenschaft. So gibt es beispielsweise in den internationalen Beziehungen eine Diskussion zur Frage, wie internationale Institutionen gestaltet sein sollten, damit sie effizient funktionieren (Koremenos, Lipson und Snidal 2001). Auch in der Rechtswissenschaft (Petersmann 2008) oder der Literatur zur Bewältigung des Klimawandels (Caney 2008; Gardiner 2004) finden sich thematische Überschneidungen.

Weiterführende Literatur

Becker, Michael, Johannes Schmidt, und Reinhard Zintl. 2021. *Politische Philosophie*. 5. akt. Aufl. UTB. Paderborn: Ferdinand Schöningh.

Kersting, Wolfgang. 2016. *Vertragstheorien: kontraktualistische Theorien in der Politikwissenschaft*. Brennpunkt Politik. Stuttgart: W. Kohlhammer.

Koller, Peter. 1987. *Neue Theorien des Sozialkontrakts*. Schriften zur Rechtstheorie. Berlin: Duncker & Humblot.

Nida-Rümelin, Julian. 2009. *Politische Philosophie der Gegenwart: Rationalität und politische Ordnung*. UTB: Grundzüge der Politikwissenschaft. Stuttgart: W. Fink.

Swift, Adam. 2019. *Political Philosophy: A Beginners' Guide for Students and Politicians*. 4. Aufl. Cambridge: Polity Press.

Wolff, Jonathan. 2022. *An Introduction to Political Philosophy*. 4. Aufl. Oxford: Oxford University Press.

3.3 Was ist Positive Politische Theorie?

Woran erkennen Sie nun, ob es sich bei einer Fragestellung oder einer Arbeit um eine solche handelt, die in das Gebiet der Positiven Politischen Theorie fällt?[6] Normative Arbeiten lassen sich, wie Sie gesehen haben, relativ einfach von empirischen Arbeiten abgrenzen, wie Sie sie etwa in Vergleichender Politikwissenschaft, Internationalen Beziehungen oder Politischer Soziologie schreiben würden. Wenn Sie normative Fragestellungen untersuchen, bearbeiten Sie auf jeden Fall eine theoretische Fragestellung. Aber es gibt innerhalb der Politischen Theorie auch Fragestellungen, die *nicht* normativ sind. In diesem Fall haben Sie die Frage noch nicht geklärt, ob es sich um eine empirische oder eine theoretische Arbeit handelt. Wir brauchen also noch mehr, um dieses Problem anzugehen. Wir haben oben (s. 3.1) ein grobes, eher intuitives Orientierungskriterium eingeführt. Demnach sei die Frage entscheidend, wohin man schauen muss, um die Forschungsfrage beantworten zu können: Wenn man in die Welt blicken muss, handelt es sich um eine empirische Fragestellung. Man hat es dann mit einer theoretischen Forschungsfrage zu tun, wenn man sich mit Theorien beschäftigen muss, um die Frage zu beantworten.

Abgrenzung normativer, empirischer und theoretischer Fragestellungen

Sicherlich bietet dieses Kriterium erste Orientierung. Allerdings arbeiten auch empirische Politikwissenschaftler*innen mit Theorien. Zuweilen ist deren Erkenntnisinteresse sogar insofern theoretisch, als dass

6 Der Begriff der Positiven Politischen Theorie wird manchmal gleichgesetzt mit einer spezifischen ökonomischen Perspektive auf politische Phänomene. Hier dient er zur Kennzeichnung eines Gegenstandsbereichs innerhalb der Politischen Theorie.

es auf die Entwicklung von Theorien abzielt. Stellen Sie sich eine Forscherin vor, die sich mit den Ursachen der Impfskepsis im Zuge der Pandemie auseinandersetzt. Sie vermutet, dass dafür auch neue Kommunikationsstrukturen in sozialen Medien eine Rolle gespielt haben und entwickelt vor dem Hintergrund ihrer empirischen Untersuchungen eine Theorie, die zeigt, wie technische Eigenschaften sozialer Netzwerke dazu beitragen, dass Mitglieder einer Gruppe dieselben falschen Auffassungen vertreten. Umgekehrt untersuchen auch manche Theoretiker*innen, was in Texten steht und müssen dafür in Bücher schauen, die offensichtlich Objekte in der Welt sind. Arbeiten diese Wissenschaftler dann empirisch oder theoretisch? Wie Sie sehen, scheint diese Abgrenzung zwischen theoretischen und empirischen politikwissenschaftlichen Arbeiten bzw. Fragestellungen nicht hinreichend klar zu sein. Das liegt schlicht auch daran, dass die Klärung der Frage nicht einfach ist: Wenn Politische Theoretiker*innen im Gebiet der Positiven Politischen Theorie beabsichtigen, theoretisches Instrumentarium zur Beschreibung bzw. Erklärung von Phänomenen zu entwickeln, liegt ihre Forschung eher auf einem Kontinuum zu empirischer politikwissenschaftlicher Forschung als diesseits einer scharfen Grenze.

Theoretische und empirische Forschung

Wir wollen dennoch versuchen, diesen Unterschied zwischen theoretischer und empirischer politikwissenschaftlicher Forschung im Gebiet der Positiven Politischen Theorie noch etwas klarer zu machen. Dafür schlagen wir eine Differenzierung vor, die Ihnen helfen soll, theoretisches Arbeiten als solches zu identifizieren. Sie können dafür auf zwei Kriterien zurückgreifen:

Erstens handelt es sich um theoretisches Arbeiten, wenn Sie Ihr Erkenntnisziel mittels *nicht-empirischer Methoden erreichen* und dafür etwa auf eine Begriffsanalyse oder die Analyse der Argumentationsstruktur setzen (3.3.1). Damit decken Sie, grob gesagt, etwas auf eine Art und Weise auf, die nicht erfordert, dass Sie jenseits Ihres Schreibtischs ‚nachschauen' müssen. Sie fragen z.B. nicht, ob oder warum der politische Akteur A die Ansicht X vertritt, sondern was es konzeptionell bedeutet, die Ansicht X zu vertreten.

Analyse von Begriffen und Argumentationsstruktur

Zweitens kann das Erkenntnisziel der Arbeit theorieorientiert statt empirieorientiert sein (3.3.2). Sie wollen z.B. nicht anhand einer Theorie einen empirischen Fall erklären, sondern mit einer Analyse des Falls etwas darüber herausfinden, wie die allgemeine Theorie über Fälle solcher Art aussieht oder welche Besonderheiten ein spezifisches Modell aufweist. Typisch dafür sind beispielsweise die Arbeiten von Elinor Ostrom (1990; 2000), die in ihren Büchern eine Reihe geglückter Fälle der lokalen Bereitstellung von Allmendegüter behandelt. Ihr primäres Erkenntnisziel liegt jedoch nicht auf der Erklärung dieser Fälle, sondern auf der Entwicklung einer allgemeinen Theorie der selbstorganisierten

Erkenntnisziel ist theorieorientiert

Produktion von Allmendegütern auf lokaler Ebene. Für den Zweck der Entwicklung allgemeiner Theorien in den Sozialwissenschaften kann sogar mit *kontrafaktischen* Annahmen gearbeitet werden. In diesen Fällen setzen sich Wissenschaftler, um etwas über eine politikwissenschaftliche Theorie zu lernen, mit hypothetischen statt mit realen Fällen auseinander: etwa indem sie ein *plausibles Gegenbeispiel* für eine notwendige oder eine hinreichende Bedingung vorbringen, statt sie mit empirischen Daten zu falsifizieren. So arbeitet Olson mit hypothetischen Überlegungen, wenn er in der Logik kollektiven Handelns (Olson 1998, 21 f.) diskutiert, warum es kleinen Gruppen im Gegensatz zu großen Gruppen gelingen kann, Kollektivgüter – also Güter, von deren Konsum niemand ausgeschlossen werden kann – selbstorganisiert bereitzustellen. Dafür greift er auf den hypothetischen Fall einer Gruppe von Vermögensbesitzern zurück, die sich für eine geringere Vermögensbesteuerung einsetzt, ohne diesen weiter empirisch zu spezifizieren. Er zeigt, dass in solchen Situationen der Nutzen des Anteils am Kollektivgut, den jedes Gruppenmitglied erhält, größer ist als die jeweiligen Kosten der individuellen Beiträge, so dass sich jeder an der Produktion des Kollektivguts beteiligt.[7] Dieses Beispiel basiert natürlich auf allgemeinem empirischen Hintergrundwissen darüber, wie eine solche Interaktion plausiblerweise ablaufen würde, aber nicht auf irgendwelchen konkreten Fällen, die untersucht werden würden.

Olson und die Logik kollektiven Handeln

Hypothetische Fälle und theoretisches Arbeiten

Insofern Sie hier mit hypothetischen Fällen hantieren, die über das Universum der realen Fälle hinausgehen, handelt es sich typischerweise um eine Fragestellung der Positiven Politischen Theorie. Zu einem Grenzfall wird es, wenn Sie für Ihre Diskussion auf *reale* Fälle zurückgreifen. Hier ließen sich vielleicht Schriften von Bueno de Mesquita einordnen, der seine *selectorate theory* anhand historischer Beispiele illustriert und entwickelt (Bueno de Mesquita 2007; Bueno de Mesquita u. a. 2005). Damit positionieren Sie sich auf dem Kontinuum zwischen Positiver Politischer Theorie und empirischer Politikwissenschaft mit theoretischem Fokus in dem Graubereich, der von beiden Seiten bearbeitet wird.

Im Folgenden sollen Sie nun einen Einblick in konkrete Methoden bekommen, die in der Positiven Politischen Theorie Anwendung finden und es Ihnen auf diesem Wege erlauben, solche Arbeiten zu identifizieren.

---

7 Olson spricht hier über Güter, von deren Konsum andere ausgeschlossen werden können und die teilbar sind. Dies trifft nicht auf alle Güter zu. Eine saubere Umwelt wäre beispielsweise ein Gut, von dem niemand ausgeschlossen werden kann. Hier müssen andere Mechanismen wirken, damit das Gut produziert werden kann. Wenn dafür nicht auf den Staat zurückgegriffen werden kann, können nur Faktoren wie die Sichtbarkeit der individuellen Beiträge oder spezifische Normen zur Produktion beitragen.

3.3.1 Begriffsanalyse und Rekonstruktion als Methoden der Positiven Politischen Theorie

Stellen Sie sich vor, Sie arbeiten in einem Ministerium und interessieren sich dafür, wie responsiv Demokratien auf die Bedürfnisse der Bürger*innen reagieren, wie effektiv sie Probleme lösen können und öffentliche Güter bereitstellen – was man auch als die „Performanz" von Demokratien bezeichnen kann. Sie finden nun in der Literatur Belege dafür, dass Demokratien, deren Bürger*innen über ein hohes Maß an Sozialkapital verfügen, auch eine bessere demokratische Performanz zeigen. Sie fragen sich vor diesem Hintergrund, welche Faktoren zu einer besseren Ausstattung von Sozialkapital führen und finden aufgrund einer Expertenbefragung und eigenen Recherchen den Hinweis, dass Vertrauen zu einer höheren Ausstattung mit Sozialkapital führen soll. Gleichzeitig wissen Sie, dass Vertrauen sich u.a. in Vereinen und sozialen Netzwerken formen kann. Diese wollen Sie jetzt in Ihrem Ministerium fördern. Kurz bevor Sie loslegen und einen ersten Antrag für finanzielle Mittel einreichen wollen, treffen Sie auf einer Party einen ehemaligen Kommilitonen und erzählen ihm von Ihren Plänen. Er reagiert irritiert und erwidert, dass Sozialkapital doch definiert sei über Netzwerke, Normen und soziales Vertrauen. Und Vertrauen die zentrale Komponente sozialen Kapitals sei. Daher können Vertrauen, Vereine und soziale Netzwerke keine kausalen Faktoren (auch Bestimmungsfaktoren genannt) für die Entstehung von Sozialkapital sein.[8] Er endet mit dem argumentativen Todesstoß, dass dies doch sehr nach einem tautologischen Zusammenhang klinge.

Sozialkapital und Vertrauen

Am nächsten Tag teilen Sie Ihrer studentischen Hilfskraft mit, dass sie die Recherchen einstellen soll. Doch die Begründung dafür überzeugt sie nicht. Methodisch gut ausgerüstet nach dem Besuch eines Methodenseminars in Politischer Theorie schlägt ihr Hiwi vor, doch zunächst einmal eine Begriffsexplikation zu machen, bevor man die gesamte Idee aufgibt.

Begriffsexplikation

Begriffsexplikation bezeichnet eine Methode, die auf Rudolf Carnap (1959, 12 f.) zurückgeht. Sie ist ein Verfahren zur semantischen Präzi-

8 An dieser Stelle sollte man sich den Unterschied zwischen konstitutiven und kausalen Gründen vor Augen halten. Dieser lässt sich gut an dem Beispiel einer instabilen Demokratie erläutern. Wenn ein Akteur sagt, dass es sich bei Land X um eine instabile Demokratie handelt, weil es dort zu sehr häufigen Regierungswechseln mit radikalem Politikwandel kommt, dann sollte dieses ‚weil' nicht kausal verstanden werden. Stattdessen folgen nach dem ‚weil' konstitutive Gründe, die letztlich die Indikatoren einer instabilen Demokratie abbilden. Grob gesagt: Konstitutive Gründe stellen keine kausalen Ursachen eines Phänomens dar, sondern erfüllen Definitionskriterien dafür, dass das Phänomen vorliegt (im Detail dazu: Brenner u. a. 2021).

sierung von Begriffen und dient dazu, von einem unscharfen Begriff der Alltags- oder Wissenschaftssprache einen wissenschaftlich brauchbaren Begriff zu entwickeln. Dabei bezeichnet man mit Explikandum den gegebenen, unscharfen Begriff, während der exakte Begriff, der an die Stelle des Explikandums treten soll, Explikat genannt wird. Das gesamte Verfahren wird Explikation genannt. So verwendet beispielsweise Stegmüller (1983b) dieses Verfahren, um ausgehend vom alltagssprachlichen Erklärungsbegriff einen wissenschaftlich fruchtbaren Erklärungsbegriff zu explizieren. In der Astronomie hat Pluto aufgrund einer Explikation des Planetenbegriffs seinen Status als Planet verloren (Pinder 2022). Dabei wurde argumentiert, dass der Planetenbegriff an Fruchtbarkeit gewinnt, wenn er um ein weiteres Kriterium ergänzt wird. So soll zusätzlich gelten, dass ein Planet aufgrund seiner Gravitation seine Umgebung von Trümmern säubern kann. Aufgrund dieses Kriteriums verlor Pluto dann den Planetenstatus im astronomischen Diskurs. Inwieweit sich diese Begriffsexplikation dann auch in der alltagssprachlichen Verwendung des Begriffs widerspiegeln sollte, ist eine andere Frage.

Fruchtbarkeit eines Begriffs

Die Methode der Begriffse*xplikation* wird dabei häufig zwei ähnlich klingenden Umgangsweisen mit Begriffen gegenübergestellt: Das Konzept der Begriffs*analyse* und das der Begriffs*stipulation*. Beiden ist es, wie wir oben sagten, darum bestellt, einen Begriff, der im Kontext einer bestimmten Theorie relevant sein soll, besser zu verstehen. Der Unterschied zwischen diesen Methoden dreht sich um die Frage, welchen Zielkriterien die Entwicklung des Begriffs folgt – und damit z.B. auch darum, was erfolgreiche Gegenbeispiele gegen eine vorgeschlagene Definition ausmachen.

Begriffsanalyse

Wenn Sie Begriffs*analyse* betreiben, möchten Sie einen Begriff, den es in unserem außerwissenschaftlichen Sprachgebrauch bereits gibt, möglichst gut verstehen: Sie möchten herausfinden, wie wir diesen Begriff bereits verstehen und wie wir ihn in für unsere Theorie interessanten Fällen verwenden würden. Dementsprechend müssen Sie sich bei einer Begriffsanalyse Einwänden der Art stellen: „Aber das würden wir doch in folgender Fallkonstellation nicht wirklich ‚Vertrauen' nennen!"

Begriffsstipulation

Eine Begriffs*stipulation* hingegen verzichtet vollständig auf diesen Anspruch, unserem natürlichen Sprachgebrauch möglichst treu zu sein. Wenn Sie einen Begriff für die Zwecke Ihrer Theorie stipulativ definieren, dann können Sie im Prinzip sagen: „In diesem Text werde ich das Wort ‚rot' für alles verwenden, was blau ist." Und das ist nicht notwendigerweise ein Problem: Denn im Grunde können wir ja die Begriffe, die wir in unserer Forschung verwenden, definieren, wie wir wollen. Dabei ist vorausgesetzt, dass wir ganz klar sagen, was wir damit meinen. (Viele Fachbegriffe haben z.B. gar kein Pendant in der Alltagssprache.) Das Problem, das sowohl Begriffsstipulation als auch -explikation adressieren, ist, dass wir das trotzdem häufig nicht tun: Wir greifen auf Begriffe zurück, deren Bedeutung im Rahmen der fraglichen Theorie nicht hinreichend geklärt ist. Wenn wir aber einen Begriff stipulativ definieren können, wie auch immer wir wollen, und uns unser normaler Sprachgebrauch kein Entscheidungskriterium liefert, wie entscheiden wir uns dann, wie wir den Begriff explizieren sollten? Hier lautet die Antwort im Rahmen einer Begriffsexplikation: Wir interessieren uns für Begriffe ja nicht, weil wir pedantisch ‚Sprachpolizei' spielen wollen, sondern weil wir etwas *mit ihnen anfangen* wollen. Die Zwecke, für die wir den Begriff verwenden wollen, geben uns aber sehr wohl ein Kriterium an die Hand: seine *Nützlichkeit* für unsere Forschung.[9]

Explikation von Vertrauen

Wir sind daher im Folgenden an einer Begriffsexplikation interessiert. Unser Ausgangspunkt ist ja eine wissenschaftliche Diskussion, aus der wir Sinn machen wollen. In unserem Beispiel soll es uns nun darum gehen, den Begriff des Vertrauens zu explizieren, da Vertrauen als der zentrale Bestandteil von Sozialkapital angesehen wird (Putnam 1993, 170). Manche verwenden die Begriffe sogar synonym (J. Knight 1998, 756). Das Ziel unserer Explikation ist es, einen gehaltvollen, wissenschaftlich fruchtbaren Begriff von Vertrauen zu entwickeln. Dieser kann dann in einem zweiten Schritt verwendet werden, um eine Rekonstruktion des oben angedeuteten Forschungsstands zu den Bestimmungsfaktoren sozialen Kapitals vorzunehmen.

Qualitätskriterien Explikation

Das intendierte Ergebnis einer Explikation ist eine exakte Definition des Ausgangsbegriffs. Eine Explikation erfordert nun, dass eine Reihe von Qualitätskriterien erfüllt sein müssen. So muss das Explikat dem ursprünglichen Begriff hinreichend ähnlich sein, damit in einem Großteil der Fälle, bei denen bisher das Explikandum verwendet wurde, nun das Explikat verwendet werden kann. Darüber hinaus müssen Bedeutungsunklarheiten beseitigt werden, indem Regeln formuliert werden, wie der neue Begriff verwendet werden soll. Und schließlich soll der neue Begriff fruchtbar sein, d.h. er soll einen epistemischen Vorteil gegenüber dem Ausgangsbegriff aufweisen. Dies könnte z.B. bedeuten, dass der neu gewonnene Begriff die Formulierung generel-

9 Durch die Hintertür kommt an dieser Stelle zumeist dann doch wieder unsere Alltagssprache ins Spiel: Schließlich werden Begriffe, die unserem normalen Sprachgebrauch völlig zuwiderlaufen, häufig reichlich unpraktisch sein, weil sie der für die kooperativen Ziele unseres wissenschaftlichen Unterfangens gebotenen kommunikativen Effizienz nicht gerecht werden (vgl. Kap. 8.1): Sie würden uns unnötig in die Irre führen oder müssten erst wie eine Fremdsprache erlernt werden.

ler Aussagen erlaubt, die mit dem Ursprungsbegriff nicht möglich waren. Dieses Verfahren hat die Konsequenz, dass Sie im Gegensatz zur Begriffsanalyse bei einer Explikation durchaus vom Alltagsgebrauch abweichen können, wenn dies zu einer epistemisch vorteilhaften Begriffsverwendung führt.

Kommen wir zurück zu unserem Ausgangsbeispiel und zur Verwendung des Vertrauensbegriffs im Kontext der Sozialkapitaltheorie. Eine genaue Betrachtung der Verwendungsweise des Vertrauensbegriffs zeigt, dass dieser hier mehrdeutig verwendet wird (siehe Faust und Marx 2004). Auf der einen Seite versteht man unter Vertrauen etwas, das sich situationsabhängig ändern kann: Vertrauen wird hier als Erwartungshaltung aufgefasst, als Risikoeinschätzung, ob sich eine einseitige Vorleistung lohnt. Diese Nutzenerwartung ist abhängig von situationsspezifischen Charakteristika wie beispielsweise der Wahrscheinlichkeit zukünftiger Interaktionen, der Sichtbarkeit der Handlungen oder der Qualität der verfügbaren Informationen über den anderen Akteur. Alle diese Variablen beeinflussen die subjektive Einschätzung des Akteurs, für wie wahrscheinlich er die kooperative Erwiderung des anderen Akteurs in einer spezifischen Situation einschätzt. Das haben Sie zum Beispiel im Sinn, wenn Sie sich fragen, ob Sie im Zug dem Fahrgast gegenüber vertrauen, einen Blick auf Ihr Gepäck zu haben, während Sie auf die Toilette gehen.

Vertrauen als Risikoabschätzung

Auf der anderen Seite kann man unter Vertrauen aber auch eine grundsätzliche, situationsübergreifende Einstellung verstehen, die man anderen Personen (häufig eines spezifischen Typs) prinzipiell entgegenbringt. Diese Einstellung sollte gerade nicht von situationsspezifischen Charakteristika abhängig sein. Stattdessen ist sie in Sozialisationsprozessen erlernt worden und ein stabiles Persönlichkeitsmerkmal. Sie entspricht eher einer Art Grundvertrauen, das nicht von Nutzenerwägungen beeinflusst sein soll und über Sozialisationsprozesse erlernt wird und ein stabiles Persönlichkeitsmerkmal darstellt. Das meinen wir etwa, wenn wir in einer Umfrage ermitteln wollen, ob Menschen in Norditalien ein höheres soziales Vertrauen in ihr soziales Umfeld haben als Menschen in Süditalien (Putnam 1993).

Vertrauen als generelle Einstellung

Wir sehen also zwei unterschiedliche Verständnisse von Vertrauen. Mit Hilfe einer Begriffsexplikation kann man hier nun Klarheit schaffen, was man für den gewünschten Zweck unter Vertrauen verstehen möchte. Ihr Hiwi schlägt nun vor, den Vertrauensbegriff als Risikoeinschätzung zu explizieren. Vertrauen wird damit als Erwartung verstanden, dass eine einseitig getätigte Vorleistung sich auszahlt. Ein so gefasster Vertrauensbegriff als Entscheidung unter Unsicherheit lässt sich, wie Coleman (1991, 132) zeigt, formal präzise formulieren, und es können Regeln spezifiziert werden, unter welchen Bedingungen wir somit von Vertrauen reden wollen. Dieser Vertrauensbegriff erlaubt auch allgemeinere, kausale Hypothesen darüber aufzustellen, unter welchen Bedingungen es wahrscheinlicher wird, dass Vertrauen gegeben oder entzogen wird. Dies werden wir sehen, wenn wir im folgenden Schritt eine handlungstheoretische Rekonstruktion der Vertrauenstheorie und von sozialem Kapital entwickeln. Der Vertrauensbegriff umfasst dann Situationen, in denen ein Treugeber vor der Wahl steht, ob er eine einseitige Vorleistung erbringen möchte. Der Treugeber leistet diese Vorleistung, wenn er erwartet, dass der Treunehmer diese Vorleistung kooperativ erwidert und nicht ausbeutet. Erst die kooperative Erwiderung der Vorleistung würde zu einem Nutzengewinn des Treugebers führen. Da diese Erwiderung jedoch in der Zukunft erfolgen wird, ist eine Vertrauensentscheidung riskant. Dieser Vertrauensbegriff sei, so Ihr Hiwi, darüber hinaus dem alltagssprachlichen Verständnis von Vertrauen hinreichend ähnlich, da er eine Vielzahl von Fällen abdecke, die man auch normalsprachlich als Vertrauenssituationen bezeichne. Schließlich sei diese Explikation fruchtbar, da ein so verstandener Vertrauensbegriff allgemeine Aussagen über den Zusammenhang zwischen situativen Merkmalen und der Vertrauensvergabe erlaube. Darüber hinaus gelingt es mit dem so gefassten Vertrauensbegriff, den oben angedeuteten Zusammenhang zwischen sozialem Vertrauen und Sozialkapital theoretisch zu modellieren. Um dies zu sehen, müssen wir jedoch über eine Explikation des Vertrauensbegriffs hinausgehen.

Vertrauenssituation

In einem zweiten Schritt wollen wir uns nun den tautologisch anmutenden Zusammenhang von Vertrauen und Sozialkapital genauer ansehen. Dafür werden wir auf die Methode der *Rekonstruktion* einer Theorie zurückgreifen (Stegmüller 1967). Das Ziel unserer Rekonstruktion der Sozialkapitaltheorie ist es, die Bestandteile der Theorie inklusive des oben explizierten Vertrauensbegriffs in eine sozialwissenschaftlichen Standards genügende Handlungstheorie einzubetten. Unter Rekonstruktion versteht man dabei ein Verfahren, bei dem eine Formulierung einer Theorie durch eine klarere Formulierung ersetzt wird, die Auslegungsspielräume beseitigt und möglichst alle Annahmen explizit macht. Dies bedeutet Stegmüller zufolge, die logische Struktur eines Systems von Aussagen herauszuarbeiten. Nachdem der Vertrauensbegriff expliziert wurde, zielt das Verfahren nun darauf ab, eine konsistente Formulierung der untersuchten Theorie zu entwickeln. Auch diese Methode muss einer Reihe von Qualitätskriterien genügen: den Prinzipien der Similarität (Ähnlichkeit), der Präzision und der Konsistenz. Dabei fordert Similarität die Adäquatheit der Rekonstruktion im Hinblick auf die Intention der Autor*innen. Das Prinzip der Präzision verlangt, dass die verwendeten Begriffe hinreichend präzise und an das in der jeweiligen Forschungsdebatte geläufige Vokabular anschlussfä-

Rekonstruktion einer Theorie

Qualitätskriterien Rekonstruktion

hig sind. Schließlich fordert das Konsistenzkriterium, dass die Aussagen, die Teil der rekonstruierten Theorie sind (oder logisch aus ihr folgen) widerspruchsfrei sein sollen (vgl. Kap. 4.4.2). Dabei kann es durchaus zu Zielkonflikten, etwa zwischen dem Prinzip der Similarität und dem der Konsistenz kommen. Wenn die Zielsetzung der Rekonstruktion auf die konsistente Reformulierung des ursprünglichen Argumentationszusammenhangs abzielt, dann dürfen Aussagen der Autor*innen präzisiert und sogar zu Lasten der Similarität korrigiert werden, um Konsistenz herzustellen. Dies verlangt unter Umständen, dass Lücken im ursprünglichen Argumentationsgebäude geschlossen werden müssen, Widersprüche beseitigt werden dürfen oder, falls mehrere Reformulierungen möglich sein sollten, die Rekonstruktion vorgenommen werden soll, die möglichst konsistent ist.[10]

Als Resultat der Rekonstruktion etwa eines historischen Textes oder – in unserem Fall – einer Vertrauenstheorie erhält man dann ein Modell oder eine empirisch überprüfbare Theorie. Dadurch kann ein historischer Text oder eine unausgegorene wissenschaftliche Theorie – trotz eines möglichen historischen Bedeutungswandels zentraler Begrifflichkeiten oder trotz wissenschaftlichen Fortschritts beispielsweise im Hinblick auf die verwendeten handlungstheoretischen Grundlagen – als ein Diskussionsbeitrag aufbereitet werden, der sich in der heutigen Debatte als fruchtbar erweisen kann (vgl. Burth 2010, 80:35 f.).

Wir folgen nun dieser Methode, um den Zusammenhang zwischen allgemeinen Einstellungen (generellem Vertrauen) und dem situationsspezifischen Entscheidungsverhalten von Akteuren (situationsspezifische Vertrauenseinstellung) zu klären. Unser Ausgangspunkt ist die oben dargestellte ursprüngliche Argumentation um Vertrauen und Sozialkapital. Da wir Vertrauen bereits expliziert haben als eine situations- und anreizabhängige Risikoabschätzung, muss die Rekonstruktion nun zeigen, wie sich die generelle Vertrauenseinstellung auf die situationsspezifische Vertrauensentscheidung auswirkt, um den oben angedeuteten Tautologievorwurf zu entkräften. Darüber hinaus muss man klären, welche kausale Funktion Netzwerke und Normen, die anderen Bestandteile von Sozialkapital, haben. Für diese Rekonstruktion kann man auf den aktuellen Forschungsstand zurückgreifen und etwa die Überlegungen von Ajzen und Fishbein heranziehen (Ajzen 1991; Ajzen und Fishbein 1980). Eine solche Rekonstruktion zeigt dann, dass Akteure mit allgemeinen Vertrauenseinstellungen ausgestattet sind, die

10 Dies sieht anders aus, wenn die Zielsetzung der Rekonstruktion auf die möglichst präzise Interpretation eines historischen Textes abzielt. In diesen Fällen wird das Prinzip der Similarität höher gewichtet, und Inkonsistenzen würden akzeptiert. Die Rangordnung der drei Prinzipien korrespondiert daher mit der Zielsetzung, die man mit der Rekonstruktion verfolgt.

sie in eine Handlungssituation als generelle Einstellung mitbringen (siehe dafür Frings 2010). Dies lässt sich beispielsweise in der Form eines Sequenzmodells modellieren. Diese generelle Vertrauenseinstellung, die man in eine Handlungssituation mitbringt, führt dann vor dem Hintergrund der vorliegenden Anreizsituation, die auch durch die anderen Bestandteile sozialen Kapitals, nämlich Normen und Netzwerke, geprägt sein kann, zu einer situationsspezifischen Risikoeinschätzung, die wir oben als Vertrauen expliziert haben. Auf diese Weise kann der zunächst tautologisch klingende Zusammenhang aufgelöst werden, dass Vertrauen sowohl Ursache (generelles Vertrauen) wie auch Bestandteil (situationsspezifisches Vertrauen) von Sozialkapital sei. In einer solchen Rekonstruktion wird dann darüber hinaus auch deutlich, dass Sozialkapital sowohl strukturelle (z.B. die Netzwerkeinbindung eines Akteurs) wie auch kulturelle Faktoren (generelle Vertrauenseinstellung eines Akteurs, soziale Normen) enthält und wie diese unterschiedlichen Faktoren im Rahmen einer integrativen Vertrauenstheorie miteinander verbunden werden können und auf die Vertrauensentscheidung des Akteurs einwirken.[11] Eine solche aktuellen sozialwissenschaftlichen Standards genügende Theorie sozialen Vertrauens kann dann verwendet werden, um zu *erklären*, wie und unter welchen Umständen Akteure soziales Vertrauen gewähren. Damit kommen wir zu einem zweiten Gegenstandsbereich der Positiven Politischen Theorie. Was heißt es eigentlich, einen Sachverhalt zu erklären und welche Art von Erklärungen sind eigentlich Gegenstand der Positiven Politischen Theorie?

Generelles Vertrauen und situationsspezifische Risikoabschätzung

3.3.2 Wissenschaftliches Erklären und Positive Politische Theorie

Wenn wir von Theorien aus der Positiven Politischen Theorie sprechen, dann geht es in aller Regel um *erklärende* Theorien: Ihre Funktion ist es, kausale Zusammenhänge zwischen bestimmten Phänomenen im Gegenstandsbereich der Politikwissenschaft möglichst präzise zu erfassen. Deswegen schadet es nicht, uns noch einmal ins Gedächtnis zu rufen, was wir eigentlich meinen, wenn wir im Kontext empirischer Wissenschaften von Erklärungen reden.

Politikwissenschaftlicher Erklärungsbegriff

Der sozialwissenschaftliche Erklärungsbegriff unterscheidet sich von unserem alltagssprachlichen Verständnis des Wortes: Letzterer ist mehrdeutig und umfasst beispielsweise auch Verwendungsweisen, die

11 Für eine ausführliche Darstellung der wissenschaftstheoretischen Grundlagen dieser Diskussion siehe Marx (2005). Eine handlungstheoretische Rekonstruktion des Sozialkapitalansatzes und dessen empirische Überprüfung im Rahmen einer integrativen Vertrauenstheorie findet sich bei Frings (2010).

darauf abzielen, die Bedeutung eines Begriffs oder eines Konzepts zu erläutern („Erklär mir doch mal, was Du damit meinst...“). In der Wissenschaftstheorie beschränken wir uns in aller Regel auf den zentralen Sinn von Erklärungen, demzufolge sie Antworten auf Warum-Fragen bieten (Stegmüller 1983a). Noch konkreter zielt der Erklärungsbegriff der Sozialwissenschaften – wie der anderer empirischer Wissenschaften auch – auf *kausale* Erklärungen ab (Stegmüller 2013). Hiermit wird die wissenschaftliche Praxis bezeichnet, empirische Phänomene deduktiv aus der Kombination von entsprechenden Randbedingungen und einem allgemeinen Gesetz bzw. einer Theorie abzuleiten. Die formale Struktur dieses Begriffsverständnisses einer wissenschaftlichen Erklärung wurde von Hempel und Oppenheim ausgearbeitet (Hempel und Oppenheim 1948; Rescher 1997).

Empirische Kausalerklärungen

Explanans	Allgemeines Gesetz	**X → Y**	*Wenn ein Staat eine Demokratie ist, dann führt er keine Kriege gegen andere Demokratien.*
	Randbedingungen	**X**	*Die USA sind eine Demokratie.*
Explanandum		**Y**	*Die USA führen keine Kriege gegen andere Demokratien.*

Abb. 3.1 Hempel-Oppenheim Schema

Zunächst gilt es bei einer Erklärung zwischen dem Explanans und dem Explanandum zu unterscheiden. Das Explanandum (lat. das zu Erklärende) bezeichnet das empirische Phänomen, das es zu erklären gilt. Dies kann ein singuläres Ereignis, eine Reihe von Ereignissen, aber auch ein bestimmter Typ von Ereignis sein. Mit Explanans (lat. das Erklärende) bezeichnet man den Bestandteil einer Erklärung, auf dem die Erklärungslast liegt. Es sind also die Elemente einer Erklärung, womit das Explanandum erklärt werden soll. Das Explanans besteht wiederum aus zwei Teilen: Ein Teil enthält mindestens ein allgemeines Gesetz (altgr. *nomos*, daher *deduktiv-nomologisch*), das man als Konditional (wenn F, dann G) ausdrücken kann. Der andere Teil besteht aus Antezedensbedingungen, auch Randbedingungen genannt: dem „Wenn...“-Teil einer Wenn-Dann-Aussage (dazu näher Kap. 4.1.1). Da aus einem Wenn-Dann-Satz zusammen mit dem Wenn-Teil der Dann-Teil deduktiv folgt, nennt sich dieses Erklärungsmodell auch deduktiv-nomologisches Erklärungsmodell.

Hempel und Oppenheim (1948) spezifizieren nun vier Adäquatheitsbedingungen, die erfüllt sein müssen, damit eine Erklärung gelingt:

Qualitätskriterien einer Erklärung

I. *Folgerungsbedingung*: Die logische Struktur eines deduktiven Schlusses muss gegeben sein.
II. *Gesetzesbedingung*: Es muss ein allgemeines Gesetz im Explanans enthalten sein.[12]
III. *Signifikanzbedingung*: Das Gesetz muss empirischen Gehalt haben und darf nicht aus begrifflichen oder logischen Gründen wahr sein.
IV. *Wahrheitsbedingung*: Alle Sätze des Explanans müssen wahr sein.

Die ersten drei Bedingungen betreffen die logische Struktur einer Erklärung. Die vierte Bedingung betrifft das Verhältnis zwischen den Sätzen des Explanans und den dadurch beschriebenen Eigenschaften der behandelten Phänomene in der Welt. Dieses anspruchsvolle Begriffsverständnis steht üblicherweise im Hintergrund, wenn im politikwissenschaftlichen Kontext von kausalen Erklärungen gesprochen wird.

Folgendes Beispiel kann die Nützlichkeit dieses Schemas für die Formulierung von Erklärungen illustrieren: Stellen Sie sich vor, zum ersten Mal in der Geschichte der Bundesrepublik hat eine Kandidatin einer rechtsradikalen Partei eine Landratswahl gewonnen, und Sie sind an der Frage interessiert, warum die Kandidatin einer rechtsradikalen Partei eine Landratswahl gewonnen hat. Die Formalisierung von Hempel und Oppenheim hilft nun, präziser zu benennen, welche Anforderungen an eine dies erklärende, politikwissenschaftliche Antwort gestellt werden sollten. Vor dem Hintergrund des Hempel-Oppenheim-Schemas lässt sich die obige Frage dahingehend präzisieren: Vor dem Hintergrund welches allgemeinen Gesetzes und welcher Randbedingungen tritt dieses Phänomen auf? Als Antwort erwarten wir die Benennung eines Explanans – bestehend aus mindestens einem allgemeinen Gesetz und den relevanten Randbedingungen. In ihrem Zusammenspiel erlauben diese Bestandteile dann die Erklärung des untersuchten Phänomens.

Sozialwissenschaftliche Erklärungen

Bis zu diesem Punkt findet sich kein Unterschied zwischen dem allgemeinen Erklärungskonzept und dem spezifischen in den Sozialwissenschaften (einschließlich der Politikwissenschaft). Methodologisch kann man aber noch mehr dazu sagen, welche Anforderungen eine sozialwissenschaftliche Erklärung erfüllen muss. James Coleman hat

12 Häufig werden diese Adäquatheitsbedingungen in politikwissenschaftlichen Erklärungen nicht erfüllt. Beispielsweise haben wir es in der Politikwissenschaft mit statistischen Aussagen zu tun und nicht mit wahren allgemeinen Gesetzen. In solchen Kontexten kann auf das induktiv-statistische Erklärungsmodell zurückgegriffen werden, das Schlüsse auf das Explanandum nur mit einer gewissen Wahrscheinlichkeit zulässt. In struktureller Hinsicht unterscheidet sich dieses Erklärungsmodell nicht von dem hier vorgestellten.

Methodologischer Individualismus

deren Besonderheiten in seinem Werk *Grundlagen der Sozialtheorie* folgendermaßen herausgearbeitet (Coleman 1991). Coleman ist ein Vertreter des *methodologischen Individualismus*, demzufolge politische und soziale Phänomene auf das Verhalten und die Interaktion von Individuen zurückzuführen sind. Gleichwohl zeichnen sich sozialwissenschaftliche Erklärungen laut Coleman dadurch aus, dass neben der Ebene individueller Akteure auch noch eine soziale Ebene existiert, die bei der Erklärung sozialer und politischer Prozesse berücksichtigt werden muss. Erklärungen in den Sozialwissenschaften sollten daher sowohl Makro- und Mikroebene als auch deren Wechselspiel modellieren.

Colemans Badewanne

Im Einzelnen setzt sich eine sozialwissenschaftliche Erklärung damit aus drei Schritten zusammen:

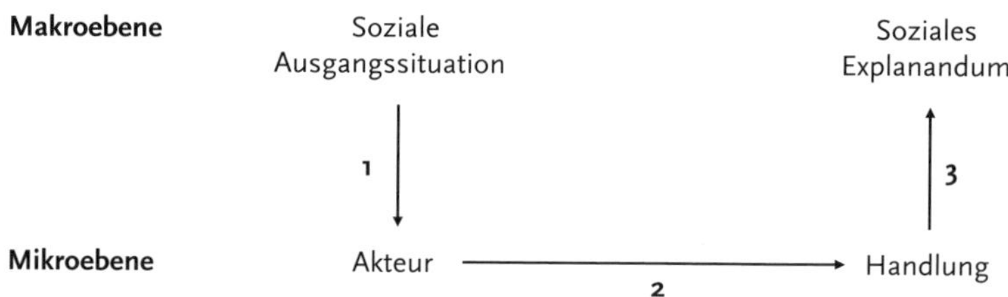

1: Definition der Situation, auch Logik der Situation genannt
2: Logik der Selektion
3: Logik der Aggregation

Abb. 3.2 Struktur-individualistisches Erklärungsprogramm

Definition der Situation

In einem ersten Schritt wird die Makroebene mit der Mikroebene verknüpft. Dieser Schritt wird auch *Definition der Situation* genannt. Hier gilt es, den Effekt der sozialen Struktur auf die Situationswahrnehmung des Akteurs zu modellieren und in Form von Brückenhypothesen zu formulieren. Dabei muss herausgearbeitet werden, welche Handlungsalternativen und -restriktionen der Akteur wahrnimmt und wie er sie bewertet. Im oben genannten Beispiel der Wahl einer rechtsradikalen Kandidatin bei einer Landratswahl müssen hier nun Makrovariablen identifiziert werden, die für die Wahlentscheidung der Wähler relevant sind. Dies könnten beispielsweise Einkommensunterschiede sein, die lokale Arbeitsmarktsituation, aber auch Faktoren wie die durchschnittlich empfundene Distanz zum politischen System, Personenspezifika des Kandidaten oder politische Einstellungen von Bekannten in sozialen Netzwerken. Wenn es gilt, die Besonderheit dieses Wahlkreises herauszuarbeiten, dann müsste dieser auch noch mit anderen Wahlkreisen oder Durchschnittswerten über alle Wahlkreise verglichen werden, um die Spezifika dieses Falles herauszuarbeiten. Ziel dieses Schrittes ist es, die relevanten Faktoren zu identifizieren und dann zu modellieren, wie diese die Wahrnehmung und Bewertung der Handlungsalternativen die Akteure beeinflussen.

Logik der Selektion

In einem zweiten Schritt muss dann auf der Mikroebene modelliert werden, wie sich der Akteur zwischen den, in der Entscheidungssituation gegebenen, Handlungsalternativen entscheidet. Nach welchen Prinzipien die Akteure eine Alternative aus der Vielzahl der in einer Situation gegebenen Handlungsalternativen auswählen, wird durch dieses Schema nicht festgelegt. Prinzipiell ist dieses Schema für jede Handlungstheorie offen, sofern sie einen Mechanismus für die Wahl einer Handlungsalternative anbieten kann. Exemplarisch kann man dies anhand der Rational-Choice-Theorie zeigen: In diesem Fall würden Akteure die Handlungsalternative wählen, die ihren Nutzen maximiert (vgl. Kap. 5.2.1). Dieser Schritt im struktur-individualistischen Erklärungsmodell wird auch *Logik der Selektion* genannt. Wenn Sie an die Überlegungen von Hempel und Oppenheim hinsichtlich des Erklärungsbegriffs zurückdenken, finden Sie in diesem Schritt die allgemeine Gesetzmäßigkeit. Prinzipiell ist diese Struktur einer Mehrebenenerklärung jedoch neutral in Hinblick auf die Frage, welche Entscheidungsregel (wie z.B. Nutzenmaximierung) verwendet wird. In unserem Beispiel müsste man nun zeigen, warum die Wähler*innen in ihrer Situation sich dazu entscheiden, ihre Stimme einer Kandidatin zu geben und nicht einer anderen.

Logik der Aggregation

Damit ist es aber noch nicht getan: In einem dritten Schritt gilt es, die individuell durchgeführten Handlungen dahingehend zu befragen, welchen Effekt sie auf der Makroebene erzeugen. Für unser Beispiel bedeutet dies, vor dem Hintergrund der Aggregationsregeln (hier institutionell definiert in Gestalt des Wahlrechts) die Wählerstimmen für die rechtsradikale Kandidatin aufzusummieren und diese zu vergleichen mit den Stimmen für die anderen Kandidat*innen. Falls hier Unterschiede hinsichtlich der institutionellen Vorgaben zwischen den Wahlkreisen bestehen, die dazu führen könnten, dass es wahrscheinlicher wird, dass in diesem einen Wahlkreis eine rechtsradikale Kandidatin gewinnt, dann müssten die hier erläutert werden. Wenn Sie dann zeigen können, dass die Voraussetzungen für die Wahl einer Landrätin (beispielsweise ein gewisses Quorum) in dem Fall vorliegen, haben Sie die einfache Forschungsfrage beantwortet und erklärt, warum eine rechtsradikale Kandidatin als Landrätin gewählt wurde. Wenn Sie darüber hinaus noch Besonderheiten dieses Wahlkreises herausarbeiten konnten, die es erklären können, warum sich dieser Wahlkreis von anderen unterscheidet, könnten Sie auch zur Beantwortung der etwas spannenderen Frage beitragen, warum es ausgerechnet dieser Wahlkreis war, in dem als erstes eine rechtsradikale Kandidatin gewählt wurde.

Schwierigkeit sozialwissenschaftlicher Aggregationsprozesse

Der hier beschriebene Aggregationsprozess gestaltet sich noch recht einfach. Es kann aber durchaus anspruchsvoll sein, herauszuarbeiten, wie sich Einzelhandlungen zu kollektiven Phänomenen aggregieren. Zuweilen ist ohne Rückgriff auf computergestützte Methoden überhaupt nicht erkennbar, welche kurz- und mittelfristigen Folgen individuelle Handlungen in der Aggregation erzeugen können. Folgendes Beispiel mag Ihnen einen Einblick in die Komplexität mancher Aggregationsprozesse geben: Stellen Sie sich die Prozesse vor, die bei der Entstehung von Massenprotesten im Vorfeld politischer Revolutionen in Autokratien eine Rolle spielen (vgl. Klein und Marx 2017). In solchen Fällen stehen die Akteure vor dem Problem, die allgemeine Bereitschaft zum politischen Protest abschätzen zu müssen. Nehmen wir an, dass in einem Land *tatsächlich* eine genügend hohe Anzahl an Systemkritiker*innen gegeben ist, damit es zu Massenprotesten und vielleicht sogar einer politischen Revolution kommen kann. Dann stehen die Akteure immer noch vor dem Problem, dass sie nicht *wissen*, ob genügend andere Systemkritiker*innen vorhanden sind und diese dann auch wirklich bereit sind, sich an den Protesten zu beteiligen. Dies ist aber eine notwendige Voraussetzung für das Gelingen solcher Proteste, schließlich möchte sich keiner alleine der Repression eines autoritären Regimes aussetzen. Damit hängt die individuelle Bereitschaft, sich zu beteiligen, in hohem Maße davon ab, welche Erwartung ich darüber habe, wie beteiligungsbereit die anderen Akteure sind – und deren Beteiligungswille hängt wiederum davon ab, für wie beteiligungsbereit sie ihre Mitbürger*innen halten: „Wenn alle hingehen, geh ich auch!" Die Akteure entwickeln daher in wiederholten Interaktionen eine Überzeugung darüber, ob genügend andere Akteure der Überzeugung sind, dass es sich lohnt, auf die Straße zu gehen. Aber da schon das Befragen anderer Akteure ein Risiko darstellt, ist es keineswegs klar, dass es zu Massenprotesten kommt, selbst wenn die Zahl an Systemkritiker*innen dafür hoch genug wäre. In solchen Situationen braucht es beispielsweise eine Gruppe risikobereiter Systemkritiker*innen, die anfangen, nach der Haltung anderer Akteure zu fragen. Dies kann dann eine Kaskade lostreten, und im besten Fall offenbaren mehr und mehr Akteure ihre systemkritischen Einstellungen. Wenn dies gegeben ist und dann noch die entsprechende Handlungsbereitschaft hinzukommt, kann es zu politischen Massenprotesten kommen (Klein und Marx 2017). Der Aggregationsprozess hier ist deutlich komplexer als im obigen Beispiel der Landratswahl und verlangt die Modellierung von Feedbackeffekten für die Erklärung der fraglichen Makrophänomene.

Dabei kommt noch hinzu, dass Handlungsfolgen nicht notwendigerweise intendiert sein müssen. Viele Handlungsfolgen auf der Makroebene, wie z.B. die Übernutzung von knappen Ressourcen oder die Entstehung von Staus auf Autobahnen, sind von allen Beteiligten unerwünscht. Dennoch können sie als nicht-intendierte Folge individuell rationalen Handelns entstehen. Für die Modellierung solch unerwünschter sozialer Ergebnisse ist es wichtig, die Logik der Aggregation präzise herauszuarbeiten.

Trotz aller Komplikationen sehen Sie: Es gibt ein relativ klares Bild dessen, was sozialwissenschaftliches Erklären auszeichnet. Es ist der Bezug auf den deduktiv-nomologischen Erklärungsbegriff verbunden mit der Position des methodologischen Individualismus, wie er sich im Rahmen des struktur-individualistischen Erklärungsprogrammes ausbuchstabieren lässt. Doch damit wissen wir noch nicht, wodurch sich die Arbeitsweise der Politischen Theorie auszeichnet. Ein erstes Arbeitsfeld politiktheoretischer Forschung ist die Rekonstruktion und Bewertung politikwissenschaftlicher Forschung im Rahmen der oben beschriebenen Struktur einer Mehrebenenerklärung. Dies ist ein einfaches, aber wirkungsvolles Instrument, um Leerstellen und Engführungen politikwissenschaftlicher Theorien bzw. Erklärungen herauszuarbeiten. So lassen sich politikwissenschaftliche Theorien, die die Struktur einer Mehrebenenerklärung noch nicht explizit aufweisen, bei genauerer Betrachtung als solche rekonstruieren (siehe etwa J. Marx 2010). Dabei kann man prüfen, inwieweit im Rahmen dieser Theorien nachvollziehbare und überzeugende Aussagen hinsichtlich der Definition der Situation, der Logik der Selektion oder des Aggregationsprozesses getroffen werden.

Arbeitsfelder politiktheoretischer Forschung

Ein zweites Arbeitsfeld zeigt sich, wenn man den Bereich der kausalen Fragen öffnet und darüber hinausgehen lässt, was klassischerweise – à la Hempel und Oppenheim (1948) – als kausale Erklärung gilt. Doch was ist damit gemeint? Schauen wir uns dafür eine prominente Theorie der Positiven Politischen Theorie an, die ökonomische Theorie der Demokratie von Anthony Downs (1957). Diese Theorie nimmt ihren Ausgangspunkt in der Behauptung, dass der politische Prozess analog zu Marktprozessen analysiert werden kann. Während auf Märkten Anbieter und Konsumenten von Gütern aufeinandertreffen, um Handel zu treiben, haben wir es auf dem politischen Markt mit Parteien und Wähler*innen zu tun. Parteien entsprechen dabei den Anbietern, die ein politisches Programm an die Wähler*innen „verkaufen“ wollen. Wähler*innen nehmen die Rolle der Konsumenten ein. Die Theorie unterstellt nun, dass Parteien dies tun, weil sie daran interessiert sind, politische Macht und Einfluss zu bekommen. Dafür müssen sie die Zahl ihrer Parlamentssitze maximieren. Das Mittel dafür ist das Angebot eines spezifischen, politischen Programms. Dies tun sie, indem

Ökonomische Theorie der Demokratie

sie mit ihrem Programm die Position des sogenannten Medianwählers ansprechen. Downs begründet dies vor dem Hintergrund folgender Überlegungen: Stellen Sie sich den vereinfachten Fall vor, dass sich die politischen Inhalte eines Wahlkampfs auf einer politischen Dimension verorten lassen, deren Extrema wir als linke bzw. rechte Politik charakterisieren. Stellen Sie sich außerdem vor, dass Wähler*innen jeweils ein Optimum auf dieser Politikdimension haben – den Punkt, an dem sie ihre Präferenz verorten. Damit können Sie auch die Wähler*innen auf dieser Dimension verorten. Der Medianwähler ist nun der Wähler, der die Wählerverteilung so unterteilt, dass die Anzahl der Wähler-Optima links des Medians nicht größer ist als Anzahl der Wähler-Optima rechts des Medianwählers.

Medianwähler

Aber noch verstehen wir nicht, warum die Position des Medianwählers so interessant ist. Wir haben bisher nur die Angebotsseite betrachtet. Um das Bild komplett zu machen, müssen wir uns auch mit der Nachfrageseite beschäftigen. Hier kommen die Wähler*innen als Konsumenten des politischen Angebots ins Spiel. Allerdings ist ihr Tauschmedium nicht Geld, sondern ihre Wahlstimme. Die Wähler*innen tauschen nun ihre Stimme gegen ein politisches Programm ein. Dabei werden sie das Programm wählen, das ihren Nutzen maximiert. Der Nutzenbegriff wird dabei von Downs verstanden als ökonomischer Nutzen und bezieht sich auf das Haushaltseinkommen der Wähler*innen. Da wir Parteien und Wähler*innen auf einer Links-Rechts-Skala verorten können, können wir nun die räumlichen Abstände inhaltlich interpretieren. Demnach wählen Wähler*innen diejenige Partei, die ihrer Idealposition am nächsten ist.

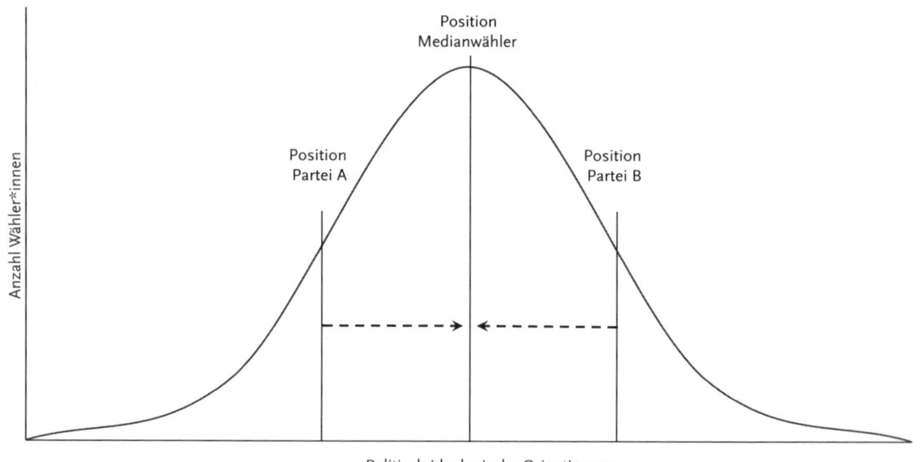

Abb. 3.3 Medianwählertheorem

Bringt man die Seite der Produzenten nun mit der Seite der Konsumenten zusammen, wird klar, was das Besondere an der Position des Medianwählers ist. Wählen Parteien die inhaltliche Position des Medianwählers, so garantiert dies die Maximierung ihrer Wählerstimmen. In einem Zweiparteiensystem führt dies zu der paradox anmutenden Situation, dass sich beide Parteien zu dem Punkt des Links-Rechts-Spektrums bewegen, wo der Medianwähler positioniert ist. Diese Einsicht nennt sich Median-Wähler-Theorem.

Median-Wähler-Theorem

Soweit ein knapper Einblick in die ökonomische Theorie der Demokratie von Anthony Downs. Nun kann man sich fragen: Kann diese prominente Theorie der Politikwissenschaft tatsächlich Wählerverhalten und Parteienpositionierung im Sinne des HO-Schemas *erklären*? Dies ist offensichtlich nicht der Fall, wie ein Blick auf das Explanans einer solchen Erklärung enthüllt. Die Wählerpräferenzen der Akteure sind analytisch fixiert und rein auf die Maximierung des individuellen Haushaltseinkommens ausgerichtet. Auch streben Parteien nicht nur nach politischer Macht. Zudem ist es keineswegs sicher, dass die Parteien die inhaltliche Position der Wähler*innen kennen und umgekehrt. Schließlich gilt das Medianwähler-Theorem nur unter diesen und weiteren starken Annahmen, die empirisch häufig nicht gegeben sind. Damit aber werden die Adäquatheitsbedingungen einer wissenschaftlichen Erklärung nicht erfüllt. Es kann sich daher nicht um eine gültige kausale Erklärung eines politikwissenschaftlichen Phänomens handeln.

Obendrein ist die Theorie von Downs nur ein Beispiel für eine ganze Reihe von Theorien in der Positiven Politischen Theorie, die alle vor ähnlichen Problemen stehen – und die nicht nur in der Politikwissenschaft, sondern auch in benachbarten Sozialwissenschaften, wie der Soziologie und Volkswirtschaftslehre, zum Inventar etablierter Theorien gehören. So arbeitet beispielsweise die Neue Politische Ökonomie durchweg mit Annahmen, die nicht den Adäquatheitsbedingungen einer HO-Erklärung genügen. Der Gegenstandsbereich dieser Theorien erstreckt sich von der Analyse von Bürokratien und Organisationen (Downs 1965; Niskanen 1968) über die Analyse der Bereitstellung von kollektiven Gütern (Olson 1998; 2022) bis hin zu Theorien, die das Zustandekommen von Bündnissen oder Koalitionen erklären wollen (Riker 1962). Typischerweise arbeiten diese Theorien nicht mit empirisch erhobenen Präferenzen, sondern mit analytischen Setzungen, die empirisch häufig schlicht nicht zutreffen: Sie fokussieren beispielsweise primär auf materielle Interessen und übergehen grundsätzlich die Möglichkeit altruistischer Motive (J. Marx 2006, 110 f.).

Unterschiedliche Erklärungsbegriffe

Dennoch wäre es verfehlt, wenn man diesen Theorien deswegen jegliche kausale Erklärungsleistung absprechen würde. Stattdessen zeigt ein genauer Blick auf Theorien wie die von Downs und Olson, dass diese durchaus Erklärungen liefern – allerdings Erklärungen eines anderen Typs.

Wie wir oben gesehen haben, zeigen Forschungsfragen, die eine klassische Erklärung im Sinne des HO-Schemas einfordern, eine typische Form: „Warum tritt ein bestimmtes Phänomen Y auf?" Dabei kann Y sowohl für ein einzelnes Phänomen als auch für einen bestimmten Typ an Phänomenen stehen. Die Bandbreite kausaler Fragen beschränkt sich jedoch nicht auf diese Art von Fragen. Es gibt daneben Raum für viele andere wissenschaftlich relevante Fragen. So kann man beispielsweise fragen, ob eine bestimmte Variable X immer Y verursacht. Oder es könnte untersucht werden, ob nicht auch Z das Phänomen Y verursachen könnte. Diese Frage könnte sogar dann gestellt werden, wenn Z aktuell empirisch nicht auftritt. Um Fragen dieser Art zu untersuchen, ist es erforderlich, Bedenken hinsichtlich konkreter empirischer Details der zu untersuchenden Phänomene zurückzustellen und sich stattdessen auf die allgemeinen Muster und Mechanismen zu konzentrieren, die den beobachteten Phänomenen zugrunde liegen. Bei der Analyse kann man dann über die beobachtbaren Fälle hinausgehen und diskutieren, ob unsere Evidenz dafür spricht, dass X eine notwendige Bedingung für das Auftreten von Y ist. Dafür müssen allerdings über die empirische Forschung in unserer tatsächlich vorliegenden Welt hinaus auch alle weiteren im Kontext relevanten möglichen Weltzustände beachtet werden (vgl. auch Kap. 4.4.1): In diesen hypothetischen Weltzuständen muss X ebenfalls eine Bedingung für Y sein. Für die Analyse dieser Frage kann man dann auf kontrafaktische Annahmen bei der Modellierung zurückgreifen.

Hypothetische Fragestellungen

Konkret auf das Beispiel von Downs bezogen könnte dies beispielsweise bedeuten, dass man danach fragt, ob eine am Gemeinwohl orientierte Politik gemeinwohlorientierte Politiker*innen voraussetzt.[13] Mit der kontrafaktischen Argumentation von Downs kann man dann zeigen, dass das Anreizsystem des demokratischen Systems dafür sorgt, dass selbst unter der Bedingung egoistisch orientierter Politiker*innen eine Politik angeboten wird, die gemeinwohlförderlich ist und der größtmöglichen Zahl an Wähler*innen hilft. Gemeinwohlorientierte Politiker*innen wären damit keine notwendige Bedingung für die Entstehung einer solchen Politik.

Häufig werden Fragen dieser Art in der Positiven Politischen Theorie mit Hilfe ökonomischer Methoden, spieltheoretischer Modelle oder agentenbasierter Computersimulationen untersucht. Inhaltlich sind diese Anwendungen in allen Gegenstandsbereichen möglich, die auch empirisch

13 Da es hier nur um ein nachvollziehbares Beispiel geht, wollen wir an dieser Stelle die Frage ignorieren, ob die Gleichstellung von gemeinwohlorientierter Politik und einer Politik, die sich am Medianwähler orientiert, trägt.

in den Politikwissenschaften untersucht werden. Diese Instrumente erlauben die Modellierung von Bedingungen, die möglich, aber empirisch nicht gegeben sind. Beispielsweise kann man mit Thomas Schellings (1969) Segregationsmodell die Frage untersuchen, ob ethnische Segregation in Städten notwendigerweise fremdenfeindliche Präferenzen der Akteure voraussetzt. Mit Hilfe einer Computersimulation zeigt Schelling eindrucksvoll, dass selbst bei nur schwach ausgeprägten fremdenfeindlichen Präferenzen starke Segregationseffekte zu beobachten wären (siehe Diskussion des Modells in Kap. 5.5). All diese Forschungsfragen gehören in das weite Feld einer Wissenschaft, deren Erklärungen nicht unter das HO-Schema fallen. In der Wissenschaftstheorie werden Erklärungen dieser Art auch *How-Possibly-Erklärungen* genannt, während klassische HO-Erklärungen auch als *How-Actually-Erklärungen* bezeichnet werden (Grüne-Yanoff und Verreault-Julien 2021).

How-Actually und How-Possibly-Erklärungen

How-Possibly-Erklärungen zielen darauf ab, *mögliche* Faktoren und Mechanismen zu identifizieren, die das Explanandum hervorbringen könnten (Klein, Marx, und Fischbach 2018). Auch für diese Erklärungsart müssen einige der in den Adäquatheitsbedingungen genannten Kriterien einer Erklärung (Kriterium I, II und III) erfüllt sein. Lediglich Kriterium IV, das die Wahrheit der Sätze des Explanans einfordert, wird bei solchen Erklärungen nicht vollständig erfüllt: Die Randbedingungen sind ja nicht tatsächlich gegeben. Die Sätze des Explanans sind damit nicht alle wahr, und es kann sich folglich nicht um eine HO-Erklärung handeln. Dies bedeutet aber nicht, dass „alles erlaubt ist" in Bezug auf die Annahmen bei der Modellierung. Sugden (2000) argumentiert zum Beispiel, dass diese Arten von Erklärungen in dem Sinne möglich sein müssen, dass sie wahr werden könnten.

How-Possibly-Erklärungen

Um noch einmal zusammenzufassen: How-Possibly-Erklärungen behandeln andere Arten von kausalen Forschungsfragen, die *kontrafaktischer* Natur sind (Grüne-Yanoff und Verreault-Julien 2021). Diese können als Erklärungen eines besonderen Typs verstanden werden. Antworten auf Fragen dieser Art können nicht durch empirische Forschung gegeben werden, da es sich ja um hypothetische Erklärungen handelt. Und weil solche Erklärungen die Grenzen empirischer Forschung eben überschreiten, kann man How-Possibly-Erklärungen dem Teilgebiet der Positiven Politischen Theorie zurechnen.

Kontrafaktische Fragestellungen

Eine sehr ähnliche Unterscheidung hatte bereits Weisberg vor Augen: Er differenziert zwischen *Modellierer*innen* und Wissenschaftler*innen, die auf eine direkte abstrakte Repräsentation eines Phänomens abzielen (Weisberg 2007; 2016). Ein *Modellierer* oder eine *Moderliererin* ist nicht primär daran interessiert, eine spezifische empirische Frage zu beantworten. Stattdessen liegt sein Fokus auf einem Modell und dessen Eigenschaften. Sein Interesse ist theoretischer Natur und zielt auf das Verständnis der intrinsischen Eigenschaften eines Modells ab. Indirekt lernt er dabei dann dennoch etwas über die Welt, insofern das Modell bestimmte Phänomene der realen Welt modelliert bzw. mittelbar erklären soll – selbst wenn die im Einzelfall studierten Eigenschaften oder Vorhersagen des Modells keine 1:1-Entsprechungen in den empirischen Explananda haben (Weisberg 2007, 218). Hier wird deutlich, dass *Modellierer*innen* damit Fragen bearbeiten, die wir oben als charakteristisch für das Programm der How-Possibly Erklärungen dargestellt haben. Interessant werden solche Fragen nach den intrinsischen Eigenschaften von Modellen vor allem dann, wenn es sich um dynamische Modelle handelt, die etwa in Computersimulationen implementiert sind, und es nicht unmittelbar einsichtig ist, welche Eigenschaften ein Modell besitzt. In solchen Fällen spielen kontrafaktische Überlegungen eine Rolle, wenn die intrinsischen Eigenschaften eines Modells ausgelotet werden. Hier besteht somit eine Ähnlichkeit zu den oben angesprochenen How-Possibly-Erklärungen. Auch auf diesem Wege gelangen wir zu einer spezifischen Aufgabenbeschreibung für die Positive Politische Theorie: Im Kern geht es um die theoretische Auseinandersetzung mit Theorien und Modellen, die, sofern sie die Möglichkeiten einer empirischen Anwendung und Überprüfung dieser Theorien überschreitet und kontrafaktische Analysen enthält, eine genuine, theoretische Forschungstätigkeit darstellt.

Sie sollten nun eine gute Vorstellung davon haben, was Positive Politische Theorie auszeichnet und welche Art von Fragen hier primär behandelt wird. Sie werden im Folgenden ein drittes Gebiet der Politischen Theorie kennenlernen, das weder normativ ist noch sich primär mit Fragen der kausalen Erklärung politikwissenschaftlicher Phänomene auseinandersetzt.

Weiterführende Literatur

Coleman, James S. 1994. *Foundations of Social Theory*. Cambridge, MA: Harvard University Press.

Gaus, Gerald F., und John Thrasher. 2021. *Philosophy, Politics, and Economics: An Introduction*. Akt. und erw. Aufl. Princeton: Princeton University Press.

Herfeld, Catherine, und Johannes Marx. 2023. „Rational Choice Explanations in Political Science". In *Oxford Handbook of Philosophy of Political Science*, herausgegeben von Harold Kinkaid und Jeroen van Bouwel, 54–85. Oxford: Oxford University Press.

Kunz, Volker. 2004. *Rational Choice*. Frankfurt am Main: Campus.

Opp, Karl-Dieter. 2018. „Die Theorie rationalen Handelns". In *Sozialpsychologie und Sozialtheorie: Band 1: Zugänge*, herausgegeben von Oliver Decker, 61–76. Wiesbaden: Springer.

Marx, Johannes, und Christine Tiefensee. 2015. „Auf die Couch! Beziehungsprobleme zwischen Rational Choice und Politischer Psychologie". In *Politische Psychologie*, herausgegeben von Thorsten Faas, Cornelia Frank, und Harald Schoen, 511–32. Baden-Baden: Nomos.

3.4 Was ist Ideengeschichte?

Die (politische) Ideengeschichte setzt sich mit dem Inhalt wichtiger Werke und Theorien, den für sie verwendeten Begriffen, ihrer Herkunft und Entwicklung, sowie den Zusammenhängen zwischen ihnen auseinander. Sie tut dies primär dadurch, dass sie versucht, die *Bedeutung* dieser Texte zu bestimmen. Dieser Versuch wird allerdings dadurch erschwert, dass historische Werke die Produkte einer „fremden Ära oder Kultur [sind,] deren Konzepte, Kategorien, Gebräuche und Gepflogenheiten uns unbekannt sind“ (Ball 2004, 19; eigene Übers.). Diese Distanz macht *Interpretation* notwendig – und damit meinen wir, mit Ball gesprochen, die Übersetzung der Bedeutung eines Textes in uns bekannte Denk-, Sprach- und Handlungskategorien.

Bedeutung und Interpretation

3.4.1 Politische Theorie in den Fängen der Geschichte

Innerhalb der modernen Politischen Theorie hat die Ideengeschichte eine ungewöhnliche und nicht immer einfache Rolle inne. Obwohl sich viele ihrer Vertreter*innen nicht als Historiker*innen betrachten, hat die Politische Theorie traditionell eine starke historische Orientierung:

Historische Texte in der Politischen Theorie

> „[Man] kann ein ausgezeichneter Physiker sein, ohne je die Geschichte der Physik studiert zu haben oder Aristoteles [...], Galileo oder Newton gelesen zu haben. Hingegen muss eine Studentin der Politischen Theorie die Werke von Platon, Aristoteles, Machiavelli, Hobbes, Locke, Rousseau, Marx und Mill gelesen, nochmal gelesen und reflektiert haben um in ihrem erwählten Fachgebiet als kompetent zu gelten.“ (Ball 2004, 18; eigene Übers.)

Ein Grund für diese historische Einbettung ist schlicht: Politische Theoretiker*innen haben sich über die vergangenen mehr als 2000 Jahre hinweg immer wieder an denselben Fragen abgearbeitet – und in ihren Antworten darauf oftmals auf ähnliche Ideen und Argumente Bezug genommen. Theoretiker*innen verarbeiten häufig Ideen, die sie aus Klassikern unserer Disziplin beziehen. So greift John Rawls (1999) in seiner Gerechtigkeitstheorie beispielsweise stark auf Argumente zurück, die er in den Werken Kants, Mills und Rousseaus findet. Und von Hannah Arendts (1977) *The Life of the Mind* wäre ohne das *Who is Who* der griechischen Antike, auf das sie rekurriert, wohl wenig übrig. Diese Art der historisch unterstützen Theoriebildung mag zwar keine reine Ideengeschichte darstellen (schließlich will Rawls seine Leserschaft am Ende von seiner Theorie überzeugen, nicht von seiner Interpretation des Kategorischen Imperativs). Aus der Politischen Theorie ist sie dennoch kaum wegzudenken.

Die starke Identifikation der Politischen Theorie mit der Ideengeschichte findet sich im deutschsprachigen Raum auch in der Bezeichnung vieler Lehrstühle (z.B. für *Politische Theorie und Ideengeschichte*) wieder. Auch die Tatsache, dass ganze politiktheoretische Denkschulen mit einflussreichen Klassikern assoziiert sind, zeugt von diesem Selbstverständnis. So sagen wir von John Rawls, dass er *in der Tradition Kants schreibt* oder von Martha Nussbaum, dass sie *eine Aristotelikerin ist.*

Auch Arbeiten, die nicht selbst historische Bezüge herstellen und sich stattdessen ausschließlich am heutigen Forschungsstand orientieren, sind zumindest indirekt mit der Theoriegeschichte verbunden. Wenn Sie beispielsweise in einer Seminararbeit spieltheoretisch die Bedingungen modellieren möchten, unter denen auch Systeme mit mehrheitlich rationalen und politisch moderaten Teilnehmer*innen das Zustandekommen einer hyperpolarisierten Parteienlandschaft befördern, sollten Sie sich auf die heutige Literatur zu spieltheoretischen Methoden in der Politikwissenschaft berufen. Da sich diese wiederum auf methodologische Standardwerke der 1960er- und 1970er-Jahr stützt, die ihrerseits maßgeblich von einer Auseinandersetzung mit Elementen der Staatstheorie von Thomas Hobbes, insbesondere mit seiner Darstellung des Naturzustands und mit dem sogenannten *Fool's Argument,* beeinflusst wurden, tut sich eine Linie zwischen Ihrer Arbeit und einem Klassiker der Theoriegeschichte auf, über die Sie sich vielleicht gar nicht im Klaren waren. Diese historische Einbettung Ihrer eigenen Forschung, aber auch deren mögliche zukünftige Eingliederung in die politische Ideengeschichte, bedeutet natürlich nicht, dass Sie sich selbst explizit der Ideengeschichte zuwenden müssen. Aber ein Bewusstsein um diese Zusammenhänge kann ihren Blick auf andere Elemente der Theorien und Denkschulen, deren Begriffe und Argumente sie von ihnen „geerbt" haben, lenken. Wenn Sie sich dieser Probleme nicht bewusst sind, kann es sein, dass ein Argument in seiner ‚klassischen' Form auf einer Prämisse beruht, die Sie für falsch halten, oder dass ein Begriff, den Sie übernehmen, ursprünglich eine ganz andere Bedeutung hatte. Im ersten Fall könnte dies tatsächlich Konsequenzen haben für die Gültigkeit ihrer Argumentation. Im zweiten Fall wäre zumindest der Bezug auf die ideengeschichtlichen Quellen problematisch.

Historische Wurzeln aktueller Forschung

Historische Bedingtheit des Forschungsgegenstands

Wie Sheldon Wolin in seiner klassischen Einführung in die Geschichte des politischen Denkens, *Politics and Vision*, bemerkt, offenbart sich dieser Einfluss nicht nur in konkreten Methoden oder Thesen, sondern bereits in der Eingrenzung des Forschungsgegenstands der Disziplin:

> „Die Bezeichnung bestimmter Aktivitäten und Arrangements als politisch, die charakteristische Art und Weise, wie wir darüber denken, und

> die Begriffe, die wir verwenden, um unsere Beobachtungen und Reaktionen mitzuteilen – all das ist nicht in die Natur der Dinge eingeschrieben, sondern das Erbe, das aus der historischen Tätigkeit politischer Philosophen erwächst." (Wolin 2004, 6; eigene Übers.)

Welche Phänomene überhaupt als politisch verstanden werden, so Wolin, ist ebenso historisch kontingent wie die Theorien, die sich mit ihnen befassen. Ideengeschichtliche Forschung in der Politischen Theorie kann sich daher nicht ausschließlich auf historische Werke beschränken, in denen es um Politik im Sinne unserer oben eingeführten modernen Definition geht (vgl. 3.1).[14] Eine Funktion von Ideengeschichte ist damit auch, uns auf die kontingenten Beschränkungen unseres Forschungsfeldes aufmerksam zu machen.

3.4.2 Ideengeschichte als eigener Forschungsbereich

Die traditionell historische Ausrichtung der Politischen Theorie sagt uns aber noch nichts über die Natur *ideengeschichtlicher Forschung* selbst. Diese setzt sich, wie bereits erwähnt, das Ziel, die Bedeutung wichtiger Werke und Theorien, aber auch einzelner Begriffe, Argumente und Ideen zu erfassen. Wie in der genaueren Aufschlüsselung möglicher Forschungsvorhaben und -methoden in Kapitel 7 deutlich wird, bedeutet das nicht, dass Sie sich in der Ideengeschichte immer mit einzelnen Texten oder Denker*innen auseinandersetzen („Was war Mills Theorie der Meinungsfreiheit?"oder „Welches Staatsverständnis liegt der Rechtsphilosophie Hegels zugrunde?"). Auch die Auseinandersetzung mit ganzen Epochen und Denkschulen, sowie mit der historischen Entwicklung wichtiger Ideen, Begriffe und Theorien, gehören zu diesem Teilgebiet der Politischen Theorie. Sie können in Ihrer Forschung z.B. solche Fragen angehen wie: Welche Rolle hat der Menschenrechtsbegriff in Schlüsseltexten der Antikolonialbewegungen der 1970er-Jahre gespielt? Oder: Wie konzeptualisieren Werke des deutschen Idealismus Volk und Nation und wie zentral sind diese Begriffe in ihren Beiträgen zur Tradition des Gesellschaftsvertrags? Auch kann der Einfluss von Denker*innen aufeinander betrachtet werden. So können Sie sich in einer Arbeit die Frage stellen, warum Rousseau sich so ausdrücklich von Hobbes distanziert hat und in welchen Aspekten seine Gesellschaftsvertragstheorie vielleicht trotzdem von Hobbes beeinflusst wur-

Bandbreite ideengeschichtlicher Forschungsvorhaben

14 So würde unsere heutige Unterscheidung zwischen Politik, Theologie und Rechtswissenschaft unter frühen Vertretern internationalen Rechts wohl eher Erstaunen hervorrufen. Eine Interpretation der Quellen politischer Legitimation in den Werken Pufendorfs oder Vattels muss zumindest prinzipiell bereit sein, deren naturrechtlichen und theologischen Hintergrundtheorien zu entschlüsseln (Tuck 2016).

de (Douglass 2015). Oder, inwiefern die Widerstandstheorie Martin Luther Kings sowohl von Kings Bibelinterpretation als auch von seiner Lektüre der Werke von Marx und Engels geprägt ist.

Heterogenität der Disziplin

Innerhalb der Ideengeschichte findet sich eine ganze Reihe von Denkschulen, die sich sowohl in ihrem disziplinären Selbstverständnis (Was ist/macht Ideengeschichte?) als auch in ihren methodologischen Prinzipien stark unterscheiden. Wenn Sie einen Blick in die Literaturempfehlungen unten werfen, lesen Sie unter anderem von marxistischen, postmodernen, strukturalistischen, Strauss'schen, feministischen, und historistischen Ansätzen. Um uns nicht ganz im Morass dieser Debatten zu verlieren, werden wir uns im Folgenden auf zwei Stränge ideengeschichtlicher Forschung konzentrieren.[15]

Ideengeschichte als philosophisches Unterfangen

Ein Verständnis der Ideengeschichte betrachtet diese als ein pures philosophisches Unterfangen. Die Bedeutung klassischer Texte sei primär in den in ihnen enthaltenen Theorien, Argumenten und Ideen zu finden, die es deshalb zu rekonstruieren gilt. Manchmal spricht man von diesem Vorhaben auch als einem der *Rationalisierung*, weil man sich fragt, nach welchem Verständnis einer Aussage es rational gewesen wäre, diese zu treffen. Demnach versucht Ideengeschichte, die „Befremdlichkeit eines Textes" (Ball 2004, 19) zu überkommen und so seine Bedeutung zu verstehen. Wie wir sehen werden, haben die Ziele, mit denen Forscher*innen diese Art der Ideengeschichte verfolgt haben, stark variiert. Sie reichen vom heute kaum noch populären Gedanken, dass bestimmte Fragen oder Ideen historisch so beständig sind, dass es eine unmittelbare Verbindung zwischen Texten gibt, die Jahrhunderte auseinander liegen, bis zu dem bescheideneren Wunsch, wichtige Werke korrekt zu verstehen.

Ideengeschichte als Geschichtswissenschaft

Der zweite Strang betreibt Ideengeschichte als Geschichtswissenschaft: Die Staatsvertragslehre von Locke ist für diese Theoretiker*innen im Grunde so sehr ein zu erklärendes Vorkommnis wie der Ausbruch des Dreißigjährigen Krieges. Sie versuchen, die Bedeutung klassischer Texte dadurch verständlich zu machen, dass sie den historischen Kontext eines Werkes herausarbeiten. Hierfür kann man z.B. die materiellen, politischen und kulturellen Dynamiken darstellen, in deren Kontext ein Werk verfasst wurde und die sich möglicherweise darin wiederfinden. Vielen Historiker*innen geht es spezifisch um die Rekonstruktion der linguistischen und intellektuellen Konventionen, auf die eine Autorin tatsächlich angewiesen war – z.B. die üblichen Bedeutungen wichtiger Begriffe wie Staat, Recht, oder Ehre in ihrem Umfeld. Während die

15 Wir orientieren uns hier zumindest teilweise an Richard Rortys (2014) Unterscheidung zwischen analytischer und historischer Rekonstruktion, obwohl wir, wie Kapitel 7 betont, die Lektion, die er daraus zieht, dass eine Ideengeschichtler*in zwar beide Unterfangen betreiben sollte, diese aber trennen muss, nicht teilen.

philosophische Rekonstruktion ‚übersetzt', indem sie gegenwärtige theoretische Begriffe und Muster verwendet, entschlüsselt diese historische Herangehensweise ein Werk, indem sie uns ausreichend Hintergrundwissen liefert, um die Bedeutung zu verstehen, die das Werk für seine Autorin und ihre Zeitgenoss*innen hatte: Sie bringt uns sozusagen deren Sprache bei.

Eine heutzutage einflussreiche historische Denkschule, die sogenannte *Cambridge School*, nimmt hierbei die intendierte Bedeutung von Aussagen und Handlungen in den Blick. Die Frage, die wir über ein Werk stellen sollten, ist nicht: *Was bedeutet es?* oder *Was bedeutet es für uns?* sondern *Welche Bedeutung hat seine Autorin beabsichtigt?* Richard Rorty (2014, 262) formuliert den dahinterstehenden Gedanken folgendermaßen:

> „Es ist nützlich die geistige Landschaft, in der die Verstorbenen einst ihr Leben führten, neu zu schaffen, insbesondere die wirklichen oder imaginären Gespräche, die sie mit ihren Zeitgenossen (oder Beinahezeitgenossen) hätten führen können."

Lassen Sie uns diese zwei Herangehensweisen an die Ideengeschichte noch etwas näher betrachten.

3.4.3 Ideengeschichte als Philosophie

Die Prämisse, dass eine primär oder ausschließlich philosophische Auseinandersetzung mit klassischen Werken möglich ist, wurde traditionell mit dem sogenannten *platonischen* (oder auch *idealistischen*) Ansatz assoziiert. Dieser betrachtet die Entwicklung einzelner Ideen im Geschichtsverlauf. Wo taucht eine Idee zuerst auf? Wo finden wir sie wieder? Was besagt sie? Ideen können laut diesem Ansatz unabhängig von den Arten von Fakten verstanden werden, die Ihnen vielleicht aus den Geschichtswissenschaften bekannt sind: z.B. beobachtbare Ereignisse, Handlungen und Zustände. Um den Kontrast mit der Ideengeschichte zu kennzeichnen, wird die wissenschaftliche Auseinandersetzung mit diesen manchmal als *Realgeschichte* bezeichnet.

Platonischer Ansatz der Ideengeschichte

Diese Herangehensweise an die Ideengeschichte wurde lange mit Platon (429–437 v. Chr.) in Verbindung gebracht, weil dieser in seinen philosophischen Dialogen (etwa Platon 2017; vgl. auch Kraut 2022) davon ausging, dass die Ergründung solcher Fragen wie „Was ist Schönheit?" oder „Was ist Wissen?" oder eben „Was ist Gerechtigkeit?" auf überzeitlich existierende Essenzen (die Idee der Schönheit, des Wissens, der Gerechtigkeit) abzielt: Es mag sehr wohl unser historischer Kontext sein, der uns zu diesen Fragen führt, aber die Antworten, die wir geben –

Ideen als zeitlose Untersuchungsobjekte

sollten sie korrekt sein – sind zeitlos. Dieser Ansatz hat das Geschichtsverständnis der Philosophie über viele Jahrhunderte geprägt. So behandeln frühe systematische Versuche, eine Philosophiegeschichte zu schreiben, z.B. von Johann Jacob Brucker (1742) und Victor Cousin (1861), Ideen als die relevante Einheit, deren Verlauf in historischer Forschung dargestellt werden sollte. Beide sehen den Anfang der Philosophiegeschichte in den Werken Platons. Während Cousin mit Platon eine Essenz der Ideen voraussetzt, die es in klassischen Texten zu identifizieren gilt, nimmt Brucker an, dass erst eine ausführliche Darstellung der mit einzelnen Epochen und Denkern assoziierten Ideen überhaupt klären kann, worin diese Essenz besteht (Kelley 2002, 118). Geschichtsschreibung ist in seinen Augen daher die Hauptmethode der Philosophie (Brucker und Cousin stehen in der Tradition der sogenannten Eklektiker, nach dem griechischen Wort für „sich das Beste aussuchen").

Die Annahme, dass Ideen historische Beständigkeit haben, ging häufig einher mit dem Glauben an ihre eigenständige Wirkungsmacht. So schreibt beispielsweise Friedrich Meinecke, der ebenfalls als einer der Begründer der Ideengeschichte in Deutschland gesehen werden darf, in *Die Idee der Staatsräson in der neueren Geschichte*:[16]

> „Die Ideen, die das geschichtliche Leben leiten, stammen freilich gewiß nicht allein aus der geistigen Werkstatt der großen Denker, [a]ber sie verdichten sich in dieser Werkstatt, sie nehmen vielfach erst in ihr die Formen an, die auf den Fortgang der Dinge und das Handeln der Menschen einwirken" (Meinecke 1960, 25).

Ideengeschichte entkoppelt von Realgeschichte

Wilhelm Dilthey, ein weiterer wichtiger Vertreter der philosophischen Ideengeschichte im deutschsprachigen Raum, hatte das von Hegel inspirierte Ziel, den Geschichtsverlauf in verschiedene Epochen zu unterteilen, die jeweils bestimmte Weltanschauungen hervorbringen. Dilthey teilt Bruckers Annahme, dass Philosophie nur historisch betrieben werden kann. Die Weltanschauungen, so Dilthey (1981), erwachsen aus den Lebenszusammenhängen der Menschen, lösen sich dann allerdings von den realgeschichtlichen Umständen, in denen sie ihren Ursprung haben. Erst so wird eine philosophische Auseinandersetzung mit ihnen möglich.

---

16 Isaiah Berlin hat diese These über die Macht der Ideen besonders drastisch formuliert. Er schreibt, dass „Ideen bisweilen eine unkontrollierte Dynamik entfalten und eine unwiderstehliche Gewalt über zahlreiche Menschen gewinnen können" (1995, 198). Er sympathisiert daher mit Heinrich Heines Beschreibung der „Werke Rousseaus als die blutige Waffe, die in den Händen Robespierres das Ancien Régime zertrümmert habe" (1995, 198).

Eine Schlüsselfigur im 20. Jahrhundert ist Arthur Lovejoy, dessen *The Great Chain of Being* (2014) den platonischen Ansatz dezidiert wiederbelebte. Besonders im englischsprachigen Raum sind ideengeschichtliche Publikationen der 1950er und 1960er-Jahre entweder Lovejoys Methodik zuzurechnen oder aus einer kritischen Auseinandersetzung mit dieser erwachsen. Die Rolle des Historikers, so Lovejoy, ist vergleichbar mit der eines Chemikers: beide versuchen, ihre Materie in die Elemente, aus denen sie sich zusammensetzt, aufzugliedern. Weil die Liste dieser Elemente – Lovejoy führt den Begriff der ‚Elementarideen' (*unit-ideas*) ein – sehr begrenzt ist, ist es möglich, Autor*innen und Theorien verschiedener Epochen als Teil eines durchgehenden Dialoges zu behandeln. Von der Komplexität und Vielfältigkeit der Ideengeschichte sollten wir uns daher nicht einschüchtern lassen: „Die scheinbare Originalität vieler Systeme beruht alleine auf der neuartigen Verarbeitung oder Anordnung der bereits bekannten Bestandteile, aus denen sie hervorgehen" (Lovejoy 2014, 117). Dieser Fokus auf Elementarideen markiert eine wichtige Verschiebung des ideengeschichtlichen Fokus: Während Brucker und Dilthey Ideen noch auf der Ebene des Welt- oder Epochengeistes angesiedelt hatten, steigt Lovejoy vom „Höhenkamm der Philosophie [herab]" und lenkt unseren Blick auf „sedimentierte Denkmotive" (Mahler und Mulsow 2014, 17). Idealismus im Sinne Meineckes oder Lovejoys ist in der heutige Ideengeschichte nicht mehr weiter verbreitet, was sicherlich auf die von der Cambridge School vorgebrachte Kritik zurückzuführen ist, die wir im nächsten Abschnitt betrachten werden (sowie auf den Einfluss Foucaults und Gadamers).[17] Diese Abwendung von hochtrabenden und schwer überprüfbaren Behauptungen über die Essenz und Eigenlogik von Ideen ist sicherlich begrüßenswert. Aber es wäre falsch daraus zu schließen, dass Politische Theoretiker*innen das Ziel, Ideengeschichte als Philosophie zu betreiben, aufgegeben hätten (oder dass sie das tun sollten). Die philosophische Rekonstruktion wichtiger Werke macht weiterhin einen Kernbestandteil ideengeschichtlicher Forschung in der Politischen Theorie aus. Rekonstruktion wird hier als der Versuch verstanden, eine Theorie oder auch einzelne Argumente oder Ideen systematisch und in heute verständlichen Begriffen und Denkmustern darzustellen. *Rekonstruktion* wird hier also etwas weiter verstanden als in der Wissenschaftstheorie (vgl. 3.3.1), wo der Fokus auf der logischen Darstellung einer ganzen Theorie liegt, und kann auch die Herausarbeitung einzelner Argumente, Ideen, Begriffe oder methodologischer Prämissen bedeuten.

Lovejoys ‚Periodensystem' elementarer Ideen

Elementarideen versus Weltgeist

17 Zu Letzteren näher Marchand (2014).

Philosophische Rekonstruktion als Kern der Ideengeschichte

Wir können hierbei zwei Ziele unterscheiden. Erstens hegen manche Forschende den Wunsch, die besten Theorien, Ideen und Argumente der Klassiker aufzugreifen und für die eigene Argumentation fruchtbar zu machen – oder aber zu zeigen, dass Forschung, die sich auf sie beruft, dies fehlerhaft tut und das beispielsweise zu Inkonsistenzen in Argumentationsgängen führt. In der Beschreibung Richard Rortys sind „Philosophen, die sich um ‚rationale Rekonstruktion' der Argumente großer, verstorbener Philosophen bemüht haben, dabei in der Hoffnung verfahren, diese Philosophen als Zeitgenossen zu behandeln, als Kollegen, mit denen sie Meinungen austauschen können" (2014, 261). Obwohl die idealistische Prämisse einer transhistorischen Existenz von Ideen, die einen solchen Austausch stark erleichtern würde, problematisch ist, ist „rationale Rekonstruktion" im anfangs erklärten Sinne auch ohne sie gang und gäbe. Zweitens kannphilosophische Rekonstruktion auch für sich genommen ein Forschungsziel ausmachen.

3.4.4 Ideengeschichte als Geschichtswissenschaft

Der zweite Strang betreibt Ideengeschichte als Geschichtswissenschaft. Er versucht die Bedeutung klassischer Texte dadurch verständlich zu machen, dass er den historischen Kontext eines Werkes herausarbeitet. Diese sehr allgemeine Beschreibung lässt offen, welche Art von Kontext betrachtet wird und welcher Zusammenhang zwischen diesem und der Textbedeutung angenommen wird.

Historischen Kontext eines Werkes

Marxistische Ansätze beispielsweise subsumieren die Deutung von Texten unter die Analyse von Machtverhältnissen. Ideen sind ein Legitimationsvehikel für die herrschenden Klassen, deren Vormachtstellung aber aus den materiellen Bedingungen ihrer Zeit erklärt werden muss:

> „Was beweist die Geschichte der Ideen anderes, als daß die geistige Produktion sich mit der materiellen umgestaltet. Die herrschenden Ideen einer Zeit waren stets nur die Ideen der herrschenden Klasse." (Marx und Engels 1848, 15)

Ideen als Teil gesellschaftlicher Konflikte

Auch in der modernen Ideengeschichte findet sich Forschung, die sich auf verwandte Gedanken beruft. Auch sie sieht Ideen zumindest teilweise als das Resultat gesellschaftlicher Konflikte. Sie betont z.B. politische und gesellschaftliche Konflikte über die Deutung normativ bedeutender Konzepte oder Ideologien, stellt letztere aber anders als der klassisch marxistische Ansatz nicht als reinen Ausdruck bestehender Herrschaftsverhältnisse dar. Wie Rosanvallon erklärt, kann sich die Ideengeschichte zwar nicht auf die Betrachtung klassischer Texte beschränken, muss diese aber eben auch nicht vollständig unterordnen.

Zumindest „in einigen Fällen können diese [Werke] berechtigterweise als die Pole, um die herum sich die in einer historischen Ära gestellten Fragen und Antworten kristallisieren" gedeutet werden (Rosanvallon 2006, 73).

Die heute wohl dominante Denkschule, die die Interpretation klassischer Texte an eine Analyse ihrer historischen Umstände bindet, ist allerdings die sogenannte *Cambridge School.* Sie wurde geprägt durch methodologische Interventionen in den 1960er-Jahren von Quentin Skinner, dessen Aufsatz *Meaning and Understanding in the History of Ideas* (1969) zu einer Art Leitstern für mittlerweile mehrere Generationen nachfolgender Historiker*innen wurde. Daneben ist John Pocock (etwa 1975; 1985) zu nennen, der unter dem Einfluss der Wissenschaftstheorie Thomas Kuhns einen epochenabhängigen und wandelbaren Paradigmenbegriff in die historische Forschung einführte. Skinner und Pocock orientieren sich wiederum an Peter Lasletts Locke-Forschung (1967), die bereits einige Jahre vorher publiziert wurde.

Cambridge School

Laslett bestand auf etwas, was für Sie ganz selbstverständlich klingen mag, damals aber eine große Innovation darstellte: Auch Ideengeschichtler*innen, so Laslett, müssen ins Archiv. Lasletts Locke-Forschung stellte das Potenzial solcher historischer Detailarbeit, die unter anderem unveröffentlichte Manuskripte, Veröffentlichungsumstände und -chronologie, und intellektuelles und politisches Umfeld (sowie alltägliche Eitelkeiten und Streitereien) in den Vordergrund rückt, eindrucksvoll unter Beweis. Er konnte zeigen, dass Lockes *Two Treatises* nicht wie zuvor angenommen nach der *Glorious Revolution* von 1688-1689 verfasst wurde, sondern mindestens ein Jahrzehnt zuvor. Deswegen kann Lockes Werk nicht, wie es bis dato üblich war, als nachträgliche Rechtfertigung dieser Revolution gedeutet werden (vgl. auch Ball 2004, 27). Skinner und Pocock bejahten diese Orientierung weg von der Philosophie und hin zum Archiv und unterfütterten sie im Bugwasser Wittgensteins ([1953] 1984) und Austins (1962) mit sprachphilosophischen Entwicklungen (Skinner 2010). Hier ist besonders der Gedanke hervorzuheben, dass es möglich ist, durch Äußerungen, sogenannte Sprechakte (*speech acts*) zu handeln (hierzu mehr in Kapitel 7). Die Cambridge School lenkt unsere Aufmerksamkeit daher besonders auf die „sprachlichen Konventionen, innerhalb derer solche Äußerungsakte erfolgen [...] [und die] sozusagen das Universum aller möglichen sinnvollen Äußerungen zu einer bestimmten Zeit in einer bestimmten Kultur [bilden]" (Mahler und Mulsow 2014, 10).

Ideengeschichte als Archivarbeit

Sprachphilosophie in der Ideengeschichte

Im Ergebnis bricht die Cambridge School ausdrücklich mit Versuchen, Ideengeschichte als Philosophie zu praktizieren. Eine „Geschichte der Ideen", so Skinner, der anfangs insbesondere Lovejoy und seine Elementarideen ins Auge fasste, kann es eigentlich gar nicht geben, sondern „nur eine Geschichte [...], die sich auf die verschiedenen Akteure, die [eine] Idee verwendet haben, und [die sich] auf deren unterschiedliche[n] Situationen und Absichten bei der Verwendung konzentrieren muss“ (2010, 68).

Die Bedeutung eines Textes muss laut Cambridge School mit der Rekonstruktion der Paradigmen, Sprachgruppen und -konventionen beginnen, in die er eingebettet ist. Nur wenn wir die Aussage- und Bedeutungsmöglichkeiten, die einer Autorin wirklich zur Verfügung standen, dargestellt haben, können wir uns Gedanken darüber machen, was sie mit ihrem Text sagen (oder besser: tun) wollte: „Eine Sprache verstehen heißt wissen, was man mit ihr tun kann; sich mit einem Denker befassen heißt folglich verstehen, was er damit tun wollte“ (Pocock 2010b, 113).

Ideengeschichte lässt sich also sowohl philosophisch als auch historisch betreiben. Sie können die *Ideen* betonen oder die *Geschichte*. Manchmal ist einer dieser Blickwinkel bereits durch Ihre Forschungsfrage vorgegeben. Wie Kapitel 7 erörtert, ist allerdings gar nicht immer sinnvoll, ideengeschichtliche Materie ausschließlich als Philosophin *oder* als Historiker zu betrachten. Manchmal kann Ihnen eine philosophische Rekonstruktion helfen, die Absichten hinter einem Werk zu erfassen und umgekehrt kann die sorgfältige Beschreibung des historischen Kontexts eines Werkes einen wichtigen ersten Schritt in seiner philosophischen Rekonstruktion darstellen.

Weiterführende Literatur

Ball, Terence. 2004. „History and the Interpretation of Texts“. In *Handbook of Political Theory*, herausgegeben von Gerald F. Gaus und Chandran Kukathas. London: Sage.

Beiser, Frederick C. 2011. *The German Historicist Tradition*. Oxford: Oxford University Press.

Bourke, Richard, und Quentin Skinner, Hrsg. 2022. *History in the Humanities and Social Sciences*. Cambridge: Cambridge University Press.

Dorschel, Andreas. 2010. *Ideengeschichte*. UTB. Göttingen: Vandenhoeck & Ruprecht.

Kelley, Donald R. 2002. *The Descent of Ideas: The History of Intellectual History*. Aldershot: Ashgate.

Lottes, Günther. 2020. „Neue Ideengeschichte“. In *Kompass der Geschichtswissenschaft*, 262–70. UTB. Göttingen: Vandenhoeck & Ruprecht.

Mahler, Andreas, und Martin Muslow, Hrsg. 2014. *Texte zur Theorie der Ideengeschichte*. Stuttgart: Reclam.

Runciman, David. 2001. „History of Political Thought: The State of the Discipline“. *British Journal of Politics & International Relations* 3 (1): 84.

Skinner, Quentin. 2009. *Visionen des Politischen*. Herausgegeben von Marion Heinz und Martin Ruehl. Übersetzt von Robin Celikates und Eva Engels. Frankfurt am Main: Suhrkamp.

4. Eigene und fremde Argumente strukturiert analysieren

In Kapitel 2.3 hatten wir bereits erwähnt, dass Argumente die grundlegenden Bausteine sind, mittels derer Sie das Ziel Ihrer Arbeit erreichen – und mit dem das umgekehrt auch die Texte tun, mit denen Sie sich in Ihrem Studium auseinandersetzen. Diese Argumente verfügen dabei über eine inhaltliche sowie über eine strukturelle Dimension. Inhaltliche Aspekte sind teilgebietsspezifisch und Gegenstand der Kapitel 5 bis 7. Dieses Kapitel hingegen betrachtet Argumente strukturell und gibt Ihnen Werkzeuge an die Hand, die Sie in allen Teilgebieten verwenden können, um einerseits konkrete Argumente anderer – also in der Regel aus der Literatur – kritisch zu evaluieren und ihre eigenen Argumente möglichst klar vorzubringen.

Um herauszufinden, welche Schlüsse ein fremder Text zieht und wie er sie begründet, müssen wir seine Argumentation *rekonstruieren*.

Rekonstruktion eines Arguments: Identifikation der Konklusion eines Arguments sowie seiner Prämissen (Annahmen) und ihres Zusammenspiels. Klare und strukturierte Aufbereitung des Argumentaufbaus im Sinne des Argumentationszieles und, wo nötig, Aufklärung von Uneindeutigkeiten. !

Bevor wir uns dieser Aufgabe zuwenden, nehmen wir uns in Kapitel 4.1 zunächst noch einmal die bereits aus Kapitel 2.3 bekannte Definition eines Arguments vor. Techniken der Rekonstruktion finden Sie dann in Kapitel 4.2. Basierend auf einer solchen präzisen und wohlwollenden Rekonstruktion lässt sich das Argument in einem Folgeschritt kritisch evaluieren.

Evaluation eines Arguments: Aufzeigen von Stärken und Schwächen des Arguments und ihre kritische Würdigung. !

Diese Evaluation geht teilweise inhaltlich auf das Argument ein, teilweise zielt sie aber auch auf das Zusammenspiel von Prämissen und Konklusion des Arguments ab, wie Kapitel 4.3 zeigt. Dort werden Ihnen zudem einige gängige Argumentationsfehler vorgestellt. Eine genaue Kenntnis bestehender Argumente im Kontext Ihrer Arbeit kann Ihnen dabei helfen, die Stoßrichtung eines möglichen eigenen Arguments zu präzisieren. Allgemein ist ein besseres Verständnis von Argumentstrukturen sowohl für die Bewertung fremder Argumente wie auch für die Verbesserung ihrer eigenen Argumentation von Nutzen. Kapitel 4.4 gibt Hinweise, wie eine argumentationstheoretische Selbstevaluation Ihren Schreibprozess begleiten und dadurch helfen kann, Ihre eigene Arbeit klar, überzeugend und effizient zu verfassen. Argumentationstheorie erfordert oftmals ein sehr formales Vorgehen. Die Methodenvorstellung im Buch beschränkt die Nutzung formaler Methoden auf das absolut notwendige Minimum; es kann jedoch abhängig von Ihrem Thema sinnvoll sein, formal tiefer einzusteigen, wofür die weiterführende Literatur sowie unser Onlineanhang (https://www.utb.de/doi/suppl/10.36198/9783838561820) Ihnen Werkzeuge an die Hand geben.

4.1 Argumente, Aussagesätze und mögliche Weltzustände

In Kapitel 2 hatten wir bereits die folgende gängige Definition von Argumenten eingeführt:

Ein Argument setzt sich zusammen aus einer Menge von Aussagesätzen (mindestens 0 und endlich viele), die Prämissen heißen, und genau einem weiteren Aussagesatz, der Konklusion heißt. Die Intention des Arguments ist es, dass die Prämissen in ihrem Zusammenspiel Gründe dafür liefern, die Konklusion für wahr zu halten.

Diese Definition spricht erstens von *Aussagesätzen* und verweist zweitens auf das Konzept von *wahr*, bzw. nicht-wahr (also *falsch*). Beides ist für uns im Weiteren zentral und hängt zudem eng miteinander zusammen.

Aussagen (im Folgenden auch Sätze oder Aussagesätze) sind Sätze, die Behauptungen darüber aufstellen, was in der Welt der Fall ist, z.B. „Es regnet und hat 3°C."
Damit sind sie wahrheitsfähig: Sie können entweder wahr sein (wenn das Behauptete der Fall ist, es also regnet und 3°C hat) oder falsch. Eine Aussage ist (jedenfalls im für uns relevanten Rahmen) immer eines von beidem – wahr oder falsch – und nie beides zusammen.

Was in der Welt der Fall ist, konstituiert einen *Weltzustand*. Enger verstehen wir im Kontext von bestimmten Aussagen darunter die Menge aller für die Wahrheit dieser Aussagen relevanten Eigenschaften der Welt, für oben also Niederschlag und Temperatur. Die Menge der *möglichen Weltzustände* beinhaltet damit jede Kombination von Ausprägungen der Eigenschaften, also (1) Regen und 3°C, (2) Regen und eine andere Temperatur, (3) kein Regen und 3°C und (4) kein Regen und eine andere Temperatur. Die Wahrheit einer Aussage prüft man, indem man herausfindet, welcher der möglichen Weltzustände tatsächlich vorliegt.

Die Wahrheits*fähigkeit* eines Satzes ist unabhängig von seiner tatsächlichen *Wahrheit*, davon ob wir *wissen* (können), ob er wahr ist und entsprechend auch davon, ob wir uns über seine Wahrheit *einig* sind. Außerdem spielt sein Gegenstandsbereich keine Rolle. Sehen wir uns einige Aussagen an.

Bsp. 4.1: Aussagen

a) Jetzt ist es in Bamberg genau 15:17 Uhr.
b) Jetzt ist es in Bamberg 27:12 Uhr.
c) An dem Ort, an dem Sie diesen Satz gerade lesen, hat es vor exakt 3731 Jahren genieselt.
d) Die Politische Theorie ist die wichtigste Teildisziplin der Politikwissenschaft.
e) Dieses Jahr gibt es in Bamberg weiße Weihnachten.
f) Töten ist moralisch unzulässig.

Ob Satz a) wahr ist, prüfen Sie einfach durch einen Blick auf Ihre Uhr (und ggf. eine Zeitzonenkarte), doch auch wenn der Satz falsch ist, ist er noch eine Aussage über einen Weltzustand.. Auch Satz b) ist wahrheitsfähig, obwohl er selbstverständlich nie wahr sein kann und wir zu dieser Feststellung auch nicht empirisch die Uhrzeit prüfen, sondern lediglich das Konzept kennen müssen. Es ist ausgesprochen unwahrscheinlich, dass wir jemals herausfinden können, ob Satz c) nun wahr ist oder falsch. Aber es ist dennoch klar, dass er die Art von Satz ist, die entweder wahr oder falsch ist: Entweder es hat eben genieselt oder nicht. Damit ist es ein Aussagesatz. Auch mögliche Uneinigkeit wie in Satz e) ändert nichts daran, dass der Satz wahr sein kann: Nehmen sie an, einer Wettervorhersage von Anfang Dezember zufolge gäbe es die weißen Weihnachten, während eine andere diese nicht prognostiziert. Hier klärt sich die Wahrheit erst am 24., 25. oder 26.12., aber die Wahrheitsfähigkeit der Aussage bleibt davon unberührt. Dies sehen sich auch in Kontexten wie Satz d), von dem Ihre Dozent*innen der Politischen Theorie wohl sagt, er sei wahr – jemand aus der Vergleichenden Politikwissenschaft eher nicht. Derartige Uneinigkeit finden Sie regelmäßig in normativen Äußerungen wie auch Satz f). Kapitel 6 diskutiert sie genauer, für unsere Zwecke hier behandeln wir sie einmal als wahrheitsfähig und damit als Aussagen. Deutlich wird der Charakter von Aussagen im Vergleich zu Äußerungen, die keine Aussagen sind.

Bsp. 4.2: Keine Aussagen
(i) Kommst du heute Abend mit zu unserer Rock'n'Rawls-Party?
(ii) Yeah, endlich wieder Nozick lesen!
(iii) Gib mir doch bitte eben die *Theory of Justice* herüber.
(iv) Wer hätte gedacht, dass Rawls zu lesen so ein großartiges Vergnügen ist?
(v) Hiermit sei unser heutiges Rawls-Seminar beendet.

Bei keinem dieser fünf Aussprüche kann man sagen, dass sie entweder wahr oder falsch sind. Sie verhalten sich zwar in der Welt oder zu ihr, stellen aber selbst keine Behauptung darüber auf, wie sie aussieht.[18] Einigen liegen solche Behauptungen zugrunde und wir können aus ihnen Aussagen ableiten (aus (ii), dass das Sprechersubjekt Nozick liest, oder aus (v), dass das Seminar beendet ist), aber selbst sind sie keine. Wenn Sie einen Ausspruch darauf abklopfen möchten, ob Wahrheit tatsächlich der richtige Standard für seine Beurteilung ist und damit eine Aussage vorliegt, hilft als praktischer Test die Frage: *„Das glaube ich nicht. Bist du dir sicher?"*[19]

Insgesamt sind also nicht alle grammatikalischen Aussagesätze Aussagen im hier verwendeten Sinne. Umgekehrt können sich Aussagen auch über mehr als einen grammatikalischen Satz erstrecken.

Kommen wir mit diesem Wissen nun auf ein Argument zurück, das eben nur aus Aussagen bestehen kann, und betrachten ein einfaches Beispiel.

Bsp. 4.3: Ein erstes Beispielargument
(1) Alle Griech*innen sind Menschen.
(2) Sokrates ist ein Grieche.
(3) Also: Sokrates ist ein Mensch.

Dieses wird übersichtlich, wenn man jedem Satz seine eigene Zeile lässt, ihm eine Nummer gibt und die Konklusion durch ein „Also:"

18 (i) und (iv) sind Fragen, (ii) ist eine expressive Äußerung (wie „Buh!" oder „Hurrah!") und (iii) eine Aufforderung. (v) sieht einer Aussage zum Verwechseln ähnlich, ist aber typischerweise eine performative Handlung: Wenn eine Dozentin diesen Satz sagt, trifft sie keine *Aussage darüber*, was der Fall ist – sie führt damit die Handlung des *Seminar-Beendens* durch und *verändert* damit, was in Bezug auf das Seminar der Fall ist.

19 Diese handliche Formulierung verdankt sich Ansgar Beckermann (2014, 14).

oder einen Strich über der Zeile oder das Symbol markiert – dann sprechen wir davon, ein Argument in *Standardform* darzustellen.

Argumente in Standardform

Die Aussagesätze stehen nämlich nicht nur zufällig nebeneinander, sondern sie sind miteinander durch einen bestimmten funktionalen Zusammenhang verbunden: (1) und (2) *sollen* zusammen *zeigen*, dass (3) wahr ist. (3) ist der Zielpunkt des Arguments: die Konklusion (die Sie belegen, schlussfolgern, stützen wollen). (1) und (2) sind die Prämissen des Arguments. Zusammengenommen lassen die Prämissen (1) und (2) es vernünftig erscheinen, (3) für wahr zu halten (wenn denn (1) und (2) selbst auch wahr sind).

Wissenschaftliche Texte variieren in dem Grade, zu dem sie solche Argumentationsstrukturen explizit transparent machen. Manchmal finden Sie in wissenschaftlichen Texten wichtige Argumente tatsächlich mehr oder weniger in Standardform:

Bsp. 4.4: Ein Strukturiertes Argument in der Literatur
„The argument for a right to the freedom to use drugs might be summarized thus:
Adults have a right to the freedom to live as seems good to themselves (within the limits of others' rights).
So, adults have a right to do dangerous things (provided they endanger only themselves).
Drug use endangers only the user.
Therefore, adults have a right to the freedom to use drugs." (P. Smith 2002, 234)

Allermeistens folgen wir aber unseren Gewohnheiten und dem natürlichen Sprachfluss, wenn wir unsere Argumentation in einem Fließtext vorbringen, der dann nicht so klar markiert, wo genau ein Argument nun anfängt und aufhört und was genau die Prämissen sind:

Bsp. 4.5: Ein nicht strukturiertes Argument in der Literatur
„Economic welfare claims and collective identity needs must also be satisfied for democracies to function over time. However, the normative basis of democracy as a form of organizing our collective life is neither the fulfillment of economic welfare nor the realization of a stable sense of collective identity. For just as the attainment of certain levels of economic welfare may be compatible with authoritarian political rule, so too anti-democratic regimes may be more successful in assuring a sense of collective identity than democratic ones." (Benhabib 1994, 27)

Ob Argumente, die wir auf diese Weise vorbringen, etwas taugen, hängt aber davon ab, wie sie *tatsächlich* beschaffen sind. Um dort hinzugelangen, müssen wir sie rekonstruieren.

4.2 Rekonstruktion von Argumenten

4.2.1 Einheitliche (formale) Repräsentation von Einzelaussagen und ihren Zusammenhängen

Bevor wir uns der Rekonstruktion von Argumenten als Ganzes zuwenden, müssen wir noch einmal hineinzoomen und uns die Aussagesätze, aus denen ein Argument besteht, noch genauer ansehen. Denn Aussage scheint nicht gleich Aussage zu sein. Vielmehr gibt es Unterschiede hinsichtlich ihrer inneren Struktur, die sich allgemein darstellen lassen. Wenn wir herausfinden wollen, was uns eine Prämisse oder die Konklusion genau sagt und wie wir mehr über ihre Wahrheit herausfinden wollen, müssen wir diese Struktur genauer betrachten. Sehen wir uns dies an einigen Beispielen an.

Übersicht über logische Operatoren

Alltagssprache	Logische Form	Formale Darstellung	Wahrheitsbedingung
Die Inflation steigt.	Atomsatz	P	Bestätigung durch spezifische Untersuchung (vgl. Kapitel 5-7)
Unsere Regierung ist links.	Atomsatz	Q	
Die Inflation steigt nicht.	Negation („Verneinung")	$\neg P$	Die Aussage, auf die sich der Operator bezieht, ist falsch.
Die Inflation steigt und unsere Regierung ist links.	Konjunktion	$P \wedge Q$	Beide verknüpften Aussagen sind wahr.
Die Inflation steigt oder unsere Regierung ist links (oder beides).	Disjunktion (auch „inklusives oder")	$P \vee Q$	Mindestens eine der beiden verknüpften Aussagen ist wahr.
Entweder die Inflation steigt oder unsere Regierung ist links.	Kontravalenz (auch „exklusives oder")	$P \dot{\vee} Q$	Genau eine der beiden verknüpften Aussagen ist wahr.
Wenn unsere Regierung links ist, dann steigt die Inflation.	Konditional	$P \rightarrow Q$	Immer, außer das Antecedens ist wahr, aber das Succedens falsch.
Genau dann wenn unsere Regierung links ist, steigt die Inflation.	Äquivalenz (auch Bikonditional)	$P \leftrightarrow Q$	Beide Aussagen sind wahr oder beide Aussagen sind falsch.

Atomsätze

Aussage 1) befasst sich mit einem einzigen Sachverhalt und ihre Wahrheit ist unmittelbar zu prüfen, indem man die Inflation der aktuellen Periode mit der der Vorperiode vergleicht (empirische Schwierigkeiten hierbei einmal außer Acht). Eine solche Einzelaussage nennt man auch *Atomsatz*, im Gegensatz zu geschachtelten Aussagen, die Sie im Folgenden kennenlernen werden. Der Übersichtlichkeit und Einheitlichkeit halber kann man Atomsätze einfach durch einen Buchstaben repräsentieren, üblicherweise beginnend mit . Aussage 2) ist ebenfalls ein einfacher Atomsatz, auch wenn sich seine Prüfung etwas schwieriger und vermutlich kontroverser gestaltet als bei Aussage 1). Wir müssten zunächst klären, an welche Regierung (supranational, national, regional oder lokal) wir denken, wie wir mit Koalitionen umgehen und was wir unter „links" verstehen, also auf welchen Kontext (Wirtschaftspolitik, Sozialpolitik, Bildungspolitik, etc.) wir abstellen und wie wir mit den normativen Annahmen umgehen, die der Bezeichnung eine Regierung als „links" mitunter zugrundeliegen. Doch auch diese Überlegungen beziehen sich unmittelbar auf Aussage 2) als Ganzes und wir können diese daher ebenfalls durch einen einzelnen Buchstaben (*Q*) repräsentieren.

Negation

Für Aussage 3) sind die gleichen Kennzahlen relevant wie für Aussage 1), aber die Beziehung zwischen diesen Kennzahlen und der Wahrheit der Aussagen ist genau umgekehrt. Alternativ könnte man Aussage 3) auch einfach als „Aussage 1) stimmt nicht" formulieren, sie *negiert* also Aussage 1). Zur Darstellung der Negation gibt es den *logischen Operator* , welcher vor die Aussage gestellt wird, den sie modifiziert. In unserem Fall kann Aussage 3) somit schlicht als geschrieben werden.

Konjunktion

Aussage 4) kombiniert nun die Aussagen 1) und 2), also P und Q. Die Wahrheit der kombinierten Aussage hängt am Zusammenspiel der Wahrheit beider Einzelaussagen: Damit die Aussage 4) wahr ist, muss sowohl die Inflation steigen als auch die Regierung links sein. Formal lässt sich diese Verbindung über den Operator der *Konjunktion* darstellen.

Disjunktion

Ähnlich verhält es sich bei Aussage 5), aber damit sie wahr ist, ist es ausreichend, wenn eine der beiden Aussagen wahr ist. Es können aber auch beide zugleich wahr sein. Dieses sogenannte inklusive Oder ist formal durch eine *Disjunktion* repräsentiert.

Kontravalenz

Aussage 6) hingegen verlangt tatsächlich, dass genau eine der beiden Aussagen 1) oder 2) zutrifft, also nicht beide zugleich. Das lässt sich logisch über die *Kontravalenz* ausdrücken. Während die geschachtelten Aussagen bis hierhin schlicht die Wahrheitswertzustände ihrer Teilaussagen kombinierten, äußert sich Aussage 7) ganz konkret zu deren Beziehung:

Konditional

„Wenn wahr ist, dann muss auch wahr sein." Sie führt also als (wie wir später sehen werden) hinreichende Bedingung für ein. Deshalb werden Aussagen dieser Form auch als *Konditional* bezeichnet: „", was man sich gut über „führt zu" als Eselsbrücke vergegenwärtigen kann. Der Satz vor dem Pfeil heißt dabei *Antecedens* und der Teil nach dem Pfeil *Succedens* oder *Consequens*. Um herauszufinden, ob diese Aussage wahr ist, muss man nun klären, ob es eine

Situation geben kann, in der zwar das Antecedens wahr ist (die Regierung links ist), aber das Succedens falsch (die Inflation nicht steigt). Wie genau eine solche Möglichkeitsprüfung ausfällt, hängt vom Kontext der jeweiligen Aussagen ab. Es können beispielsweise empirische Untersuchungen gefragt sein, normative Überlegungen, Gedankenexperimente, oder auch Kombinationen davon. Übrigens kann in unserer Alltagssprache ein Konditional auch mit umgekehrter Reihenfolge der Teilaussagen formuliert sein, also „Die Inflation steigt, wenn die Regierung links ist." Um darzustellen, dass zwei Aussagen einander gegenseitig bedingen und also nur gemeinsam wahr oder gemeinsam falsch sein können, wie in Aussage 8), greifen wir auf die *Äquivalenz* zurück. Wissenschaftliche Texte nutzen Aussagen in Form von Konditional und Äquivalenz oft, um Gesetze oder Regelmäßigkeiten zu formulieren, die in einer Theorie postuliert oder auch empirisch festgestellt werden. Aussage 8) ist ein Beispiel für ein solches theoretisches Postulat auf dem Gebiet der Neuen Politischen Ökonomik, genauer die Parteiendifferenzthese nach (Hibbs 1977).

Äquivalenz

4.2.2 Flexibilität und Funktion der Formalisierung

Die Operatoren und ihre Kriterien sind unabhängig vom *Inhalt* der jeweiligen Atomsätze. Wir könnten beispielsweise für P auch „Dieses Land ist ein Rechtsstaat." und für Q „In diesem Land gibt es eine funktionierende Gewaltenteilung." einsetzen. Selbstverständlich hätte diese Veränderung einen Einfluss darauf, welche der Sätze wahr sind, aber die durch die Operatoren dargestellten Zusammenhänge zwischen den Teilsätzen blieben unverändert. Die Formalisierung kann uns also dabei helfen, unsere Gedanken zu ordnen, und unsere Intuition anleiten, damit wir Aussagen nicht missverstehen. Hierfür machen wir uns zunutze, dass die Wahrheit von Aussagen, die mit einem bestimmten Operator verknüpft sind, immer auf dieselbe Weise ermittelt wird. Weiteres zur formalen Analyse mittels Wahrheitstafeln fnden Sie online (https://www.utb.de/doi/suppl/10.36198/9783838561820). Hinweise zur Wahrheitsbewertung von verknüpften Aussagen zeigt die letzte Spalte in der Übersichtstabelle der Operatoren. Am Beispiel der Parteiendifferenzthese lässt sich gut erkennen, dass Operatoren nur Wahrheitsbedingungen liefern und unter Rückgriff auf welche wiederum die Aussagen, die sie verbinden, erfüllen müssen. Damit „Genau dann wenn unsere Regierung links ist, steigt die Inflation." wahr ist, müssen linke Regierung und Inflation immer und ausschließlich gemeinsam auftreten. Dies lässt sich empirisch prüfen und im konkreten Fall findet sich nur selten ein eindeutiges Zusammenfallen von Linksregierung und Inflation (Erlei, Leschke, und Sauerland 2007, 376).

Schachtelung von Operatoren für komplexere Aussagen

Im Umgang mit Operatoren war bewusst von Aussagen die Rede und nicht von Atomsätzen. Selbstverständlich kann man auch komplexere Aussagen formalisieren, indem man Operatoren schachtelt. Zur Strukturierung verwenden wir ähnliche Regeln wie *Punkt vor Strich* in der Mathematik: Die Negation bindet am engsten, gefolgt von Konjunktion, Disjunktion, Konditional, Äquivalenz und schließlich der Kontravalenz. Ebenfalls wie in der Mathematik können wir diese Reihenfolge durch Klammerung modifizieren. Die entstehenden komplexeren Ausdrücke lassen sich dann, auch das parallel zu größeren mathematischen Rechnungen, schrittweise lösen. Wir ermitteln zunächst die Wahrheitsbedingungen der am engsten bindenden Operatoren und nutzen dieses Ergebnis im weiteren Vorgehen als wäre es ein Atomsatz. Ein Beispiel verdeutlicht dies:

Bsp. 4.6: Linksregierung und Inflation
Wenn wir eine linke Regierung haben, dann steigen sowohl die Nominallöhne als auch die Inflation.
Formalisierung:
P = die Inflation steigt.
Q = Unsere Regierung ist links.
R = Die Nominallöhne steigen.
$Q \rightarrow (R \wedge P)$

Hier klären wir zunächst die Wahrheitsbedingungen der Atomsätze des Succedens: die Nominallöhne steigen, die Inflation steigt oder beides. Das Ergebnis setzen wir dann als Succedens ein. Wenn wir wissen wollen, ob die Gesamtaussage stimmt, müssen wir uns im nächsten Schritt fragen, ob bei einer linken Regierung auf jeden Fall sowohl Löhne als auch Inflation steigen. Finden wir einen Fall, in dem die Regierung links ist, aber die Disjunktion falsch ist – also Nominallohnniveau oder Inflation (oder beides) nicht steigt –, ist die Aussage insgesamt falsch. Weitere Beispiele finden Sie online (https://www.utb.de/doi/suppl/10.36198/9783838561820).

Je nach Formulierung im Ursprungstext kann die Formalisierung einer Aussage etwas schwieriger sein. Wenn Sie tiefer in diese Materie einsteigen wollen, finden Sie im Onlineanhang (https://www.utb.de/doi/suppl/10.36198/9783838561820) und in der Literatur zu diesem Kapitel Hinweise, wie Sie die hier eingeführten Schlüsse formal analysieren können. Für Ihre Hausarbeit kann es aber schon ausreichen, Formalisierung als Werkzeug zu nutzen, um den Gedanken hinter einer Aussage genauer zu fassen. Dies wiederum wird Ihnen helfen, wenn Sie

sich einmal bei der Strukturierung komplexerer Argumente, der wir uns nun zuwenden wollen, nicht ganz sicher sind.

4.3 Darstellung komplexerer Argumente

4.3.1 Die inferentielle Struktur eines Arguments

Aus Kapitel 2 kennen Sie die Unterscheidung von Sätzen in Prämissen und Konklusion, wobei letztere das Ziel der Argumentation darstellt und von ersteren gestützt wird. Komplexere Argumente können jedoch aus mehreren Schritten bestehen und Zwischenkonklusionen verwenden oder unabhängig voneinander konklusionstützende Argumentationsstränge verwenden. Sie können damit als Schachtelung mehrerer Einzelschlüsse verstanden werden. Und wie sie geschachtelt sind, kann und sollte man rekonstruieren, um die inferentielle Struktur eines Arguments sichtbar zu machen.

Rekonstruktion der Argumentationsstruktur

! Inferentielle Struktur oder Schlussstruktur eines Arguments: Spezifisches Zusammenspiel der Prämissen in einem Argument zur Stützung von dessen Konklusion.

Betrachten wir uns zur Rekonstruktion folgende Erweiterung zum Beispiel aus Kapitel 2:

Erweiterung von Bsp. 4.3
(1) Alle Griech*innen sind Menschen. (2) Sokrates war ein Grieche. (3) Sokrates war ein Mensch. (4) Alle Menschen sind sterblich. (5) Also war Sokrates sterblich. (6) Außerdem berichten historische Quellen über den Tod des Sokrates.

Die Sätze (1) und (2) sind Prämissen, die Auskunft über Eigenschaften des Sokrates bzw. von Griech*innen geben und innerhalb des Arguments nicht weiter begründet werden. Solche Prämissen nennt man auch *basale Prämissen*. Satz (3) hingegen leitet sich aus diesen beiden basalen Prämissen ab. Es sind hier beide Prämissen *gemeinsam* nötig, damit der Schluss überzeugend wird: Wenn Sokrates zwar Grieche war, aber nicht alle Griech*innen Menschen sind, muss er noch kein Mensch gewesen sein. Ebenso nicht, wenn alle Griech*innen Menschen sind, Sokrates aber kein Grieche gewesen sein sollte. In Kapitel 2 war Satz (3) die Konklusion des Arguments. Nun wird er aber noch weiter verwendet: Gemeinsam mit der weiteren basalen Prämisse (4), begründet er die Konklusion (5) über die Sterblichkeit des Sokrates. Aufgrund dieser Doppelrolle bezeichnet man eine Prämisse wie Satz (3), für die eine weitere Begründung angeführt wird, auch als *Zwischenkonklusion*. Satz (6) stellt hingegen wieder eine basale Prämisse dar: Die empirische Evidenz stützt *unabhängig* von dem zuvor dargestellten Argumentationsstrang ebenfalls die Konklusion.

!

Basale Prämisse: Im Argument nicht weiter begründet.
Zwischenkonklusion: Aus anderen Prämissen abgeleitet und anschließend selbst als Prämisse genutzt.

An diesem Beispiel zeigen sich drei für uns wichtige Eigenschaften komplexerer Argumente. Erstens bestehen sie aus mehreren Schritten, wobei das Ergebnis eines Schrittes (die Zwischenkonklusion, Satz (4)) als Prämisse im darauffolgenden Schritt dient. Zweitens kann eine (Zwischen-) Konklusion von Prämissen in einem Zusammenspiel gestützt werden (Sätze (1) und (2) für Satz (3) bzw. Sätze (3) und (4) für Satz (5)) oder direkt durch eine Prämisse, die unabhängig von anderen Prämissen ist (hier unabhängig von (3) und (4)). Drittens muss die Konklusion nicht immer am Ende eines im Alltag vorgebrachten Arguments stehen. Nicht selten wird – wie hier – noch Evidenz nachgereicht oder die Konklusion direkt zu Beginn vorgestellt. Dies kann sogar von Mehrwert sein. Besonders bei längeren Argumenten, beispielsweise in Hausarbeiten, ist es oft sinnvoll, dem Gegenüber zunächst zu erläutern, worauf man hinauswill. Gleichwohl empfiehlt es sich, bei der Erläuterung von Argumenten die Konklusion auch noch einmal am Ende zu nennen.

Argumentdiagramme

Komplexe Argumente besitzen also eine Struktur, die wir in ihrer Rekonstruktion sichtbar machen sollten, weil sie für die anschließende Evaluation (Kapitel 4.4) zentral ist. Eine verbale Erläuterung wie oben ist hierfür oft nicht der effiziente Weg. Stattdessen greift man häufig auf *Argumentdiagramme* oder *Argument Maps* zurück. Sehen wir uns zunächst das Diagramm für das erweiterte Beispiel 4.3 an:

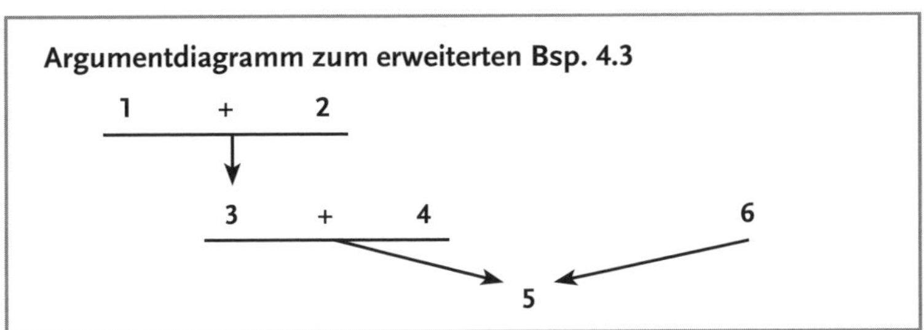

Ein Argumentdiagramm zeigt die Struktur des Arguments auf einen Blick. Der Übersichtlichkeit halber werden die Sätze nummeriert und dann im Argument mit ihren Nummern abgekürzt.[20] Jeder Pfeil steht für einen einzelnen Schritt der Argumentation. Er bedeutet, dass der Satz bzw. die Sätze vor dem Pfeil den Satz an der Spitze des Pfeils stützen (sollen). Wenn mehrere Sätze gemeinsam einen anderen stützen, werden sie mit einem Pluszeichen verbunden und zusammen an den Anfang eines Pfeiles notiert. Sätze, auf die keine Pfeile zeigen, stellen basale Prämissen dar. Sätze mit Pfeilen, die sowohl auf sie als auch von ihnen weg zeigen, bezeichnen Zwischenkonklusionen. Der Satz am unteren Ende des Diagramms, auf den ein oder mehrere Pfeile zeigen, aber keiner von ihm weg, repräsentiert die Konklusion des gesamten Arguments. Dass mehrere Pfeile auf einen Satz zeigen, bedeutet, er wird von verschiedenen unabhängigen Argumentationssträngen gestützt. Sollte es aber vorkommen, dass ein Satz Ausgangspunkt für mehrere Pfeile ist, also eine Prämisse in verschiedenen Argumentationssträngen darstellt oder Pfeile von unten nach oben verlaufen, so spricht das oft für Probleme im Argument oder in seiner Rekonstruktion.

Identifikation von Prämissen und Konklusion im Text

Liegen die Teile eines Arguments bereits so übersichtlich vor wie oben, kann man sich ganz auf die Erstellung des Argumentdiagramms konzentrieren. In der Praxis müssen wir aber oftmals zunächst die Prämissen und die Konklusion im Text identifizieren. Das kann durchaus eine schwierige Aufgabe sein, aber es gibt einige Strategien, die dabei helfen können:

Vorgehen bei der Konklusion beginnen

Rollen Sie das Argument von der Konklusion her auf und arbeiten Sie sich dann zu den basalen Prämissen zurück. Lesen Sie den Text sorgfältig durch und identifizieren Sie zunächst seine Hauptaussage, welche wahrscheinlich zugleich die Konklusion des vorgebrachten Arguments ist. Suchen Sie nun nach Gründen oder Beweisen, die diese Hauptaussage unmittelbar stützen. Wenn Sie diese Prämissen alle gefunden haben, überlegen Sie sich in einem nächsten Schritt, welche der Prämissen die Konklusion gemeinsam und welche sie unabhängig voneinander begründen. Nun nehmen Sie sich jede der Prämissen vor und prüfen, ob sie basal ist oder als Zwischenkonklusion wiederum von einer eigenen Argumentation gestützt wird. Falls letzteres der Fall

20 Wenn Sie genügend Platz haben, können Sie das Diagramm auch erstellen, indem Sie anstelle der Nummern die ursprünglichen Aussagen verwenden. Das empfiehlt sich beispielsweise, wenn Sie versuchen, einen komplexen Argumentationsschritt in einem Fachartikel nachzuvollziehen. Wenn es dann um Darstellung und Auseinandersetzung mit dem Argument in einer Hausarbeit geht, empfiehlt es sich, den weiteren Abstraktionsschritt zu gehen und die oben beschriebene Form zu verwenden.

ist, suchen sie nun wieder die Prämissen, die diese Zwischenkonklusion unmittelbar stützen; wiederholen Sie den Vorgang, bis alle Prämissen, die Sie neu finden, basal sind. Gehen Sie jedes Teilargument entsprechend durch.

Eine Liste wichtiger Signalwörter finden Sie online (https://www.utb.de/doi/suppl/10.36198/9783838561820). Achten Sie auf die im Text verwendete Sprache. Formulierungen wie „weil", „da", „denn", „aus dem Grund, dass" oder „deshalb" werden oft verwendet, um zu signalisieren, dass eine der beiden Aussagen die andere stützt.

Formalisierung als Hilfestellung

Wenn Sie sich einmal nicht sicher sind, ob bestimmte Teile eines Arguments eine Prämisse sind oder getrennt behandelt werden sollten, können Sie diese Teile formalisieren, um sich Klarheit zu verschaffen. Für ein Argumentdiagramm suchen sie nach Aussagen, nicht nach Atomsätzen. Teilaussagen, die über Operatoren verknüpft sind, stellen Sie in einem Argumentdiagramm also gemeinsam dar. Verdeutlichen wir uns dies am Konditional, also Aussagen der Form „wenn ..., dann ...". Als Beschreibung von Gesetzmäßigkeiten stützen sie in Argumenten oft gemeinsam mit dem „wenn"-Teil der Aussage den entsprechenden „dann"-Teil.

Bsp. 4.7: Argument zur Ungerechtigkeit des Wahlsystems in einem fiktiven Staat.
Wenn ein Wahlsystem nicht alle Wahlberechtigten in gleicher Weise repräsentiert, dann ist es nicht gerecht. Das Wahlsystem in diesem Land repräsentiert nicht alle Wahlberechtigten gleichermaßen. Denn es gibt sowohl eine obere als auch eine untere Schranke für die Zahl der Abgeordneten, die eine Region ins Parlament entsendet (Wahlgesetz §738b). Diese Schranke besteht bereits seit 97 Jahren in ihrer aktuellen Form. Dadurch zählt auf das ganze Land gerechnet die Stimme von Wahlberechtigten in kleineren Regionen mehr als in großen Regionen, was immer wieder zu politischen Kontroversen führt (Donald Duck 2022). Also ist das Wahlsystem in diesem Land nicht gerecht.

Versuchen Sie eine Rekonstruktion gerne zunächst selbst, bevor wir hier mit der Lösung fortfahren. Die Gesamtkonklusion ist die Ungerechtigkeit des Wahlsystems im fraglichen Land. Hierzu wird die allgemeine Aussage herangezogen, dass ein Wahlsystem, das nicht alle Wahlberechtigten gleichermaßen repräsentiert, nicht gerecht sein kann. Formal könnte man dies als $\neg P \rightarrow \neg Q$ darstellen. Diese Missrepräsentation wird dem fraglichen Wahlsystem attestiert, formal also $\neg P$. Die ersten beiden Sätze stützen also unmittelbar die Konklusion, das Wahlsystem sei ungerecht ($\neg Q$). Hier machen wir uns die linguistische Eigenart zunutze, dass „ungerecht" die gleiche Bedeutung wie

„nicht gerecht" hat. Für die Missrepräsentation durch das vorliegende Wahlsystem muss nun ein Grund angeführt werden: Die Stimme von Menschen aus kleineren Regionen zählt mehr. Aber warum? Weil es Unter- und Obergrenzen für die Zahl von Abgeordneten pro Region gibt. Diese letzte Prämisse ist innerhalb des Arguments basal und verweist auf externe Evidenz (einen Gesetzestext). Wir können das Argument also folgendermaßen darstellen:

Strukturierte Darstellung von Bsp. 4.7

(1) Wenn ein Wahlsystem nicht alle Wahlberechtigten in gleicher Weise repräsentiert, dann ist es nicht gerecht ($\neg P \rightarrow \neg Q$).
(2) Das Wahlsystem in diesem Land repräsentiert nicht alle Wahlberechtigten gleichermaßen ($\neg P$).
(3) Es gibt sowohl eine obere als auch eine untere Schranke für die Zahl der Abgeordneten, die eine Region ins Parlament entsendet.
(4) Auf das ganze Land gerechnet zählt die Stimme von Wahlberechtigten in kleineren Regionen mehr als in großen Regionen.
(5) Das Wahlsystem in diesem Land ist nicht gerecht ($\neg Q$).

Argumentdiagramm:

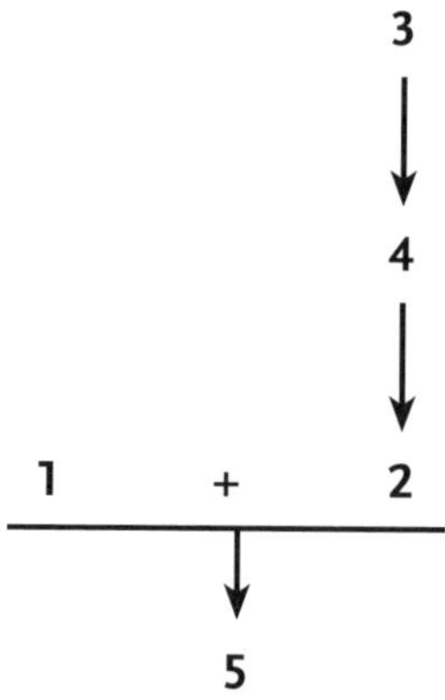

Nicht relevante Textpassagen

Vielleicht haben Sie bemerkt, dass in der Rekonstruktion zwei Gedanken des ursprünglichen Textes fehlen: Weder die Kontroversen, die das Wahlsystem auslöst noch sein fast einhundertjähriges Bestehen sind für das Argument unmittelbar relevant. Sie dienen lediglich dazu, dem Lesepublikum Hintergründe zu vermitteln bzw. die Bedeutung des Themas vor Augen zu führen. In Ihrer Rekonstruktion können Sie sämtliche Gedanken, die keinen Beitrag zum von Ihnen untersuchten

Argument leisten, schlicht weglassen. Wenn Sie das oben genannte Vorgehen beherzigen und sich von der Konklusion ausgehend zu den Details der Prämissen vorarbeiten, stellen Sie sicher, nichts Relevantes zu übersehen und schließen gleichzeitig alles Irrelevante aus. Außerdem sind die Sätze in der Rekonstruktion leicht verändert formuliert. Dies ist vor allem bei längeren Texten notwendig, um die Übersicht zu behalten. Insgesamt ist es durchaus die Regel, dass sich mehrere Seiten lange Artikel durch Weglassen und Umformulierung in einer sehr knappen Liste von Aussagen darstellen und anschließend in einem Argumentdiagramm repräsentieren lassen.

Notwendigkeit zur Umformulierung

Doch nicht nur Kürzen ist Teil der Rekonstruktion. Manchmal sind nämlich nicht alle Prämissen explizit genannt, lassen sich aber oft aus dem Text ableiten. Diese nicht ausgesprochenen, sondern lediglich insinuierten Prämissen heißen *implizit*:

Suche nach impliziten Teilen des Arguments

Impliziter Argumentationsteil: Aussage, die nicht eigens dargelegt wird, aber für das Argument wichtig ist

Das obige Argument ließe sich ebenso gut verstehen, wenn die Zwischenkonklusion zur Missrepräsentation im fraglichen Land (Satz 2) nicht ausgesprochen würde. Wir würden den Satz schlicht im Geiste ergänzen. Aussagen implizit zu lassen, dient häufig der Effizienz, wenn bestimmte Informationen und Kontextualisierung als etabliert vorausgesetzt werden können. Um mit impliziten Teilen eines Arguments umzugehen, kann man den Kontext untersuchen, in dem das Argument präsentiert wird, und nach unausgesprochenen Annahmen oder Implikaturen suchen, die die Prämissen oder Schlussfolgerungen des Arguments stützen. Es kann auch sinnvoll sein, alternative Perspektiven oder Gegenargumente kurz anzudenken, welche die impliziten Annahmen oder Aussagen in Frage stellen. Die folgenden Argumente sind Beispiele, in denen mit impliziten Annahmen oder Konklusionen gearbeitet wird:

Bsp. 4.8: Argumente mit impliziten Teilen.

A) Es regnet. Also ist es klug für Dich, einen Schirm mitzunehmen.
B) Hier ist der Durchgang nur berechtigten Personen gestattet.
C) Von den Stufen von Sacré-Cœur hat man einen wunderschönen Blick über das nächtliche Paris. Das ist also der ideale Ort für Dich heute Abend!
D) Nur ein Mindestlohn kann die Einkommensungleichheit wirklich begrenzen. Deswegen ist ein bedingungsloses Grundeinkommen der falsche Weg.

In A) sehen Sie, dass auch Wenn-Dann-Sätze implizit bleiben können und wir sie als Bedingung ganz intuitiv ergänzen. Als Hinweis einer Museumswärterin enthält Beispiel B) eine implizite Prämisse („Sie sind keine berechtigte Person“) und sogar eine implizite Konklusion („Sie dürfen hier nicht durchgehen.“), die wir im Alltag ganz selbstverständlich verstehen und zumeist akzeptieren. Zugleich zeigt sich aber auch die Situativität im Verständnis impliziter Aussagen: Eine berechtigte Person sollte die vorhandene Prämisse anders verstehen als eine nicht berechtigte. Argument C) unterstellt der Adressatin implizit den Wunsch, einen schönen Blick über das nächtliche Paris zu erhaschen. Das wird meist in deren Sinne sein, muss es aber nicht unbedingt.

Problematisches Implizitlassen

Problematisch wird das Implizitlassen dann, wenn sich relevante Teile nicht klar explizit fassen lassen oder Teile bewusst implizit bleiben, weil sie die Überzeugungskraft des Arguments beeinflussen würden (vgl. hierzu auch Kapitel 4.4.3). Ein deutliches Beispiel hierfür liefert das Argument in D), das verschiedene zentrale Annahmen nicht benennt. Angesichts der drastischen Formulierung des Arguments (vgl. hierzu aber auch Kap. 6.3.4) ist es für seine Überzeugungskraft notwendig, dass die Begrenzung von Einkommensungleichheit das zentrale Ziel von (Sozial-)Politik ist und nur Maßnahmen verfolgt werden, die diesem Ziel dienen. Eine präzise Rekonstruktion kann uns dabei helfen, solche Schwachstellen von Argumenten zu identifizieren und Rückfragen zu stellen oder einen Ansatz für eigene Kritik bzw. Erweiterungen zu finden, was später erläutert wird.

Welche impliziten Aussagen müssen expliziert werden?

Implizite Prämissen oder Konklusionen sollten nur dann in ein Argument „hineingelesen“ werden, wenn sie erforderlich sind, um dessen Gedanken zu verfolgen und sie das Potenzial für Unklarheit bringen. Keinesfalls sollten einem Argument Aussagen hinzugefügt werden, die nicht eindeutig in seinem Sinne sind. So sollten Sie ein Argument nur so drastisch rekonstruieren wie Beispiel D), wenn diese Drastik zweifelsfrei so intendiert war. Um zu entscheiden, ob und wie implizite Prämissen explizit werden sollten und wie die Argumentationsstruktur darzustellen ist, gibt es die (Faust-) Regel des *Principle of Charity*.

!

Principle of Charity: Wenn man die Argumente oder Überzeugungen einer Person rekonstruiert oder interpretiert, sollte man davon ausgehen, dass die Person das Argument in seiner stärkstmöglichen Form und gestützt durch möglichst vernünftige Gründe vorbringt. Man sollte versuchen, das Argument so überzeugend wie möglich zu repräsentieren und zugleich dessen ursprünglichem Gedankengang treu bleiben.

Mit anderen Worten: Im Zweifel für das angeklagte Argument! Das Principle of Charity verlangt von uns, ein Argument so günstig wie möglich zu interpretieren, auch wenn wir nicht damit einverstanden sind oder es für fehlerhaft halten. Das bedeutet, dass wir versuchen müssen, die dem Argument zugrunde liegenden Annahmen zu verstehen. Wir sollen alternative Interpretationen des Arguments in Betracht ziehen und müssen dabei dem Anreiz widerstehen, das Argument falsch darzustellen oder falsch zu interpretieren, um es einfacher widerlegen zu können. Das Principle of Charity ist wichtig, weil es einen fairen, respektvollen und konstruktiven Dialog fördert. Indem wir davon ausgehen, dass unser Gegenüber ein starkes und vernünftiges Argument vorbringt, können wir uns auf eine produktivere und fruchtbarere Diskussion einlassen und die Stärken und Schwächen der verschiedenen Perspektiven besser verstehen. Zentral ist dabei versehentliche oder bewusste Missverständnisse möglichst auszuschließen. Und selbst wenn Sie das rekonstruierte Argument am Ende widerlegen wollen, spielt Ihnen eine wohlwollende Interpretation immer noch in die Karten: Sie zeigen dann nämlich, dass selbst die stärkstmögliche Interpretation der gegnerischen Position immer noch auf die Probleme stößt, die Sie aufzeigen.

Nehmen Sie nun einen Text zur Hand, dessen Argumentation Sie in Ihrer Arbeit analysieren wollen und versuchen Sie, die Argumentationsstruktur zu rekonstruieren – oder üben Sie sich an weiteren Beispielen in der empfohlenen Literatur und im Onlineanhang (https://www.utb.de/doi/suppl/10.36198/9783838561820). Falls Sie sich an manchen Stellen nicht sicher sind, wie Sie bestimmte Argumentationsstränge treffend darstellen, lohnt es sich vielleicht, die betreffenden Aussagen zu formalisieren und dann nochmals über ihren Zusammenhang nachzudenken.

4.3.2 Umgang mit Aussagen in und über Kategorien

Ein letzter Baustein, der bei der Rekonstruktion von (Teil-) Argumenten hilfreich sein kann, ist der Umgang mit Aussagen, die Kategorien definieren oder Einzelfälle diesen Kategorien zuordnen, um daraus Schlüsse zu ziehen. Indem man (Teil-) Kategorien definitorisch scharf gegeneinander abgrenzt, werden Überlappungen und Unterschiede zwischen ihnen deutlich. Außerdem kann man erörtern, inwiefern ein Einzelfall unter eine bestimmte Definition fällt, die wiederum Rückschlüsse oder Handlungsvorgaben für diesen Fall begründet.

Eine intuitive Möglichkeit, kategoriale Aussagen über bis zu drei Kategorien darzustellen, ist die Verwendung von Venn-Diagrammen, die die Beziehungen zwischen Mengen, sowie deren Schnitt- und Teilmengen visualisieren. Sehen wir uns dies in Bsp. 4.3 erneut an:

Venn-Diagramm zu Bsp. 4.3
(1) Alle Griech*innen sind Menschen.
(2) Sokrates war ein Grieche.
(4) Alle Menschen sind sterblich.

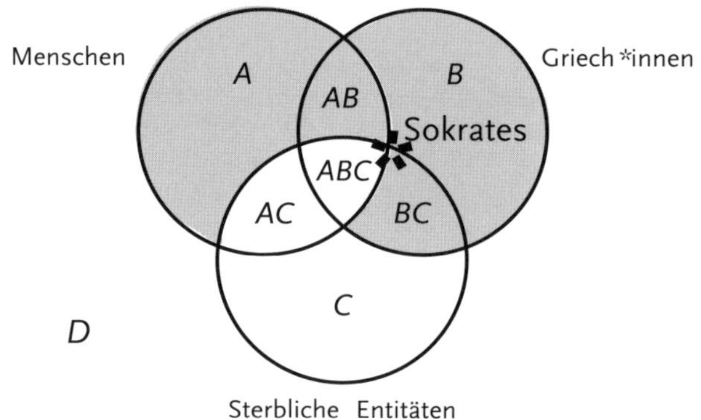

Im Venn-Diagramm werden die Kategorien als sich überlappende Formen dargestellt, wobei jede Kombination an Überlappungen abgedeckt sein sollte (die kursivierten Buchstaben sind üblicherweise nicht Teil des Venn-Diagramms und dienen uns hier nur der eindeutigen Erklärung). Die sich überschneidenden Bereiche zwischen den Kreisen beinhalten die Elemente, die zu allen Kategorien gehören, deren Kreise sich überlappen. Im Beispiel bezeichnet Fläche ABC also die Gruppe sterblicher menschlicher Griech*innen, die Fläche AC hingegen repräsentiert sterbliche Menschen, die gerade keine Griech*innen sind; durch Fläche C schließlich finden sterbliche Entitäten, die keine Menschen und keine Griech*innen sind, dargestellt, also beispielsweise Tiere. Die gesamte Fläche außerhalb der Kreise (D) repräsentiert Elemente, die in keine der behandelten Kategorien fallen – ein Beispiel wäre dort etwa dieses Buch. Die Flächen A und AB würden Menschen repräsentieren, die unsterblich sind. Dies ist im Beispiel jedoch durch die Aussage „Alle Menschen sind sterblich." ausgeschlossen, die entsprechenden Kategorien sind also leer. Um das zu verdeutlichen, werden die entsprechenden Flächen ausgegraut bzw. handschriftlich schraffiert. Auf die gleiche Weise verfahren wir mit den Flächen B und BC, da gilt: „Alle Griech*innen sind Menschen." Wir nutzen All-Aussagen also, um festzulegen, welche Kategorien leer sind. Das kann zur vielleicht etwas paradox anmutenden Situation kommen, dass wir solche All-Aussagen auch über komplett leere Kategorien treffen können. Sehen wir uns das in einem anderen Beispiel an:

Markierung leerer Kategorien

Bsp. 4.9: Venn-Diagramm mit leerer Kategorie
Alle Einhörner sind weiß.
Einige weiße Dinge sind keine Einhörner.

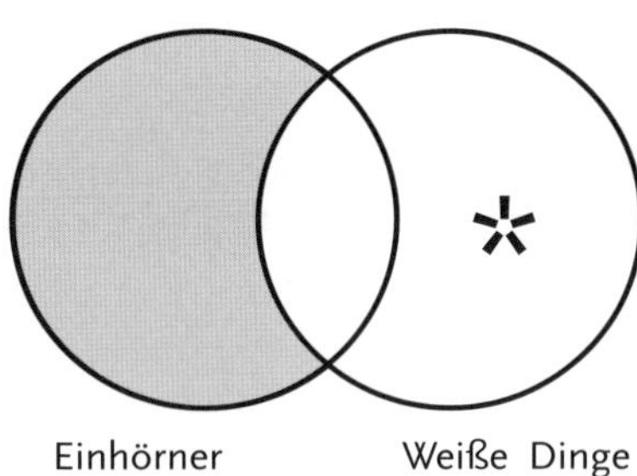

Dass alle Einhörner weiß sind, sagt uns schlicht, dass es kein Einhorn gibt, das nicht weiß ist. Vielleicht (und empirisch wahrscheinlich) wird es aber überhaupt keine Einhörner geben – wir wissen es schlicht auf Grundlage dieser Aussage nicht. Die zweite Aussage bestätigt uns hingegen konkret die Existenz von irgendwelchen weißen Dingen, die keine Einhörner sind. Solche Aussagen zeigen wir im Venn-Diagramm an, indem wir einen Stern in die entsprechende Fläche setzen. Wenn wir übrigens nicht sicher sagen können, in welche Teilfläche ein Stern gehört, setzen wir ihn einfach auf die Trennlinie. Wäre die Aussage also nur „Einige Dinge sind weiß.", so müsste der Stern nach links auf die nächste Linie rücken.

Darstellung von Existenz und Einzelfällen

Diese Unklarheit sehen wir bei Sokrates im Eingangsbeispiel. Wir wissen nur, dass er in die Kategorie der Griech*innen fällt, aber nichts darüber, ob er Mensch oder sterblich ist. Deshalb befindet sich der Stern, den wir in diesem Fall, wo ein Einzelfall konkret benannt ist, auch benennen können, genau auf dem Schnittpunkt der Linien, die B, AB, BC und ABC trennen. In seiner Gesamtheit zeigt uns das Diagramm aber auch, dass alle Griech*innen sterblich sein müssen, obwohl es keine eigene Aussage hierzu gab. Und diese allgemeine Feststellung können wir nun auf Sokrates anwenden: Als Grieche muss er Mensch sein (die Zwischenkonklusion des Arguments aus Kapitel 4.4.3) und als Mensch muss er sterblich sein (die Gesamtkonklusion). Wahrscheinlich wären Ihnen diese Folgen unserer Ursprungsaussagen auch unmittelbar einsichtig, aber gerade bei komplizierten oder verklausulierten Zusammenhängen versagt unsere Intuition oftmals und die grafische Darstellung kann uns Klarheit verschaffen.

Ableiten neuer Erkenntnisse aus dem Venn-Diagramm

Ein Venn-Diagramm kann uns auch bei der Beschäftigung mit dem Argument in Bsp. 4.7 helfen. Wir verorten das Wahlsystem dieses Landes in der Kategorie ungleicher Repräsentation (das Teilargument, das zu dieser Zwischenkonklusion führt, müssen wir hier nicht darstellen). Das Konditional aus der ersten Prämisse („Wenn ein Wahlsystem nicht alle Wahlberechtigten in gleicher Weise repräsentiert, dann ist es nicht gerecht.") können wir einfach in eine kategoriale Aussage umformulieren: „Alle Wahlsysteme, die nicht alle Wahlberechtigten in gleicher Weise repräsentieren, sind nicht gerecht." Entsprechend schraffieren wir die Schnittfläche der beiden Kategorien. Daraus erfahren wir, dass das Wahlsystem in diesem Land nicht gerecht sein kann:

Venn-Diagramm zu Bsp. 4.7

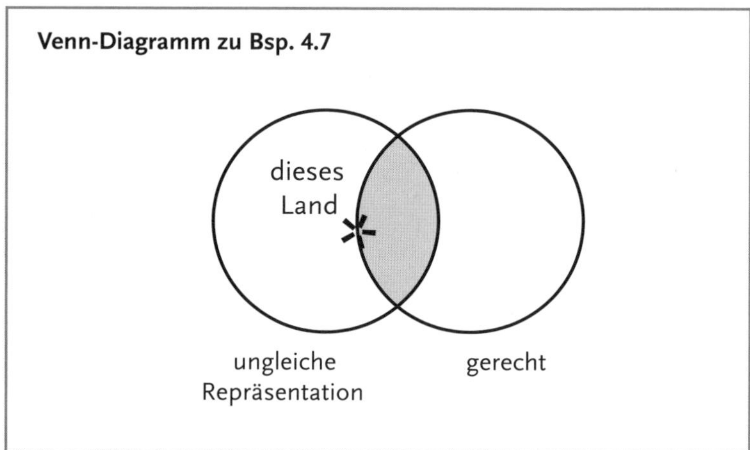

4.4 Evaluation von Argumenten

Wie bereits erläutert, besteht der Hauptzweck eines Arguments in der Begründung, warum man die Konklusion vernünftigerweise akzeptieren sollte. Um die Qualität eines Arguments zu beurteilen, müssen Sie also herausfinden, wie gut diese Begründung überzeugt. Dazu müssen Sie prüfen, ob die Schlüsse des Arguments funktionieren. Das bedeutet, Sie klären, inwiefern die Wahrheit der Prämissen zur Wahrheit der Konklusion führt (Kapitel 4.3.1). Es ist klug, die Evaluation der Schlusszusammenhänge von der Evaluation faktischer Wahrheit der Prämissen zu trennen. Die Wahrheit der Prämissen ist ebenfalls unabdingbar für ein überzeugendes Argument (Kapitel 4.3.2). Die Bedeutung von verlässlichen Schlüssen und Wahrheit von Prämissen zeigt sich am besten in Negativbeispielen:

Bsp. 4.10: Wenig überzeugende Argumente

(1) Olympe de Gouges gilt als bedeutende Frauenrechtlerin und Politische Philosophin im Frankreich der französischen Revolution. Die französische Revolution war also ein feministisches Projekt.

(2) Wir haben ein Perpetuum Mobile erfunden, mit dem wir völlig kostenlos und ungefährlich unendlich viel Energie aus dem Nichts produzieren können. Die Energie- und Klimakrisen sind also gelöst.

Im ersten Beispiel ist die Prämisse wahr (Norlock 2019), aber Olympes Schicksal (sie wurde wegen ihres Engagements für Frauenrechte guillotiniert) macht den Schluss, dass die französische Revolution ein feministisches Projekt gewesen sei, wenig nachvollziehbar. Damit begründet also das Argument die Konklusion nicht stichhaltig. Hingegen ist der Schluss in Beispiel (2), das beschriebene Perpetuum Mobile würde alle Energie- und Klimakrisen lösen, durchaus plausibel. Leider ist jedoch die Prämisse faktisch falsch und das Argument scheitert deswegen. Die beiden Anforderungen belastbarer Inferenzen und wahrer Prämissen lassen sich also inhaltlich und analytisch trennen, sind aber gemeinsam notwendig für ein insgesamt überzeugendes Argument.

Zu unterscheiden sind dabei *faktische* Belastbarkeit bzw. Wahrheit von der Akzeptanz der Schlüsse als belastbar bzw. der Prämissen als wahr durch das Publikum. Für die tatsächliche Qualität eines Arguments (und zumeist seine wissenschaftliche Bewertung) ist ersteres ausschlaggebend, für seine Brauchbarkeit im Diskurs hingegen zweiteres.

Evaluationsbedingungen von Argumenten:

		Hält das Publikum die Prämissen für wahr und Schlüsse für nachvollziehbar?	
		Ja	Nein
Sind die Prämissen tatsächlich wahr und die Schlüsse belastbar?	Ja	Stichhaltiges und praktisch anwendbares Argument	Wissenschaftlich stichhaltiges Argument mit praktischem Akzeptanzproblem
	Nein	Vordergründig erfolgreiche Rhetorik ohne zureichende Begründung	Inhaltlich wie rhetorisch unbrauchbares Argument

Wenn eine der Prämissen eines Arguments von seinem Publikum nicht akzeptiert wird, wird dieses Argument auch nicht erfolgreich darin sein, dieses Publikum von der Konklusion zu überzeugen. Wenn man also zwar selbst weiß, dass die Prämissen wahr sind, andere das aber nicht tun, dann sollte man diese Prämisse nicht basal verwenden, sondern als Zwischenkonklusion in einem vorgeschalteten Argumentationsstrang zu belegen versuchen. Ebenso wird ein Argument kaum Gehör finden, welches mit Schlusszusammenhängen arbeitet, die von seinem Publikum nicht gesehen werden. Umgekehrt bedarf jedoch eine Prämisse, die vom Gegenüber ohnehin akzeptiert wird, bzw. auch dessen eigener Argumentation zugrunde liegt, im Diskurs keiner weiteren Begründung. Manchmal akzeptiert man hier ob der Anschlussfähigkeit an das Gegenüber sogar Prämissen, von denen man selbst nicht überzeugt ist.

In einer wissenschaftlichen Analyse interessieren wir uns aber in der Regel weniger für die kontextabhängige Wirksamkeit eines Arguments, sondern für die wirkliche Qualität seiner Schlüsse und faktische Wahrheit seiner Prämissen. Ausnahmen bilden hier Einzelfälle der positiven Theorie, die sich beispielsweise mit Meinungsbildung im Diskurs befassen oder ideengeschichtliche Betrachtungen, welche die tatsächliche Stärke eines Arguments mit seiner kontextuellen Rezeption vergleichen.

4.4.1 Zum Zusammenspiel von Prämissen und Konklusion: Deduktive Gültigkeit und induktive Wahrscheinlichkeit

Eine zentrale Voraussetzung für ein überzeugendes Argument ist, dass die Wahrheit der Prämissen uns tatsächlich dazu veranlassen sollte, an die Wahrheit der Konklusion zu glauben. Wie genau dieses ‚Glauben' aussieht, hängt an der Art des Arguments:

! Deduktive Argumente: Die Wahrheit der Prämissen garantiert die Wahrheit der Konklusion.
Gültigkeit: Es ist unmöglich, dass alle Prämissen zugleich wahr sind und die Konklusion falsch.
Induktive Argumente: Die Wahrheit der Prämissen macht die Wahrheit der Konklusion wahrscheinlich(er).
Stärke: Grad der Wahrscheinlichkeit der Konklusion, gegeben durch die Wahrheit der Prämissen.

Deduktive Argumente

Konzentrieren wir uns zunächst auf deduktive Argumente, welche in der Politischen Theorie vor allem in zwei Kontexten anzutreffen sind: Einerseits wenden sie allgemeine Kriterien oder Gesetze auf einen

Einzelfall an, um dann Aussagen über diesen zu treffen. Das Argument, Sokrates sei sterblich, weil er als Grieche Mensch sei und Menschen eben sterblich, folgt diesem Vorgehen. Andererseits sind viele normative Argumente deduktiv (vgl. aber Kap. 6.3.4), wobei normative Prämissen als wahr gelten, wenn sie durch normative Theorien oder Prinzipien gestützt werden. Kapitel 6 erläutert genauer, was damit gemeint sein könnte; sollten Sie einer normativen Prämisse eines normativen Arguments nicht zustimmen und dies überzeugend begründen können, sind sie wahrscheinlich auf einem sehr guten Weg zu einer erfolgreichen Arbeit.

Formalere Prüfung deduktiver Argumente

Zur Prüfung der Gültigkeit deduktiver Argumente kann die Formalisierung und die schrittweise Interpretation von Operatoren nützlich sein. Nehmen Sie sich hier stets nur ein Teilargument (also bis zu einer Zwischenkonklusion) auf einmal vor. Notieren Sie sich für jede Prämisse, wie eine Welt aussehen kann, in der sie wahr ist. Hierzu können Sie die in Abschnitt 4.2.1 eingeführte Übersicht der Wahrheitsbedingungen für einzelne Operatoren verwenden. Anschließend kombinieren Sie die Wahrheitsbedingungen der einzelnen Prämissen und streichen dabei Situationen, in denen nicht alle Prämissen wahr sind. In gleicher Weise gehen Sie für die (Zwischen-) Konklusion vor. Zum Schluss vergleichen Sie die beiden Listen und prüfen, ob sie für jeden Weltzustand, in dem alle Prämissen wahr sind, auch die Konklusion wahr ist. Hier gibt es drei mögliche Ergebnisse: (1) Die Erfüllung der Wahrheitsbedingungen der Prämissen erfüllt immer auch die Wahrheitsbedingungen der Konklusion: Das Argument ist gültig. (2) Die Konklusion ist in einem Weltzustand falsch, in dem alle Prämissen wahr sein müssen: Das Argument ist nicht deduktiv gültig. Möglicherweise handelt es sich aber um ein induktives Argument. (3) Die Wahrheitsbedingungen der Prämissen deuten ausschließlich auf Zustände der Welt, in denen die Konklusion falsch ist: Die Prämissen könnten zu einem gültigen Argument für das Gegenteil der Konklusion genutzt werden; das vorliegende Argument wäre ungültig. Allerdings ist dieser letzte Fall sehr unwahrscheinlich und Sie sollten daher sicherheitshalber noch einmal Ihre Rekonstruktion prüfen (womöglich ist Ihnen an einer Stelle eine Negation durch die Lappen gegangen?). Deutlich wird dieses Vorgehen am Beispiel:

Bsp. 4.11: Argument zur formalen Prüfung

Wenn die Regierung es mit der Chancengerechtigkeit ernst meint, sollte sie mehr Geld in die Sozialsysteme stecken, sofern sie keine Bildungsreform auf den Weg bringt. Die Regierung lehnt eine Bildungsreform ab. Sie sollte daher mehr Geld in die Sozialsysteme stecken oder sie meint es doch nicht so ernst mit der Chancengerechtigkeit.

Formalisierung:
P = Die Regierung meint es mit der Chancengerechtigkeit ernst.
Q = Die Regierung sollte mehr Geld in die Sozialsysteme stecken.
R = Die Regierung stößt eine Bildungsreform an.
Prämisse 1: $P \rightarrow (\neg R \rightarrow Q)$
Prämisse 2: $2{:}\, \neg R$
Konklusion: $Q \vee \neg P$

Um die Wahrheitsbedingungen der ersten, geschachtelten Prämisse zu ermitteln, geht man in zwei Schritten vor und orientiert sich dabei an den Wahrheitsbedingungen für Implikationen. Zunächst klären wir die Wahrheitsbedingungen für den Ausdruck in der Klammer: Dieser ist falsch, wenn es keine Bildungsreform gibt, aber auch nicht mehr Geld in die Sozialsysteme fließen sollte – und ansonsten wahr. Also in jeder möglichen Welt, in der die Regierung eine Bildungsreform anstößt; außerdem in der Welt, in der sie dies zwar nicht tut, aber Geld ins Sozialsystem stecken sollte. Die Gesamtaussage ist damit nur falsch, wenn es die Regierung mit der Chancengerechtigkeit ernst meint, aber weder eine Bildungsreform anstößt, noch in die Sozialsysteme investieren sollte. Es ergeben sich also drei Möglichkeiten, wie Prämisse 1 wahr sein kann: (a) Die Regierung meint es mit der Chancengerechtigkeit nicht ernst. (b) Die Regierung meint es mit der Chancengerechtigkeit ernst und stößt eine Bildungsreform an. (c) Die Regierung meint es mit der Chancengerechtigkeit ernst, stößt keine Bildungsreform an, aber steckt mehr Geld in die Sozialsysteme. Die Weltzustände, in denen die zweite Prämisse wahr ist, lassen sich leichter benennen: (d) Die Regierung stößt nicht eine Bildungsreform an. Die in (b) und (d) beschriebenen Weltzustände widersprechen einander und wir können sie daher streichen, wodurch noch (a) und (c) zur Evaluation übrig bleiben. Die Konklusion ist wahr in Weltzuständen, in denen (k1) die Regierung Geld in die Sozialsysteme stecken sollte, (k2) es mit der Chancengerechtigkeit nicht ernst meint oder (k3) beides.

Nun zur eigentlichen Evaluation, bei der wir die Weltzustände betrachten, in denen (a) gilt und diejenigen, in denen (c) gilt. Trivialerweise zeigt sich, dass (a) und (k2) identisch sind. Jeder Weltzustand, in dem die Regierung es mit der Chancengerechtigkeit nicht ernst meint, macht also sowohl die Prämissen als auch die Konklusion wahr. (c) listet drei Bedingungen, von denen eine (k1) ist. Insgesamt erfordert also die Wahrheit beider Prämissen einen Zustand der Welt, in dem auch die Konklusion wahr sein muss. Damit ist das Argument insgesamt deduktiv gültig. Dass (k3) nicht von den Prämissen garantiert wird, spielt übrigens keine Rolle. Die Konklusion eines gültigen Arguments kann auch wahr werden, wenn eine oder mehrere Prämissen falsch sind, nicht jedoch umgekehrt.

Diese Heuristik wird höchstwahrscheinlich für die Zwecke Ihrer Arbeit ausreichen. Wenn Sie aber Freude an einem noch stärker formalen Vorgehen haben oder ganz sicher gehen wollen, finden Sie im im Onlineanhang (https://www.utb.de/doi/suppl/10.36198/9783838561820) entsprechendes Material, wie sie beispielsweise Instrumente der Aussagenlogik für ihre Arbeit verwenden können.

Prüfung deduktiver Argumente in Venn-Diagrammen

Wenn es um die Prüfung der Gültigkeit von Argumenten über Kategorien geht, können Sie auf Venn-Diagramme zurückgreifen. Das Vorgehen ist hierbei sehr intuitiv: Sie entwickeln das Diagramm, das sich aus den Prämissen ergibt und prüfen dann, ob dieses Diagramm auch die Konklusion abdeckt. Wenn das Venn-Diagramm spezifischer ist (mehr Information enthält) als für die Konklusion nötig, ist das Argument ebenfalls gültig. Nur wenn Sie das Diagramm ergänzen müssten, handelt es sich um ein ungültiges Argument.

Bsp. 4.12: Argumentevaluation im Venn-Diagramm

Alle Mitglieder der Linksfraktion unterstützen weitreichende Umverteilung. Einige Mitglieder der Linksfraktion sind Millionär*innen. Also unterstüzen einige Millionär*innen weitreichende Umverteilung.

Venn-Diagramm der Prämissen:

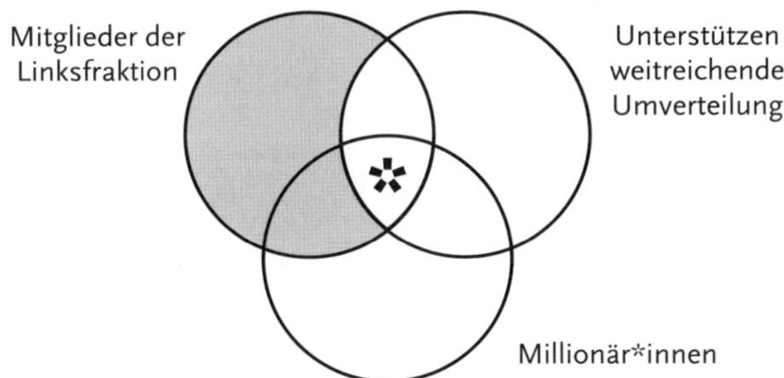

Venn-Diagramm der Konklusion:

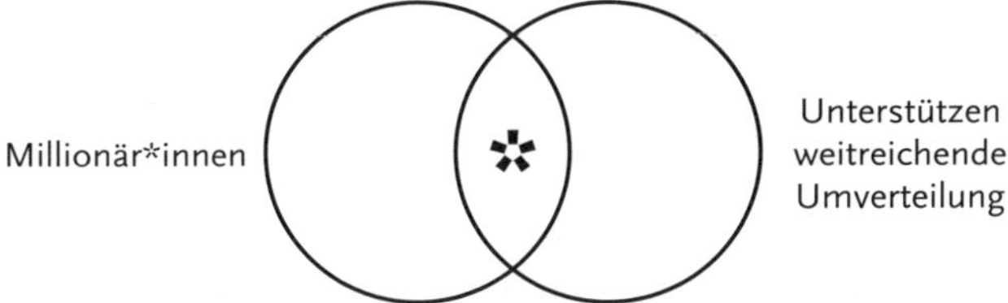

Die erste Prämisse erlaubt es uns, die Fläche zu schraffieren, die Mitglieder der Linksfraktion repräsentiert, welche keine weitreichende Umverteilung unterstützen würden. Infolgedessen können wir das Sternchen, das sich aus der zweiten Prämisse ergibt, in die Mitte platzieren (ansonsten ergäbe sich aus der zweiten Prämisse allein eine Platzierung auf der Linie links davon). Das bedeutet, auch die Konklusion, dass die Schnittmenge aus Millionär*innen und Unterstützer*innen weitreichender Umverteilung nicht leer ist, ist bereits im durch die Prämissen definierten Diagramm abgebildet. Also ist das Argument gültig.

Deduktive Argumente postulieren *hinreichende* Bedingungen für die Konklusion:

! Hinreichende Bedingung: Das Vorliegen der Bedingung (B) stellt den fraglichen Effekt (E) sicher. Formal dargestellt als Konditional: $B \rightarrow E$

Zusammen mit dem Vorliegen der Bedingung lässt sich aus ihr unmittelbar auf den Effekt schließen. Die Grundform dieser Argumentationsfigur besteht also aus nur zwei Prämissen ($B \rightarrow E$ sowie B) und begründet die Konklusion E. Sie heißt *Modus Ponens* und ist gültig.

Modus Ponens und Modus Tollens

Umgekehrt lässt sich aus einer hinreichenden Bedingung und der Abwesenheit des ausgelösten Effekts ($B \rightarrow E$ und $\neg E$) aber auch schließen, dass die Bedingung nicht vorliegen kann ($\neg B$), was als *Modus Tollens* bezeichnet wird. Beachten Sie, dass das Konditional, das das Hinreichen der Bedingung ausdrückt, oft implizit bleibt:

Bsp. 4.13: Implizites Konditional
Ich komme heute wohl nicht mehr zu meinem Bamberger Rauchbier. Denn ich habe soeben den letzten Anschluss für heute nach Bamberg verpasst und sitze nun in Erfurt fest. (Eine formale Rekonstruktion finden Sie online unter: https://www.utb.de/doi/suppl/10.36198/9783838561820)

Hier wird es dem Publikum überlassen, festzustellen, dass das Verpassen des Anschlusses hinreichend ist, um die Ankunft in Bamberg und damit das Rauchbier zu verhindern. Jedoch sollten Sie gerade bei implizit gelassenen Bedingungen genau prüfen, ob sie tatsächlich hinreichend sind oder vielleicht nur *notwendig*.

! Notwendige Bedingung: Die Abwesenheit der Bedingung (B) macht den fraglichen Aspekt (E) unmöglich. Formal dargestellt als Konditional: $\neg B \rightarrow \neg E$

Häufig werden nämlich notwendige Bedingungen als hinreichend dargestellt, obwohl sie das nicht sind. Nehmen Sie folgendes Beispiel:

Bsp. 4.14: Irreführende Präsentation einer notwendigen Bedingung
In diesem Land sind Frauen doch gleichberechtigt. Schließlich haben sie schon seit über einem Jahrhundert das Wahlrecht.

Dieses Argument möchte uns glauben machen, für Gleichberechtigung von weiblich gelesenen Menschen sei das Frauen*wahlrecht hinreichend, aber in Wahrheit ist diese Bedingung zwar notwendig, garantiert den Effekt aber selbstverständlich nicht. Notwendige Bedingungen erlauben also keinen deduktiven Schluss von ihrem Vorliegen auf das Vorliegen des Effekts. Allerdings können sie in dreierlei Form in Überlegungen oder Argumenten nützlich sein: Erstens macht ihr Vorliegen die Konklusion des Arguments zumeist wahrscheinlicher. Sie können also Teil eines induktiven Arguments sein. Zweitens garantiert die Abwesenheit des bedingten Effekts auch das Nicht-Vorliegen der entsprechenden notwendigen Bedingung. Formal lässt sich also aus auf schließen. Dies kann ggf. wiederum in einem deduktiven Argument verwendet werden. Drittens kann das Postulat einer notwendigen Bedingung Ausgangspunkt für eine Untersuchung sein, ob sie denn wirklich vorliegt. Hierfür suchen Sie üblicherweise nach Gegenbeispielen, also Fällen, in denen die notwendige Bedingung nicht vorliegt, das durch sie vermeintlich Bedingte aber doch gegeben ist.

Induktive Argumente

Bei induktiven Argumenten ist zu prüfen, wie sehr die Prämissen die *Wahrscheinlichkeit* steigern, dass die Konklusion wahr ist. Im letzten Beispiel ist dies nur sehr eingeschränkt der Fall, wir haben es also mit einem schwachen induktiven Argument zu tun. Insgesamt ist die Prüfung auf induktive Stärke aus zwei Gründen keine so klare Sache wie die auf deduktive Gültigkeit. Erstens handelt es sich um keine schwarzweiß-Entscheidung, sondern induktive Stärke ist graduell. Sie entspricht, grob gesprochen, der Wahrscheinlichkeitssteigerung, welche die Prämissen bedingen und kann also zwischen 0 und 1 liegen (1 entspräche einer sicheren Garantie der Konklusion durch die Prämissen, also einem deduktiven Argument). Zweitens lässt sich eine Formalisierung weniger konsequent zur Evaluation nutzen als bei deduktiven Argumenten. Stattdessen müssen Sie sämtliche Informationen heranziehen, die Sie über den Zusammenhang von Prämissen und Konklusion haben, um dann einzuschätzen, wie eng dieser ist. Denken Sie nochmals an den empirischen Teil des Arguments für Sokrates' Sterblichkeit zurück, nämlich das Vorliegen von Quellen, die über seinen Tod berichten. Hier zeigt sich auch, wie genau wir überlegen müssen, was die Wahrheit einer Aussage bedeutet: Die Wahrheit dieser Prämisse heißt zunächst nur, dass es diese Quellen gibt – und noch nicht, dass ihr Inhalt korrekt ist. Das sich ergebende induktive Argument ist nun umso stärker, je vertrauenswürdiger die fraglichen Quellen sind.

Empirisches Arbeiten als induktives Argumentieren

Allgemein stützen sich induktive Argumente in der Regel auf empirische Evidenz. Sie können also das Vorgehen, das Sie aus empirischen Disziplinen – wie anderen Teildisziplinen der Politikwissenschaft – kennen, als Formen induktiver Argumentation verstehen. Das gilt unabhängig von der jeweiligen Quellen/- bzw. Datengrundlage und von der quantitativen oder qualitativen Methodik.[21] Argumentationsstränge können aber natürlich auch induktive und deduktive Teilargumente kombinieren. Gültigkeit und Stärke lassen sich dann für jeden einzelnen Übergang von einer Prämisse (bzw. mehreren gemeinsam wirkenden Prämissen) zu einer (Zwischen-) Konklusion prüfen. Um das Argument als Ganzes zu evaluieren, müssen Sie schließlich die Gültigkeit bzw. Stärke der einzelnen Schritte in ihrer Zusammenschau betrachten. Hierfür gibt es keine Blaupause, aber es lassen sich einige Faustregeln formulieren:

Mehrstufige Argumente

!

Evaluation der Gültigkeit bzw. induktiven Stärke insgesamt:

a) Rein deduktive Argumente sollten auch aus nur deduktiven Teilschlüssen bestehen.
b) Mehrstufige Argumente bzw. Prämissen, die gemeinsam eine Konklusion stützen: Die induktive Stärke nimmt tendenziell ab (multiplikativer Zusammenhang der Wahrscheinlichkeiten).
c) Voneinander unabhängige, konklusionstützende Argumentationsstränge: Die induktive Stärke nimmt tendenziell zu (additiver Zusammenhang der Wahrscheinlichkeiten).

Der Grundgedanke dieser Faustregeln ist, dass ein Argument insgesamt immer nur so stark ist wie sein schwächster Teilschluss, da es ausreicht, die Schlusskette an einer Stelle zu unterbrechen. Bei mehrstufigen Argumenten gibt es hierfür natürlich mehrere Gelegenheiten und die Stärke des Arguments ergibt sich aus der Wahrscheinlichkeit, dass alle Stufen gleichzeitig halten. Wird eine (Zwischen-) Konklusion hingegen durch mehrere Teilschlüsse unabhängig gestützt, müssen alle diese Teilschlüsse ihre Wirkung verfehlen, um die Schlusskette zu unterbrechen.

---

21 Zur Verdeutlichung eignet sich jedoch die inferentielle Statistik besonders gut. Nehmen wir die Abweichungen im Mittelwert zwischen zwei Gruppen, so besagt der p-Wert, wie wahrscheinlich dieser Mittelwertunterschied ist, unter der Annahme, dass die Nullhypothese gilt. Liegt Signifikanz vor, also unterschreitet der p-Wert bestimmte vorher festgelegte Werte, so gilt das induktive Argument, es gäbe diesen Unterschied auch in der gesamten Population, als stark genug.

4.4.2 Untersuchung der Wahrheit der Prämissen

Wie stichhaltig die Schlüsse eines Arguments auch sein mögen, wenn es auf unzutreffenden Prämissen basiert, kann es nicht überzeugen.

Wie bereits in Kapitel 2 eingeführt, sind die Wahrheitskriterien für Prämissen abhängig vom Kontext und Feld der entsprechenden Aussagen. Bei empirischen Prämissen reicht vielleicht bereits ein Blick in die Welt (auch wenn die Messung selbstverständlich nicht trivial sein muss). Stellen sich Fragen zur Bedeutung von Begriffen, kann eine Begriffsexplikation (Kapitel 2 sowie detailliert im Onlineanhang unter https://www.utb.de/doi/suppl/10.36198/9783838561820) helfen. Und wenn die Prämisse normativ ist, ist zu klären, inwieweit sie im gegebenen normativen System akzeptiert werden muss. Die meisten der Methoden in den Kapiteln 5–7 befassen sich eben damit, wie eine Prämisse im jeweiligen Teilgebiet als zutreffend identifiziert bzw. kommuniziert werden kann. Zur Vorbereitung derartiger inhaltlicher Evaluation sollten Sie jedoch als Minimalbedingung prüfen, ob die vorgebrachten Prämissen im Argument miteinander *logisch konsistent* sind.

Konsistenz von Prämissen

Konsistenz zweier oder mehrerer Aussagen: Die beiden Aussagen widersprechen einander nicht und es kann aus ihnen auch kein Widerspruch abgeleitet werden. Technisch betrachtet: Keine der Aussagen ist die unmittelbare Negation einer anderen Aussage und keine Kombination von Aussagen lässt auf eine solche Negation schließen.

Sind zwei der Prämissen inkonsistent, schließt die Wahrheit der einen Prämisse die Wahrheit der anderen aus. Allerdings können auch Aussagen miteinander inkompatibel sein, deren Widersprüchlichkeit nicht auf den ersten Blick ersichtlich ist:

Bsp. 4.15: Inkonsistenz in Argumenten

(1) Wir leben in einer rechtsstaatlichen Demokratie. John ist unser Diktator, der seine Macht allein durch Gewalt erlangt hat.

(2) Jede Beendigung menschlichen Lebens ist unbedingt moralisch unzulässig. Deshalb ist auch Abtreibung unzulässig und dem beteiligten medizinischen Personal sollte die Todesstrafe blühen, wie anderen Mörder*innen auch.

Im ersten Fall erschließt sich die Inkonsistenz im Zuge der Klärung der in der Bedeutung der genutzten Begriffe: Die Aussage, dass es sich bei dem Staat um eine rechtsstaatliche Demokratie handelt, impliziert semantisch, dass es in diesem Staat keinen Diktator geben kann. Dieser implizierte Satz steht aber im Widerspruch zu dem zweiten Satz des Beispiels – eine Inkonsistenz. Im zweiten Beispiel, das auch ein Argument darstellt (Probieren Sie eine Rekonstruktion gerne zur Übung aus!), wird in offensichtlich inkonsistenter Weise mit der (Un-)Bedingtheit eines Verbots der Tötung menschlichen Lebens hantiert: Wenn wirklich *jede* Beendigung menschlichen Lebens unzulässig ist, dann gilt das auch für die Vollstreckung der Todesstrafe. Selbstverständlich ließe es sich auch angreifen, indem man infragestellt, ab wann Ungeborene als menschliches Leben zu definieren sind und ob hier ein absolutes Tötungsverbot gelten soll. Ebenso kann man die Zulässigkeit der Todesstrafe bestreiten. Um das vorliegende Argument anzuzweifeln wäre jedoch beides gar nicht notwendig. Es reicht schlicht, auf die Inkonsistenz des proklamierten ausnahmslosen Tötungsverbots und der Forderung nach einer Todesstrafe zu verweisen.

Genaues Verständnis der Rolle kritischer Prämissen im Argument notwendig

Oft ist die Wahrheit oder Falschheit einer oder mehrerer Prämissen nicht bekannt, sodass wir die Überzeugungskraft des Arguments nicht abschließend beurteilen können. In diesem Falle lohnt es, die Rolle fraglicher Prämissen nochmals genauer unter die Lupe zu nehmen: Kann das Argument auch überzeugen, wenn die fragliche Prämisse sich als falsch herausstellt? Gibt es also eine die Konklusion stützende und von der kritischen Prämisse unabhängige Schlusskette? Deshalb sollten sie hier besonders genau darauf achten, ob das Argument wirklich alle relevanten Informationen in Betracht zieht.

4.4.3 Mögliche Argumentationsfehler

Hier folgt nur eine kleine Auswahl typischer Argumentationsfehler. Weitere Beispiele gibt es im Onlineanhang (https://www.utb.de/doi/suppl/10.36198/9783838561820). Allen Fehlern ist gemein, dass die Argumente zwar auf den ersten Blick Gründe liefern, die Konklusion des vorgebrachten Arguments zu glauben bzw. einer bestimmten Kritik zu folgen, aber sich diese Gründe auf den zweiten Blick als nicht stichhaltig herausstellen. Sie setzen also auf die fehlende Achtsamkeit ihres Publikums. Einige der vorgestellten Argumentationsmuster können auch legitimerweise eingesetzt werden, stellen aber Fehler dar, wenn sie sich nicht an enge Vorgaben halten. Idealtypisch lassen sich zwei Arten von potentiell fehlerhaften Argumentationsmustern unterscheiden. Muster der ersten Art bringen kein Argument in der Sache vor und versuchen auch nicht, das Argument eines Gegenübers inhaltlich anzugreifen, sondern arbeiten argumentextern. Muster der zweiten Art hingegen zielen in fragwürdiger Weise auf die Sache ab. Hierbei lassen sich die Darstellung der eigenen Position und Angriffe auf die Position anderer unterscheiden.

Ad Hominem

Ein eindrücklicher Fall von Argumentationsmustern ohne unmittelbaren Sachbezug sind Ad Hominem-Argumente, die Argumente oder Behauptungen eines Gegenübers nicht direkt angreifen, sondern dieses Gegenüber selbst. Der Gedanke, der Ad Hominem zugrunde liegt, aber fast immer implizit bleibt, ist, dass Vorschläge aus nicht vertrauenswürdiger Quelle stets irrelevant sind. Explizit hingegen wird die Diskreditierung der entsprechenden Quelle.

Bsp. 4.16: Ad-Hominem-Argumente

(1) Dass die Idee für einen Schienennetzausbau von so einem aalglatten Angeber kommt, war ja klar. Das lehne ich natürlich ab.
(2) Den Einwand unseres jungen Hüpfers hier haben wir nun alle gehört.
(3) Die selbsternannte philosophische Kritik am Queerfeminismus, die Venni äußert, nehme ich mal so gar nicht ernst. Soll die doch erst einmal eine begutachtete Fachpublikation in der Philosophie veröffentlichen!
(4) Klar willst Du, dass ich Tim schlage, Felix. Du hast doch nur Angst, dass er gleich eine fünf würfelt und Dich schlagen kann. Für mich ist es aber viel schlauer, mal meine andere Figur in Sicherheit zu bringen.
(5) Ach Papperlapapp, Lernen auf die Politische-Theorie-Klausur. Machst Du doch selbst nicht!
(6) Die Regierung unter Premierminister Alexander von Pfeffel hat angesichts der Sicherheitslage weitgehende Kontaktbeschränkungen erlassen. Nun wurde von Pfeffel allerdings beobachtet, wie er sich selbst nicht an diese hielt, indem er mit vielen Menschen bei sich zuhause feierte. Also sind diese Kontaktbeschränkungen abzulehnen.

Die ersten beiden Beispiele schreiten ganz direkt zur Diskreditierung. Sie kann individuelle Charakteristika betreffen wie in Beispiel (1) oder auf Gruppenzugehörigkeit abzielen wie in Beispiel (2). Wie Sie sehen, muss ein Ad-Hominem-Argument oft auch gar nicht ausformuliert werden, sondern die diffamierende Bezeichnung allein reicht aus, um die Aussage der betreffenden Person als irrelevant abzustempeln. Doch sind Ad-Hominem-Argumente nicht nur unfreundlich, sondern sie erreichen zumeist auch in der Sache wenig. Denn selbstverständlich können gute Vorschläge auch beispielsweise von Menschen mit angeberischem Charakter oder stichhaltige Einwände von Menschen ohne Lebenserfahrung kommen.

Wenn die diskreditierte Eigenschaft allerdings konkret relevant für die Qualität der vertretenen Position ist, bieten Ad-Hominem-Angriffe durchaus einen Mehrwert. In Beispiel (3) ist das der Fall, weil die infrage gestellte Autoritätszuschreibung von Venni als Philosophin ihrer Kritik besonders Gewicht verleihen würde. Dieses Muster wird Ihnen in der Ideengeschichte (Kapitel 7) begegnen. Ebenso kann das Aufdecken eines Eigeninteresses eine legitime Form von Ad Hominem darstellen. Die Sprecherin beim Mensch-Ärgere-Dich-Nicht-Spiel in Beispiel (4) hat Recht damit, Tims „Tipp" angesichts seiner egoistischen Motivation weniger ernst zu nehmen. Solche Hinweise auf ein Eigeninteresse kann in Gerichtsverhandlungen gegen Zeug*innen oder auch als Einwand gegen bestimmte Marketingmaßnahmen verwendet werden. Dennoch handelt es sich insgesamt bei der legitimen Nutzung von Ad Hominem um Ausnahmen und das Argumentationsmuster ist üblicherweise fehlerhaft.

Ganz deutlich wird das in der sogenannten Tu-Quoque-Form, welche eine Position abzutun versucht, indem sie darauf verweist, dass auch der*die Vorschlagende ihr nicht konsequent folgt. Der Tipp in (5), sich auf die Klausur vorzubereiten, wird natürlich nicht dadurch weniger wertvoll, dass der*die Tippgeber*in ihn selbst nicht befolgt. Wie Beispiel (6) veranschaulicht, sind Politiker*innen nicht selten das Ziel solcher Tu-Quoque-Angriffe, die eine bestimmte Policy in Misskredit ziehen sollen.

Ad Verecundiam

Die in Beispiel (3) kritisierte Selbstzuschreibung von Venni als philosophische Expertin stellt übrigens selbst einen Argumentationsfehler dar: Bei Ad-Verecundiam-Argumenten (engl. *appeal to authority*) wird externe Expertise als Beleg für die eigene Position angeführt – im konkreten Fall Venni selbst. Dieser Verweis auf Autoritäten ist oft legitim, aber eben nicht immer. Der*die herangezogene Expert*in muss wirklich über spezifische Expertise auf dem fraglichen Themenfeld verfügen und sollte einen (fach-)diskursiven Konsens repräsentieren statt einer Einzelmeinung. Manchmal äußern sich Wissenschaftler*innen oder Intellektuelle zu Fragen außerhalb ihres Fachgebiets; diese Äußerungen sollten dann nicht als Expert*innen-Meinung zitiert werden. Zudem sollten Sie stets prüfen, ob die Frage, um die es geht, wirklich von Expert*innen (allein) beurteilt werden sollte. Gerade im Bereich der Politikwissenschaft kann Fachexpertise einen sinnvollen Input für den öffentlichen Diskurs darstellen, diesen aber nicht ersetzen. Manchmal ist die zitierte Autorität aber auch die Meinung der Bevölkerung oder einer Peer Group, weshalb diese Spielart Ad-Populum-Argument genannt wird. Die zugrundeliegende Annahme ist, dass Meinung oder Verhalten der Mehrheit die Wahrheit einer Aussage bestimmt. Die öffentliche Meinung ist zwar in demokratischen Prozessen von Bedeutung und demokratischen Mehrheitsentscheidungen wird demokratietheoretisch auch eine besondere normative Kraft zugesprochen, aber die schiere Anzahl der Menschen, die an etwas glauben oder für eine Position votieren, kann ein falsches Argument nicht zu einem wahren machen.

Ad Populum

Sein-Sollen-Fehlschluss

In Verwandtschaft zu Ad Populum, aber nun konkreter fixiert auf die Sache selbst ist der Sein-Sollen-Fehlschluss. Zur normativen Begründung einer Praxis wird oftmals darauf abgestellt, dass sie eben Praxis sei und daher wohl gut und geeignet (vgl. auch Kapitel 6.2). Doch dass etwa Frauen in den meisten Demokratien lange Zeit kein Wahlrecht hatten, zeigt zum Glück nicht, dass Frauen auch tatsächlich kein Wahlrecht haben sollten. Unabhängig von solchen Beispielen gilt: Aus einem Argument mit ausschließlich empirischen Prämissen (egal welchen) kann nie eine normative Konklusion folgen (egal welche).

Dammbruchargumente

Schiefe-Bahn-Argumente oder Dammbruchargumente (engl. *slippery slope*) verweisen auf als unerträglich dargestellte Konsequenzen einer Handlung oder Position. Sie werden oft vorgebracht, um die Ablehnung eines Vorschlags zu begründen, da ein Prozess angestoßen werde, der in nicht akzeptablen Konsequenzen ende.

Bsp. 4.17: Dammbruchargumente

(1) Trotz seines großen Potenzials zur Terrorismusbekämpfung ist eine verpflichtend zu installierende Überwachungsapp als demokratiefeindlich abzulehnen. Denn selbst wenn der Anwendungsbereich streng begrenzt und ein tatsächlicher Datenzugriff richterlich sowie parlamentarisch engmaschig kontrolliert wird, gäbe es in Teilen der Bevölkerung ein Unwohlsein. So sagen Mitglieder verschiedener vulnerabler Gruppen, sie fühlten sich durch die bloße Existenz einer solchen App stetig unter staatlicher Beobachtung. Infolgedessen würden beispielsweise manche demokratische Aktivist*innen ihren internen Austausch einschränken und damit faktisch handlungsunfähig. Auch die Kommunikation von Journalist*innen und ihren Quellen wäre teils unmöglich, was zu einer Selbstzensur führe. Dies würde der Repräsentation der betroffenen Personengruppen und dem demokratischen Diskurs allgemein schaden, da dieser auf einer Partizipation aller gesellschaftlichen Akteure fußt. Dies wäre schlimmer als eine weniger effiziente Terrorismusbekämpfung ohne die App.

(2) Die Einführung einer Steuer auf hohe Privatvermögen wäre das Ende unserer Wirtschaft: Reiche Menschen würden ihre Vermögen aus unserem Land abziehen. Unweigerlich würden Unternehmen folgen und es käme schließlich zum Verlust von Millionen von Arbeitsplätzen. Das ist ökonomischer Unsinn.

Das erste Beispiel zeigt, dass Schiefe-Bahn-Argumente durchaus legitim genutzt werden können. Es erläutert die Zwischenschritte des Gefühls, ständig unter Beobachtung zu stehen bzw. nur noch eingeschränkt kommunizieren zu können und auch, warum diese Konsequenzen unvermeidlich eintreten würden. Auch ist klargestellt, warum der resultierende Zustand problematisch wäre, wobei der mögliche positive Aspekt der Terrorismusabwehr ebenfalls beachtet wird.

Gängig sind legitime Dammbruchargumente auch im Diskurs zum Klimawandel. Hier liefern entsprechende wissenschaftliche Modelle beispielsweise die Begründung, warum das Verfehlen von Klimazielen geo-ökologische Kaskadeneffekte bedeutet, an deren Ende menschliches Leben deutlich erschwert und örtlich verunmöglicht würde. Verallgemeinernd lassen sich folgende Anforderungen an legitime Schiefe-Bahn-Argumente formulieren:

Es ist nicht ausreichend, einfach einen Dammbruch zu behaupten, sondern die eigene Argumentation sollte beide folgende Kriterien (in Anlehnung an Hegselmann und Merkel 1991) erfüllen:

1. Man muss detailliert die schiefe Bahn nachzeichnen, die von der als problematisch betrachteten Ausgangslage zu den proklamierten Konsequenzen führt. Dabei ist für jeden Schritt konkret darzulegen, warum keine Intervention sie realistisch unterbinden kann.
2. Man muss erläutern, inwiefern die Situation am Ende der schiefen Bahn deutlich schlechter ist als eine Alternative, welche die schiefe Bahn vermeidet. Dabei muss man alle relevanten Aspekte beachten und darf nicht selektiv Vorteile der Alternative mit Nachteilen der Endsituation vergleichen.

Ein Blick auf Beispiel (2) von oben zeigt, dass hier keines der beiden Kriterien erfüllt ist: Es bleibt unklar, warum ein Abzug von Privatvermögen zugleich auch die Abwanderung von Unternehmen bedeutet und warum dieser nicht durch Subventionen zu verhindern wäre, für die Teile der Vermögenssteuereinnahmen zur Verfügung stünden. Diese Vermögenssteuereinnahmen gehen überdies nicht in die Beurteilung der Situation mit Steuer ein, was den Vergleich unfair macht. Außerdem erfolgt kein Nachweis, warum der Verlust von Arbeitsplätzen per se problematisch ist. Im Kontext von Arbeitskräftemangel oder dem Wunsch nach kürzeren Arbeitszeiten könnte ein solcher Effekt sogar wünschenswert sein. Die Behauptung präsentiert also den Steuervorschlag dem Publikum als ökonomisch sinnlos und möglicherweise gar moralisch problematisch, kann dies jedoch nicht angemessen begründen.

Strohmannargument

Fehlerhafte Dammbruchbehauptungen unterstellen der angegriffenen Position also fälschlicherweise bestimmte Probleme. Ähnlich gehen Strohmenschargumente (nicht gegendert bekannt als „Strohmannargumente“; engl. *strawman*) vor. Sie greifen eine bewusst schwächer formulierte Form eines Arguments – das dem echten Argument ungefähr so ähnlich sieht wie eine Vogelscheuche (also der „Strohmann“) einem Menschen – an und behaupten dann, es widerlegt zu haben. Die Nichtbeachtung der Einnahmen aus einer Vermögenssteuer im obigen

Beispiel stellt eine solche Strohmenschstrategie dar: Es ist natürlich viel einfacher, eine Maßnahme als ökonomisch fragwürdig abzulehnen, wenn man ihre zu erwartenden Vorteile unbeachtet lässt. Vielleicht wurden diese Vorteile im Ursprungsargument der angegriffenen Position auch gar nicht ausgeführt, aber selbst dann würde eine wohlwollende Auseinandersetzung erfordern, sie in angemessener Weise zu ergänzen. Die Wirkung von Strohmenschargumenten kann man damit verstehen als entgegengesetzt zum Principle of Charity.

Petitio Principii

Lenken wir nun den Blick auf Fehler in der Präsentation der eigenen Argumentation. Zirkelschlüsse oder Petitio Principii (engl.: *begging the question*) enthalten ihre Konklusion bereits direkt als Prämisse. Oder anders gesagt: Sie arbeiten mit Prämissen, deren Wahrheit die Wahrheit der Konklusion voraussetzt. Sie zitieren also keine echte Evidenz, sondern begründen eine Behauptung nur mit sich selbst.

Bsp. 4.18: Zirkelschlüsse
In unserem Land leben die moralisch besten Menschen überhaupt. Und natürlich kann nur der moralisch beste Staat die moralisch besten Persönlichkeiten hervorbringen. Deshalb ist unser Staat der moralisch beste! Denn natürlich ist der Staat, der die moralisch besten Bürger*innen hat auch der moralisch beste.

Hier hängen die moralische Qualität der Staates und die seiner Bürger*innen jeweils voneinander ab, was aber erst beim genauen Hinsehen deutlich wird. In der Praxis ist die Zirkularität nämlich oft durch die Formulierung verschleiert.

Irreführende Formulierungen

Solches Verstecken hinter unklarer Formulierung ist häufig zu beobachten, wenn jemand um die Schwachstellen der eigenen Argumentation weiß.

Bsp. 4.19: Irreführende Formulierungen
(1) Freiheit ist Freiheit von Einschränkungen unserer Handlungen durch Dritte, inklusive des Staates. In unserer Mobilitätsgesellschaft ist ein Auto zentral, um sich frei entfalten zu können. Ein wahrhaft freiheitlicher Staat muss also allen Bürger*innen ein Auto zur Verfügung stellen.
(2) Viele von unserer Partei regierte Kommunen verzeichnen diesen Monat einen Anstieg der Hotelübernachtungen. Wir sind also wahrlich die Partei des Tourismus!
(3) Das globale Klima als natürliches Phänomen kann vom Menschen gar nicht beeinflusst werden. Schließlich knipsen wir weder die Sonne an, noch lassen wir Meteoriten auf der Erde einschlagen oder Vulkane ausbrechen. Und CO_2 ist doch nur Pflanzennahrung.

Die *Äquivokation* als ein Weg der Verschleierung einer Schwachstelle findet sich in Beispiel (1). Diese bezeichnet eine Veränderung der Interpretation von Ausdrücken im Lauf des eigenen Arguments, ohne dies kenntlich zu machen. Konkret beginnt das Beispiel mit einem negativen Verständnis von Freiheit, fordert in der Konklusion dann aber staatliche Leistungen gemäß einem positiven Freiheitsbegriff. Beispiel (2) lässt zentrale Aspekte des Arguments implizit, die seine Überzeugungskraft potenziell einschränken: Zunächst fehlt trotz saisonaler Schwankungen in der Hotellerie ein Referenzzeitraum. Manipulationen dieser Art wirken übrigens im Bild meist stärker als im Wort. Ein Beispiel dazu ist im Onlineanhang (https://www.utb.de/doi/suppl/10.36198/9783838561820). Auch der Vergleich zu von anderen Parteien regierten Kommunen fehlt. Ein solch unsauberer Vergleich kann wie oben dargelegt auch Teil von fehlerhaften Dammbruchargumenten sein. Schließlich kann auch das anfängliche „viele“ das Publikum in die Irre führen. Üblicherweise würden wir hier davon ausgehen, dass von der Mehrzahl der von der Partei regierten Kommunen die Rede ist, aber dem muss nicht so sein. Beispiel (3) schließlich bedient sich der Definitionen von „Klima“ und „CO_2“, die der Intention der Klimawandelleugnung ent- und zugleich dem üblichen Wortverständnis widersprechen. Die treffende Antwort auf derartige Aussagen wäre, dass Klima nicht per se natürlich sein muss und CO_2 nicht nur Pflanzennahrung ist. Gerade im mündlichen Austausch kann man sich als Gegenüber jedoch verführt sehen, über diesen Hinweis hinweg zu gehen und ein inhaltliches Gegenargument zu liefern, welches dann durch die problematischen Definitionen geschwächt würde. Insgesamt können Verschleierungsstrategien zu Verwirrung oder Fehlinterpretation des Arguments führen und so Gegenargumente oder Kritik vermeiden.

Umkehr der Last der Begründung

Die Mühe der Verschleierung von Schwächen in der eigenen Argumentation kann man sich sparen, wenn man die Last der Begründung (engl.: *burden of proof*) dem Gegenüber aufbürdet. Hier wird also schlicht eine Behauptung aufgestellt und von einer anderen Person verlangt, diese entweder zu akzeptieren oder ihre Falschheit nachzuweisen. Oft wird sie sich damit schwer tun, weil selbst sehr unplausible Behauptungen meist nur mit großem Aufwand völlig auszuschließen sind. Aus genau diesem Grund muss aber auch der*diejenige eine Begründung liefern, der*die die Behauptung aufgestellt hat. Selbstverständlich ist es jedoch auch nicht zulässig, das Gegenüber mit Forderungen nach Begründungen zu überfordern. Denn wenn der eigene Zweifel an vom Gegenüber geäußerten Behauptungen über ein übliches Maß hinausgeht, wird dieser Zweifel selbst wiederum begründungsbedürftig – und ein Abwälzen der Begründungslast aufs Gegenüber zum Argumentationsfehler. Was ein „übliches Maß“ bedeutet, hängt dabei vom inhaltlichen wie sozialen Kontext ab. Beispielsweise können auf einer wissenschaftlichen Tagung tiefergreifende Begründungen gefordert werden als auf einer WG-Party. Der Trick, die Last der Begründung umzukehren, setzt darauf, ein um diesen Kontext unwissendes oder unachtsames Gegenüber zu überrumpeln.

4.4.4 Bedeutung von in der Evaluation aufgedeckten Schwächen fremder Argumente

Es ist insgesamt wichtig, sich dieser unlauteren Argumentationstaktiken bewusst zu sein. Zunächst, um sie bei sich selbst zu vermeiden. Viele der vorgestellten Fehler müssen nämlich nicht dem Vorsatz entspringen, sondern unterlaufen in der Praxis oft fahrlässig. Mit Blick auf die Argumente anderer sollten Sie in der Lage sein, typische Fehler zu erkennen, damit Sie sich ansonsten auf die kritische Evaluation von Annahmen und Implikationen eines Arguments konzentrieren können. Allerdings sollte man sich im Klaren darüber sein, was das Vorliegen eines Argumentationsfehlers ebenso wie einer nicht überzeugenden Argumentation insgesamt bedeutet: Es erwächst aus ihnen kein guter Grund, die Konklusion des entsprechenden Arguments zu glauben. Oft kann es für eine Hausarbeit bereits ausreichen, dies darzulegen. Allerdings gibt es auch keinen guten Grund, das Gegenteil der Konklusion zu glauben – vermeiden Sie also dahingehende Nebensätze etwa im Schluss Ihrer Arbeit, sondern beschränken sich strikt darauf, was Sie tatsächlich zeigen konnten. Wenn Sie den Nachweis dieses Gegenteils führen möchten, müssen Sie noch selbst tätig werden und ein stichhaltiges eigenes Argument formulieren. Alternativ können Sie auch versuchen, das gescheiterte Argument zu retten, indem Sie es umbauen.

4.5 Entwicklung eines eigenen Arguments

Um eine eigene Position – sei es im Sinne einer eigenen Erklärung oder einer normativen Vorschrift – zu entwickeln und zu begründen, müssen Sie in der Regel auf spezifische Methoden zurückgreifen, wie sie in den Folgekapiteln erläutert werden. Die spezifischen Methoden können Sie dabei unterstützen, indem sie Gründe für die Wahrheit von Prämissen und teilweise auch für die Verlässlichkeit von Schlüssen liefern. Argumentationstheoretische Betrachtungen alleine reichen hier nicht aus, aber das bedeutet nicht, dass sie keine Rolle spielen sollten. Hier finden Sie eine kurze Übersicht, wie sie die in diesem Kapitel vorgestellten Werkzeuge pragmatisch anwenden können, um möglichst überzeugende, eigene Argumente zu entwickeln.

Argumentationstheorie als Prüfinstrument

Zunächst kann Ihnen die Betrachtung fremder Argumente zu Ihrem Thema Aufschluss darüber liefern, welche Schlüsse (nicht) stichhaltig sind und warum. Sie können also die zu füllende Forschungslücke möglicherweise genauer fassen: Haben Sie einen Text gefunden, dessen Argumentation Sie überzeugt, aber Ihre Teilfrage noch nicht beantwortet, so können Sie sich vielleicht an der Struktur orientieren und müssen nur bestimmte Teilstränge für sich anpassen. Stimmen Sie mit der Konklusion eines Arguments überein, sehen jedoch Schwächen in der Begründung, so versuchen Sie, diese zu beheben, indem Sie Argumentationsstränge oder auch nur einzelne Prämissen hinzufügen, verändern oder austauschen. Sollten Sie ein Gegenargument planen, ist eine Analyse des anzugreifenden Arguments hilfreich, weil Sie sich dann in Ihren eigenen Ausführungen auf spezifische Schwachstellen konzentrieren können.

Bei der Ausarbeitung Ihres Arguments denken Sie das Argument am besten von der Konklusion her und überlegen, welche Prämissen direkt auf sie schließen lassen. Wie ein solcher Schluss aussieht, müssen Sie in Ihren Ausführungen darlegen. Stück für Stück arbeiten Sie sich so durch jedes Teilargument und entwickeln so die inferentielle Struktur Ihres Arguments für Ihr Publikum. Bei basalen Prämissen greifen Sie dann auf spezifische Methoden der Positiven oder Normativen Theorie bzw. der Ideengeschichte zurück. Durch dieses Vorgehen stellen Sie erstens sicher, alle relevanten Annahmen zu nennen und ihre Bedeutung für das Argument darzulegen. Zugleich vermeiden Sie die Aufzählung von Fakten oder Zusammenhängen, die in Ihrem Kontext gar keine Rolle spielen und machen so den Schreibprozess für sich sowie den Leseprozess für Ihr Publikum deutlich effizienter. Einem solchen effizienten Leseprozess ist es drittens zuträglich, dass Sie bereits am Anfang nennen, worauf Sie hinaus möchten. Insgesamt kann eine argumentationstheoretisch informierte Vorgehensweise Ihren Denkprozess strukturieren, das Schreiben vereinfachen und somit zu besseren Ergebnissen führen, die zudem auch noch leichter zugänglich sind.

Wenn Sie Ihr fertiges Argument korrekturlesen, versuchen Sie ruhig, es zu rekonstruieren und zu evaluieren. Das formalere Vorgehen erlaubt etwas Abstand zu Ihrem eigenen Text und Sie entdecken vielleicht Schwachstellen oder Unklarheiten, die Ihnen im Entwicklungsprozess noch nicht aufgefallen sind. Anders als bei den Argumenten anderer sollten Sie auf Ihre eigenen Argumente das Principle of Charity bewusst nicht anwenden. Seien Sie so kritisch mit sich selbst wie möglich: So können Sie potenzielle Kritikpunkte entdecken, um Sie in Ihrer Arbeit vorwegzunehmen und Ihnen direkt zu begegnen. Auch Missverständnisse lassen sich vermeiden, indem Sie Ihr Argument auf verschiedene Interpretationen abklopfen und klarstellen, welche dieser Interpretationen sie zugrunde legen. Achten Sie zudem darauf, dass Ihnen keiner der typischen Argumentationsfehler unterlaufen ist.

Weiterführende Literatur

Magnus, P. D., Tim Button, Richard Zach, J. Robert Loftis, und Robert Trueman. 2021. *Forall x: Dortmund. Eine Einführung in die formale Logik*. Übersetzt von Simon Wimmer. Dortmund. https://github.com/sbwimmer/forallx-do.

Nolt, John E., Dennis A. Rohatyn, und Achille C. Varzi. 1998. *Schaum's Outline of Theory and Problems of Logic*. 2. Aufl. New York: McGraw-Hill.

Rojek, Tim. 2024. *Argumentationstheorie: eine Einführung für das Philosophiestudium*. UTB: Basiswissen Philosophie. Stuttgart: Fink.

Rosenberg, Jay F. 2009. *Philosophieren: Ein Handbuch für Anfänger*. Frankfurt am Main: Klostermann.

Sinnott-Armstrong, Walter, und Robert J. Fogelin. 2015. *Understanding Arguments: An Introduction to Informal Logic*. 9. Aufl. Boston: Cengage Learning.

Walton, Douglas. 2008. *Informal Logic: A Pragmatic Approach*. Cambridge: Cambridge University Press.

5. Methodische Grundlagen der Positiven Politische Theorie

„In a lecture he gave at Stanford many years ago, Richard Rorty recounted the following story: A friend, an eminent decision theorist, had to decide between competing job offers from two universities. Unable to choose, he called up Rorty for advice. ‚Why don't you make one of those fancy decision trees you're always writing about?' suggested Rorty. His friend's response: ‚Oh, come on, Dick, this is serious.'" (Fried 2013, 1249)

Studienarbeiten in der Positiven Politischen Theorie können vielerlei Gestalt annehmen. Realistischerweise zielt der Anspruch an eine studentische Arbeit in der Positiven Politischen Theorie jedoch in den seltensten Fällen auf die Verbesserung des technischen Instrumentariums einer Theorie ab. Auch die Art kontrafaktischer Argumentation, die wir in Kapitel 3.3 als Merkmal theoretischer Arbeit im Gebiet der Positiven Politischen Theorie herausgearbeitet haben, ist anspruchsvoll und findet sich nur selten explizit in Studienarbeiten. Stattdessen zeichnen sich diese typischerweise durch eine bescheidenere Zielsetzung aus. Häufig liegt ihr Fokus darauf, anhand eines empirischen Beispiels den kausalen Mechanismus einer politikwissenschaftlichen Erklärung sauber herauszuarbeiten und zu evaluieren. Dabei können allerdings durchaus kontrafaktische Überlegungen ins Spiel kommen, wenn sie auch selten einen Schwerpunkt der Argumentation darstellen.

In diesem Kapitel werden wir daher zuerst anhand eines Beispiels zeigen, wie Sie hierfür auf das Modell einer Mehrebenenerklärung zurückgreifen können (5.1). Daran anknüpfend werden Sie die methodischen Grundlagen der Entscheidungs- und Spieltheorie kennenlernen, die Ihnen einen guten Einstieg in den Forschungsstand zu Fragen der Positiven Politischen Theorie ermöglichen (5.2–5.4). Schließlich werden wir Ihnen mit Computersimulationen ein Instrument vorstellen, das Ihnen helfen kann, Limitationen entscheidungs- und spieltheoretischer Analysen zu überwinden (5.5).

5.1 Das Modell der struktur-individualistischen Erklärung in der Studienarbeitspraxis

Nehmen wir einmal an, Sie haben ein Seminar zu ökonomischer Ungleichheit besucht. Konkret wollen Sie sich nun mit dem Thema beschäftigen, inwieweit Einkommensungleichheit zu institutioneller

Umverteilung führt und die These aus der Literatur (Meltzer und Richard 1981) kritisieren, dass ein eindeutiger Zusammenhang zwischen der Ausprägung von Ungleichheit der Einkommen und der Höhe des Steuersatzes besteht.

Die Begründung dafür lautet in aller Kürze: Wenn der Abstand zwischen dem Durchschnittseinkommen und dem Einkommen des Medianwählers (vgl. Kap. 3.3.2) steigt, dann sollte das in einem politischen System mit Mehrheitswahlrecht zu einer höheren Umverteilung führen. Die Begründung ergibt sich dabei aus der Kombination von Steuersystem, politischen Präferenzen, die sich am eigenen ökonomischen Nutzen orientieren, und der empirischen Einkommensverteilung.

Bsp. 5.1: Das Meltzer-Richard-Modell

Modellannahmen:

1. Menschen machen sich nur Gedanken um Umverteilungsmaßnahmen. Diese beurteilen sie nach dem Nettotransfer (eigener Anteil am Transfertopf abzüglich der geleisteten Steuer), den sie dadurch erhalten.
2. Es herrscht ein Flat-Tax-Regime, also ein Steuersatz für alle, unabhängig von der Einkommenshöhe.
3. Mit steigendem Steuersatz sinkt das Bruttogesamteinkommen, sodass beispielsweise eine Verdoppelung des Steuersatzes nur zu weniger als den doppelten Steuereinnahmen führt.[22]
4. Bei der Umverteilung wird der Steuertopf einfach gleichmäßig auf alle verteilt, etwa durch ein bedingungsloses Grundeinkommen. Zusammen mit (2.) bedeutet das: Alle erhalten so viel, wie der Mittelwert des Einkommens an Steuern entrichtet.
5. Es gibt sehr viele Menschen mit niedrigem oder moderaten Einkommen und sehr wenige Menschen mit sehr hohem Einkommen, sodass der Mittelwert der Einkommen über dem Median liegt.
6. Es herrscht einfaches Mehrheitswahlrecht und einziges Kriterium für die Wahlentscheidung ist der eigene Nutzen in der Umverteilung.

Wie kann man sich nun den kausalen Mechanismus zur Bestimmung der Umverteilungshöhe vorstellen? Wenn Sie sich an Downs (1957; siehe auch Kap. 3.3) erinnern, ist der Medianwähler primärer Adressat mehrheitssuchender Parteien. Diese Person verfügt aber natürlich auch über das Medianeinkommen (1.) und bevorzugt daher eine Umvertei-

22 Genau genommen spricht man hier von Elastizität: Man kann sich intuitiv vorstellen, um wie viel Prozent sich eine Variable Y ändert, wenn sich eine ihrer unabhängigen Variablen, X, ändert. So gibt die Einkommenselastizität beispielsweise an, wie stark sich die Nachfrage nach einem Gut in Abhängigkeit von der Höhe des Einkommens ändert.

lung, weil sie aufgrund der Einkommensverteilung (5.) mehr erhält als sie an Steuern bezahlen muss (weil qua (4.) der Median unterhalb des Mittelwerts liegt). Ohne Annahme (3.) würde die Person sogar stets einen Steuersatz von 100% wünschen. Dies gilt allerdings nicht, wenn mit steigendem Steuersatz das Bruttogesamteinkommen sinkt. In diesem Fall steigt der gewünschte Steuersatz, wenn sich der Abstand zwischen Mittelwert und Median vergrößert.

Stellen Sie sich vor, Sie wollen dieses Modell nun systematisch evaluieren und wissen noch nicht genau, wo Sie ansetzen können. In diesem Fall wäre es hilfreich, dass Sie sich, bevor Sie mit dem Schreiben beginnen, intensiv mit der Struktur der Erklärung befassen, wie sie das Meltzer-Richard-Modell vorsieht. Sie sollten zunächst verstehen, welche spezifischen Annahmen dieses Modell macht, z.B. wie es den Zusammenhang zwischen Makro- und Mikroebene modelliert und auf welche entscheidungstheoretischen Überlegungen es zurückgreift. Dies wird Ihnen später erlauben, einen guten Ausgangspunkt für Ihre eigene Kritik zu finden. Für die Klärung dieser Fragen ist es empfehlenswert, auf die Struktur einer Mehrebenenerklärung, wie wir sie in Kap. 3.3 kennengelernt haben, zurückzugreifen und diese ganz explizit aufzuzeichnen, um die einzelnen Schritte im Detail auszufüllen. Dann können Sie darüber nachdenken, an welchen Stellen man etwas auch anders hätte aufziehen können.

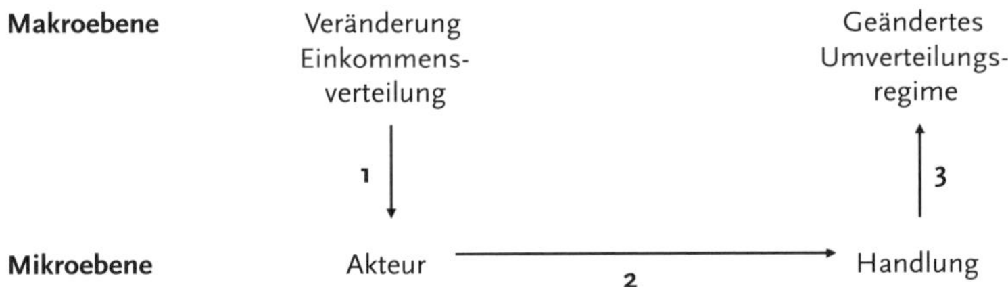

1) Logik der Situation: Effekt auf individuelles Einkommen, Wahrnehmung Einkommensverteilung
2) Logik der Selektion: nutzenmaximierendes Handeln
3) Logik der Aggregation: Unterstützung des präferierten Umverteilungsregimes

Abb. 5.1 Rekonstruktion des Meltzer-Richard-Modells aus Bsp. 5.1: Warum soll wachsende Einkommensungleichheit zu größerer institutioneller Umverteilung führen?

Das Explanandum auf der Makroebene ist hier die realisierte Umverteilung in einem demokratischen System und die relevante Eigenschaft der Ausgangssituation ist eine Veränderung der Einkommensungleichheit bzw. allgemeiner der Einkommensverteilung. Nun kann man in einem ersten Schritt die Definition der Situation rekonstruieren. Aus der Einkommensverteilung ergibt sich unmittelbar die Situation der Individuen, sprich ihr Einkommen – und zwar sowohl absolut (also die Höhe des Einkommens) als auch relativ (also verglichen mit dem Einkommen anderer). Die Theorie geht nun davon aus, dass die Akteure die Einkommensverteilung kennen und wissen, wie ihr Einkommen im Verhältnis zum Medianeinkommen steht. Vor diesem Hintergrund können die Akteure dann auch eine Bewertung vornehmen, ob sie für oder gegen eine Erhöhung der Einkommenssteuer sind.

Hier findet sich bereits ein erstes Einfallstor für Kritik. Die Annahme, dass die Akteure nicht nur die Höhe ihres Einkommens kennen, sondern auch wissen, wie sich dieses zur Einkommensverteilung verhält, ist nämlich sehr voraussetzungsreich. Vielmehr zeigen Schulz et al. (2022), dass Menschen zwar ihr Einkommen im Verhältnis zu ihrem Netzwerk kennen mögen, dieses aber keineswegs repräsentativ für die Einkommensverteilung der Gesellschaft stehen muss.

Darüber hinaus müssen die Motive der Akteure nicht auf ökonomische Motive beschränkt sein. So kann es auch anderweitige Präferenzen darüber geben, welche Umverteilungsmaßnahmen ergriffen werden sollten. Im Meltzer-Richards-Modell ist die Handlungsmotivation ausschließlich durch die Höhe des eigenen Nettotransfers bestimmt. Individuen könnten aber ja auch darüber nachdenken, was gesamtgesellschaftlich sinnvoll ist oder welche Bevölkerungsgruppe besonders von redistributiven Maßnahmen profitieren sollte.

Basierend auf ihrer subjektiven Definition der Situation und ihren Präferenzen entscheiden die Individuen anschließend, wie sie sich bezüglich einer Erhöhung oder Senkung der Einkommenssteuer verhalten. Zentrale beobachtete Handlung der Individuen ist im Modell das Wahlverhalten. Daneben könnte das Handlungsspektrum aber auch ein Engagement in Interessenvertretungen und Parteien oder ein aktives Auftreten im öffentlichen Diskurs zu Umverteilungsfragen umfassen. Wie solche Handlungsentscheidungen modelliert werden könnten, wird in Abschnitt 5.2 genauer erläutert.

In einem dritten Schritt wird dann geschaut, wie sich die ausgeübten Handlungen im politischen Prozess aggregieren. Abhängig davon, welche Handlungen betrachtet werden, läuft diese Aggregation über einen öffentlichen Diskurs und einen Gesetzgebungsprozess in Form einer Parlamentsabstimmung oder etwa auch durch einen Volksentscheid ab. Das Modell geht von einer Form unmittelbarer Basisabstimmung aus. Downs folgend ergibt sich damit als Umverteilungsregime eine Steuer, deren Höhe einer Mehrheit der Bevölkerung zumindest erträglich (wenn auch nicht unbedingt ideal) erscheint und gleichzeitig

Transfers erlaubt, die als ausreichend betrachtet werden. Sicherlich kann man zu dem im Modell nur rudimentär erfassten Aggregationsprozess aus politikwissenschaftlicher Sicht weitaus mehr sagen als das, was das Modell dazu hergibt. Hier bestünden z.B. Anknüpfungspunkte an die Diskussion unterschiedlicher Wahlsysteme und ihrer Spezifika hinsichtlich der Responsivität gegenüber den Bedürfnissen ihrer Bevölkerung (siehe etwa Lijphart 1999). Auch könnte man diskutieren, inwieweit Merkmale des Parteiensystems wie beispielsweise die Notwendigkeit von Koalitionsregierungen den Aggregationsprozess strukturieren und zu substantiell anderen Ergebnissen führen könnten.

All diese Fragen werden wir hier nicht weiter verfolgen. Schon an dieser nur skizzenhaften Rekonstruktion des Meltzer-Richard-Modells im Schema einer Mehrebenenerklärung sehen Sie bereits, dass Ihnen eine solche Rekonstruktion einige Ausgangspunkte für eine konstruktiv-kritische Auseinandersetzung mit den angenommen kausalen Mechanismen bieten kann.

5.2 Entscheidungs- und Spieltheorie als Instrumente der Positiven Politischen Theorie

Wie bereits in Kapitel 3.2 dargelegt, stehen Ihnen verschiedene theoretische Ansätze zur Verfügung, um individuelles Handeln zu erklären. Dieses Teilkapitel stellt mit dem Fokus auf Entscheidungs- und Spieltheorie Instrumente vor, die in die Familie der Rational-Choice-Theorien [RCT] eingeordnet werden. Da die Literatur mit Begrifflichkeiten nicht einheitlich umgeht, sollten wir zuerst klären, wie wir sie verwenden möchten: Wir werden RCT als Oberbegriff verstehen und manchmal auch von der *Familie* der RCT sprechen. Theorien, die menschliches Handeln als rationales Handeln modellieren, gehören zu dieser Familie (siehe Kap. 5.2.1 für eine genauere Spezifikation von Kriterien). Als *Entscheidungstheorien* wollen wir Theorien bezeichnen, die uns das Instrumentarium für die Analyse von Entscheidungen von Individuen liefert. Wenn diese Entscheidungen nicht mehr in Auseinandersetzung mit der Natur, sondern gegen einen potenziell strategisch agierenden Spieler stattfinden, fallen sie in das Gebiet der *Spieltheorie*. Als Spiele bezeichnet man die formale Darstellung von Situationen mit strategischer Interdependenz.

5.2.1 Grundbegriffe der RCT

Hinter dem Label RCT verstecken sich, wie oben gezeigt, unterschiedliche Theorien. Diese Theorien teilen jedoch als zentrales Merkmal die Annahme, dass sie menschliches Handeln als *rationales* Handeln verstehen. Damit geht einher, dass menschliches Handeln als *absichtliches* Handeln verstanden wird, das *zielgerichtet* ist und sich von reinen Körperbewegungen insofern unterscheidet, als dass es durch ein Motiv der Handelnden verursacht wurde (Davidson 1990; Elster 1988). Darüber hinaus bieten alle Varianten unter dem Dach der RCT eine formal-mathematische, meist axiomatische Darstellung rationaler Entscheidungsprinzipien (Arrow 1958; Kunz 2004, 32 f.). Genauer gesagt: RCT greifen in der Regel auf die Form einer axiomatisch fundierten Nutzentheorie zurück, deren Zweck es ist, die Präferenzen eines Akteurs mathematisch zu beschreiben. Dies ermöglicht es, eine formale Beschreibung des Entscheidungsverhaltens rationaler Individuen zu geben.

Doch fangen wir zunächst mit den Grundbegriffen an:

! Als *Präferenzen* eines Akteurs bezeichnet man die Einstellungen eines Akteurs hinsichtlich der Erwünschtheit der mit der Wahl einer Handlungsalternative verbundenen Handlungskonsequenzen.[23] Akteure stehen vor der Wahl zwischen zwei oder mehreren Handlungsalternativen. Die Handlungsalternativen sind mit Handlungskonsequenzen verbunden, die mehr oder weniger Nutzen (zu diesem Konzept gleich mehr) stiften. Die RCT verwendet nun Präferenzen, um die subjektive Bewertung der Handlungsalternativen vor dem Hintergrund der damit verbundenen Handlungskonsequenzen konzeptionell zu fassen (Kunz 2004, 35 f.). Die Präferenzen eines Akteurs beziehen sich somit auf eine Rangfolge, die, wenn sie gewisse Eigenschaften wie z.B. Transitivität und Vollständigkeit besitzt, auch die *Präferenzordnung* des Akteurs genannt wird (Herfeld und Marx 2023, 58). *Transitivität* verlangt, dass wenn Sie A gegenüber B und B gegenüber C präferieren, Sie auch A gegenüber C präferieren. Vollständigkeit verlangt, dass ein Akteur bezüglich jeder Alternative auch eine Rangeinschätzung besitzt. Ein Akteur muss also angeben können, ob er diese Alternative im Vergleich zu einer anderen vorzieht, er sie als gleichwertig oder als schlechter betrachtet. Anders gesagt: Die Präferenzordnung zeigt an, wie ein Akteur Handlungsalternativen vor dem Hintergrund ihres Nutzens im Vergleich zueinander bewertet.

Präferenzen und rationales Handeln

RCT versucht vor diesem Hintergrund, die Handlungswahl eines Akteurs zu modellieren. Dies geschieht, indem den Präferenzen eines Akteurs mit Hilfe einer Nutzenfunktion Zahlenwerte zugewiesen werden. Diese stellen den Nutzen der mit einer Handlungsalternative verbundenen Handlungskonsequenzen dar. Die Zuweisung von Nutzen muss als Minimalanforderung auch lediglich eine Ordnung der fraglichen Alter-

23 In englischsprachigen, philosophisch geprägten Texten wird zuweilen auch von *desires* gesprochen.

nativen leisten und nicht notwendigerweise Aussagen darüber erlauben, um wie viel eine Alternative besser ist als eine andere.[24] Präferenzen sind die erste, zentrale Bedingung für die Erklärung menschlichen Handelns.

Restriktionen und rationales Handeln

Allerdings stehen unsere Wünsche im Kontrast zu einer Welt, in der Güter und Mittel nicht unbegrenzt verfügbar sind. Die Restriktionen bei der Realisierung unseres Wollens stellen die zweite, zentrale Bedingung bei der Erklärung menschlichen Handelns dar (Herfeld und Marx 2023, 59). Wenn sich die Akteure der Restriktionen bewusst sind, wirken sie sich nämlich auf deren Überzeugungen (*beliefs*) aus, die die Realisierbarkeit von Wünschen darstellen sollen.

Nutzenmaximierung und rationales Handeln

Dieses Aufeinandertreffen von Wunsch und Wirklichkeit gibt uns Anlass zur rationalen Handlungswahl. Konsequenz dieses unglücklichen Aufeinandertreffens ist es, dass entweder der Einsatz von Mitteln optimiert oder der Ertrag von gegebenen Mitteln maximiert werden muss. Rationalität bezieht sich dabei auf die Beziehung, in der unsere Präferenzen einerseits zu unseren Überzeugungen und andererseits zur gewählten Handlungsalternative stehen. Diese Beziehung kann dadurch charakterisiert werden, dass das Prinzip der *Nutzenmaximierung* greifen soll (Herfeld und Marx 2023, 57 f.).

Häufig wird RCT gleichgesetzt mit einer spezifischen Nutzenmotivation bei den Akteuren. Dabei wird die Nutzenmotivation auf die Maximierung materieller und eigennütziger Präferenzen begrenzt. Dies ist jedoch keine Annahme, die im Rahmen der RCT getroffen werden muss (Opp 2009; J. Marx und Tiefensee 2015a). Der Begriff des „Nutzens" sollte als inhaltlich offen verstanden werden, da die Rangfolge der Optionen auf jeder Art von Präferenzordnung basieren kann. Zum Beispiel können wir auf Präferenzordnungen zurückgreifen, die selbstsüchtige und materiell orientierte Interessen repräsentieren, und wir können solche verwenden, die auf die Interessen anderer ausgerichtet sind. Ein altruistischer Akteur würde unter Umständen die gleichen Optionen anders einstufen als ein egoistischer Akteur, da die Alternative, die den höchsten Nutzen für andere verspricht, bei Altruisten an erster Stelle stehen würde. Trotzdem maximieren beide Akteure ihre jeweilige Nutzenfunktion. Die Theorie alleine trifft also keine Annahmen darüber, welche Präferenzen ein Akteur besitzt.

24 Die RCT unterscheiden sich unter anderem darin, welche Anforderungen eine Nutzenfunktion erfüllen soll (Herfeld und Marx 2023). So werden Sie später mit der SEU-Theorie (subjective expected utility) eine Variante der RCT kennenlernen, die anstelle einer ordinalen Nutzenskala auf eine kardinale zurückgreift (Kunz 2004, 43 f.). Damit sind auch die Abstände zwischen den Nutzenwerten interpretierbar und es können Erwartungsnutzen von Handlungsalternativen berechnet werden.

Wenn wir von einer rationalen Handlungswahl sprechen, beziehen wir uns mithin nicht darauf, *welche* Ziele ein Akteur verfolgt. Stattdessen geht es um den optimalen Einsatz von Mitteln bei fixierten individuellen Handlungszielen oder die Maximierung des Ertrags bei fixiertem Mitteleinsatz. Diese Rationalitätsannahme ist die dritte, zentrale Bedingung, auf die RCT bei der Erklärung menschlichen Handelns zurückgreifen.[25]

Im Folgenden werden wir nun unterschiedliche Typen an RCT anhand idealisierter Beispiele vorstellen, um zu demonstrieren, wie diese für die Diskussion politikwissenschaftlicher Fragestellungen eingesetzt werden können. Wo es möglich ist, werden wir auch auf Forschungsfragen hinweisen, die im Rahmen der Politischen Theorie diskutiert werden. Starten wir mit einem einfachen Beispiel, einer Entscheidungssituation unter Gewissheit:

Bsp. 5.2: Entscheidung über ein öffentliches Bauprojekt
Eine Regionalregierung erwägt den Bau eines Staudamms zur Trinkwasserversorgung und Energiegewinnung. Hierzu kommen zwei Standorte in Frage, die jeweils die Trinkwasserversorgung sicherstellen. Das Kraftwerk an Standort 1 könnte jährliche Einnahmen von 20 Mio. € generieren. Allerdings muss für diesen Standort ein unbewohntes Tal geflutet werden, das aber den letzten Rückzugsort seltener Frösche darstellt. Die Abgelegenheit des Bauorts bedeutet außerdem sehr hohe Baukosten von 200 Mio. €. Das Kraftwerk an Standort 2 könnte jährlich nur Strom im Wert von 7 Mio. € generieren, aber die Baukosten wären auch nur halb so hoch, also 100 Millionen, wie an Standort 1. Diese niedrigen Baukosten berücksichtigen auch bereits die monetären Aspekte der Umsiedlung von drei Dörfern, in denen insgesamt 1270 Menschen leben.

Welchen Standort die Regionalregierung als Entscheidungsinstanz bevorzugt, hängt nun davon ab, welchen Nutzen sie den jeweiligen Handlungskonsequenzen beimisst. Gehen wir in diesem Beispiel mal davon aus, dass die Regionalregierung primär von monetären Überlegungen motiviert ist. Auch wenn der monetäre Vergleich hier relativ einfach scheint, könnte als Komplikation hinzukommen, inwieweit der Regie-

25 Die Rationalitätsanforderung im Rahmen von RCT beschränkt sich nicht auf die Dimension der Nutzenmaximierung. Es gibt darüber hinaus auch Rationalitätsanforderungen, die sich auf die Präferenzordnung eines Akteurs bzw. auf dessen *beliefs* beziehen. Für die Präferenzordnung gilt beispielsweise die Konsistenzforderung (siehe 5.2.1). Daneben gilt auch die Forderung, dass die Präferenzordnung eines Akteurs bezüglich zwei Alternativen davon unabhängig sein soll, ob man die Alternativen isoliert betrachtet oder eine dritte Wahloption hinzunimmt. Für die *beliefs*, die durch Wahrscheinlichkeiten im Rahmen von RCT modelliert werden, gilt beispielsweise, dass sich die Wahrscheinlichkeiten einander ausschließender Ereignisse auf 100 Prozent addieren müssen (Elster 1988).

rung die kurzfristige Kostenersparnis oder langfristige Einnahmen wichtiger sind. Dies lässt sich technisch über Diskontierung und Zeitpräferenzraten abbilden, wie in Beck (2014, 197–213) dargestellt. Wir gehen in diesem Beispiel mal davon aus, dass die Regierung für 10 Jahre plant und somit die erzielten Gewinne durch die Stromerzeugung in den nächsten 10 Jahren entsprechend berücksichtigt. Auch wie die Schutzwürdigkeit der bedrohten Art und die Interessen der umzusiedelnden Menschen von der Regionalregierung gegeneinander abgewogen werden, lässt sich nicht pauschal sagen. Die Nutzenbeimessung könnte hier beispielsweise von den politischen Idealen der Regionalregierung abhängen, aber auch davon, wie leicht die von der Umsiedlung betroffenen Menschen diese akzeptieren würden und welche Möglichkeiten der Gegenwehr sie ergreifen können. Im Beispiel gehen wir davon aus, dass sich all diese Nutzenaspekte monetär darstellen lassen.

Dann könnte eine mögliche Nutzenbeimessung folgendermaßen aussehen: Die Herstellung der Trinkwasserversorgung liefert einen positiven Nutzen von 1000, von dem die Nachteile entsprechend abgezogen werden.

	Standort 1	**Standort 2**
Nutzen Trinkwasser	1000	1000
Nettokosten	-200 + 20 * 10 = 0	-100 + 7 * 10 = 30
Verlust Tierart	500	0
Umsiedlung	0	12700
Gesamtnutzen	**500**	**-11730**

Entsprechend würde eine rational entscheidende Regionalregierung zur Maximierung ihres Nutzens Standort 1 wählen. Stünde nur Standort 2 zur Verfügung, würde sie den Staudamm lieber gar nicht errichten. Diese Argumentation in Ihrer Arbeit hängt natürlich stark davon ab, ob Ihnen eine valide Erfassung der Präferenzen gelingt. Allerdings ist dies keine theoretische, sondern eine empirische Frage, die Sie dafür beantworten müssen. Sie haben nun zumindest ein Grundverständnis gewonnen, wie eine einfache Erklärung unter stark idealisierten Annahmen mit Hilfe von RCT konstruiert werden kann.

Grenznutzen

Nun gehen wir einen Schritt weiter und betrachten eine etwas komplexere Entscheidungssituation. Dafür führen wir die Idee des *Grenznutzens* ein.

!

Grenznutzen (Marginalnutzen): Der Nutzen, der sich aus der (hypothetischen) „zuletzt“ erhaltenen Einheit eines Gutes ergibt, das der Akteur erhält.

In obigem Beispiel waren die Grenznutzen konstant. Betrachten wir jedoch einmal folgende Erweiterung:

Erweiterung zu Bsp. 5.2
Die Regierung hat sich für Standort 1 entschieden. Nun schlägt eine Umweltorganisation die Rettung der bedrohten Frösche vor. Dazu müssen einige der Tiere eingesammelt und an einen geeigneten Ort umgesiedelt werden. Zum Erhalt der genetischen Vielfalt wäre es ideal, die gesamte Population von ca. 100.000 Tieren zu retten. Das absolute Minimum, um das Überleben der Art zu retten, wären 500 Tiere. Jedes gerettete Tier generiert zusätzlichen Nutzen, aber der zusätzliche Nutzen für das Tier Nr. 501 bringt einen höheren Zusatznutzen als der des Frosches Nr. 10.001. Schließlich ist der genetische Flaschenhals mit 500 Tieren deutlich bedrohlicher als bei 10.000 Tieren. Der zusätzliche Nutzen der Rettung des Frosches Nr. 100.000 fällt dann aus Sicht der Arterhaltung kaum noch ins Gewicht.

Erstes Gossensches Gesetz

Hier zeigt sich, dass in der Regel der Grenznutzen einer Einheit eines Gutes mit der Anzahl der konsumierten Einheiten fällt, bis Sättigung eintritt. Dieser Zusammenhang ist auch unter dem Namen „Erstes Gossensches Gesetz" (Gossen 1854, 4) bekannt. Dieses findet vor allem bei Einzelpersonen, Haushalten und teils Unternehmen Anwendung. So ist Ihr erster Wintermantel eine große Verbesserung im Winter und Sie frieren nun nicht mehr. Den zweiten wollen Sie vielleicht aus modischen Gründen anschaffen, da er besser zu Ihren Anzugshosen passt. Der zusätzliche Nutzen eines dritten, vierten oder fünften Wintermantels wird noch geringer ausfallen. Irgendwann würde Sättigung eintreten und der Grenznutzen einer weiteren Einheit wäre null. Der Nettonutzen des Konsums einer weiteren Einheit würde dann ins Negative umschlagen und der Preis eines weiteren Wintermantels würde den zusätzlichen Nutzen übersteigen. Dieser Nutzen, den der Konsum einer (zuweilen hypothetischen) zusätzlichen Einheit eines Gutes stiftet, wird auch Grenznutzen genannt.

Zweites Gossensches Gesetz

Den Gedanken des (abnehmenden) Grenznutzens können Sie auch für die Entscheidung nutzen, in welchem Verhältnis eine Menge von Gütern beschafft werden sollen. Das kann die Ebene individuellen Entscheidens betreffen. Dies gilt aber genauso, wenn es um die Bereitstellung einer Mischung von öffentlichen Gütern durch Regierungen geht. Hier lautet das zweite Gossensche Gesetz: Es soll genau das Verhältnis gewählt werden, in dem die Grenznutzen aller betrachteten Güter gleich (oder möglichst ähnlich) sind (Gossen 1854, 12).

Bsp. 5.3: Entscheidung zwischen Schau- und Singspiel
Eine Stadt möchte möglichst viele Menschen pro Woche mit Veranstaltungen in ihrem Theatersaal erreichen. In diesem kann sie entweder Theater- oder Opernabende anbieten. Es ist bekannt, dass zum ersten Theaterabend in einer Woche 750 Menschen kämen, zum zweiten noch 500, zum dritten 400, zum vierten 350, zum fünften 310, zum sechsten 290 und zum siebten noch 280. In die Oper gingen am ersten Abend schon nur 305 Personen, am zweiten 200, am dritten 150, am vierten 120, am fünften 100, am sechsten 90 und am siebten 85. Die beiden Güter sind hierbei Theater- und Opernveranstaltungen, von denen eine Einheit jeweils eine Einheit der Währung „Saalbelegung" kostet, von der die Stadt nur sieben Einheiten besitzt. Der Nutzen ist einfach durch die Anzahl der Gäste definiert. Um diesen zu maximieren, sollte die Stadt an sechs Tagen Theaterstücke und nur an einem Tag eine Oper zur Aufführung bringen. Diese Entscheidung begründet sich schlicht darin, dass der erste Opernabend zwar mehr Besuchende bringt als der siebte (und sogar sechste) Theaterabend, der zweite jedoch bereits weniger.

Grenznutzenvergleiche

Die beiden Gesetze gemeinsam führen dazu, dass der Gesamtnutzen, der sich aus den Gütern ergibt, möglichst hoch wird. In einer Situation, in der das zweite Gesetz nicht erfüllt ist, wäre es, gegeben das erste Gesetz, rational, einige Einheiten des Gutes mit dem niedrigsten Grenznutzen zugunsten des Gutes mit dem höchsten Grenznutzen aufzugeben. Gehen Sie in obigem Beispiel von einer Woche voller Theateraufführungen aus. Dann kann die Gesamtzahl der Besuchenden gesteigert werden, indem eine Theateraufführung abgesagt und stattdessen eine Opernaufführung angesetzt wird. Dies mag trivial klingen, aber schwieriger wird es, wenn es beispielsweise um die optimale Nutzung von drei Gütern (etwa zusätzlich um Konzertabende) geht oder sich die Kosten der Güter unterscheiden (Varian 2016, 50–54). Mit solchen Überlegungen kann man dann diskutieren, ob vorhandene Mittel eher in den Ausbau von Wasserkraft, Solar- oder Windenergie gesteckt werden. Natürlich wäre es wünschenswert, wenn alles im großen Umfang genutzt werden würde. Wenn die Mittel aber knapp sind, kann man sich theoretisch fragen, welche Mittelverwendung effizient wäre, wenn man am Ausbau regenerativer Energien interessiert ist.

Sie haben nun ein erstes grundlegendes Verständnis von RCT gewonnen. Die bisherigen Beispiele zeichnen sich dadurch aus, dass die Akteure unter Sicherheit agieren und die Umweltzustände kennen. In diesem Fall stellt sich die Entscheidungssituation für die Akteure einfach dar. Sie vergleichen die Nutzenwerte der Handlungsalternativen und entscheiden sich für die Alternative, die ihren Nutzen maximiert. Die Entscheidungsalternativen und ihre Konsequenzen liegen jedoch nicht immer so klar auf dem Tisch. Denken Sie etwa an die Frage, ob

Sie ein Lotterielos kaufen sollten. Hier ist Ihnen nicht bekannt, ob mit dem Los ein Gewinn verbunden ist oder nicht. Stattdessen kennen Sie im besten Fall die Wahrscheinlichkeit, mit der Sie einen Gewinn erzielen könnten. Daneben gibt es aber auch Entscheidungen, bei denen Sie nicht einmal auf Wahrscheinlichkeiten zurückgreifen können. Vor diesem Hintergrund lassen sich Entscheidungssituationen im Hinblick auf das Informationsniveau in unterschiedliche Typen einteilen, die ein jeweils eigenes Instrumentarium zur Analyse benötigen. Man unterscheidet primär zwischen Entscheidungen unter *Sicherheit*, unter *Risiko* und unter *Ungewissheit*. Die jeweiligen Besonderheiten dieser Entscheidungssituationen stellen wir Ihnen im Folgenden vor.

5.2.2 Formales Vorgehen in der Entscheidungstheorie

Für Ihre Studienarbeit in der Positiven Politischen Theorie können Rational-Choice-Überlegungen insbesondere nützlich sein, weil sie ein klares analytisches Vorgehen anbieten. Meist geht es bei Arbeiten in der Positiven Politischen Theorie dabei nicht um eine Verbesserung dieses Instrumentariums, sondern um dessen *Anwendung* – beispielsweise zur Identifikation und zum Herausarbeiten von Mechanismen hinter politischen Phänomenen. Besonders eignet sich hierzu die Entscheidungs- und Spieltheorie. Beide können unter dem Dach der RCT eingeordnet werden. Allerdings befassen sie sich mit unterschiedlichen Aspekten der Entscheidungsfindung:

! Entscheidungstheorie: Ermittelt die nach gegebenen Kriterien *beste Entscheidungsoption* für einzelne Akteure, gegeben den Kontext ihrer Entscheidungssituation inklusive der zur Verfügung stehenden Informationen. Sie wird sowohl verwendet, um zu erklären, warum ein rationaler Akteur sich auf eine bestimmte Weise entscheidet als auch normativ genutzt, um das optimale Entscheidungsverhalten zu identifizieren.
Spieltheorie: Beschreibt soziale Phänomene als das Ergebnis der Interaktion individuell rational, also gemäß den Vorgaben der Entscheidungstheorie, handelnder Akteure. Während Entscheidungssituationen in der klassischen Entscheidungstheorie dadurch gekennzeichnet sind, dass das Ergebnis der Handlung durch das Handeln des Akteurs alleine hervorgebracht wird, beschäftigt sich die Spieltheorie mit Situationen, in denen das Ergebnis des Handelns auch von den Entscheidungen anderer Akteure abhängig ist.

Im analytischen Vorgehen gibt es große Ähnlichkeiten. Der zentrale Unterschied besteht darin, dass in der Spieltheorie aufgrund des Zusammenwirkens mehrerer Akteure eine Situation *strategischer Inter-*

dependenz entsteht, die es zu analysieren gilt. Das bedeutet, dass die optimale Wahl einer Handlungsalternative davon abhängig ist, wie sich die anderen Akteure verhalten werden. Diese Aspekte spielen keine Rolle in der Entscheidungstheorie. Stattdessen liegt dort der Fokus auf der Analyse des Entscheidungsverhaltens eines einzigen, handelnden Akteurs, und Unsicherheit besteht höchstens hinsichtlich der Umweltzustände, aber nicht bezüglich des Handelns anderer. Daher kann man die Entscheidungstheorie formal auch als Spieltheorie mit nur einer Spielerin darstellen. Im Grunde stellt die Entscheidungstheorie jedoch schlicht ein Werkzeug dar, dessen sich die Spieltheorie bedient, das sich jedoch auch unabhängig von spieltheoretischen Situationen anwenden lässt. Im Folgenden betrachten wir daher zunächst dieses Werkzeug selbst und anschließend seine Nutzung in der Spieltheorie.

Entscheidungs- und Spieltheorie

Bsp. 5.4: Kampagnenstrategie einer Partei
Ihr Forschungsproblem sei die Erklärung, warum eine Partei bei einer bestimmten Wahl in einem bestimmten Stadtviertel eine bestimmte Kampagnenstrategie fährt. Dabei betrachten Sie für die Zwecke Ihrer Arbeit die Themensetzung und Positionierung als gegeben und untersuchen lediglich, welche Wahlwerbemaßnahmen die Partei ergreift.

Sie interessieren sich nun also dafür, wie eine Partei möglichst effektiv ihren Wahlkampf führt. Hierzu sei angenommen, dass die Partei sich ausschließlich um den Stimmenanteil schert und zudem die Wahlkampfkasse gut gefüllt ist und somit alle Maßnahmen problemlos finanziert werden können. Im Folgenden werden wir nun unterschiedliche Aspekte dieser hypothetischen Situation diskutieren, die sich im Hinblick auf das Informationsniveau unterscheiden, auf das die Akteure bei ihrer Entscheidung zurückgreifen können.

5.2.3 Entscheidungen unter Sicherheit

Wie der Name nahelegt, trifft man Entscheidungen unter Sicherheit in genauer Kenntnis des Entscheidungskontextes und der Konsequenzen, die mit der Wahl einer Handlungsalternative verbunden sind. Die in Kapitel 5.2 dargestellten Überlegungen und Beispiele zur Nutzenmaximierung gingen ebenfalls von einer solchen Entscheidungssituation unter Sicherheit aus. Der Fokus liegt hier darauf, den mit den Handlungsalternativen verknüpften Handlungskonsequenzen (man spricht hier auch von Situationen) möglichst akkurate Nutzenwerte zuzuschreiben. Anschließend kann als rationale Entscheidung unmittelbar diejenige identifiziert werden, die in der Präferenzordnung den höchsten Rang einnimmt. Der Plan, sich in einer Entscheidungssituation auf eine bestimmte Weise zu verhalten, heißt auch Strategie:

! Strategie: Plan, der für eine Entscheidungssituation oder mehrere die zu wählende Handlungsalternative vorgibt.

Erweiterung zu Bsp. 5.4
Nehmen wir an, die Partei weiß, dass das Wahlvolk noch nicht sehr überzeugt von ihr ist. Sie hat nun eine Auswahl an möglichen Handlungsalternativen, um die Wahl kurzfristig zu ihren Gunsten zu drehen. So weiß sie z.B., dass die Menschen offen für Haustürgespräche sind. Alternativ oder in Kombination kann sie sich auch für eine offensive oder eine sparsame Plakatierung entscheiden. Die Entscheidungssituation stellt sich für die Partei daher folgendermaßen dar: Die Partei kann solche Haustürgespräche anstreben oder eben nicht und außerdem entscheiden, ob sie stark oder sparsam plakatieren möchte. Die sich ergebenden vier Handlungsalternativen führen laut Meinungsinstituten zu folgenden Konsequenzen: Keine Haustürbesuche und sparsames Palaktieren würden zu 20% Stimmenanteilen für die Partei führen; keine Haustürbesuche und starkes Plakatieren 30%; Haustürbesuche und sparsames Plakatieren 50%; Haustürbesuche und starkes Plakatieren ebenfalls 50%.

Hier sollte die Partei auf jeden Fall Haustürbesuche durchführen. Wie viele Plakate geklebt werden, spielt dann keine Rolle mehr. Die Kosten dafür kann man sich aus Sicht der Partei daher sparen. Die für die Partei optimale Strategie ist also *(Haustürbesuche, sparsames Plakatieren)*.

Entscheidungen unter Sicherheit gestalten sich damit für sich genommen trivial, sofern die Nutzenbeimessungen möglich sind und die Handlungsalternativen auf dem Tisch liegen. Analysen dieser Art können in der Politischen Theorie jedoch Teil einer weiterreichenden Analyse werden, wenn sie beispielsweise eine Reihe möglicher Situationen untersuchen. Sie könnten dann beispielsweise analysieren, ob in allen denkbaren Situationen die oben identifizierte Handlungsalternative optimal ist oder dies von spezifischen Kontextbedingungen abhängt. Interessant könnten Überlegungen dieser Art beispielsweise werden, wenn sich zeigen sollte, dass die Erwartungshaltung der Wähler*innen berücksichtigt werden muss oder geringe Haustürbesuche zu einem Problem werden könnten, wenn die anderen Parteien ebenfalls gezielt auf dieses Instrument setzen würden.

Regelmäßig müssen Akteure jedoch ihre Entscheidungen treffen, ohne genau zu wissen, ob gewünschte Handlungskonsequenzen eintreten oder nicht. Dann handelt es sich nicht mehr um eine Entscheidungssituation unter Sicherheit.

5.2.4 Entscheidungen unter Risiko

Als Entscheidungen unter Risiko bezeichnet man in der Entscheidungstheorie Situationen, in denen die Akteure den Handlungskonsequenzen Wahrscheinlichkeiten zuordnen können. Diese Wahrscheinlichkeiten können dabei sowohl objektiv (expected utility; EU theory) als auch subjektiv (subjective expected utility; SEU theory) auf das Wissen der Akteure bezogen verstanden werden. Es finden sich beide Varianten in der Literatur. Lassen wir diese Frage zunächst offen und betrachten die Vorgehensweise bei dieser Art von Entscheidungssituation in unserem Beispiel:

Interpretation von Bsp. 5.4 als Entscheidung unter Risiko bzw. Unsicherheit
Die Partei ist sich nun nicht mehr ganz sicher, wie es um ihr Wahlvolk steht. Neben der schon bekannten Möglichkeit, dass dieses noch nicht ganz überzeugt, aber offen für Gespräche ist, zieht sie nun auch zwei weitere Möglichkeiten in Betracht: So könnte es sein, dass die Wähler*innen weder überzeugt noch gesprächig sind und auch, dass sie ohnehin schon überzeugt sind. Damit ergibt sich eine etwas kompliziertere Entscheidungssituation mit vier Handlungsalternativen in drei unterschiedlichen Umweltzuständen. Aufgrund der vorhandenen Bevölkerungsdaten kann die Partei außerdem abschätzen, wie wahrscheinlich jede Situation ist. Damit ist es möglich, den erwarteten Stimmenanteil für die jeweilige Kombination aus ausgewählter Handlungsalternative und Umweltzustand zu berechnen.

	Weltzustand 1 bereits recht überzeugt	Weltzustand 2 nicht überzeugt, offen für Gespräche	Weltzustand 3 nicht überzeugt, nicht offen für Gespräche
p (Weltzustand)	0.3	0.5	0.2
Strategie 1 wenige Plakate, keine Haustürbesuche	45%	20%	20%
Strategie 2 viele Plakate, keine Haustürbesuche	50%	30%	35%
Strategie 3 wenige Plakate, Haustürbesuche	60%	50%	20%
Strategie 4 viele Plakate, Haustürbesuche	60%	55%	10%

! Payoff-Tabelle: Tabellarische Repräsentation der Entscheidungssituation, die alle Strategien allen möglichen Zuständen der Welt bzw. der Natur gegenüberstellt und in jedem Feld den Payoff benennt.
Payoff: Auszahlung, die eine Strategie in einem Weltzustand liefert. Dieser kann in beliebigen Einheiten angegeben werden, u.a. auch in erwarteten Nutzen.[26] Zur Vergleichbarkeit von Strategien muss diese Einheit jedoch konstant sein.

Payoffs

Zunächst zeigt sich, dass es in jeder Situation besser ist, viele Plakate zu kleben und keine Haustürbesuche vorzunehmen, als wenige Plakate zu kleben und keine Haustürbesuche vorzunehmen. Es macht also keinen Sinn, sich für die Alternative ‚wenige Plakate und keine Haustürbesuche' zu entscheiden. Solche Handlungsalternativen braucht man in der weiteren Entscheidungsfindung daher nicht mehr zu berücksichtigen. Der technische Begriff dafür lautet, dass die erste Handlungsoption von der zweiten strikt dominiert wird. Streng genommen kann man hier zwei Fälle voneinander unterscheiden:

! Eine Strategie ist *strikt dominiert*, wenn es mindestens eine andere Strategie gibt, die in jeder Situation einen höheren Payoff liefert.
Eine Strategie ist *schwach dominiert*, wenn es mindestens eine andere Strategie gibt, die in keiner Situation einen niedrigeren und in mindestens einer Situation einen höheren Payoff liefert.
Insgesamt gilt, dass rationale Akteure dominierte Strategien nicht wählen sollten. Die Elimination dominierter Strategien sollte so lange fortgesetzt werden, bis es keine dominierten Strategien mehr gibt.

In diesem Beispiel, und das ist nicht untypisch, ist es jedoch so, dass dies noch nicht zu dem Ergebnis führt, dass wir allein aufgrund der Elimination dominierter Strategien zu einer eindeutigen Handlungsempfehlung kommen. In solchen Situationen greifen rationale Akteure in Entscheidungssituationen unter Risiko auf die ihnen bekannten Wahrscheinlichkeiten der Konsequenzen zurück. Damit lassen sich die Erwartungsnutzen der Handlungsalternativen berechnen.

---

26 Um andere Einheiten wie etwa Geld oder Stimmenanteile in Nutzen umzurechnen, bedarf es, wie in Abschnitt 5.2.1 angedeutet, einer Nutzenfunktion. Streng genommen müsste diese präzise benannt werden. Häufig wird jedoch im Rahmen der Spieltheorie und im Kontext von Payoff-Tabellen darauf verzichtet und stattdessen auf eine einfache Setzung von Nutzenwerten zurückgegriffen.

Erwartungsnutzen einer Strategie (*X*): Summe der mit ihren Wahrscheinlichkeiten (*p*) gewichteten Nutzenwerte (*U*) der möglichen Konsequenzen (k_x) von *X*.

$$EU(X) = U(k1_x) * p_2 + U(k2_x) * p_2 + \cdots + U(kn_x) * p_2$$

Zur Maximierung des Erwartungsnutzens wählen nun die Handelnden einfach die Strategie, die den höchsten Erwartungsnutzen liefert.

Im Beispiel ergeben sich 0,3 * 50% + 0,5 * 30% + 0,2 * 35% = 37% für die zweite Option, 0,3 * 60% + 0,5 * 60% + 0,2 * 20% = 47% für die dritte und 0,3 * 65% + 0,5 * 50% + 0,2 * 10% = 47,5% für die vierte Option. Daraus ergibt sich, dass Strategie 4 den höchsten Erwartungsnutzen hat, wenn auch mit kleinem Abstand. Diese Alternative sollte daher von rationalen Akteuren gewählt werden. Beachten Sie, dass in diesem Fall die Stimmenanteile direkt dem Nutzen der Partei entsprechen und der Grenznutzen konstant ist.

5.2.5 Entscheidungen unter Unsicherheit

Zuweilen kennen Akteure nicht einmal die Wahrscheinlichkeiten, mit denen die verschiedenen Weltzustände eintreten könnten. In diesem Fall bleibt zwar die Elimination dominierter Strategien unverändert anwendbar, jedoch ist die in 5.2.4 beschriebene Maximierung des Erwartungsnutzens nicht mehr möglich. Für solche Situationen hat die Entscheidungstheorie verschiedene denkbare Vorgehensweisen entwickelt. Die wichtigsten werden im Folgenden kurz vorgestellt.

Übersicht gängiger Entscheidungsregeln bei Unsicherheit
LexiMin (als Erweiterung von MaxiMin – maximiere die Minimalauszahlung): Betrachten Sie nur den jeweils niedrigsten Nutzenwert, der bei einer Strategie möglich ist. Wählen Sie diejenige, deren niedrigster Wert am höchsten ist (MaxiMin). Bei gleichen niedrigsten Nutzenwerten vergleichen Sie die zweitniedrigsten (der Optionen mit gleichen höchsten) usw.

LexiMax (als Erweiterung von MaxiMax – maximiere die Maximalauszahlung): Vergleichen Sie nur die höchsten Nutzenwerte der Optionen. Wählen Sie diejenige, deren höchster Wert am höchsten ist (MaxiMax). Bei gleichen höchsten Nutzenwerten vergleichen Sie die zweithöchsten (der Optionen mit gleichen höchsten) usw.

α-Regel (auch Hurwicz-Prinzip oder Optimism-Pessimism Rule): Diese Entscheidungsregel erlaubt eine Abwägung zwischen MaxiMin und MaxiMax. Definieren Sie einen Optimismusparameter α zwischen 0 (Pessimismus) und 1 (Optimismus). Gewichten Sie den höchsten Nutzenwert einer

Strategie mit α und den niedrigsten mit $1 - \alpha$ und berechnen Sie ihre gewichtete Summe. Wählen Sie die Strategie mit der höchsten Summe.
Principle of Insufficient Reason: Nehmen Sie alle Situationen als gleich wahrscheinlich an und berechnen Sie hiervon ausgehend den hypothetischen Erwartungsnutzen, um diesen zu maximieren.

LexiMin rät in Bsp. 5.4 zu Strategie 2, da hier der niedrigste Wert (30% in Weltzustand 2) höher liegt als der von Strategie 3 oder 4 (20% bzw. 10% in Weltzustand 3). LexiMax vergleicht zunächst die höchsten Werte der Strategien, womit sich ein Gleichstand zwischen Strategie 3 und 4 ergibt. Nur bei diesen beiden kommt es dann zum Vergleich der zweithöchsten Payoffs und infolgedessen zur Wahl von Strategie 4. Für das Hurwicz-Prinzip ergeben sich die Terme $\alpha * 50\% + (1 - \alpha) * 30\%$ für Strategie 2, $\alpha * 60\% + (1 - \alpha) * 20\%$ für Strategie 3 und $\alpha * 60\% + (1 - \alpha) * 10\%$ für Strategie 4. Hier könnten Sie einerseits ein spezifisches einsetzen oder generelle Überlegungen dazu anstellen, mit welchem Level an Optimismus welche Entscheidung getroffen werden sollte. Dabei würden Sie feststellen, dass Strategie 3 für jedes $\alpha < 1$ höhere Werte liefert als Strategie 4, da bei gleichen höchsten Payoffs der niedrigste Payoff von 3 höher als der von 4 ist. Um herauszufinden, wann Strategie 2 bzw. Strategie 3 gewählt würde, können wir deren Terme einfach gleichsetzen und dann nach α auflösen: $\alpha * 50\% + (1 - \alpha) * 30\% = \alpha * 60\% + (1 - \alpha) * 20\%$. Damit liegt der Schwellenwert bei $\alpha^* = 0{,}5$. Für $\alpha > 0{,}5$ liegen die Payoffs von Strategie 3 (rechte Seite) höher als die von Strategie 2, und die Regel rät also zu Strategie 3. Für niedrigere α ist es umgekehrt.

Wie das Beispiel zeigt, gibt es für Entscheidungen unter Unsicherheit keine klare Handlungsempfehlung. Unterschiedliche normative Strategieempfehlungen können sich durchaus aus einer identischen Beschreibung der Situation (inklusive Nutzenwerte) ergeben, wenn beispielsweise die Risikobereitschaft unterschiedlich ausgeprägt ist und zugleich auf unterschiedliche Entscheidungsstrategien zurückgegriffen wird. Trotzdem erlauben die Entscheidungsregeln eine strukturierte Analyse der Situation. Darüber hinaus können Sie mit einer solchen Analyse überlegen, welche normativen Annahmen ein Akteur wohl für angemessen hält, wenn er eine bestimmte Strategiewahl in einer – so wie oben skizziert – beschreibbaren Entscheidungssituation getroffen hat. Schwieriger wird es allerdings, wenn sich die Unsicherheit auch darauf erstreckt, welche erwarteten Payoffs sich aus bestimmten Kombinationen von Weltzuständen und Payoffs ergeben (das würde technisch bedeuten, dass einzelne Werte einzelner Zellen in der Tabelle unbekannt wären). oder gar, welche Weltzustände überhaupt möglich sind (in dem Fall wären manche Spalten der Tabelle gänzlich

Unsicherheit über Payoffs und mögliche Weltzustände

unbekannt). Dann können die Regeln lediglich provisorisch auf die bekannten Payoffs angewandt werden. Eine mögliche Forschungsfrage, die sich daraus ergibt, wäre die Analyse von Schwellenwerten. Damit könnte man den hypothetischen Fall diskutieren, bis zu welcher Ausprägung einer Variable eine Strategie klar einer anderen vorgezogen würde.

5.2.6 Spieltheorie mit mehreren Akteuren

Bislang lag unser Fokus auf Entscheidungen einzelner Handelnder im Kontext einer Umwelt, die stabil ist – einer Umwelt also, die nicht direkt auf ihre Entscheidungen reagiert. Viele Entscheidungssituationen sind jedoch nicht so strukturiert, sondern geprägt durch die *Interaktion* mehrerer Handelnder: Grundlegend für solche Entscheidungssituationen ist es, dass das Ergebnis ihrer Entscheidungen nicht nur von ihren Entscheidungen, sondern auch von den Entscheidungen ihrer Interaktionspartner abhängt. Um Situationen dieser Art fassen zu können, sind zunächst einige grundlegende Definitionen notwendig, die hier am Beispiel von „Schere-Stein-Papier" erläutert werden.

Zentrale Grundbegriffe

Begriff	**Definition**	**Beispiel**
(Reine) Strategie	Plan eines Spielers, der für jede Entscheidungssituation dieses Spielers im Spiel die Verhaltensweise vorgibt	Bennie plant, Stein zu zeigen
Gemischte Strategie	Strategie, die statt einer konkreten Verhaltensweise vorgibt, den Zufall entscheiden zu lassen und etwa eine (möglicherweise gewichtete) Münze zu werfen, um zwischen zwei Optionen zu wählen	Mo würfelt heimlich und zeigt bei einer 1 Stein, bei einer 2 Schere und ansonsten Papier
Strategieprofil	Enthält für alle Spieler jeweils genau eine Strategie und bestimmt so den möglichen Verlauf des Spiels	Bennie zeigt Stein und Mo – seinem Würfelergebnis folgend – Papier
Outcome	Das Ergebnis eines Spiels, das sich aus der Ausführung eines bestimmten Strategieprofils ergibt	Mo gewinnt
Payoff	Folgen des Outcomes für die Spielenden, darstellbar in beliebiger Einheit wie z.B. Nutzen	Mo erhält einen Punkt, Bennie keinen

Greifen wir das oben eingeführte Beispiel des Wahlkampfs wieder auf. Hier wird jede Partei ihre Strategie auch abhängig von der Strategie der anderen Parteien festlegen: Einerseits versucht sie anderen Parteien, wo immer dies möglich ist, Stimmen wegzunehmen. Gleichzeitig ist sie andererseits bestrebt, den anderen Parteien selbst keine solche Möglichkeit zu bieten. Daher wird sich jede Partei für jede Strategie der anderen Parteien überlegen, wie ihre beste Antwort konzipiert ist. Zu welchem Ergebnis das Downs zufolge in einem Zweiparteiensystem führt, haben Sie bereits in Kap. 3.3 kennengelernt: Die Parteien nehmen die Position des Median-Wählers ein. Die Voraussetzung dafür ist natürlich, dass Partei 1 die Strategie der anderen Partei genau kennt. Wenn das auch die anderen Parteien tun, stellt sich ein sogenanntes Nash-Gleichgewicht ein.

Nash-Gleichgewicht

! Nash-Gleichgewicht: Strategieprofil, bei dem es für niemanden rational ist, einseitig eine andere Strategie zu wählen. Es maximieren also alle Spielenden ihren Nutzen gegeben die Handlungen der anderen Spielenden. Jedes (finite) Spiel hat mindestens ein Nash-Gleichgewicht. Dieses kann jedoch auch als gemischte Strategie vorliegen.

In manchen Fällen findet die Partei eine Wahlkampfstrategie, die auf jede rationale Strategie der anderen Parteien die beste Antwort liefert. Hier kommt die bereits von oben bekannte Überlegung zu Dominanz erneut zum Tragen, indem ein Gleichgewicht in dominanten Strategien ermittelt wird.

! Gleichgewicht in dominanten Strategien: Strategieprofil, das sich ergibt, wenn für alle Spielenden iteriert dominierte Strategien eliminiert werden. Ein solches Gleichgewicht liegt nur dann vor, wenn nach der Elimination nur noch eine Strategie pro Spieler*in übrig bleibt. Daher gibt es entweder genau ein Gleichgewicht in dominanten Strategien oder gar keines.
Jedes Gleichgewicht in dominanten Strategien ist auch ein Nash-Gleichgewicht, aber nicht umgekehrt.

Darstellung von Spielen als Matrix

Schauen wir uns anhand eines Beispiels an, wie eine spieltheoretische Analyse funktioniert. Beschränken wir uns hierzu auf eine Situation mit zwei Spielenden, die ihre Strategien gleichzeitig wählen. Dann lassen sich die „Spiele“ analog zur für Bsp. 5.4 eingeführter Tabelle als Auszahlungsmatrix darstellen. Die Entscheiderin wird zur Zeilenspielerin (Z) und die Umweltsituation wird ersetzt durch die Handlungsoptionen der Spaltenspielerin (S); in den Feldern der Matrix wird der Nutzen von Z (erster Wert) und S (zweiter Wert) notiert.

Bsp. 5.5: Wahlkampfstrategie zweier Parteien
Partei Z setzt vor allem auf Plakatwerbung und kann sich entscheiden, ob sie viele (Strategie V) oder wenige Plakate (Strategie W) klebt. Partei S hingegen konzentriert sich auf den Straßenwahlkampf und kann dabei ihre Wahlhelfenden an-

weisen, aktiv auf Menschen zuzugehen (Strategie A) oder eher passiv zu bleiben (Strategie P).

Im Fall vieler geklebter Plakate und einem offensiven Straßenwahlkampf (V, A) erhalten beide Parteien einige Stimmen, S jedoch etwas mehr. Entscheidet sich Partei S hingegen für ein passives Vorgehen, so erhält sie nur wenige Stimmen, aus denen sie keinen Nutzen ziehen kann (V, P). Wenn wenige Plakate geklebt werden, interessieren sich die Menschen nicht für die Wahl und sind von einem offensiven Straßenwahlkampf (W, A) genervt. Stellt sich Z mit wenigen Plakaten gegen einen passiven Straßenwahlkampf von S an (W, P), hat die Plakatwerbung etwas größeren Erfolg.

		Partei S	
		Aktiv	Passiv
Partei Z	Viele Plakate	1,2	1,0
	Wenige Plakate	0,0	2,1

Wie bereits erwähnt, befasst sich die Spieltheorie mit der Identifikation der besten Antworten auf die Strategien des Gegenübers. In der Matrix markieren wir uns hierfür zunächst, ob Partei Z, gegeben die Strategiewahl A von Partei S, besser V oder W spielen sollte. Dazu vergleicht man schlicht die Payoffs, die Z erhalten würde. Dabei gibt der erste Zahlenwert den Payoff für Spieler Z und der zweite den für Spieler S an: also für Spieler Z 1 bei (V, A) mit 0 bei (W, A). Entsprechend ist V die beste Antwort, die Partei Z auf A hat. Dies kann man als Merkhilfe in der Matrix markieren, etwa indem man die Auszahlung für Spieler Z unterstreicht. Auf die Strategie P von Partei S sollte Partei Z hingegen mit W antworten, weil der Payoff 2 (W, P) höher ist als 1 (V, P). Auch dies kann man wieder in der Matrix markieren. Es ist also keine Strategie von Partei Z in jedem Fall besser als die alternative Strategie, und damit liegt keine Dominanz vor. Dies erkennen Sie auch daran, dass sich die Markierungen für Spieler Z nicht in einer Zeile befinden. In gleicher Weise gehen wir für Partei S vor und erkennen, dass gegeben V die beste Antwort A lautet und gegeben W hingegen P. Hier würden sich die entsprechenden Markierungen für Spieler S nicht in einer Spalte befinden. Der Trick ist hier bei der Ermittlung der besten Antworten für die Zeilenspielerin innerhalb einer Spalte zu vergleichen und umgekehrt bei den Spaltenspieler innerhalb der Reihen.

Identifikation bester Antwortstrategien

Die Idee des Nash-Gleichgewichts als fehlendem Anreiz, einseitig von einem Strategieprofil abzuweichen, bedeutet konkret, dass dieses Profil beste Antworten – sprich Markierungen – für beide Spielende enthält. Im Beispiel sind das die Profile (V, A) und (W, P). Ein Nash-Gleichgewicht in reinen Strategien können Sie also unmittelbar aus der Matrix

Nash-Gleichgewichte in reinen Strategien

ablesen, wenn Sie die Markierungen wie oben besprochen vorgenommen haben.

Ein Gleichgewicht in gemischten Strategien kann dann nicht mehr grafisch identifiziert werden. Hier müssen die Wahrscheinlichkeiten, mit denen die Spielenden ihre jeweiligen reinen Strategien wählen, durch einfache Berechnungen ermittelt werden. Diese folgen ebenfalls dem Gedanken der besten Antworten: Sie suchen eine Strategie, die gegenüber allen möglichen Zügen des Gegenübers indifferent ist, weil sie den erwarteten Nutzen maximiert. Dies bedeutet, dass Ihre gemischte Strategie so ausgewogen ist, dass Ihr Gegenüber keinen Vorteil daraus ziehen kann, zu wissen, was Sie tun werden: Die Wahrscheinlichkeiten, mit denen Sie eine bestimmte Strategie umsetzen werden, führen dazu, dass der Erwartungsnutzen aller möglichen Antworten für Ihr Gegenüber gleich ist. Bei der Ermittlung der Strategie für Partei Z optimieren wir nun – und das mag etwas kontraintuitiv scheinen – nicht explizit die Antwortqualität von Z. Stattdessen suchen wir diejenige Mischung, auf die jede reine Strategie des Gegenübers (und folglich auch jede Mischung aus ihnen) eine gleich gute Antwort darstellt.

Nash-Gleichgewichte in gemischten Strategien

Hierzu greift man auf den Erwartungsnutzen zurück: Verschiedene Strategien sind genau dann gleich gute Antworten auf die Strategie eines Gegenübers, wenn ihr jeweiliger Erwartungsnutzen gleich hoch ist, etwa $EU_S(A) = EU_S(P)$, um in Bsp. 5.5 die Gleichgewichtsstrategie von Z zu ermitteln. Diese beiden Erwartungsnutzen kann man nun abhängig von den Wahrscheinlichkeiten, mit denen Z in der gemischten Strategie die reinen Strategien spielt, berechnen. Im Fall zweier Strategien lassen sie sich schlicht durch p für Strategie V und die Gegenwahrscheinlichkeit $1 - p$ für Strategie W ausdrücken, also zur Berechnung der Gleichgewichtsstrategie von Z in Bsp. 5.5: $EU_S(A) = p * 2 + (1 - p) * 0$ sowie $EU_S(P) = p * 0 + (1 - p) * 1$. Diese beiden setzt man einfach in $EU_S(A) = EU_S(P)$ ein und erhält damit $p * 2 = (1 - p) * 1$. Nun wird einfach nach p aufgelöst wodurch sich $3p = 1$ ergibt und somit die Gleichgewichtswahrscheinlichkeit $p^* = \frac{1}{3}$. Z würde im Gleichgewicht also zufällig zwischen V (Wahrscheinlichkeit $\frac{1}{3}$) und W (Wahrscheinlichkeit $\frac{2}{3}$) wählen. Praktisch könnte man sich vorstellen, dass die Partei eine PRAgentur beauftragt, die in der Vergangenheit in zwei von drei vergleichbaren Fällen mit wenigen Plakaten gearbeitet hat.

Für S gehen wir analog vor und halten nun Z indifferent zwischen den reinen Strategien und jeder Mischung aus ihnen: $EU_Z(V) = EU_Z(W)$ sowie $EU_Z(V) = q * 1 + (1 - q) * 1$ und $EU_Z(W) = q * 0 + (1 - q) * 2$. Daraus ergibt sich $q + 1 - q = 2 - 2$ und nach q aufgelöst $q^* = \frac{1}{2}$.Dadurch, dass die Gleichgewichtsstrategie außer den dominierten alle reinen und gemischten Strategien des Gegenübers zu gleich guten Antworten macht, ist natürlich auch die Gleichgewichtsmischung des Gegenübers eine solche beste Antwort, wodurch sich ein Nash-Gleichgewicht als wechselseitige beste Antwort ergibt. Würde eine Seite auf die gemischte Gleichgewichtsstrategie aber nicht mit der eigenen Gleichgewichtsstrategie antworten, könnte das Gegenüber dies, wie oben angesprochen, ausnutzen, indem es selbst vom Gleichgewicht abweicht. Das Strategieprofil wird unter Angabe der Wahrscheinlichkeiten für die reinen Strategien notiert: $\big((p^*, 1 - p^*), (q^*, 1 - q^*)\big)$, im Beispiel $\big((\frac{1}{3}, \frac{2}{3}), (\frac{1}{2}, \frac{1}{2})\big)$.

Herausforderung durch mehrere Gleichgewichte

Nash-Gleichgewichte zeigen an, welche Strategieprofile sich aus individuell rationalen Handlungen der Spielenden innerhalb des Spiels ergeben können. Wenn mehrere Gleichgewichte existieren, ist nicht immer klar, welches Gleichgewicht tatsächlich realisiert wird bzw. ob Z und S jeweils die gleiche Gleichgewichtsstrategie wählen. Dies ist besonders relevant, wenn manche Outcomes für einzelne Spielende oder in der Gesamtbetrachtung eher wünschenswert sind als andere. Entscheidet sich Z beispielsweise mit Blick auf (W, P) für W und S mit Blick auf (V, O) für O, ergibt sich das Strategieprofil (W, O), das für beide die niedrigsten Payoffs bringt. Um zu beurteilen, welche Payoff-Kombinationen wie wünschenswert sind, lassen sich *Effizienzkriterien* heranziehen.

Effizienzkriterien

!

Pareto-Effizienz eines Outcomes, das dann Paretooptimum heißt: Ein Outcome in einem Spiel ist genau dann Pareto-effizient, wenn jedes andere Outcome, das für Z einen höheren Payoff bedeutet, für S einen niedrigeren Payoff bedeutet und umgekehrt. Einfach gesagt: Es ist nicht möglich, jemanden besser zu stellen, ohne dadurch jemand anderen schlechter zu stellen.
Hintergrundgedanke dieses Kriteriums ist die allgemeine Zustimmungsfähigkeit eines Outcomes. Unter bestimmten Bedingungen kann es zudem zur Beurteilung der Fairness einer Verteilung genutzt werden.
Kaldor-Hicks-Effizienz eines Outcomes: Es ist nicht möglich, jemanden besser zu stellen, ohne dadurch jemand anderen *in mindestens so großem Maße* schlechter zu stellen. Diese Beurteilung erfordert die interpersonale, kardinale Vergleichbarkeit von Payoffs und Nutzen.
Kaldor-Hicks-Optima maximieren das gesamtgesellschaftliche Wohl oder auch den Gesamtnutzen. Ein Outcome in einem Spiel ist genau dann Kaldor-Hicks-effizient, wenn es die höchste Summe an Payoffs von Z und S bringt. Dies muss nicht bedeuten, dass es für Z oder S zwangsläufig individuell optimal ist.
Beide Effizienzkriterien lassen sich natürlich auf beliebig viele Spielende anwenden. Außerdem kann es mehrere effiziente Outcomes geben. Jedes Kaldor-Hicks-Optimum ist zugleich ein Paretooptimum.

Im dargestellten Beispiel fallen Pareto-Effizienz und Kaldor-Hicks-Effizienz zusammen. Sowohl (V, O) als auch (W, P) führen zu Pareto-effizienten Outcomes. Denn bei den Payoffs (1,2) könnte man Z nur in (2,1) besser stellen, wodurch aber zugleich S schlechter gestellt würde – und umgekehrt. Bei (1,0) lässt sich hingegen eine Verbesserung für S (1,2) oder sogar beide (2,1) erzielen, ebenso bei (0,0). Dieses Gleichgewicht wäre damit weder für Z noch S anzustreben. Über die beiden anderen Gleichgewichte lässt sich hingegen nicht unmittelbar etwas sagen.

Spielanalyse in der Studienarbeit

Wenn Sie ein Spiel in Ihrer Arbeit analysieren, sollten Sie zunächst die formale Untersuchung durchführen und deren Ergebnisse darstellen. Darauf aufbauend können Sie dann die infrage kommenden Gleichgewichte weiter charakterisieren und (ggf. unter Rückgriff auf die Situation) erläutern, welches sich wahrscheinlicher ergeben wird. Sie finden in der Literatur dazu weitere Konzepte wie Trembling-Hand-Perfectness (Selten 1975), aber oft reicht schon ein pragmatischer Blick. Im Beispiel könnte etwa Z eindeutig signalisieren, wenige Plakate kleben zu wollen (z.B. durch entsprechend sparsame Druckaufträge) und damit S zum passiven Straßenwahlkampf drängen, was angesichts des Settings plausibel erscheint, obschon das Eintreten dieses Szenarios nicht gesichert ist. Die eigentliche Entscheidung für eine Strategie treffen nämlich beide, ohne die endgültige Entscheidung des Gegenübers zu kennen. Diese Annahme liegt der Matrixdarstellung und aller in ihrem Kontext angestellten Überlegungen zugrunde. Plastisch kann man sich die Entscheidungen so vorstellen, als müssten sie wie bei Schere-Stein-Papier gleichzeitig getroffen werden. Daher müssen die Spielenden in diesem Spiel ihre Strategie wählen (Schere, Stein oder Papier), ohne Kenntnis, was das Gegenüber tun wird.27 Damit handelt es sich um eine Entscheidungssituation, die von Unsicherheit geprägt ist. Doch auch jeder andere Faktor, der das Wissen um die Entscheidung des Gegenübers einschränkt, ist denkbar. Dies könnte beispielsweise durch asynchrone Kommunikation oder auch durch die bewusste Verschleierung von Spielzügen verursacht sein. Für Entscheidungen, die in Kenntnis der Entscheidung des Gegenübers getroffen werden, stellt man Spiele in sogenannter Baumform dar. Beispiele dafür finden Sie im Onlineanhang (https://www.utb.de/doi/suppl/10.36198/9783838561820).

Gleichzeitigkeit der dargestellten Entscheidungen

Baumdarstellung von Spielen

Nachfolgend betrachten wir fünf Typen von Spielen, die häufig für die spieltheoretische Rekonstruktion von Entscheidungssituationen

27 Versuchen Sie doch mal, Schere-Stein-Papier zu formalisieren (siehe auch Behnke 2020, 79 f.). Beachten Sie, dass die Auszahlungsmatrix in diesem Fall drei Spalten und drei Zeilen umfasst. In jedem der 9 möglichen Felder notieren Sie, ob diese Strategiekombination zu einem Gewinn von S oder von Z oder zu einem Unentschieden führt. Sie können Gewinn beispielsweise mit 1, Verlust mit -1 und die Auszahlung bei Unentschieden mit 0 darstellen.

Standardspiele

herangezogen werden. Diese Spiele sind über ihre Payoffs definiert, d.h. sie unterscheiden sich dahingehend, dass die Spielenden jeweils eine bestimmte Präferenzordnung über die Outcomes haben: Bei Stag Hunt z.B. zieht Z oben links, unten links und unten rechts (gleichrangig) vor und oben rechts steht am Ende der Präferenzordnung. Es zählt hier die Reihenfolge der Payoffs und nicht ihre absolute Höhe. Die Namen leiten sich häufig aus den Beispielen ab, mit denen die Spiele ursprünglich eingeführt wurden, die wir hier jedoch nicht betrachten. Stattdessen wollen wir den Fokus auf Anwendungsfälle aus der Politischen Theorie legen.

Bsp. 5.6: Standardspiele

Stag Hunt

		Spaltenspieler*in	
		L	R
Zeilen-spieler*in	O	**3,3** *	0,1
	U	1,0	1,1 *

Battle of the Sexes

		Spaltenspieler*in	
		L	R
Zeilen-spieler*in	O	**3,1** *	0,0
	U	0,0	**1,3** *

Gefangenendilemma

		Spaltenspieler*in	
		L	R
Zeilen-spieler*in	O	**3,3** *	**0,5**
	U	**5,0**	1,1 *

Chicken Game

		Spaltenspieler*in	
		L	R
Zeilen-spieler*in	O	**3,3** *	**2,4** *
	U	**4,2** *	0,0

Constant Sum Game

		Spaltenspieler*in	
		L	R
Zeilen-spieler*in	O	**1,1** *	**2,0**
	U	**0,2**	**1,1**

Legende:
Dominante Strategie
* Outcome ergibt sich aus einem Nash-Gleichgewicht
Paretooptimum

Der Gedanke der entscheidungs- und spieltheoretischen Darstellung und Analyse kann analog zur formalen Rekonstruktion und Evaluation von Argumenten in Kapitel 4 verstanden werden: Sie stellt ein Werkzeug dar, das unabhängig von der konkret zu analysierenden Situation abstrakt-technisch angewandt wird und dennoch Erkenntnisse zum Einzelfall liefern kann. Damit dies gelingt, muss der Einzelfall jedoch treffend in einem

Spiel repräsentiert werden – und das ist oft die Schwierigkeit, besonders wenn sich plausibel für verschiedene Darstellungen argumentieren lässt.

Bsp. 5.7: Beispielhafte Fragestellungen der Politischen Theorie für die spieltheoretische Analyse

1. Unter welchen Umständen gelingt politische Kooperation zwischen Gemeinden?
2. Wie kommt es zu handelspolitischer oder militärischer Eskalation zwischen Staaten, und wie lässt sie sich verhindern?
3. Wie positionieren sich Parteien inhaltlich?

Die erste Forschungsfrage zielt auf einen Kernaspekt spieltheoretischer Überlegungen ab: Diese betrachten oft Situationen, in denen es eine Spannung aus Kooperation bzw. Koordination und Konflikt gibt. Lassen Sie uns konkret einen Blick darauf werfen, nach welchen Maßgaben zwei benachbarte Gemeinden neue Gewerbeflächen ausweisen.

Stag Hunt

Sie können sich entweder für eine gemeinsame große Gewerbefläche (Strategien O und L), die mehr und größere Firmen anziehen würde oder für jeweils eine eigene, separate Gewerbefläche auf dem eigenen Gemeindegrund (Strategien U und R) entscheiden. Es existiert in diesem als *Stag Hunt* bezeichneten Spiel keine dominante Strategie für die Akteure. Das bedeutet, dass keine der Strategien immer vorteilhaft ist, unabhängig von der Strategiewahl des Gegenübers. Allerdings gibt es zwei Nash-Gleichgewichte in reinen Strategien: Eines, in dem beide Gemeinden kooperieren (O, L), resultiert im höchsten gemeinsamen Nutzen sowohl insgesamt als auch für jede Gemeinde für sich. Dieses Gleichgewicht ist damit auch Pareto- sowie Kaldor-Hicks-effizient. Das andere Gleichgewicht, in dem beide Gemeinden individuell handeln (U, R), wodurch sie allerdings nur einen deutlich kleineren Nutzen erzielen. Zudem gibt es ein Nash-Gleichgewicht in gemischten Strategien, bei dem sich beide zu einem Drittel für das gemeinsame Projekt entscheiden $\left((\frac{1}{3}, \frac{2}{3}), (\frac{1}{3}, \frac{2}{3})\right)$. Im konkreten Fall könnte Z die Entscheidung z.B. einem Fachreferat übertragen, das bekanntermaßen mit Wahrscheinlichkeit $\frac{1}{3}$ das gemeinsame Gewerbegebiet favorisiert, oder auch ein Ratsbegehren starten, wenn Umfragen, der Zustimmung zum gemeinsamen Gebiet diese Siegeschance vorhersagen. Kein Gleichgewicht stellen die beiden asymmetrischen Situationen dar, in denen jeweils die Gemeinde, die eine Kooperation versucht, leer ausgeht. Die Herausforderung in diesem Spiel ist nun, die Kooperation verlässlich zu koordinieren. Aufgrund ihres hohen Nutzens liegt dies jedoch im Interesse beider Gemeinden und daher sollte zu erwarten sein, dass es den Gemeinden gelingt, sich entsprechend zu koordinieren. Es zeigt sich aber schon hier, dass die Erwartungen über das Verhalten des Gegenübers die Entscheidungen beeinflussen.

Battle of the Sexes

Stellen Sie sich nun eine leichte Variation dieses Szenarios vor. Vielleicht fallen die Wunschergebnisse der Gemeinden nicht komplett zusammen. Dies lässt sich als *Battle of the Sexes* modellieren. Die Option O bzw. L bedeutet die Wahl des von Gemeinde Z bevorzugten Standortes, während der durch U bzw. R bezeichnete Standort die beste Option für Gemeinde S beschreibt. Verfolgen die Gemeinden jedoch unterschiedliche Standorte weiter, scheitern ihre gewerbepolitischen Vorhaben völlig. Die Gemeinden profitieren also in jedem Fall, wenn es ihnen gelingt, sich zu koordinieren. Wie beim Stag Hunt gibt es auch hier keine dominante Strategie für die Beteiligten. Es gibt drei Nash-Gleichgewichte: (O, L), bei dem Gemeinde Z ihren bevorzugten Standort wählt, (U, R), bei dem Gemeinde S ihren bevorzugten Standort wählt, sowie die Mischung $\left((\frac{3}{4}, \frac{1}{4}), (\frac{1}{4}, \frac{3}{4})\right)$. In dieser halten Z und S einander indifferent zwischen den reinen Strategien, indem sie die reine Strategie, die das für das Gegenüber attraktivere Ergebnis ermöglichen würde, mit kleinerer Wahrscheinlichkeit wählen. Beide Gleichgewichte in reinen Strategien sind Pareto-effizient. Um eines dieser effizienten Gleichgewichte zu erreichen, ist allerdings das Finden eines Kompromisses notwendig. Dafür muss man über die Analyse der Auszahlungsmatrix hinausgehen. Ein so zu findender Kompromiss kann in einer vorherigen Verhandlung bestimmt werden, die dadurch gekennzeichnet wäre, dass zwar beide Spieler bereit wären zurückzustecken, dies aber gleichzeitig eigentlich vermeiden wollen.

Gefangenendilemma

Noch deutlicher wird die Spannung zwischen Kooperation und Eigeninteresse, wenn Kooperation für die Gemeinden nicht die in jedem Fall ideale Option darstellt. Eine solche Konstellation findet sich in Spielen, die *Gefangenendilemma* genannt werden. Im Beispiel unserer Kommunen finden wir diese Situation etwa, wenn wir die Festlegung des Gewerbesteuersatzes zwischen den Gemeinden betrachten. Spieler Z und S haben die Wahl, entweder einen niedrigen Steuersatz (Strategie U bzw. R) zu wählen, um attraktiver für Unternehmen zu sein, oder einen hohen Steuersatz (Strategie O bzw. L) beizubehalten. Entscheidet sich eine Gemeinde, ihren Steuersatz zu senken, während die andere bei einem hohen Steuersatz bleibt, zieht die Gemeinde mit dem niedrigeren Satz Unternehmen auf Kosten der anderen an und erzielt höhere Einnahmen. Wenn allerdings beide Gemeinden den Steuersatz senken (U, R) bleiben sie relativ gesehen gleich attraktiv, jedoch bei geringen Steuereinnahmen. Nur wenn beide Gemeinden kooperieren und einen hohen Steuersatz beibehalten (O, L), profitieren sie von stabilen Einnahmen und vermeiden einen Unterbietungswettbewerb, was als einziges Outcome Kaldor-Hicks-effizient wäre. Nichtsdestotrotz ist es für beide Gemeinden die dominante Strategie, nicht zu kooperieren, sondern stattdessen zu defektieren, indem sie den Steuersatz senken: Wenn das Gegenüber kooperiert, kann man sich auf dessen Kosten bereichern; und falls das Gegenüber defektiert, vermeidet man zumindest, selbst ausgebeutet zu werden. Wählen beide die dominante Strategie, ergibt sich also das einzige Outcome, das nicht Pareto-effizient ist. Diese Repräsentation illustriert die Herausforderungen der Kommunalpolitik, bei der das Eigeninteresse der Gemeinden oft im Widerspruch zum aggregierten Wohl der beiden steht. Teils können solche Probleme überwunden werden, indem zwischen den Akteuren durch wiederholte Interaktion Vertrauen aufgebaut wird. Dann kann es rationalen Akteuren auch gelingen, sich in Situationen ähnlich dem Gefangenendilemma gegenseitig auf Kooperation zu verständigen. Allerdings erfordert eine solche Möglichkeit ein mehrmaliges Aufeinandertreffen, und es stellt sich damit die Frage, inwieweit die Handlungssituation noch zutreffend als Gefangenendilemma beschrieben werden kann.

Wahl der Spielform ist zentral für die Analyse

Im Vergleich der drei Spiele stellen wir fest, dass Kooperation zwischen Kommunen von den jeweiligen Charakteristika der Spielsituation und dem Umgang der Beteiligten mit diesen abhängt: Da beim Stag Hunt Kooperation für alle uneingeschränkt der sinnvollste Weg ist, müssen die Kommunen einander lediglich zutrauen, dies auch zu erkennen. Sobald jedoch zusätzlich Konflikt eine Rolle spielt und unilaterale Defektion vorteilhaft wäre, erfordert das Erreichen eines insgesamt optimalen Ergebnisses vertrauensbildende Maßnahmen außerhalb des eigentlichen Spielkontextes, die Sie in einer Studienarbeit entsprechend diskutieren könnten.

Chicken Game

Mit unserem nächsten Spiel wenden wir uns nun ab von der Betrachtung der beiden Gemeinden und fokussieren auf die internationale Ebene, insbesondere auf die Gefahr von militärischer oder handelspolitischer Eskalation zwischen Staaten. Hierfür bietet sich das *Chicken Game* (Feiglingsspiel) an. Hier haben die Staaten Z und S die Wahl, entweder zu eskalieren (Strategien U bzw. R) oder sich zurückzuhalten (Strategie O bzw. L). Wenn beide Staaten nachgeben (O, L), vermeiden sie einen Konflikt, was zu einem stabilen, aber möglicherweise individuell unbefriedigenden Ergebnis führt, während das einseitige Nachgeben eines Spielers (O, R oder U, L) einen Verlust an Einfluss oder Sicherheit zu Gunsten des anderen Spielers nach sich zieht. Eine wechselseitige Eskalation (U, R) bedeutet eine schwerwiegende Konfrontation. Wie schwer diese ausfällt, lässt sich in den Payoffs abbilden, die Sie in Ihrer Arbeit über empirische Plausibilisierungen beispielsweise aus dem Forschungsstand begründen könnten: Der hier gewählte Wert von 0,0 wäre wohl eher im Kontext eines Handelskrieges mit wechselseitigen

Strafzöllen plausibel, in der Sonderform des sogenannten *Nuclear Chicken*, also der Gefahr eines Atomkriegs, würde man wohl eher auf stark negative Werte setzen. An der strukturellen Analyse ändert sich hierdurch jedoch nichts. Allerdings würden sich die Wahrscheinlichkeiten im Nash-Gleichgewicht in gemischten Strategien verschieben.

Im Gegensatz zum Gefangenendilemma, bei dem die dominante Strategie Konfrontation ist, gibt es im Chicken Game keine dominante Strategie. Die Nash-Gleichgewichte in reinen Strategien befinden sich in den asymmetrischen Strategien: Gegeben eine Eskalation des Gegenübers würden die Staaten lieber zurückstecken, um einen großen Konflikt zu vermeiden. Wenn sich jedoch der Mitspieler zurückhält, dann wäre es vorteilhaft, diese Passivität durch eigene Eskalation auszunutzen. Pareto-effizient sind nämlich in dieser Darstellung alle Outcomes außer dem wechselseitig eskalierten Konflikt. Allerdings unterscheidet sich in diesen Pareto-effizienten Feldern, wie sich die optimale Gesamtsumme verteilt. Dass in diesem Fall Deeskalation möglich ist, zeigt sich in dem Nash-Gleichgewicht in gemischten Strategien, in dem sich beide mit einer Wahrscheinlichkeit von zurückhalten.

Constant Sum Games

Nach der Betrachtung internationaler Beziehungen und kommunaler Politik wenden wir uns nun den *Constant Sum Games* zu. Diese Bezeichnung bezieht sich nicht auf ein konkretes Spiel, sondern auf eine ganze Familie von Spielen, bei denen – wie der Name schon sagt – die Summe der Payoffs bei jedem Outcome (in jedem Feld) identisch ist. Jeder Gewinn von Z ist also unmittelbar ein Verlust von S und umgekehrt, was in der häufigen Darstellungsform als *Zero Sum Games* noch deutlicher wird. Die hier präsentierte Spielform ließe sich durch einfaches hälftiges Abziehen der Payoffsumme von den einzelnen Payoffs in ein Zero Sum Game transformieren. Dadurch ergibt sich keine strukturelle Änderung des Spiels und entsprechend ändert sich auch die Analyse nicht. Daher sind in einem Constant Sum Game immer alle Outcomes Pareto-effizient. Die weitere Analyse hängt jedoch von der Aufteilung der Payoffs im spezifischen Spiel ab. Diese Familie passt beispielsweise auf manche Situationen des inhaltlichen Parteienwettbewerbs. Denn der Gewinn einer Partei geht zu Lasten der anderen. Lassen sich Positionen in einer einzigen Dimension darstellen, dann erinnert die Dynamik dieses Wettbewerbs an das Ihnen bekannte Median Voter Theorem von Downs (vgl. Kap. 3.3.2). Wir gehen hier jedoch davon aus, dass die durch Z und S repräsentierten Parteien jeweils unterschiedliche Programmschwerpunkte setzen können. Z sei eine Partei, die sich entweder auf höhere Unternehmenssteuern (Strategie O) oder eine Kindergeldsteigerung (Strategie U) konzentrieren, während die andere Partei S die Wahl zwischen einer Bildungsreform (Strategie L) und niedrigeren Einkommenssteuern (Strategie R) hat.

Zero Sum Game als Sonderform

Parteienwettbewerb als Constant Sum Game

Parteienwettbewerb als Constant Sum Game An diesem Beispiel erkennen Sie auch, dass die den Spielenden zur Verfügung stehenden Strategien keinesfalls immer identisch sein müssen. Fordert Z die Unternehmenssteuererhöhung und S die Bildungsreform (O, L), sprechen sie eine unterschiedliche Wählendenklientel an und teilen sich das Stimmenpotenzial auf. Gleiches gilt für einen Kindergeldfokus durch Z und eine Agenda zur Einkommenssteuersenkung von S (U, R). Machen jedoch beide steuerpolitische Vorschläge (O, R), dann kommt der von Z besser an. Umgekehrt ziehen die Wähler*innen eine Bildungsreform einer Kindergeldsteigerung (Strategieprofil U, L) vor. Die Analyse zeigt, dass für Z die Strategie O dominant ist und für S die Strategie L, da die Parteien sich damit jeweils einen Payoff von 1 garantieren und die Chance auf 2 wahren, wobei es zu letzterem Ergebnis bei wechselseitiger Rationalität nicht kommen wird.

5.3 Kritik an RCT und ihrem Wert für die Politische Theorie

Sie fragen sich vielleicht, was man mit diesen entscheidungs- und spieltheoretischen Instrumenten nun anfangen kann. Und in der Tat wird das Leistungsvermögen dieser Instrumente durchaus kritisch diskutiert.

5.3.1 Kanonische Kritik an RCT

Mangelnde empirische Adäquatheit

Häufig findet sich in der Literatur die Kritik, dass RCT empirisch nicht adäquat seien, da Menschen sich eben nicht immer rational verhalten (Green und Shapiro 1994; Bunge 1995). RCT sollten daher nicht für die Erklärung sozialer Phänomene verwendet werden. Hier lohnt sich ein genauer Blick darauf, was diese Kritik exakt impliziert. Offensichtlich nimmt sie ihren Ausgangspunkt in der Auseinandersetzung mit dem sozialwissenschaftlichen Erklärungsbegriff und stellt infrage, inwieweit RCT ein geeignetes Instrument zur Formulierung gehaltvoller Erklärungen sozialer und politischer Phänomene abgibt. Damit handelt es sich um eine Verwendungsweise von RCT, die nicht genuin theoretisch ist. Dennoch wollen wir an dieser Stelle diese Kritik kurz darstellen.

Egoistische Motive

Der Vorwurf, dass RCT empirisch nicht adäquat seien, kann zweierlei bedeuten: Er kann sich erstens auf die Annahme der Eigennutzenmaximierung beziehen. Eigennutzmaximierung wird in diesem Kontext häufig gleichgesetzt mit der Maximierung materieller Interessen. Dementsprechend lautet die Kritik, dass die Zuschreibung eigennütziger Motive für alle Akteure empirisch unangemessen sei. Dies ist sicherlich zutreffend. Menschen sind keineswegs immer in diesem Sinne egoistisch motiviert (siehe Kap. 5.2.1). Allerdings ist dies keine Annahme, die man im Rahmen von RCT treffen muss.

Wie oben gezeigt, ist die Annahme der Nutzenmaximierung lediglich formal bestimmt und inhaltlich offen.[28] Was Menschen als Zieldimension ihres Handelns maximieren, ist nicht im Rahmen der RCT zu klären, sondern eine empirische Frage. Diese Kritik beruht daher auf einem Missverständnis. Es wird fälschlicherweise angenommen, dass sich die Rationalitätsannahme auf die Wahl der Ziele bezieht und nicht auf die Wahl der Mittel.

Irrationale Entscheidungen

Die Kritik kann jedoch auch anders gelesen werden. Wenn sie darauf abzielt, dass Menschen sich bei der Wahl ihrer Mittel nicht immer rational verhalten, trifft sie einen substantiellen Punkt. Tatsächlich scheint die Annahme, dass Akteure bei ihren Handlungen immer nutzenmaximierend agieren, sehr voraussetzungsvoll. Im Rahmen der RCT finden sich zwei unterschiedliche Reaktionen auf diese Kritik: Zum einen wird zugestanden, dass es Situationen gibt, in denen Akteure nicht rational zwischen Handlungsalternativen entscheiden. Dies sind Situationen, die spezielle Eigenschaften aufweisen. Um diese genauer zu spezifizieren, wird auf die Unterscheidung zwischen Hoch- und Niedrigkostensituationen zurückgegriffen. Demnach agieren Akteure in Hochkostensituationen so, wie es die RCT beschreiben. In Niedrigkostensituationen dagegen greifen sie auf Routinen zurück und verhalten sich beispielsweise entsprechend erlernter Muster (Esser 1999; Kroneberg 2014; Mensch 2000; Kahneman 2017). Inwieweit diesen unterschiedlichen Entscheidungsmodi eine Meta-Entscheidung vorangestellt ist, bei der die Akteure sich bewusst für einen dieser Entscheidungsmodi entscheiden, wird im Rahmen der Theorie kritisch diskutiert und ist eine offene Frage.

Hoch- vs. Niedrigkostensituationen

In der Literatur findet sich auch eine andere Reaktion auf die vorgebrachte Kritik. Dafür kann auf Überlegungen von Herbert Simon zurückgegriffen werden (Simon 1955; 1959). Dieser argumentierte, dass Akteure nicht immer nutzenmaximierend agieren, sondern in manchen Situationen auf Heuristiken zurückgreifen und die erstbeste Handlungsalternative wählen, die eine Lösung für die Handlungssituation verspricht. Demnach sollte der Entscheidungsmodus in solchen Situationen nicht als nutzenmaximierend, sondern als *satisficing* beschrieben werden: Man strebt also keineswegs immer die beste Lösung an, sondern einfach eine, die gut genug ist.

Satisficing

Insgesamt wird in der Auseinandersetzung mit dieser Kritik deutlich, dass für die Erklärung (im Sinne des HO-Schemas) von sozialen und politischen Phänomenen das klassische entscheidungs- und spieltheoretische Instrumentarium zu limitiert ist, und stattdessen auf so-

28 Dasselbe gilt für eine normative statt deskriptive Verwendung der Entscheidungstheorie. Ein Beispiel für eine nuancierte entscheidungstheoretische Formalisierung von Moraltheorien bieten etwa Dietrich und List (2017).

zialpsychologische Erweiterungen klassischer RCT zurückgegriffen werden sollte. Dies bedeutet nicht, dass sich diese erweiterten Theorien außerhalb der Rational-Choice-Familie befinden, sofern sie die Kernannahmen der RCT teilen. Ein weiterer Kritikpunkt setzt an der Konzeption des Individuums im Rahmen der RCT an. Demnach seien Rational-Choice-basierte Erklärungen sozial blind (Archer und Tritter 2000, 15). Der Kritikpunkt zielt darauf ab, dass menschliches Handeln doch stark von sozialen Einflussfaktoren geprägt sei, die nicht angemessen im Rahmen der RCT erfasst werden könnten. Prinzipiell stimmt die Beobachtung, dass soziale Einflussfaktoren wie beispielsweise Normen bei der Erklärung individuellen Handelns berücksichtigt werden sollten.

RCT und das struktur-individualistische Erklärungsprogramm

Unzutreffend ist jedoch, dass diese Faktoren im Rahmen von RCT unberücksichtigt bleiben müssen. Stattdessen möchten wir an dieser Stelle an das in Kap. 3.3.2 eingeführte struktur-individualistische Erklärungsprogramm erinnern (Coleman 1994; Esser 1999): Demnach würden diese Faktoren im ersten Schritt des struktur-individualistischen Erklärungsprogramms ihren Platz haben. Über eine sorgfältige Formulierung von Brückenhypothesen können soziale Einflussfaktoren systematisch im Rahmen von Rational-Choice-basierten Erklärungen berücksichtigt werden (J. Marx und Tiefensee 2015a).

Beschränktheit auf Mikroebene

Die letzte wichtige Kritik an RCT bezieht sich auf deren Leistungsvermögen, soziale Explananda auf der Makroebene zu erklären. Ihr zufolge offeriere RCT eine plausible Theorie für die Analyse von Entscheidungsverhalten auf der Mikroebene. Gleichwohl gelingt es ihr nur in Ausnahmefällen, den komplexen Aggregationsprozess in den Griff zu bekommen, wie Handlungen auf der Mikroebene zu den eigentlich interessierenden Phänomenen auf der Makroebene führen (Opp 2014). Diese Kritik ist nicht vollständig abzuweisen. Gleichzeitig trifft sie auf weitaus mehr Theorien in den Sozialwissenschaften zu, da der Aggregationsprozess individueller Handlungen in aller Regel nicht explizit in sozialwissenschaftlichen Theorien erfasst wird (Greshoff 2012).

Unintendierte Handlungsfolgen

RCT haben jedoch auch ein Angebot für die Diskussion dieser Fragen. So weist erst die RCT-Perspektive beispielsweise auf das Phänomen der nicht-intendierten Folgen individuell rationalen Handelns hin (siehe auch die Diskussion von Olson in Kap. 3.3).

5.3.2 RCT als zentrales Element von How-Possibly-Erklärungen in der Politischen Theorie

Die oben genannten Kritikpunkte treffen die Verwendungsweise von RCT in der Politischen Theorie nur am Rande. Wie in Kap. 3.3.2 argumentiert, geht es in der Politischen Theorie nicht um die Formulierung von How-actually-Erklärungen, also Erklärungen im Sinne des HO-Schemas. Stattdessen sind wir in der politischen Theorie an How-Possibly-Erklärungen interessiert. Was heißt das nun für das Leistungsvermögen entscheidungs- und spieltheoretischer Instrumente in der Politischen Theorie? Grüne-Yanoff und Verreault-Julien (2021; Grüne-Yanoff 2009) führen eine Reihe von Vorzügen an, die How-Possibly-Erklärungen besitzen. Drei davon möchten wir an dieser Stelle noch einmal hervorheben (siehe auch Kap. 3.3.2):

Mehrwert von How-Possibly-Erklärungen

Erstens zeigen Erklärungen dieses Typs, welche Faktoren das untersuchte Phänomen hervorbringen könnten. Sie formulieren daher eine hypothetische Erklärung für ein Phänomen. Damit helfen How-Possibly-Erklärungen, mögliche Erklärungen zu identifizieren, wenn empirische Daten nicht zugänglich sind oder nur unzureichend zur Verfügung stehen. Inwieweit die in How-Possibly-Erklärungen identifizierten Faktoren empirisch tatsächlich vorhanden sind, ist eine davon getrennt zu diskutierende Frage.

Zweitens sind How-Possibly-Erklärungen nützlich, weil sie von heuristischem Wert sind. Sie können empirische Forschung anleiten, indem sie zeigen, was beispielsweise in problematischen Handlungskontexten aufgrund der materiellen Anreizstruktur zu erwarten ist, selbst wenn wir nicht wissen, welche spezifischen Motive Akteure in die Handlungssituation mit hineinbringen. Entscheidungs- und spieltheoretische Instrumente erlauben damit die Formulierung einer *Baseline*. Das empirische Puzzle besteht vor diesem Hintergrund darin zu erklären, wie und warum empirisch zu beobachtende Phänomene davon abweichen. How-Possibly-Erklärungen dienen daher auch dazu, erklärungsbedürftige Phänomene zu identifizieren und gezielter Fragen zu stellen.

Drittens lässt sich mit How-Possibly-Erklärungen testen, inwieweit Notwendigkeits- bzw. Unmöglichkeitsbehauptungen haltbar sind. Gemeint ist damit folgendes: Wenn etwa eine Theorie besagt, dass X notwendigerweise Y bedingt und mit Hilfe einer How-Possibly-Erklärung gezeigt werden kann, dass es eben doch möglich ist, sich eine Welt vorzustellen, in der X gegeben ist, aber Y nicht, dann liefert das Gründe, diese Behauptungen abzulehnen. So können Sie mit dem Gefangenendilemma zeigen, dass für die Erklärung kollektiv suboptimaler Ergebnisse eben nicht notwendigerweise von der Irrationalität der Individuen ausgegangen werden muss. Die Stärke der Gründe einer solchen Argumentation hängt natürlich davon ab, wie glaubwürdig das verwendete Modell ist. In diesem Sinne müssen auch How-Possibly-Erklärungen insofern Gütekriterien genügen, als dass sie zwar hypothetische, aber zumindest mögliche Modellannahmen formulieren (siehe auch Kap. 3.3).

5.3.3 Bedeutung spieltheoretischer Überlegungen

Besonders große Irritation ruft die Herangehensweise der Spieltheorie hervor, deren formale Analysen den oft mehrdimensionalen realen Entscheidungssituationen nicht gerecht zu werden scheint. Beispielsweise wählen Akteure doch häufig gar nicht die dominanten Strategien in Situationen, die einem Gefangenendilemma entsprechen. Stattdessen vertrauen sie ihrem Mitspieler oder folgen sozialen Normen, so dass sie in der Lage sind, das Pareto-optimale Kooperationsgleichgewicht zu realisieren. Die Erwiderung auf diese Kritik kann analog zu oben formuliert werden. Wenn soziale Einflussfaktoren wie Normen oder ein hohes interpersonelles Vertrauen für die Entscheidungen der Akteure relevant sind, dann sollten sie bei der Formulierung von Brückenhypothesen berücksichtigt werden, sofern man an der Erklärung konkreten Handelns interessiert ist. In diesem Fall wäre die Zuschreibung der impliziten Brückenhypothesen, die in die Struktur eines Gefangenendilemmas eingeschrieben sind, empirisch nicht zutreffend und müsste entsprechend modifiziert werden. Dies würde unter Umständen zu ganz anderen dominanten Strategien und Nash-Gleichgewichten führen.

Etablieren von Ausgangsvermutungen

Darüber hinaus geben uns spieltheoretische Analysen Hinweise darauf, welche Lösungen entscheidungstheoretischer Konfliktsituationen wir auf lange Sicht empirisch erwarten sollten. Beispielsweise dürfen wir für Koordinationsspiele auf lange Sicht erwarten, dass sich Institutionen herausbilden werden, um dauerhaft das Pareto-effiziente Ergebnis zu realisieren. Auch darf man vor dem Hintergrund spieltheoretischer Analysen davon ausgehen, dass sich in iterierten Interaktionen mit strategischer Interdependenz Handlungskombinationen einspielen werden, die als Nash-Gleichgewicht beschrieben werden können. Allerdings zeigt sich hier auch ein zentrales Problem. Wenn es mehrere Nash-Gleichgewichte in einem Spiel gibt, verrät uns die klassische Spieltheorie nichts darüber, welches Gleichgewicht empirisch realisiert wird. Auch kann es uns nicht die sozialen Mechanismen zeigen und damit nicht klären, auf welchem konkreten Weg solche Gleichgewichte ausgewählt werden. Für die Diskussion solcher Fragen empfiehlt es sich daher, auf ein anderes Instrument zurückzugreifen, nämlich agentenbasierte Computersimulationen. Diese werden wir im Folgenden vorstellen.

5.4 (Computer-)Simulation als Instrument der Positiven Politischen Theorie

Stellen Sie sich vor, Sie möchten untersuchen, wie sich Vertrauen in einer Gesellschaft entwickelt. Für die Modellierung greifen Sie auf das Gefangenendilemma zurück, das immer wieder zwischen zufällig ausgewählten Akteuren in einer Gruppe gespielt werden soll. Sie führen zwei unterschiedliche Akteurstypen ein: rationale Akteure, die sich so verhalten, wie Sie es aus der Diskussion des Gefangenendilemmas kennen, und Akteure, die bereit sind, einer Kooperationsnorm zu folgen, wenn sie erwarten, auf kooperationsbereite Akteure zu treffen. Sie möchten nun herausfinden, wie sich diese Erwartung der Kooperationsbereiten über mehrere Spieldurchläufe hinweg entwickelt und inwieweit sie von dem Mischungsverhältnis der beiden Typen in der untersuchten Gruppe abhängig ist (Klein und Marx 2018). Darüber hinaus haben Sie die Vermutung, dass es einen Unterschied machen könnte, wenn ihre Akteure in einer sozialen Netzwerkstruktur platziert werden. Wenn Sie an Fragen dieser Art interessiert sind, bietet sich der Einsatz von Computersimulationen an.

Typen von Simulationen

Computersimulationen in den Sozialwissenschaften bearbeiten ein breites Themenspektrum. Auf der einen Seite finden wir Simulationen, die mit Hilfe von Differentialgleichungen die Dynamik sozialer Systeme auf der Makroebene modellieren wollen (*system dynamics models*). Auf der anderen Seite stehen die agentenbasierten Simulationen (*agent-based computer simulations*), die ausgehend von der Modellierung individuellen Akteursverhaltens die interessierenden, sozialen Phänomene aus der Interaktion der Akteure entstehen lassen wollen (Gilbert und Troitzsch 2005). Insbesondere agentenbasierte Computersimulationen haben in den letzten Jahren an Popularität enorm gewonnen (Fischbach, Marx, und Weitzel 2021).

!

Definition agentenbasierter Modelle

Agentenbasierte Modelle (ABM) zur Erklärung sozialer und politischer Makrophänomene:
Die theoriebasierte Darstellung der dynamischen Interaktion individueller Akteure, die im Kontext von Computersimulationen auch Agenten genannt werden. Diese Agenten sind also die konstituierenden Einheiten solcher Modelle (Bonabeau 2002). Sie können Individuen, organisierte Gruppen, Unternehmen oder sogar Staaten repräsentieren.
Ihre zentrale Eigenschaft ist Handlungsfähigkeit (agency). Als Minimalvoraussetzungen für Agency sollten Agenten ihre Umgebung wahrnehmen können sowie die Fähigkeit zur Entscheidungsfindung und damit zu intentionalem Handeln haben. Diese beiden Voraussetzungen zusammen implizieren die Reaktion von Agenten auf das Verhalten der jeweils anderen und damit Interaktion in expliziter (z.B. Kommunikation) oder impliziter (z.B. Beobachtung) Form.
Die Muster und Dynamiken auf sozialer Ebene, deren Entstehung das Explanandum der Simulation darstellt, ergeben sich als Aggregate dieser Interaktion der Agenten auf Mikroebene. In der Simulation kann man

sehr kleinteilig Daten erheben und die den Effekten zugrundeliegenden Mechanismen entsprechend genau beschreiben.

In ihrer Erklärung von Makrophänomenen durch die Interaktion von Individuen folgen agentenbasierte Simulationen der Grundidee des strukturindividualistischen Erklärungsprogramms. Sie stellen damit ein Instrument dar, um die unter 5.4 angesprochenen Probleme des entscheidungstheoretischen Instrumentariums in den Griff zu bekommen. Mit Hilfe solcher Simulationen lassen sich große Populationen heterogener Akteure modellieren, deren Interaktionen im Zeitverlauf analysiert werden können. Auch können die Akteure mit einem reichhaltigen Entscheidungs- und Verhaltensrepertoir ausgestattet werden, das über die Möglichkeiten der bisher vorgestellten Instrumente der Entscheidungs- und Spieltheorie hinausreicht. Dies gilt vor allem auch für die Modellierung der *beliefs* der Akteure, die sich aufgrund von Erfahrungen, die die Agenten in Interaktionen machen, ändern können. Diese Lernprozesse, die häufig in entscheidungstheoretischen Analysen nur schwer zu modellieren sind oder gänzlich außen vor bleiben, rücken bei agentenbasierten Simulationen in den Fokus. Darüber hinaus ermöglichen Simulationen, beispielsweise in Fällen, in denen spieltheoretische Analysen eine Reihe von Gleichgewichten identifiziert haben, die Variablenbereiche oder Kombinationen von Variablen zu identifizieren, die systematisch zu einem bestimmten dieser Gleichgewichte führen.

ABM als dynamische Erweiterung spieltheoretischer Überlegungen

Lassen Sie uns kurz auf einige prominente Simulationen eingehen, damit Sie einen Überblick über die Bandbreite der Anwendungsmöglichkeiten bekommen.

Axelrod-Turnier

Wir starten mit einer Simulation, die direkt an den spieltheoretischen Überlegungen des vorherigen Kapitels anknüpft. Axelrods Tournament ist eine Simulation, bei der Strategien für ein iteriertes Gefangenendilemma-Spiel als Computerprogramme implementiert gegeneinander antraten. Veröffentlicht wurden die Ergebnisse zunächst in einem Zeitschriftenartikel von Robert Axelrod (1980) und einige Jahre später in einer erweiterten Version im Buch Evolution of Cooperation (1984). Die Idee zu dieser Studie war revolutionär: Axelrod lud führende Expert*innen der Spieltheorie ein, Strategien für ein Turnier zu entwickeln, bei dem wiederholt ein Zwei-Personen-Gefangenendilemma-Spiel 200 Mal iteriert gespielt werden sollte. Die eingereichten Strategien waren für das gesamte Turnier unveränderlich und können daher als Agenten mit individueller, aber konstanter Selektionslogik im Sinne Colemans (vgl. 5.1) verstanden werden. Diese traten im namensgebenden Turnier im Modus alle gegen alle an. Alle Agenten spielten mit ihrer definierten Strategie also gegen jede Einreichung (inklusive eines Klons von sich selbst und eines Agenten, der stets zufällig entscheidet). Die überraschende Gewinnerstrategie des ersten Turniers war „TIT FOR TAT“, die immer kooperativ das Spiel eröffnete und dann die Züge ihrer Gegner in ihren eigenen nachfolgenden Zügen widerspiegelte, d.h. Kooperation kooperativ erwiderte und Defektion mit Defektion.

Axelrod zeigte, dass die Siegerstrategie im Axelrod-Turnier eine Reihe von Eigenschaften aufwies: Sie war nett (d.h., sie begann jede Interaktion immer kooperativ); sie reagierte auf kooperative Züge mit Kooperation; und sie war nicht neidisch, d.h. sie zielte nicht darauf ab, besser abzuschneiden als der Gegner. Zudem war die Strategie einfach zu verstehen und nicht übermäßig komplex. Auch wenn TIT FOR TAT das Turnier gewann, konnte sie kein einziges Duell als alleiniger Sieger beenden. Im besten Fall gingen die Turnierspiele unentschieden aus oder TIT FOR TAT verlor mit geringem Abstand. Gleichwohl erzielte TIT FOR TAT im Durchschnitt die höchste Punktzahl und konnte das Turnier daher insgesamt mit der höchsten Gesamtpunktzahl gewinnen.[29] Axelrod analysiert mit der Simulation die Voraussetzungen für die Entstehung von Kooperation für solche Situationen, die Merkmale eines Gefangenendilemmas aufweisen. In den weitergehenden Analysen der Simulation, die dann zu dem Buch von 1984 verarbeitet wurden, zeigt Axelrod, dass Cluster kooperativer Agenten auch dann überleben können, wenn sie von unkooperativen Agenten umgeben sind. Zugleich weisen die Ergebnisse von Axelrod darauf hin, dass es keine optimale Strategie gibt, die unabhängig von der von den anderen Spielern gewählten Strategie ist.

Segregationsmodell

Als nächstes möchten wir Ihnen das Segregationsmodell vorstellen, das bereits 1947 als Teil umfangreicherer Überlegungen von James M. Sakoda entwickelt, jedoch erst in seiner unabhängig von Thomas Schelling erarbeiteten Version bekannt wurde. Es ist eines der prominentesten Beispiele für eine agentenbasierte Computersimulation. Dabei war es ursprünglich überhaupt nicht als solche konzipiert. Stattdessen präsentiert es Schelling (1969) als Gedankenexperiment mit Hilfe von zwei Arten von Münzen als Agenten, die zunächst zufällig auf einem M × N großen Gitter platziert sind. Agenten bleiben aber nur dann an ihrem Platz, wenn dort der Anteil der benachbarten Agenten ihrer Art bei oder über einem Schwellenwert liegt, den man in der Simulation für alle identisch vorgibt. Ist der Anteil kleiner als der Schwellenwert, ziehen sie an den nächstgelegenen freien Platz, der ihren Anspruch erfüllt. Dies

29 Sie sehen hier aber auch, wie abhängig die Ergebnisse vom Turniermodus sind. Hier spielten alle Strategien gegen alle anderen und sich selbst, und der Gewinner war diejenige Strategie mit der höchsten insgesamt erzielten Punktzahl. Denken Sie im Vergleich an ein Tennisturnier und wie dort der Turniersieger ausgespielt wird. In einem solchen Setting hätte die Strategie TIT FOR TAT nicht gewinnen können.

geschieht so lange, bis alle Agenten an ihrem Platz zufrieden sind. Hierbei gibt es von der Literatur stark betonte Interaktionseffekte: Durch ihren Wegzug aus der alten Nachbarschaft senken die Agenten den Anteil ihrer Art für alle dortigen Agenten, was gleichartige bislang Zufriedene unzufrieden und andersartige Unzufriedene zufrieden machen kann. Genau umgekehrt wirkt sich der Zuzug in die neue Nachbarschaft aus. Im Modell zeigen sich schon für moderate Ähnlichkeitspräferenzen von 50% oder sogar 30% starke Segregationsprozesse zu großen, klar abgegrenzten Clustern gleichartiger Agenten. Segregation kann also in der Simulation unter der Bedingung entstehen, dass beispielsweise Akteure bereits mit ihrem Standort zufrieden sind, an dem nur 30% ihrer Nachbarn ihrem Typ entsprechen. Mit Blick auf städtische Segregationsprozesse, einem von Schelling ursprünglich genannten Anwendungsfall, kann man damit sagen, dass diese keineswegs stark ausgeprägten Rassismus erfordern. Das Modell ist daher ein Beispiel für die Simulation negativer Externalitäten – also Effekte meines Handelns auf Dritte, die an der Interaktion eigentlich nicht beteiligt waren. Hier zeigen sie sich als unbeabsichtigte Wirkungen von Handlungen auf der Mikroebene, die in der Iteration überraschende Makroeffekte verursachen. Denn die Agenten wären auch mit einem niedrigeren globalen Segregationsgrad zufrieden: Sie sind indifferent zwischen allen Nachbarschaftskonstellationen, die einen Anteil ihrer Art über dem Schwellenwert bedeutet.

Bounded-confidence-Modell

Unser letztes kanonisches Beispiel ist das *Bounded-confidence-Modell* von Hegselmann und Krause (2002). Mit diesem Modell untersuchen die Autoren die Meinungsdynamik innerhalb einer Gruppe interagierender Agenten. Sie wollen auf diese Weise die Bedingungen herausarbeiten, unter denen Meinungsbildungsprozesse zwischen den Agenten zu Konsens oder Polarisierung in der Gruppe führen. Die Simulation läuft folgendermaßen ab: Die Agenten beginnen mit einer bestimmten Meinung, die als reelle Zahl dargestellt werden kann. Dies ermöglicht Hegselmann und Krause, die Agenten nach ihrer anfänglichen Meinung auf einer begrenzten Skala anzuordnen. Akteure mit ähnlicher Meinung sind nebeneinander platziert und der Abstand kann als Maß für die inhaltliche Nähe interpretiert werden.[30] Daher werden die Meinungen der Akteure immer unterschiedlicher, je weiter sie voneinander entfernt sind. Die Agenten haben eine minimale Zielorientierung: Sie versuchen, eine Überzeugung auf der Grundlage ihrer anfänglichen Überzeugung und der Meinung anderer zu bilden. Um diese informierte Meinung zu entwickeln, interagieren sie kontinuierlich mit

30 Sie kennen diese Form der Anordnung bereits von der Auseinandersetzung mit Downs in Kap. 3.3. Auch dort wurden die Wähler auf einer Links-Rechts Skala so angeordnet, dass die Abstände als Maß für inhaltliche Nähe interpretiert werden konnten.

anderen Agenten. Die Agenten berücksichtigen jedoch die Meinungen anderer Agenten nur dann, wenn diese nahe genug an ihrer eigenen liegen, d.h. sich in ihrem eigenen Konfidenzintervall befinden. Die inhaltliche Motivation für diese Einschränkung liegt in der Annahme begründet, dass Akteure nur dann Überzeugungen in ihr Belief-Set integrieren, wenn diese nahe an ihrer ursprünglichen Überzeugung sind. Vor dem Hintergrund dieser Überlegungen analysieren Hegselmann und Krause mit Hilfe einer Computersimulation, wie und warum sich ein anfängliches Meinungsprofil in eine spezifische endgültige Meinungsverteilung transformiert. Unter anderem können sie damit zeigen, dass selbst Agenten mit anfänglich ähnlichen Meinungen sich in verschiedene Richtungen entwickeln und an den entgegengesetzten Enden eines Meinungsspektrums landen können.

ABM und Mehrebenenerklärungen

Ohne an dieser Stelle in die Details der Konstruktion von Computersimulationen einzusteigen, sehen Sie anhand dieser Modelle, dass diese dem allgemeinen Schema einer sozialwissenschaftlichen Mehrebenenerklärung folgen (siehe Abbildung 2.2): (1) Simulationen haben Annahmen zu treffen hinsichtlich der sozialen Struktur, die den Handlungsrahmen der Agenten darstellt. So nimmt etwa das Segregationsmodell an, dass sich die Akteure in einem begrenzten Raum verteilen und ein spezifischer Platz nur von einem Akteur eingenommen werden kann. (2) In Simulationen muss ein Mechanismus (Brückenhypothese) benannt und implementiert werden, der beschreibt, wie die soziale Struktur die Agenten auf der Mikroebene beeinflusst. Im Segregationsmodell nehmen die Akteure ihre unmittelbare Nachbarschaft wahr und bewerten vor diesem Hintergrund die Attraktivität des Platzes. Im Bounded-Confidence-Modell nehmen die Akteure nur einen Ausschnitt der Meinungen wahr, die innerhalb einer gewissen Reichweite um ihre eigene Überzeugung liegen. Die Akteure in Axelrods Simulation täuschen sich nicht hinsichtlich der Strategiewahl ihres Mitspielers. (3) Simulationen müssen damit explizit die Agenten benennen und exakt charakterisieren, welche Handlungsoptionen die Akteure wahrnehmen und wie sie diese bewerten. (4) Sie müssen einen Mechanismus benennen, der erklärt, wie Agenten ihre Handlungen auswählen. Akteure suchen im Segregationsmodell unter genau spezifizierten Bedingungen einen neuen Platz, nämlich genau dann, wenn sie an dem vorherigen Platz unglücklich waren. Bei Axelrod sind alle Akteure mit einer expliziten Strategie ausgestattet, die genau spezifiziert, wie die Akteure auf Handlungen ihres Gegenübers reagieren. (5) Schließlich wird in der Simulation der Aggregationsprozess explizit modelliert. Darin liegt die Stärke von Simulationen. Mit ihrer Hilfe lassen sich Aggregationsmechanismen identifizieren und Feedbackeffekte modellieren. So können Hinweise darauf gefunden werden, wie das Mikroverhalten der Akteure im Aggregationsprozess die Makrostruktur beeinflussen könnte. Beispielsweise zeigt das Segregationmodell, dass starke Segregation selbst dann entstehen kann, wenn es von den Akteuren überhaupt nicht direkt intendiert war. (6) Damit können mit Hilfe von Simulationen Muster herausgearbeitet werden, warum gewisse Makrophänomene typischerweise unter einer Vielfalt von Ausgangsbedingungen entstehen. Das Erklären mittels eines ABM bedeutet vor diesem Hintergrund, die Mechanismen aufzudecken, die die Dynamik eines sozialen Systems im Laufe der Zeit antreiben. Wie Squazzoni (2008, 5) es ausdrückt: Dem Selbstverständnis des Simulationsansatzes zufolge bedeutet etwas zu erklären, es zu *generieren* – das heißt, den generativen Prozess zu spezifizieren und damit zu zeigen, wie die interagierenden Agenten in einer gegebenen Umgebung die interessierende Makroregelmäßigkeit erzeugen (siehe auch Epstein und Axtell 1996).

Wie Sie sehen, ist der Anwendungsbereich dieser ausgewählten Beispielsimulationen breit gefächert und reicht von der Analyse räumlicher Verteilungsmuster und sozialer Sortiermechanismen bis hin zur Analyse komplexer sozialer Optimierungsprobleme und der Modellierung von Meinungsdynamiken in Gruppen. Gleichzeitig zeichnen sich die hier vorgestellten Simulationen durch eine sehr abstrakte Modellierung des interessierenden Phänomens aus. Wenn Sie sich an die Auseinandersetzung mit dem Erklärungsbegriff in Kap. 3.3 und 5.1 erinnern, wissen Sie es schon: Es handelt sich um How-Possibly-Erklärungen.[31] Sie sind damit an Fragen interessiert, die über das Universum beobachtbarer Fälle hinausreichen und diskutieren beispielsweise, ob es minimale Bedingungen gibt, die ein bestimmtes Phänomen wie beispielsweise Segregation oder Meinungspolarisierung bereits hervorbringen könnten, ohne dass dafür auf starke Segregationspräferenzen oder irrationale Akteure zurückgegriffen werden müsste. Dies bedeutet nicht, dass es in der Realität nicht auch rassistisch motivierte starke Segregationspräferenzen gibt oder Akteure nicht den Rationalitätsnormen entsprechend handeln, wie sie etwa für Axelrod oder auch in der Simulation von Hegselmann und Krause angenommen werden. Natürlich müssen diese Faktoren bei der kausalen Erklärung von Phänomenen berücksichtigt werden. Simulationen dagegen diskutieren hypothetisch, ob gewisse Phänomene nicht etwa auch das Ergebnis schwächerer Annahmen sein könnten und der Aggregationsprozess seinen Anteil bei der Erzeugung des interessierenden sozialen Phänomens hat.

Darüber hinaus bringen ABMs noch zwei weitere Vorteile mit sich: Die Implementation eines Modells in ein Computerprogramm zwingt

31 Das bedeutet natürlich nicht, dass es nicht auch Simulationen geben kann, die darauf abzielen, eine kausale Erklärung eines konkreten Phänomens oder eines Phänomentyps zu formulieren. Solche Simulationen wären dann allerdings an Fragestellungen interessiert, die außerhalb der Politischen Theorie liegen.

Sie, alle verwendeten Annahmen im Detail zu spezifizieren und alle Parameter und Mechanismen innerhalb eines präzisen, formalen Rahmens auszudrücken. Daher müssen Theorien, auf die sich ABMs stützen, vergleichsweise explizit rekonstruiert werden. Sie werden überrascht sein, wie viele stillschweigende Annahmen normalsprachlich formulierte Theorien üblicherweise haben, die aber relevant sind für die Frage, welche Ergebnisse die Simulation erzeugen wird.

Das Ausfüllen dieser Lücken erfordert zweitens erhebliche Modellierungsentscheidungen und ist keine triviale Angelegenheit. Im Übersetzungsprozess eines normalsprachlichen Modells in eine Simulation kann die Modellierende möglicherweise relevante Aspekte entdecken, die von der ursprünglichen Theorie nicht ausreichend spezifiziert sind, zum Beispiel die genauen Lernregeln, die von Agenten in wiederholten Spielen verwendet werden oder die Reichweite mit der Akteure ihre Umgebung wahrnehmen. In diesem Sinne stellt die Methodik der agentenbasierten Computersimulation ein wertvolles Instrument zur Verbesserung des theoretischen Instrumentariums in der Positiven Politischen Theorie dar.

Weiterführende Literatur

Es gibt zahlreiche gute Einführungen in die Entscheidungs- und Spieltheorie. Einen guten Einstieg bieten:

Austen-Smith, David, und Jeffrey S. Banks. 2007. *Positive Political Theory*. 2 Bde. Ann Arbor: University of Michigan Press.

Behnke, Joachim. 2020. *Entscheidungs- und Spieltheorie*. 2. Aufl. Studienkurs Politikwissenschaft. Baden-Baden: Nomos.

Coleman, James S. 1994. *Foundations of Social Theory*. Cambridge, MA: Harvard University Press.

Esser, Hartmut. 1999. *Soziologie: spezielle Grundlagen*. Bd. 1 Situationslogik und Handeln. Frankfurt am Main: Campus.

Kunz, Volker. 2004. *Rational Choice*. Frankfurt am Main: Campus Verlag.

Opp, Karl-Dieter. 2014. *Methodologie der Sozialwissenschaften: Einführung in Probleme ihrer Theorienbildung und praktischen Anwendung*. 7., überarb. Aufl. Wiesbaden: Springer.

Agentenbasierte Computersimulationen sind nur selten in politikwissenschaftlichen Studiengängen verankert. Allerdings ist der Einstieg in diese Methodik dank guter Lehrbücher möglich. Die folgenden zwei Lehrbücher führen anhand praktischer Beispiele in die Erstellung und Programmierung solcher Simulationen ein. Dafür greifen Wilensky und Rand (2015) und Railsback und Grimm (2019) auf die frei zugängliche Simulationssoftware NetLogo zurück:

Railsback, Steven F., und Volker Grimm. 2019. *Agent-Based and Individual-Based Modeling: A Practical Introduction*. 2. Aufl. Princeton: Princeton University Press.

Wilensky, Uri, und William Rand. 2015. *An Introduction to Agent-Based Modeling: Modeling Natural, Social, and Engineered Complex Systems with NetLogo*. Cambridge, MA: MIT Press.

6. Methodische Grundlagen der Normativen Politischen Theorie

„Normative concepts exist because human beings have normative problems. And we have normative problems because we are self-conscious rational animals, capable of reflection about what we ought to believe and to do." (Korsgaard 1996, 46)

Das Unterfangen Normativer Politischer Theorie

Darüber nachzudenken, was wir tun sollten, wie unsere Gesellschaft gestaltet sein sollte und wie politische Entscheidungen ausfallen sollten, ist in gewisser Hinsicht etwas furchtbar Alltägliches und wenig Bemerkenswertes: Genau darum geht es schließlich in so gut wie jeder politischen Diskussion. Weniger offensichtlich erscheint es vielen Menschen, dass wir zu solchen Fragen etwas *Wissenschaftliches* zu sagen haben sollten. Worauf könnten wir uns berufen, wenn wir auf normative Fragen Antworten finden wollen, die über bloße Meinungen und Interessen hinausgehen? Auf die Suche nach solchen Antworten begeben wir uns jedoch, wenn wir *Normative* Politische Theorie betreiben. In diesem Kapitel werden wir uns einen Überblick darüber verschaffen, auf welches Handwerkszeug wir zurückgreifen können, wenn wir uns auf dieses Unterfangen einlassen. Welche Kriterien könnten einen Keil zwischen *bessere* und *schlechtere* Antworten treiben? Welchen *Verfahren* könnten wir folgen, um systematischer zu ergründen, wie eine vernünftige Theorie der Gerechtigkeit, von Freiheit oder von Demokratie aussehen sollte? Und woraus bestehen solche Theorien überhaupt?

Dazu werden wir in Abschnitt 6.1 zunächst einmal Bestand aufnehmen, welche Gütekriterien uns auch bei normativen Fragen weiterhelfen, ohne dass wir normative Thesen selbst bewerten müssten. Das letztere, heiklere Unterfangen sehen wir uns im folgenden Abschnitt 6.2 dann zunächst an einem Beispiel an. Was wir dort im Vorübergehen beobachten, verpacken die folgenden beiden Abschnitte anschließend in einer Reihe für die Normative Politische Theorie grundlegender Konzepte (wie Rechte, Pflichten, Urteile und Prinzipien; Abschn. 6.3) und das prominenteste Modell ihrer grundlegenden Methode: die Idee des Überlegungsgleichgewichts (6.4). Abschnitt 6.5 greift das Instrumentarium hypothetischer Fallbeispiele auf, das für diese Methode von zentraler Bedeutung ist. Schließlich werfen wir in Abschnitt 6.6 einen Blick darauf, welche Erkenntnisinteressen Forschung in der Normativen Politischen Theorie verfolgen kann und was es jeweils zu beachten gilt, wenn es uns eher darum geht, etwas zu praktischen Problemen oder aber zu der Gestalt unserer besten normativen Theorien zu sagen.

6.1 Gute alte Argumente

Zunächst eine womöglich enttäuschende Vorbemerkung: In Kapitel 3.1 hatten wir festgehalten, dass Argumente in der Politischen Theorie genauso sehr einfach Argumente sind wie das, was man in empirischer Politikwissenschaft ins Feld führt. Und genauso sind normative Argumente am Ende des Tages auch nur – Sie erraten es – Argumente. Das bedeutet: Wenn Sie für eine normative These argumentieren möchten, müssen Sie viele Dinge richtig machen, die gar nichts weiter damit zu tun haben, dass Sie hier für eine *normative* These argumentieren.

6.1.1 Logische Schlüsse

Nehmen Sie zum Beispiel das folgende Argument:

Bsp. 6.1: Argument für Hassrede
1) Wenn es ein Recht darauf gibt, Hassrede zu äußern, dann gibt es auch allgemein ein Recht auf Redefreiheit.
2) Es gibt ein Recht auf Redefreiheit.
3) Also gibt es ein Recht darauf, Hassrede zu äußern.

Das ist zweifelsfrei ein normatives Argument: Sowohl die zwei Prämissen als auch die daraus gezogene Konklusion sind normative Aussagen (vgl. Kap. 3.2). Genauso offensichtlich ist, dass das Argument nicht gültig ist (vgl. Kap. 4.4.1): Es ist ein logisch unzulässiger Umkehrschluss (aus $P \rightarrow Q$ und Q folge P) – so etwas wie:

Bsp. 6.2: Strukturanaloges Argument
1) Wenn Barack Obama zu meiner Uroma fährt und an ihrer Tür klingelt, bekommt sie einen Herzinfarkt.
2) Meine Uroma hatte einen Herzinfarkt.
3) Also hat Barack Obama an ihrer Tür geklingelt.

Dieses Problem hat aber nun wirklich nichts damit zu tun, dass es sich bei dem ersten Beispiel um ein normatives Argument handelt. Satz (3) folgt einfach nicht aus (1) und (2).

6.1.2 Empirische Prämissen

Oder nehmen Sie Argumente dieser Art, die Ihnen vielleicht noch in Erinnerung sind:

Bsp. 6.3: Argument für Impfpflicht

1) Eine allgemeine Impfpflicht ist zulässig, wenn sie notwendig ist, um Herdenimmunität zu erreichen.
2) Herdenimmunität kann nur durch eine allgemeine Impfpflicht erreicht werden.
3) Also ist eine allgemeine Impfpflicht zulässig.

Im Gegensatz zum letzten Argument ist dieses hier gültig: Wären die Prämissen beide wahr, könnte unmöglich die Konklusion gleichzeitig falsch sein. Ein naheliegendes Problem an dem Argument könnte allerdings sein, dass (2) womöglich falsch ist. (2) ist aber eine rein empirische Prämisse. Es ist also gut möglich, dass man dieses Argument entkräften kann, ohne dass man sich auf irgendwelche normativen Fragen einlassen muss. Und wenn Sie es vorbringen, besteht umgekehrt eine wesentliche Aufgabe, die Sie zu erfüllen haben, schlichtweg darin, eine empirische Behauptung wie (2) durch geeignete Belege zu plausibilisieren – umso mehr, falls die normative Prämisse (1) in der Debatte keinen wesentlichen Streitpunkt darstellt (hierzu s. Kap. 4.4).

Tatsächlich ist es gerade im Alltag sehr häufig, dass wir uns in Diskussionen über normative Fragen in erheblichem Maße über empirische Fragen uneins sind und darüber dann den Grad unseres eigentlichen normativen Dissenses überschätzen. In der politischen Debatte um Abtreibung gibt es zum Beispiel mit Sicherheit viele Möglichkeiten für normative Dissense. Aber vieles dreht sich auch einfach darum, welche Eigenschaften Embryonen und Föten zu welchem Zeitpunkt zuzuschreiben sind oder welche Auswirkungen die Geburt eines ungewollten Kindes auf eine Mutter hat. Das festzustellen sind zunächst rein empirische Fragen, zu denen Theoretiker*innen in aller Regel Fachleuten aus Medizin und Psychologie den Vortritt lassen sollten.

6.1.3 Konsistenz

Vielleicht kommt Ihnen auch eine solche Auseinandersetzung vage vertraut vor:

Bsp. 6.4: Claras Eis
„Mama, bekomme ich jetzt ein Eis?“
„Nein, wieso?“
„Aber ich habe über eine Stunde im Garten Unkraut gejätet!“
„Ja, das ist prima, aber ein Eis bekommst du nicht.“
„Aber als meine Schwester neulich Unkraut gejätet hat, hat sie danach auch zur Belohnung ein Eis bekommen!“

Man könnte hier jetzt ein wenig Eindruck schinden und Aristoteles' Diskussion von Proportionalität im Rahmen allokativer Gerechtigkeit bemühen (NE V 6, 1131a). Aber eigentlich kann man genauso gut sagen, dass das Problem, auf das das Kind (nennen wir es Clara) abstellt, einfach ein logisches ist – zumindest insoweit es unterstellt, dass die Entscheidung der Eltern auf einem allgemeinen normativen Prinzip wie (1) beruhen sollte:

Bsp. 6.5: Rekonstruktion von Bsp. 6.4
1) Wenn eines der Kinder für mehr als eine Stunde im Garten Unkraut jätet, bekommt es dafür zur Belohnung ein Eis.
2) Clara hat mehr als eine Stunde im Garten Unkraut gejätet.
3) Also hat Clara einen Anspruch auf ein Eis.
4) Clara hat keinen Anspruch auf ein Eis.

Die von der Mutter vertretene Position (4) ist offenkundig inkonsistent mit (3). Aber (3) folgt aus (1) und (2). Das „Aber meine Schwester“-Argument stellt die Mutter also eigentlich vor ein ziemlich cleveres Dilemma, indem es sie auffordert, Konsistenz zwischen den Dingen, zu denen sie sich bekennt, wiederherzustellen (Clara fordert ihre Mutter also zu einer *reductio ad absurdum* auf – aber das hat sie wahrscheinlich nicht auf dem Schirm). Um Konsistenz wiederherzustellen, muss die Mutter aus der Menge der Prämissen (1), (2) und (4) eine (oder genau genommen: mindestens eine) ablehnen. (2) kann sie schwerlich ablehnen, denn das – nehmen wir einmal an – ist ein etablierter Fakt. Also muss sie entweder (4) negieren – darauf ist der Einwand natürlich aus, denn dann bekommt Clara ein Eis – oder aber sie muss (1) ablehnen. Dann muss sie aber eine andere Erklärung dafür liefern, auf welcher Grundlage Claras Schwester neulich ein Eis bekommen hat. Wenn die Situation der Geschwister in allen relevanten Hinsichten gleichartig ist, dann müsste sie so etwas sagen wie:

„Nein, nein. Wenn deine Schwester Aylin Unkraut jätet, dann bekommt sie ein Eis. Aber das heißt nicht, dass du auch ein Eis bekommst, wenn du dasselbe machst."
„Aber wieso sollte das so sein?"
„Na ja, dass sie ein Eis bekommt, liegt nicht einfach daran, dass (1) jedes Kind, das Unkraut jätet, ein Eis bekommt. Es liegt daran, dass (1*) man ein Eis bekommt, wenn man Unkraut gejätet hat und man, ähm ... Aylin ist."

Mit diesem normativen Prinzip könnten die Eltern der Konsistenzforderung nachkommen. Aber es erscheint, und das weiß Clara sehr wohl, sehr unwahrscheinlich, dass sie diesen Ausweg wählen: Denn das vorgeschlagene alternative Prinzip (1*) ist offenkundig unfair.

Für uns lohnt es sich, an diesem Beispiel drei Dinge festzuhalten: Erstens, dass wir an normative Überzeugungen im Wesentlichen dieselben Konsistenzerwartungen stellen, wie wir das bei nicht-normativen Überzeugungen tun. Wenn Sie einmal gesagt haben, dass es seit sieben Tagen nicht geregnet hat, können Sie nicht später sagen, dass es vorgestern geregnet hat – zumindest nicht, solange Sie nicht Ihre vorherige Überzeugung revidieren (Freilich *können* Sie es sagen. Aber Sie können es nicht sagen, ohne dabei einen *Fehler* zu machen, der Sie, wenn Sie darauf hingewiesen werden, darauf verpflichtet, ihn entweder zu korrigieren oder sich als irrational zu erweisen).

6.1.4 Allgemeinheit

Zweitens illustriert unser letztes Beispiel gut einen Anspruch, den wir an moralische Prinzipien stellen, die wir rechtfertigend vorbringen oder unseren Handlungsentscheidungen zugrunde legen dürfen: Dass sie in ihren Anwendungsbedingungen nämlich eben nicht auf einzelne identifizierte Personen Bezug nehmen, so wie das (1*) tut – das aus der Not geborene Prinzip, dass etwas Bestimmtes für Claras Schwester Aylin gilt und etwas anderes für Clara. Wahrscheinlich haben Sie schon einmal von Kants kategorischem Imperativ gehört: „[H]andle nur nach derjenigen Maxime, durch die du zugleich wollen kannst, daß sie ein allgemeines Gesetz werde." (AA IV, 421). Ein wichtiger Punkt davon (Rawls 2002b, 230–33) ist einfach dies: Es scheint so, dass Unparteilichkeit in dem spezifischen Sinne, dass ein Prinzip *allgemein* Anwendung finden soll, ein wesentlicher Teil dessen ist, was wir für eine *moralische* Begründung einer Handlung halten.

Das gibt Ihnen gleich einen ersten Test an die Hand, mit dem Sie moralische Prämissen abklopfen können: Sie sollten so formuliert sein, dass die Anwendungsbedingungen der Norm keine einzelnen

Individuen oder bestimmte einzelne Situationen „herauspicken". Natürlich muss man irgendwie trennen zwischen den Dingen, über die das Prinzip dann etwas besagt und denen, über die es nichts besagt (oder etwas anderes). Aber dieses Sortieren in zwei Boxen sollte nur anhand von *moralisch relevanten* Eigenschaften erfolgen: Etwa wenn es uns in einem bestimmten Kontext normativ erforderlich erscheint, zwischen Normen, die auf Kinder anwendbar sind, und Normen für Erwachsene zu unterscheiden. Das machen wir dann aber allgemein daran fest, was es beinhaltet, ein Kind oder ein Erwachsener zu sein – und nicht daran, dass Clara, der wir ‚eins reinwürgen' wollen, praktischerweise gerade in die eine Kategorie fällt (das gilt selbst dann, wenn es im Extremfall vielleicht zufälligerweise nur eine Person gibt, die diese allgemeinen Eigenschaften hat: etwa wenn eine Norm auf die Klasse der gegenwärtigen deutschen Bundeskanzler*innen anwendbar ist). Denn welche *spezifische* Person jemand ist oder welches *spezifische* Ereignis vorliegt, das ist eben gerade etwas, wofür die Moral – da ist man sich ziemlich einig – blind ist (z.B. Hare 1981, 41; Rawls 1999, § 23). Ungefähr so wie Justitia, die Sie in Statuen und Gemälden immer mit verbundenen Augen dargestellt finden.

6.1.5 Begründbarkeit und Rechtfertigung

Achten Sie zu guter Letzt noch einmal darauf, was Clara in dieser Situation da eigentlich macht: Sie wirft für ihre Mutter eine praktische Frage auf (ob Clara ein Eis bekommen sollte oder nicht). Die Mutter gibt ihre Entscheidung, von der Clara betroffen ist, bekannt und Clara konfrontiert sie daraufhin mit der Forderung nach einer Rechtfertigung dieser Entscheidung. Das ist etwas ziemlich typisches, was wir in Bezug auf Handlungsentscheidungen – oder allgemeiner: normative Auffassungen, unabhängig davon, ob wir sie nun gerade umsetzen – tun können. Wir haben, wie Rainer Forst (2007, 9) anmerkt, „nicht nur die Gabe, [uns] für [unsere] Handlungen und Überzeugungen gegenüber anderen mit Gründen zu rechtfertigen bzw. zu verantworten, sondern [wir sehen] dies in bestimmten Kontexten als Verpflichtung an und setz[en] voraus, dass andere dies auch tun." Eine Entscheidung zu *rechtfertigen* heißt aber nichts anderes als Gründe für sie zu geben und Gründe für etwas zu geben ist nichts anderes als zu argumentieren. Vielleicht denken Sie jetzt, dass das aus einer Mücke einen Elefanten macht. Aber es schadet ja nicht einmal festzuhalten, dass wir es in unserem Alltag für ziemlich selbstverständlich halten, normativen Fragen mit Argumenten zu begegnen.

Und das gilt nicht nur dafür, wie wir anderen (zum Beispiel Clara) begegnen, die unsere Entscheidungen hinterfragen, sondern auch dafür, wie wir selbst überhaupt erst zu solchen Entscheidungen kommen. Es ist nicht nur so, dass wir Argumente zur Beantwortung praktischer Fragen (also für Entscheidungen darüber, was wir tun sollen) heranziehen *können*; es ist vielmehr so, dass das genau das ist, was wir in irgendeiner Weise tun *müssen*, insofern wir zu einer vernünftigen Antwort kommen wollen – einer Antwort, die wir uns als eine *richtige* Antwort verständlich machen können statt als eine bloß willkürliche Laune oder eine zufällige Zuckung unserer Muskeln.

Normative Begründung in Alltag und Wissenschaft

Ein wesentlicher Unterschied an der Art und Weise, wie wir uns in der Politischen Theorie mit solchen Argumenten auseinandersetzen, ist zunächst einmal einfach der Grad, zu dem wir diese Argumente explizit machen, ausbuchstabieren, kritisch hinterfragen und sorgfältig prüfen sowie über Einzelfälle hinweg systematisch miteinander in Verbindung setzen (also, nun ja, *Theorien* bilden). Damit unterscheidet sich die Auseinandersetzung der Politischen Theorie mit normativen Fragen einerseits in ihren Ambitionen und ihrem Reflexionsgrad von unserem alltäglichen Nachdenken. In der Art ihres Erkenntnisinteresses unterscheidet sie sich andererseits fundamental von den empirischen Sozialwissenschaften, die Auffassungen über richtige Antworten auf solche Fragen allenfalls zu *beschreiben* und *erklären* suchen. Die Normative Politische Theorie dagegen wirft die Frage auf, ob diese Antworten denn nun *richtig* sind. Das hat 1874 Henry Sidgwick schon einmal schön auf den Punkt gebracht:

> „The student of Ethics seeks to attain systematic and precise general knowledge of what ought to be, and in this sense his aims and methods may properly be termed ‚scientific'[. ... T]he term ‚Ethical Science' might, without violation of usage, denote either the department of Psychology that deals with voluntary action and its springs, and with moral sentiments and judgments, as actual phenomena of individual human minds; or the department of Sociology dealing with similar phenomena, as manifested by normal members of the organised groups of human beings which we call societies. We observe, however, that most persons do not pursue either of these studies merely from curiosity, in order to ascertain what actually exists, has existed, or will exist in time. They commonly wish not only to understand human action, but also to regulate it; in this view they apply the ideas ‚good' and ‚bad,' ‚right' and ‚wrong,' to the conduct or institutions which they describe; and thus pass, as I should say, from the point of view of Psychology or Sociology to that of Ethics or Politics." (Sidgwick [1874] 1962, 1–2)

6.2 Über normative Prinzipien nachdenken

Bislang haben wir ein paar relativ basale Kriterien für die Bewertung normativer Argumente angesprochen: Sie sollten keine logischen Fehlschlüsse beinhalten, keine Inkonsistenzen zwischen verschiedenen vertretenen Positionen aufweisen, sich nicht auf falsche empirische Prämissen stützen und nicht auf identifizierte Personen oder Fälle zugeschnitten sein. Zugegeben – manchmal bekommen Sie mit so etwas durchaus schon einen Fuß in die Tür. Aber eigentlich wird Normative Politische Theorie ja dort interessant, wo normative Aussagen selbst zur Diskussion stehen. Und wie wir in Kapitel 4.4.3 schon angemerkt hatten, muss jedes Argument mit normativer Konklusion auch mindestens eine normative Prämisse beinhalten – die normativen Annahmen werden Sie also nicht los. Wie entscheiden Sie dann, was Sie von ihnen halten sollen?

Um auf eines unserer vorherigen Beispiele zurückzukommen: Vielleicht erinnern Sie sich noch, dass vor einiger Zeit in der Debatte um eine Corona-Impfpflicht immer wieder das *Recht auf körperliche Unversehrtheit* ins Feld geführt wurde. Das wäre ein Beispiel für ein normatives Prinzip – eines, das oftmals angeführt wurde, um zu zeigen, dass es keine Impfpflicht geben sollte.

Wie kommt man darauf, dass es so ein Recht gibt?

Legale Rechte

In dieser markanten Formulierung kommt es natürlich gerade in Art. 2 des Grundgesetzes vor und vermutlich hatten manche auch diesen Artikel im Sinn. Aber es ging uns (wenigstens typischerweise) in diesen Diskussionen nicht um die Frage, ob eine Impfpflicht *verfassungsgemäß* ist, sondern darum, ob es *richtig* wäre, sie einzuführen. Wir haben uns zumeist nicht angemaßt, einen fachlichen Disput unter Jurist*innen beilegen zu wollen – wir wollten etwas dazu sagen, welche Regeln für unser Zusammenleben in dieser Gesellschaft gelten *sollten* (vgl. 3.2). Wenn wir diese zwei Dinge einmal auseinanderhalten: Sollten wir akzeptieren, dass es ein *moralisches* Recht auf körperliche Unversehrtheit gibt, schlichtweg weil im Grundgesetz ein solches *legales* Recht festgelegt ist?

Jedenfalls nicht ohne Weiteres.[32] Es scheint ziemlich klar, dass es Rechtssysteme gibt, die offenkundig ungerechte Vorschriften beinhal-

32 Wie genau man hier das Bild zeichnen sollte, wird dadurch noch ein wenig verkompliziert, für wie unabhängig man Moral und Recht eigentlich hält – Anti-Positivist*innen, die diese Unabhängigkeit ablehnen, ginge es aber im Kern ohnehin darum, dass die Moral beschränkt, was überhaupt Recht sein kann und nicht andersherum. Wenn Ihnen dieses Bild lieber ist, stünden Sie umgekehrt vor dem Problem, dass Sie gar nicht wissen, ob das Grundgesetz überhaupt geltendes Recht ist, solange Sie nichts dazu herausgefunden haben, inwiefern seine scheinbaren Vorschriften moralisch gerechtfertigt sind.

ten. Nun könnte womöglich gerade das Grundgesetz unter allen realen und möglichen Verfassungen just so beschaffen sein, dass die in ihm enthaltenen Rechte auch die Rechte sind, die wir als moralisch gerechtfertigt akzeptieren sollten. Wenn das so zu verstehen wäre, dass das Grundgesetz praktischerweise gleichzeitig eine wirklich gute Moraltheorie ist, dann klingt es aber so, als müssten wir unabhängig vom Inhalt des Grundgesetzes beurteilen können, dass wir diese und jene moralischen Rechte haben: Genau diese unabhängigen Kriterien müssten wir dann näher erkunden – und nicht mehr (oder nicht nur) das Grundgesetz. Oder aber man könnte argumentieren, dass die Tatsache, dass eben genau dieses Recht im Grundgesetz als Verfassungsrecht festgeschrieben ist, selbst einen Einfluss darauf hat, wovon wir in moralischer Hinsicht ausgehen sollten. Und freilich kann es durchaus moralisch eine Rolle spielen, ob etwas verfassungsgemäß ist – doch dann müssen wir weiter begründen, warum das so sein sollte: Zum Beispiel weil Menschen auf Basis geltender Rechtsnormen legitime Erwartungen ausbilden, die sie ihren Plänen zugrundelegen. Oder weil die getreue Umsetzung der Verfassung irgendein moralisch relevantes höheres Gut sichert – vielleicht die Stabilität des Staates unter Bedingungen unversöhnlicher Meinungsverschiedenheiten. Nehmen wir für den Moment aber einmal an, dass sich unsere Diskussion einfach um *moralische* Prinzipien unabhängig von den Spezifika des deutschen Verfassungsrechts dreht. Denn selbst wenn diese relevant sind, können wir uns die Frage ja allemal hypothetisch stellen – und in der Tat ist es gerade das, was uns in der Politischen Theorie in aller Regel interessiert.

Also gut: Es soll ein moralisches Recht auf körperliche Unversehrtheit geben. Wie kommen Leute, die das sagen, darauf?

Sozialisation und Kausalerklärungen

Vielleicht sind Sie geneigt zu sagen: Nun ja, das sind die Werte, die sie im Zuge ihrer Sozialisation erworben haben. Vermutlich haben Autoritätspersonen ihrer Kindheit und die Peergroup ihrer Jugend sie ihnen vorgesagt und vorgelebt. Vielleicht haben sie in Büchern und Zeitungsartikeln gelesen, dass es so ein Recht gebe. Und damit haben Sie natürlich durchaus recht – für jede Person, die von einem solchen Recht ausgeht, wird es irgendwelche Einflüsse und Prozesse geben, die wir als Erklärung dafür anführen könnten, wie es dazu kam, dass sie diese moralische Auffassung zu diesem Zeitpunkt vertritt. Allein das Problem mit einer solchen Antwort ist: Die Frage, wie eine bestimmte Person zu einer Auffassung gekommen ist, ist einfach eine andere Frage als die, ob diese Auffassung richtig ist. Die erste Frage ist: Was hat dazu geführt, dass diese Person denkt, dass es ein Recht auf körperliche Unversehrtheit gibt? Sie fragt nach *Ursachen*. Die zweite ist: Was spricht dafür, zu denken, dass es dieses Recht gibt? Diese fragt nach *guten Gründen*. Manchmal sprechen wir in letzterem Sinne auch davon, ob eine Überzeugung *gerechtfertigt* ist oder ob es *vernünftig* ist, sie zu akzeptieren.

Also zurück zu unserer Frage: Menschen reden davon, dass es ein bestimmtes Recht gäbe. Wie bilden wir uns jetzt ein Urteil darüber, ob wir dem zustimmen sollten?

Eine Strategie könnte darin bestehen, dass man noch weitere moralische Gründe für dieses Recht nachliefert: Vielleicht ist dieses Recht nur eine Art „Symptom" eines tieferliegenden Prinzips und wir sollten es akzeptieren, weil eigentlich dieses zweite Prinzip moralisch bedeutsam ist und das zweite nur erfüllt wird, wenn auch das erste gilt. Vielleicht könnte man eine solche Geschichte über den Zusammenhang von körperlicher Unversehrtheit und Autonomie erzählen – einem allgemeinen Recht auf Selbstbestimmung, sei es nun in Bezug auf Ihren Körper oder sonst wie. Aber dann sieht es so aus, als würden wir einfach ein weiteres normatives Argument für die ursprüngliche normative Prämisse dazu bauen. Und Sie wissen ja: Jedes Argument mit normativer Konklusion braucht mindestens eine normative Prämisse. Wenn wir aber zwangsläufig eine weitere normative Prämisse aus dem Hut ziehen müssen – wie klären wir dann, ob wir *diese* wiederum akzeptieren sollten?[33]

Infiniter Regress

Am Ende fühlen wir uns vielleicht in die Enge gedrängt und geneigt, genervt aufzustampfen: „Was weiß ich, ich glaube das halt!" Dass eine Handlung in die Integrität des Körpers einer anderen Person eingreifen würde, scheint einfach ein wichtiger Grund gegen diese Handlung zu sein. Vielleicht liegt uns noch auf der Zunge hinzuzufügen: „Stell dich doch nicht so doof! Das siehst du doch auch."

Ansprüche an Rechtfertigungen

Vielleicht ist es hilfreich, eine Prise dieser genervten Entrüstung im Blick zu behalten, wenn wir herausfinden wollen, ob wir ein normatives Prinzip vernünftigerweise akzeptieren sollten: Es geht immerhin darum, dass wir es *vernünftigerweise akzeptieren* – und vielleicht gar nicht darum, dass wir irgendeine wasserdichte Kette von formalen Beweisen führen, an deren Ende mit Dampf und Knall das Kaninchen eines moralischen Prinzips vor uns in der Luft erscheint (Rawls [1967] 1999; Korsgaard 1996, Kap. 1).

Geklärte Urteile

Lassen Sie uns auch festhalten: Wenn Sie Ihrer Frustration in dieser Weise Ausdruck verleihen, dann tun Sie das ja eben, weil Sie noch einmal ‚in sich hineingehorcht' haben und sich sicher sind, dass Sie davon überzeugt sind. Sie wissen nur nicht, was Sie dazu noch weiter sagen sollen. Das ist ja nun schon mehr, als einfach nur irgendetwas von sich zu geben: Es ist mehr als ein pures Nachplappern. Es ist nichts, was

33 Dieses Problem ist im Übrigen nicht spezifisch für normative Prämissen, sondern ein allgemeines Problem von Rechtfertigung, das in der Erkenntnistheorie häufig als *Agrippa-Trilemma* diskutiert wird – dazu näher etwa Grundmann (2017, 280–85).

Sie unaufrichtig aus anderweitigen Motiven vorschieben oder sich in die Tasche lügen. Und es ist auch nicht so, dass Sie eigentlich gerade gar nicht darüber nachdenken wollen oder können und der Behauptung nur flüchtig zustimmen (merken Sie sich, wenn Sie möchten, schon einmal den Begriff *considered judgment*).

Allgemeine Prinzipien

Bevor Sie beim entnervten Aufstampfen anlangen, würden Sie wohl auch dazu kommen, die Arten von Problemen, die wir zu Beginn des Kapitels angesprochen hatten, aus dem Weg zu räumen. Hätten wir zum Beispiel mit der Frage angefangen, wie Sie rechtfertigen, dass für Sie persönlich keine Impfpflicht gelten solle, weil es Ihren eigenen Körper verletze, dann hätten Sie inzwischen vermutlich hinzugefügt, dass das daran liegt, dass es ein allgemeines Recht auf körperliche Unversehrtheit gebe, das in jedem Fall gegen eine Impfpflicht spreche: Sie hätten ein passendes allgemeines Prinzip gesucht. Sie hätten darüber nachgedacht und sich sozusagen ‚ordentlich zurechtgelegt', wie man das, wovon Sie überzeugt sind, am besten formulieren kann. Im Zuge dessen hätten Sie auch einmal abgeklopft, ob dieses Prinzip inkonsistent ist mit anderen Prinzipien, zu denen Sie sich bekennen. Und Sie hätten vermutlich auch darauf geachtet, ob Ihnen irgendein Fehler bezüglich relevanter empirischer Tatsachen unterlaufen ist, der etwas an Ihrer Meinung ändern könnte.

Das ist alles ja schon einmal etwas (John Rawls hat so etwas einmal ein *narrow reflective equilibrium* genannt, aber dazu später mehr). Wir können jetzt mit Sicherheit sagen, dass Sie dieses Prinzip *akzeptieren.*

Allerdings geht es uns ja bei der Frage, ob wir das Prinzip *akzeptieren sollten,* schon darum, ob wir es *vernünftigerweise* akzeptieren. Ginge es darum, dass wir unsere moralischen Prinzipien *einfach nur* akzeptieren, dann hätten wir in der Normativen Politischen Theorie ziemlich wenig zu tun: Alles das, was Leute glauben, wäre – einmal richtig ausgedrückt – auch das, was sie glauben sollten. Unser Nachdenken über normative Fragen würde allenfalls bis zu dem Punkt reichen, an dem wir geneigt sind, *irgendetwas* zu glauben. Wir könnten dann auch niemals Gründe dafür finden, unsere Auffassungen je wieder zu revidieren oder aber die Auffassungen anderer zu kritisieren. Sofern man aber nicht der Meinung ist, dass das Geschäft der normativen Politischen Theorie von vornherein Humbug ist (und dann könnten Sie sich die Lektüre dieses Kapitels gleich sparen), scheint es, dass wir noch etwas mehr versuchen können.

Nun gut: Was können Sie denn tun?

Kohärenz mit anderen Urteilen

Eine naheliegende Frage, über die wir nachdenken könnten, ist: Wie ist das denn in anderen Fällen? Wenn ein Recht auf körperliche Unversehrtheit in der Frage einer Impfpflicht eine wichtige Rolle spielen soll, dann würde man doch erwarten, dass es auch bei anderen, ähnlichen Fragen auftaucht. Genauer gesagt: in allen Fällen, die auch einen Eingriff in unsere körperliche Unversehrtheit beinhalten. Tut es das? Wenn nein, können wir irgendwie erklären, warum es das ausnahmsweise nicht tut? Wenn ja, ist es in diesen Fällen auch genauso wichtig? Führt es immer dazu, dass das, was in unsere körperliche Unversehrtheit eingreifen würde, unzulässig ist? Wenn nein, was sind dann die Argumente, die es in manchen Fällen übertrumpfen?

Kohärenz mit anderen Prinzipien

Außerdem könnten wir auch versuchen zu zeigen, dass ein Recht auf körperliche Unversehrtheit nicht einfach so vom Himmel fällt. Denn würden wir einfach ein Recht postulieren, das zufälligerweise genau zu der Konklusion führt, die wir gerade vertreten wollen, würde man vielleicht denken: ach nein, das ist aber praktisch! Stellen Sie sich ein Kind vor, dass sich plötzlich auf ein moralisches Recht beruft, dass man seine Mathehausaufgaben nicht machen muss, wenn man keine Lust darauf hat. Aber selbst wenn wir das infrage stehende Recht nicht durch eine unendliche Kette weiterer Argumente beweisen können, können wir doch zumindest versuchen zu zeigen, dass es gut zu anderen Dingen passt, die wir unabhängig von der gegenwärtig diskutierten Frage schon glauben. In dieser Hinsicht kann der Verweis, dass es bei körperlicher Unversehrtheit im Kern um Autonomie geht und Autonomie uns in vielen anderen Fällen sehr wichtig erscheint, vielleicht durchaus weiterhelfen. Oder aber wir schlagen vor, dass wir unseren eigenen Körper als unser natürliches Eigentum betrachten sollten und sehen dann, ob ein Recht auf Bestimmung über unseren Körper dazu passt, was wir normalerweise mit unserem Eigentum tun dürfen.

Abgleich mit anderen Theorien und Argumenten

Und schließlich könnten Sie natürlich noch einmal in die Bibliothek gehen (oder googeln) und sich ansehen, was andere so dazu gesagt haben. Welche Gründe führen Sie für oder gegen ein solches Recht an? Auf welche Implikationen weisen Sie hin? Und wie bewerten Sie diese? Gibt es Aspekte, die Sie zuvor noch nicht berücksichtigt hatten? Dann könnten Sie sich fragen, ob irgendetwas davon Ihr Urteil verändert – oder aber welche Schwachstellen Sie in den Argumenten anderer sehen. Häufig entdecken wir durch den Austausch mit Perspektiven anderer noch Neues oder fühlen uns gezwungen, unsere Position klarer zu artikulieren oder Probleme zu beheben. Am Ende mag unser Urteil ein anderes sein als zuvor (merken Sie sich gerne einmal den Begriff *wide reflective equilibrium*) – und manchmal haben wir das Gefühl, dass wir wirklich etwas dazugelernt haben, obwohl wir uns ja zuvor schon eine Meinung gebildet hatten.

Lassen Sie uns in den nächsten zwei Abschnitten noch einmal zusammen sortieren, worüber wir da eben an unserem Beispiel nachgedacht haben – und lassen Sie uns im Zuge dessen ein paar Aufkleber mit Fachbegriffen verteilen.

6.3 Pflichten, Rechte und Prinzipien

Vielleicht haben Sie sich schon gefragt, was eigentlich diese normativen Prinzipien genau sind. In unserem Beispiel haben wir Ihnen ein Recht auf körperliche Unversehrtheit als solches untergejubelt. Zu Recht?

Lassen Sie uns in diesem Abschnitt zunächst einige grundlegende Konzepte zurechtlegen, derer wir uns in normativen Theorien bedienen. Dabei geht es uns noch nicht um die Frage, *unter welchen Umständen* oder *warum* jemand bestimmte Rechte und Pflichten hat oder ein bestimmtes Prinzip gelten soll. Denn erst einmal ist wichtig zu klären, was wir mit diesen Begriffen überhaupt meinen.

6.3.1 Pflichten

Wenn wir über Pflichten sprechen, treffen wir *deontische* normative Aussagen: Wir weisen Handlungen als geboten (auch: verpflichtend, obligatorisch) aus. Es gibt auch andere Formen deontischer Aussagen: Solche, die etwas als verboten, erlaubt oder optional (auch: moralisch neutral, indifferent, freigestellt) ausweisen. Gemeinsam sind sie die Art von normativen Aussagen, die uns praktische Orientierung bieten, indem sie besagen, was wir tun *sollen* oder was der Fall sein soll (vgl. Kap. 3.2). Solcherlei Aussagen können wir über einzelne Handlungsvorfälle treffen: So könnte Deutschland womöglich verpflichtet sein, der Ukraine zur Verteidigung gegen Russland zu einem bestimmten Zeitpunkt bestimmte Waffen zu liefern. Meistens interessieren wir uns im Kontext normativer Theorien jedoch für allgemeinere Aussagen – dann kann man sich unter der Rede von Pflichten grob das vorstellen, was wir im Alltag auch *Regeln* nennen würden. So oder so sind Pflichten in ihrem Anwendungsbereich sowohl auf fragliche Akteure als auch Kontexte bzw. Situationen eingeschränkt – schematisch:

Es ist {verpflichtend / ...} für {Akteur A} in {Kontext K} {x zu tun}. !

Formen deontischer Aussagen

Zwischen den verschiedenen Arten, deontische Aussagen zu formulieren, gibt es logische Beziehungen: Es ist geboten, etwas zu tun, genau dann wenn es verboten ist, es nicht zu tun. Dann ist es auch erlaubt, es zu tun – usw. Meistens sind diese Zusammenhänge intuitiv einsichtig. Eine Kategorie, die es sich aber lohnt im Blick zu behalten, ist die des *Optionalen*. Viele Theorien gehen davon aus, dass nicht alles, was nicht verboten ist, geboten ist bzw. nicht alles, was nicht geboten ist, verboten ist: Es gibt Dinge, die man machen kann oder eben auch nicht. Wenn man nun denkt, dass jemand, der x tut, alles richtig macht, kann das sowohl deshalb der Fall sein, weil x verpflichtend ist als auch deshalb, weil x optional ist. Beide Optionen erfasst man, indem man sagt, dass x *erlaubt* ist. Denn natürlich ist alles, was geboten ist, auch erlaubt. Die folgende Grafik stellt diese logischen Beziehungen dar:

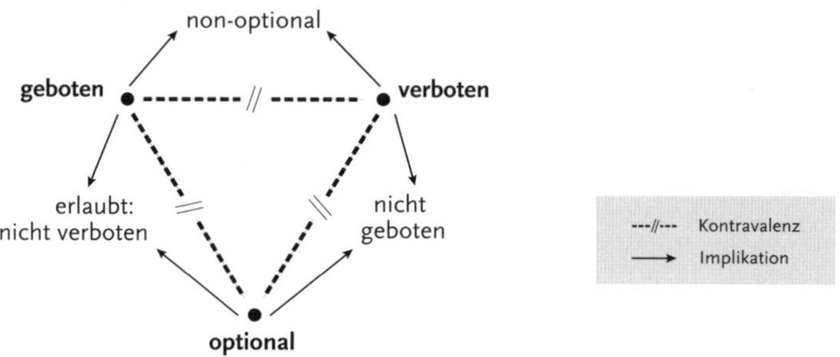

Abb. 6.1 Deontische Logik

Hohfeldsche Freiheitsrechte

Den Umstand, dass es für jemanden erlaubt ist, etwas zu tun, drücken wir gelegentlich bereits in Begriffen eines „Rechts" aus. Dummerweise drücken wir in der Alltagssprache so einiges mit diesem Begriff aus. Ein besonders einflussreicher Versuch, in dieses Begriffsnetzwerk etwas Klarheit zu bringen,[34] geht auf den amerikanischen Rechtsphilosophen Wesley Hohfeld (1913) zurück. Wenn wir Erlaubtes als Recht kennzeichnen, dann reden wir von dem, was man nach Hohfeld ein *Freiheitsrecht* nennt:

!

A hat gegenüber B die **Freiheit** (*liberty*[35]), x zu tun.	=	B hat gegenüber A **keinen Anspruch** (*no-claim*), dass A nicht x tut.

So könnte man etwa davon sprechen, dass Sie ein „Recht" haben, Ihr Auto auf einem freien Parkplatz abzustellen. Das bedeutet aber einfach nur, dass Sie keine Pflicht haben, Ihr Auto nicht dort zu parken. Kommt Ihnen eine andere Autofahrerin zuvor und nimmt Ihnen den Parkplatz weg, können Sie nicht darauf pochen, dass Sie doch ein Recht darauf hatten, dort zu parken.

34 Wie Sie sehen, sind Begriffsexplikationen, die wir in Kap. 3.3.1 mit Blick auf die Positive Politische Theorie einführten, natürlich auch für normative Konzepte hilfreich.

35 Hohfeld selbst verwendete hierfür den Begriff *privilege* (1913, 32), der sich jedoch in der Debatte nicht durchgesetzt hat.

6.3.2 Rechte

In den meisten Fällen, in denen wir von Rechten sprechen, haben wir jedoch vor Augen, was Hohfeld ein *Anspruchsrecht* nannte:

Hohfeldsche Anspruchsrechte

A hat einen **Anspruch** (*claim*) gegenüber B auf x.	=	B hat eine Pflicht (*duty*), gegenüber A zu x.

!

Dabei kann sich der „Anspruch auf x" nicht nur, wie es die Formulierung vielleicht nahelegt, auf Dinge beziehen, sondern auch auf Handlungen: So habe ich etwa genau dann ein Anspruchsrecht darauf, dass Sie mir nicht auf den Fuß treten, wenn Sie eine Pflicht haben, mir nicht auf den Fuß zu treten.

Beziehung zwischen Rechten und Pflichten

Diese Definition hat den Vorzug, dass sie direkt ersichtlich macht, inwiefern Pflichten sozusagen die Kehrseite von Rechten sind: Üblicherweise gehen wir davon aus, dass Pflichten dadurch zustande kommen, dass jemand anderes einen Anspruch gegen uns hat. Klar ersichtlich ist das am Beispiel von Verträgen oder Versprechen: Wenn ich Ihnen verspreche, Ihnen zehn Euro zu geben, dann habe ich eine Pflicht, das zu tun, und Sie haben ein Recht darauf, dass ich es tue. Aber beides beschreibt im Grunde ein und denselben normativen Sachverhalt, nur aus unterschiedlichen Perspektiven. Natürlich sind viele moralische Rechte nicht auf eine einzelne Beziehungen zwischen zwei Personen beschränkt. Das ändert aber nichts daran, dass sie der Struktur nach gegen andere gerichtet sind und konkreten anderen Personen Pflichten auferlegen. Wenn Sie etwa ein Recht auf körperliche Unversehrtheit haben, dann verpflichtet dieses Recht nicht nur eine bestimmte Person dazu, Sie nicht zu verletzen. Das ändert aber nichts daran, dass Ihr Recht zu Pflichten anderer Personen korrespondiert und diese Pflichten wiederum in Ihrem Recht begründet sind.

Rechte ohne Verpflichtete

Umstrittener ist, ob es auch Rechte und Pflichten gibt, die nicht in diesem Sinne in einer Beziehung zwischen Rechteinhaber*in und Pflichtträger*in bestehen. Die Ansicht, dass es Anspruchsrechte ohne korrespondierende Pflichten geben kann, findet man mitunter bezüglich sogenannter *positiver* Rechte, wie etwa sozio-ökonomischer Menschenrechte (O. O'Neill 1986): Dann denkt man, dass A zwar ein Recht auf Erfüllung ihrer Grundbedürfnisse (Nahrung, Wasser usw.) hat, es aber keine Person B gibt, die gegenüber A verpflichtet wäre, ihr diese Dinge bereitzustellen. Der Gedanke dabei ist: Während es zur Erfüllung sogenannter *negativer* Rechte wie dem Recht auf körperliche Unversehrtheit genügt, dass ich davon absehe, dieses Recht anderer zu verletzen, ist nicht gleichermaßen klar, was ich tun müsste, um allgemeine *positive* Rechte anderer zu erfüllen: Denn es scheint unsinnig zu sagen, dass ich persönlich verpflichtet bin, dafür zu sorgen, dass alle Menschen genug zu essen haben. Das könnte ich nicht nur niemals leisten – auf den ersten Blick drohte eine Welt, in der alle diese Pflicht tatsächlich erfüllen würden, auch eine absurde Welt zu sein, in der jede Person ca. acht Milliarden mal zu viel Nahrung hätte (Wringe 2005, 195). Gleichzeitig scheint es aber willkürlich, zu denken, dass ich nun gerade dafür verantwortlich bin, dass Maria Müller aus Düsseldorf genug zu essen hat.[36] Umgekehrt ist auch eine kontroverse Frage, ob es *impersonale* Pflichten gibt, die in keinem korrespondierenden moralischen Anspruch irgendeiner Person begründet sind – beispielsweise Pflichten, natürliche Ökosysteme oder Kulturgüter zu erhalten, weil sie unabhängig von involvierten menschlichen oder tierischen Interessen an und für sich wertvoll seien (z.B. Krebs 1999; Palmer 2011; Matthes 2018). Weitgehend konsensfähig ist aber allemal, dass Hohfeldsche Anspruchsrechte einen paradigmatischen Sinn unserer Rede von Rechten erfassen. Der zentrale Bereich unserer moralischen Rechte und Pflichten erfasst dann, mit dem Titel eines einflussreichen Buchs von T. M. Scanlon (1998) gesprochen, „was wir einander schulden".

Pflichten ohne Rechtsinhaber*innen

Das Beispiel von Versprechen, das wir oben ansprachen, macht uns auch darauf aufmerksam, dass Rechte den Personen, die sie innehaben, zusätzliche Fähigkeiten verleihen können (Raz 1972): *Sie* können mich von meinem Versprechen entbinden, aber *ich* kann das nicht. Das ist ein Punkt, den es sich manchmal lohnt im Kopf zu behalten: Rechteinhaber*innen können ein Recht auch aufgeben. Das spielt z.B. immer dann eine Rolle, wenn wir uns um die Einwilligung Betroffener (*consent*) Gedanken machen (z.B. wenn Sie trotz Ihres Rechts auf körperliche Unversehrtheit einer Impfung zustimmen). Vermutlich kann man Rechte auch *verwirken*: In der Debatte um Selbstverteidigung gehen viele Autor*innen etwa davon aus, dass wir Angreifende schädigen dürfen, weil sie durch ihr Angreifen Rechte, die dem sonst entgegenstehen würden, in dieser Situation verwirkt haben (McMahan 2005).

Normative powers

Da wir auch in Bezug auf solche Veränderungen in der normativen Position eines Akteurs manchmal von „Rechten" sprechen und diese gerade für Institutionen eine wichtige Rolle spielen, führte bereits Hohfeld (1913, 44–58) zusätzlich noch die Begriffspaare *power-liability* und *immunity-disability* ein:

Kompetenz und Immunität

36 Eine alternative Lösung bestünde darin, dass solche Rechte durchaus die Struktur gerichteter Anspruchsrechte aufweisen, aber alle infrage kommenden Adressat*innen *gemeinsam* zur Erfüllung des Rechts verpflichtet sind – u.U. sogar die Menschheit als Ganzes (Wringe 2005; Nussbaum 2004, 13; Ashford 2007).

!

A hat die **Kompetenz** (*power*), die normative Position von B zu ändern.	=	B ist in ihrer normativen Position A **unterworfen** (*liability*).
A ist **unfähig** (*disability*), die normative Situation von B zu ändern.	=	B genießt in ihrer normativen Position gegenüber A **Immunität** (*immunity*).

Das „Recht" des Bundestags, Gesetze zu beschließen, ist im Kern schließlich kein Anspruchsrecht darauf, dass irgendjemand etwas Korrespondierendes tut. Vielmehr ist damit die Fähigkeit des Parlaments bezeichnet, zu verändern, welche Rechte und Pflichten betroffene Personen haben. Wenn es umgekehrt manche Rechte aber nicht ändern kann (wie es etwa die „Ewigkeitsklausel" in Art. 79 (3) GG vorsieht), dann genießen die Inhaber*innen dieser Rechte dem Parlament gegenüber in diesen Belangen Hohfeldsche Immunität.

Diese acht Hohfeldschen Positionen (claim/duty, liberty/no-claim, power/liability, immunity/disability) helfen dabei, verschiedene alltagssprachliche Redeweisen rund um „Rechte" auseinanderzuhalten. Dabei ist es aber nicht unbedingt so, dass wir allem, was wir ein „Recht" nennen, *eine* dieser Kategorien zuweisen können. Vielmehr beinhalten viele „Rechte" eine Kombination verschiedener derart analysierter Rechte. Ein prominentes Verständnis von Eigentumsrechten besagt beispielsweise, dass sich hinter diesen eigentlich ein ganzes Bündel verschiedener Rechte versteckt (Honoré 1961): Wenn Sie Eigentum an diesem Buch haben, dann haben Sie vermutlich mindestens ein *Anspruchsrecht* gegen alle anderen, dass sie Ihnen das Buch nicht wegnehmen; ein *Freiheitsrecht*, mit diesem Buch alles mögliche anzustellen; die *Kompetenz*, anderen die Nutzung zu gestatten oder Ihr Eigentum daran zu veräußern; und vielleicht sind Sie sogar der möglichen Enteignung durch den Staat *unterworfen*, wenn es zu einer akuten Unterversorgung mit Politische-Theorie-Lehrbüchern kommt.

Analyse komplexer Rechte

6.3.3 Urteile und Prinzipien

Nicht alle normativen Aussagen drücken Rechte oder Pflichten aus: Manchmal markieren wir nicht eine bestimmte Art von *Handlung eines Akteurs* als geboten, sondern bewerten einen *Sachverhalt* bzw. Zustand der Welt auf eine Weise, die uns Grund gibt, ihn herzustellen oder zu vermeiden. Nehmen Sie das folgende Beispiel:

Normative Aussagen über Sachverhalte

1) Eine Verteilung von Ressourcen innerhalb eines Staates ist nur dann gerecht, wenn alle genug haben.

2) In Deutschland haben nicht alle genug.
3) Also ist die Verteilung von Ressourcen in Deutschland ungerecht.

Sowohl (1) als auch (3) sagen uns nicht unmittelbar etwas darüber, was irgendwelche Akteure tun sollten, sondern etwas über ein bestimmtes Muster einer Verteilung von Ressourcen. Selbst wenn sich mittelbar daraus Pflichten für Akteure ableiten lassen (z. B. solche, an der Verteilung etwas zu ändern), scheinen (1) und (3) selbst keine solchen Pflichten zu sein. Aber sie sind klarerweise normative Aussagen.

Normative Prinzipien

Es gibt aber auch einen wichtigen Unterschied zwischen (1) und (3): (1) ist, was wir in der Regel ein normatives *Prinzip* nennen (konkret ist es ein schwaches Suffizienzprinzip, das eine notwendige Bedingung für Verteilungsgerechtigkeit formuliert). (3) hingegen würden wir nicht als Prinzip bezeichnen. Vielmehr ist es ein *Urteil* über einen bestimmten Fall oder eine Konklusion, die durch das Prinzip (1) impliziert wird (gegeben die in (2) beschriebenen Fakten). Worin besteht dieser Unterschied? Als erstes fällt Ihnen vielleicht auf, dass sich (3) auf einen konkreten Einzelfall bezieht (nämlich Deutschland), wohingegen (1) sich auf alle Fälle der fraglichen Kategorie bezieht. Manchmal finden Sie daher die Auffassung, dass Prinzipien schlichtweg besonders *allgemeine* normative Aussagen sind (z. B. List und Valentini 2016, 535). Aber das trifft nicht ganz den Kern der Sache. Nehmen Sie einmal an, dass zufälligerweise die Ressourcenverteilung in allen Staaten momentan so beschaffen wäre, dass genau in folgenden Staaten manche Menschen nicht genug haben: in Dänemark, Deutschland, Dominica, der Dominikanischen Republik und Dschibuti. Dann könnten wir ein solches schlüssiges Argument aufstellen:

1) Eine Verteilung von Ressourcen innerhalb eines Staates ist nur dann gerecht, wenn dieser Staat nicht mit D anfängt.
2) Deutschland fängt mit D an.
3) Also ist die Verteilung von Ressourcen in Deutschland ungerecht.

(4) bezieht sich genauso wie oben (1) auf alle Staaten. In dieser Hinsicht ist (4) genauso allgemein wie (1). Und (6) lässt sich genauso aus (4) ableiten wie (3) aus (1). Der Unterschied zwischen (4) und (1) ist aber, dass (1) *erklärt*,[37] warum die Verteilung von Ressourcen in Deutschland

37 Freilich nicht im Sinne einer kausalen Erklärung (vgl. 3.3.2), sondern einer konstitutiven.

Prinzipien als gesetzesartige Allaussagen

ungerecht ist. (4) tut das nicht. Das liegt daran, dass (1) eine Eigenschaft benennt, die eine Verteilung *ungerecht macht.* (4) benennt nur eine Eigenschaft, die konkrete ungerechte Verteilungen in unserer (hypothetischen) Welt alle gerade *zufälligerweise haben.*[38] Wenn wir über Gerechtigkeit nachdenken, interessiert uns aber, was etwas ungerecht macht. Und diesen Job erfüllen nicht alle allgemeinen normativen Aussagen gleich gut – selbst wenn sie in einer bestimmten Situation genau dieselben Urteile liefern.

Das gilt natürlich genauso für verschiedene Prinzipien untereinander: Es könnte beispielsweise so sein, dass fünf verschiedene Gerechtigkeitsprinzipien alle zu dem Schluss kommen, dass die Güterverteilung in Dschibuti ungerecht ist. Aber sie kommen *aus unterschiedlichen Gründen* zu diesem Schluss – das heißt, sie identifizieren unterschiedliche Kriterien als ausschlaggebend für Gerechtigkeit. Das ist wichtig, weil wir uns ja nicht nur dafür interessieren, was gerade gerecht oder ungerecht ist, sondern welche *Veränderungen* etwas Ungerechtes gerecht machen würden oder etwas Gerechtes gerecht bleiben ließen. (1) gibt uns dafür einen Ansatzpunkt. Den Namen unseres Staates mit einem anderen Buchstaben anfangen zu lassen, wäre hingegen wohl kaum eine Lösung.

6.3.4 Abwägung und Pro-tanto-Pflichten

Simple Beispielargumente, wie wir sie oben verwendet haben, legen nahe, dass der Weg von Prinzipien zu Urteilen über deduktive Argumente läuft: Grob gesagt gibt uns ein Prinzip ein Set moralisch relevanter Eigenschaften und eine moralische Beurteilung, die in Abhängigkeit von diesen Eigenschaften zutrifft (Dietrich und List 2017); wir stellen fest, dass diese in einem Fall vorhanden sind und schließen daraus auf die vorgesehene normative Beurteilung des Falls. Aber berufen wir uns tatsächlich immer in dieser Weise auf moralische Gründe? Häufig scheinen wir schließlich auch so etwas zu sagen wie:

> „Dass ein generelles Tempolimit auf Autobahnen die Freiheit der Autofahrer*innen einschränken würde, spricht gegen eine solche Regelung. Dass sie statistisch jedoch zahlreiche Leben retten würde und einen Beitrag zur Senkung der CO2-Emissionen leisten würde, den wir nur sehr schwer an anderer Stelle erreichen könnten, spricht für sie. Alles in allem betrachtet überwiegen die Gründe dafür die Gründe dagegen."

---

38 Der gleiche Zusammenhang besteht für deskriptive Aussagen zwischen empirischen Einzelaussagen und erklärenden *Gesetzesaussagen* gegenüber zufälligerweise wahren Allaussagen (vgl. 3.3.2).

Abwägung in praktischen Urteilen

Vielleicht erinnern Sie sich auch noch daran, dass im Zuge der Corona-Pandemie ein Schlagwort aus Jura-Lehrbüchern plötzlich in Talkshows in aller Munde war: das der *Verhältnismäßigkeit*. Und in der Tat ist es in der Rechtswissenschaft sehr etabliert, von der *Abwägung* verschiedener Rechtsgüter zu sprechen – der Rechtsphilosoph Robert Alexy (1986, Kap. 3) vertrat in diesem Sinne einflussreich ein Verständnis von Prinzipien, demzufolge sie schlichtweg Optimierungsgebote sind, die so etwas sagen wie: „So weit wie möglich in diese Richtung!" Das ist eindeutig ein engerer Sinn von „Prinzipien" als der, von dem wir oben gesprochen haben. Nichtsdestotrotz ist die Abwägung verschiedener Gründe für oder gegen eine Konklusion ein geläufiges Charakteristikum unseres Nachdenkens über normative Fragen. Das funktioniert aber natürlich nicht mit deduktiven Argumenten: Schließlich *müssen* Sie in einem deduktiven Argument die Konklusion akzeptieren, wenn Sie alle Prämissen einzeln akzeptieren und die Konklusion logisch aus den Prämissen folgt (vgl. Kap. 4.4.1). Das scheint bereits die Art von Urteil, die wir uns bilden, wenn wir die Stärke verschiedener Gründe abwägen, nicht besonders gut wiederzugeben. Noch klarer wird das Problem, wenn wir beachten, dass deduktive Argumente *monoton* sein müssen – das heißt: einem schlüssigen Argument zusätzliche wahre Prämissen hinzuzufügen darf niemals etwas an seiner Schlüssigkeit ändern. Doch gerade das scheint für normative Argumente wie das Obige nicht zutreffend: Gäbe es weitere zu berücksichtigende Gründe, dann könnte unser Urteil sehr wohl doch auch wieder gegen ein Tempolimit ausfallen oder umgekehrt unsere Befürwortung desselben immer robuster werden – in ähnlicher Weise wie wir bei induktiven Argumenten immer noch zusätzliche Evidenz sammeln und berücksichtigen können.

Prinzipien mit Ausnahmeklauseln

Eine Reaktion darauf wäre nun, die fraglichen Prinzipien einfach so zu modifizieren, dass solche Argumente doch als deduktiv schlüssig abgebildet werden: Dann betrachten Sie die Möglichkeit, dass ein Prinzip durch gegenläufige Prinzipien überwogen werden könnte, als Problem und suchen ein neues Prinzip, das alle unsere Urteile in Abwägungsfällen von vornherein mit abbildet (Shafer-Landau 1995). In der Tat ist das unsere übliche Vorgehensweise, wenn wir einen einzelnen Beurteilungsmaßstab im Sinn haben – z.B. die Gerechtigkeit einer Verteilung von Gütern. Dass bestimmte Eigenschaften einer Verteilung weder hinreichend noch notwendig dafür sind, dass sie gerecht ist, sondern nur „dafür sprechen", dass sie es ist, würde in den Augen der meisten Gerechtigkeitstheoretiker*innen wohl kein befriedigendes Prinzip der Verteilungsgerechtigkeit abgeben.

Anders verhält sich die Sache aber vermutlich, wenn wir voneinander unabhängige Werte oder Gründe abwägen müssen (wie vielleicht oben im Beispiel des Tempolimits). In manchen Moraltheorien wird sich Ihnen ein solches Problem gar nicht stellen, weil diese davon ausgehen, dass sich alle moralisch relevanten Erwägungen auf eine einheitliche Währung reduzieren lassen – im Falle des klassischen Utilitarismus etwa Lust und Schmerz. In vielen Theorien sieht es aber schon so aus, dass verschiedene, ähnlich grundsätzliche Werte oder Prinzipien miteinander in Konflikt geraten können.

Absolute Prinzipien

Vielleicht gibt es unter diesen dann Prinzipien, die – ähnlich einer Trumpf-Karte – egal welche konkurrierenden Prinzipien immer ausstechen. In solchen Fällen spricht man meist von *absoluten* Rechten bzw. Pflichten oder, wie Rawls (1999), von einer Ordnung lexikalischen *Vorrangs* zwischen verschiedenen Prinzipien. Allerdings erweisen sich solche Prinzipien häufig anfällig für Gegenbeispiele, denn schließlich müssen sie in egal welcher Konstellation alle denkbaren gegenläufigen Gründe übertreffen – und da lässt sich so manches auftreiben. Manchmal führt das dazu, dass man Fälle, in denen das Prinzip übertrumpft zu werden scheint, durch Eingrenzungen des Anwendungsbereichs des Prinzips aufzufangen versucht: Wenn Sie z. B. denken, dass es ein absolutes Recht auf Meinungsfreiheit gibt, dann könnten Fälle von Hassrede Sie dazu bringen, daran herumzuschrauben, was in diesem Recht denn mit „Meinung" gemeint sein soll.

Pro tanto vs. tout court

Manchmal scheint es aber, dass es einfacher ist, zuzugestehen, dass uns verschiedene Gründe in unterschiedliche Richtungen ziehen und die Waage je nach genauer Konstellation in die eine oder andere Richtung ausschlagen könnte. Gerade wenn es viele konkurrierende Erwägungen gibt (wie z. B. eine ganze Liste an verschiedenen Grundrechten in einer Verfassung), scheint es zudem nahezu unmöglich, die Ergebnisse aller möglichen Konfliktkonstellationen von vornherein in ein Prinzip hineinzuschreiben. Deshalb spricht man häufig davon, dass solche Prinzipien (oder aus ihnen abgeleitete Urteile) *pro tanto* (lat. „für so viel") oder *prima facie* (lat. „dem ersten Anschein nach") gelten (Ross [1930] 2002) – das heißt, sofern nichts Stärkeres dagegen spricht, wenn wir abwägen, was *alles in allem* richtig ist (engl. *all things considered*, auch frz. *tout court*, lat. *pro toto*). Sie etablieren damit sozusagen eine auf einem bestimmten Set einschlägiger Gründe basierende Ausgangsvermutung, die gesondert widerlegt werden muss. In diesem Sinne könnte man dann etwa sagen, dass wir eine Pro-tanto-Pflicht haben, nicht zu lügen: Grundsätzlich ist es falsch zu lügen. Wenn aber ein Auftragskiller klingelt und fragt, ob sein Opfer zuhause ist, dann mag *alles in allem* das Leben des Opfers den Wert der Ehrlichkeit übertrumpfen. Möchten wir besser verstehen, wie Lügen moralisch zu bewerten sind, kann es aber trotzdem informativ sein, sich ein Urteil darüber zu bilden, welche Ausgangsvermutung die moralisch relevanten intrinsischen Eigenschaften des Lügens etablieren.

Weiterführende Literatur

Hare, R. M. 1972. „Principles". *Proceedings of the Aristotelian Society* 73: 1–18.

Hohfeld, Wesley N. 1913. „Some Fundamental Legal Conceptions as Applied in Judicial Reasoning". *Yale Law Journal* 23 (1): 16–59.

Koons, Robert. 2022. „Defeasible Reasoning". In *The Stanford Encyclopedia of Philosophy*, herausgegeben von Edward N. Zalta, Summer 2022. Metaphysics Research Lab, Stanford University. https://plato.stanford.edu/archives/sum2022/entries/reasoning-defeasible/.

Raz, J. 1975. „Reasons for Action, Decisions and Norms". *Mind* 84 (336): 481–99.

Scanlon, T. M. 1998. *What We Owe to Each Other*. Cambridge, MA: Belknap Press.

Shafer-Landau, Russ. 1997. „Moral Rules". *Ethics* 107 (4): 584–611.

Wenar, Leif. 2005. „The Nature of Rights". *Philosophy & Public Affairs* 33 (3): 223–52.

———. 2020. „Rights". In *The Stanford Encyclopedia of Philosophy*, herausgegeben von Edward N. Zalta, Spring 2020. Metaphysics Research Lab, Stanford University. https://plato.stanford.edu/archives/spr2020/entries/rights/.

Zimmerman, Michael J. 1996. *The Concept of Moral Obligation*. Cambridge: Cambridge University Press.

6.3.5 Moral, Gerechtigkeit und andere Werte

Bislang haben wir immer wieder freizügig von ‚moralischen' Rechten und Pflichten gesprochen. Allerdings reden wir in der Normativen Politischen Theorie (anders als in der Ethik) meistens nicht einfach von ‚Moral' – eher beziehen wir uns auf ‚Gerechtigkeit'. Macht das einen Unterschied? Und wenn wir uns nun fragen, was ‚Freiheit' oder ‚Demokratie' ausmacht – sprechen wir dann von etwas ganz anderem oder letztlich doch derselben Sache?

Nun: was ist denn Gerechtigkeit? Klar ist, dass es sich bei Gerechtigkeit um einen *normativen* Maßstab handelt (vgl. Kap. 3.2). Unstrittig ist auch, dass es sich dabei um eine Form *moralischer* Normativität handelt – im Gegensatz beispielsweise zu instrumenteller Rationalität: Wenn Sie zum Beispiel einen Nagel in die Wand schlagen wollen, dann *sollten* Sie dafür eher einen Hammer nehmen als eine Banane. Aber dieses *Sollen* ist kein moralisches: Auch jemand, der sich erklärtermaßen kein bisschen um seine moralischen Pflichten schert, würde einsehen, dass er den Hammer nehmen sollte. In der Regel verstehen wir Letzteres grob gesagt als: was Sie *unabhängig* davon, ob es Ihren persönlichen Motiven und Neigungen entspricht, tun sollen, weil es *richtig* ist, es zu tun (wieder einmal eine einflussreiche Idee von Kant). Gerechtigkeit liegt also jedenfalls im Terrain der Moral: Forderungen im Namen der Gerechtigkeit werden immer moralische Forderungen sein.

Verschiedene Sinne von „Gerechtigkeit“

Welche Ecke dieses Terrains Gerechtigkeit einnimmt, hängt allerdings ein wenig davon ab, in welchem Sinne wir diesen Begriff verwenden. In einem über lange Strecken der Philosophiegeschichte dominanten, heute aber weniger relevanten Sinne kann man von Gerechtigkeit als einer *individuellen Tugend* sprechen: In diesem Sinne können sich einzelne Menschen als gerecht erweisen, so wie sie sich etwa auch als weise oder tapfer erweisen können. Selbst bei den heute prominenteren Verwendungsweisen des Begriffs denken wir je nach Kontext manchmal an speziellere Fragen: Weite Teile der Debatten über Gerechtigkeit in der Politischen Theorie drehen sich z.B. in erster Linie um *distributive* bzw. *Verteilungsgerechtigkeit*. Auch im Kontext des Strafrechts sprechen wir davon, Täter*innen ihrer gerechten Strafe zuzuführen (*retributive Gerechtigkeit*) oder aber Gerechtigkeit für Opfer herzustellen (*restorative Gerechtigkeit*, „Wiedergutmachung“). Oder denken Sie auch daran, wie wir die Begriffe des *Rechts* und *Unrechts* in einem breiteren Sinne als nur in Bezug auf das Strafrecht verwenden (oder man auf Englisch gleich von so etwas wie einem *Ministry of Justice* oder *Supreme Court Justices* spricht). Schließlich spricht man auch manchmal lose von *sozialer Gerechtigkeit* und hat dabei vor allem Probleme wie Diskriminierung und strukturelle Ungleichheit im Sinn.

Solche verschiedenen Verwendungsweisen könnten den Verdacht schüren, dass Gerechtigkeit vielleicht doch nur eine zufällig gewachsene Weise ist, wie wir allerlei moralische Fragen herausgreifen, aber es am Ende des Tages einfach um Moral insgesamt geht. Vielleicht könnte man als abstrakteste gemeinsame Grundidee ein klassisches Zitat von Justitian (1627, 11) bemühen: „Gerechtigkeit ist der feste und fortdauernde Wille, *jedem das seine zukommen zu lassen.*“ Tatsächlich gibt es auch Moraltheorien, bei denen zumindest ein solcher ‚kleinster gemeinsamer Nenner‘ ziemlich genau nach dem ganzen Gegenstand der Moral klingt. Wir hatten oben schon einmal T. M. Scanlons Buch *What We Owe to Each Other* angesprochen, das mit Anleihen bei Kant und Rawls eine zentrale Darstellung kontraktualistischer Moraltheorie bietet: Moralische Prinzipien erfassen demnach, was wir einander schulden, indem sie Handlungen verbieten, die wir einander nicht rechtfertigen können. Wenn man einen weiten Gerechtigkeitsbegriff mit einem kontraktualistischen Moralbegriff kombiniert, dann scheinen die beiden wirklich sehr eng beieinander zu liegen.

Institutionalismus über Gerechtigkeit

Ein besonders einflussreicher Ansatz dafür, das Terrain der Gerechtigkeit doch enger abzustecken, kommt aus Rawls' *Theory of Justice*. Auf deren erster Seite findet sich der vielzitierte Satz: „Justice is the first virtue of social institutions, as truth is of systems of thought“ (Rawls 1999, 3). Dabei hat Rawls nicht nur im Sinn, dass Gerechtigkeit ein zentraler Maßstab für soziale Institutionen ist, sondern auch, dass sie eben derjenige moralische Maßstab ist, den wir an *Institutionen* anlegen (und zwar im Rahmen seiner Theorie konkreter noch an jene Institutionen der „Grundstruktur der Gesellschaft"). Der Gedanke ist dabei, dass eine Gesellschaft gerecht ist, wenn wir ihre Institutionen gerecht eingerichtet haben. Was Menschen dann innerhalb der Regeln dieser Institutionen tun, hat damit dann nichts mehr zu tun (Rawls 1993, 282–83; 2001, 50). Die individuellen Pflichten der Gerechtigkeit beschränken sich darauf, gerechte Institutionen herzustellen und, wenn es sie einmal gibt, sich an sie zu halten (Rawls 1999, 293–94). Diese Position bezeichnet man manchmal auch als *Institutionalismus* über Gerechtigkeit. Sie hat viel Zuspruch gefunden, ist aber auch kein unumstrittener Konsens – in einer klassischen Debatte hielt G. A. Cohen (1997) unter dem Banner des feministischen Slogans „The personal is political" entgegen, dass Prinzipien der Gerechtigkeit auch individuelles Handeln motivieren müssen. Relationale Egalitarist*innen denken z.B. auch, dass die Gerechtigkeit einer Gesellschaft davon abhängt, in welchen Beziehungen Menschen in ihr zueinander stehen – solchen der Achtung und Gleichheit oder solchen von Hierarchie, Unterdrückung und Missbilligung (etwa Anderson 1999). Auch das setzt aber vermutlich einen weiteren Anwendungsbereich von Gerechtigkeit voraus als nur öffentlich anerkannte Regelsysteme; selbst wenn es sich immer noch essentiell darauf bezieht, wie unser kollektives Zusammenleben aussehen sollte (vgl. Kap. 3.2).

Gerechtigkeit im Konflikt mit anderen Werten

Sofern Gerechtigkeit nur einen Teilbereich der Moral ausmacht, kann sich aber auch das, was gerecht ist, von dem unterscheiden, was alles in allem moralisch geboten ist. Ein Fallbeispiel von Marc Fleurbaey (1995, 40) taugt gut, um diese Option zu illustrieren:

> „Bert has received a normal and balanced upbringing, but he has freely adopted a negligent and reckless character. In particular, he enjoys having his hair blown by the wind when he rides his motorbike on the highway, and he seldom wears a helmet even though he has one and it is compulsory to wear it. One morning he takes out his motorbike to pay a visit to his parents, and, on leaving them, spurns his mother's warnings about the helmet, saying: ‚I prefer to take the risk and enjoy the wind!' But on this particular morning, Bert's careless driving causes an accident, in which he suffers serious head injuries. The hospital diagnoses a trauma which requires a costly operation Bert cannot afford because he has no health insurance. He will die if nothing is done."

Dieser Fall soll ein Problem für eine einflussreiche Spielart von Gerechtigkeitstheorien, den *luck egalitarianism*, aufwerfen. Denn dieser besagt, dass es ungerecht ist, wenn wir für die Kosten der eigenverantwortlichen Entscheidungen anderer aufkommen müssen; und demnach sollten wir Bert nicht helfen. Doch das scheint falsch. Eine Reaktion darauf wäre, dieses Gerechtigkeitsverständnis zu verwerfen und ein alternatives zu suchen, das impliziert, dass man Bert helfen sollte. Es wäre aber auch möglich, zu entgegnen, dass der Fall überhaupt kein Problem für diese Gerechtigkeitstheorie aufzeigt, weil es tatsächlich *ungerecht* ist, wenn wir unsere Ressourcen aufgeben müssen, um Bert zu helfen. Es ist nur so, dass in dieser Situation ein anderweitiges moralisches Prinzip Anwendung findet – etwa, dass wir Menschen in Not helfen müssen, wenn uns das ohne erhebliche Gefahr für uns selbst möglich ist (ein Rettungsprinzip; Singer 1972; Scanlon 1998, Kap. 5). Dass wir dafür eine Ungerechtigkeit in Kauf nehmen müssen, könnte womöglich die Intuition erklären, dass wir von Bert danach verlangen könnten, die Kosten für seine Behandlung zurückzuzahlen.

Pluralismus

In einem solchen Bild verstehen wir Gerechtigkeit als einen moralischen Wert *unter anderen*. Eine solche Position bezeichnet man geläufigerweise als *Pluralismus* über Werte.[39] Grob gesagt kann man sich das so vorstellen, dass das Abwägungsproblem, das wir in Abschnitt 6.3.4 ansprachen, zusätzlich noch auf einer mittleren Organisationsebene verschiedener Werte auftritt (Chang 2002, 3–9): Wenn wir herausgefunden haben, was *Gerechtigkeit* alles in allem in einer Frage erfordert, klärt das noch nicht, was in dieser Frage *alles in allem* moralisch geboten ist. Gründe der Gerechtigkeit, Gründe der Freiheit, Gründe der Solidarität usw. würden uns dann jeweils immer nur Pro-tanto-Konklusionen liefern.

Dass wir all die Erwägungen, die für die Gesamtbewertung einer Sache relevant sind, in voneinander mehr oder weniger unabhängige Kategorien gruppieren können, ist dabei eigentlich ein in vielen Fällen sehr vertrauter Gedanke: Denken Sie zum Beispiel an die Vor- und Nachteile eines bestimmten Gerichts. Manche davon werden sich auf seinen kulinarischen Wert beziehen: etwa die Kombination der verschiedenen Aromen, die Balance aus Säure, Süße und Salzigkeit, die Textur, usw. Diese Erwägungen können Sie bereits in verschiedene Richtungen ziehen und Sie können Sie miteinander abwägen, um sich ein Urteil zu bilden. Dass dasselbe Gericht sehr umständlich zuzubereiten ist oder man sich beim Essen leicht einkleckert, mag für die Gesamtbewertung des Gerichts auch relevant sein. Aber das betrifft dann einen anderen Aspekt als den kulinarischen Wert. Und ob das Gericht schön aussieht, ist wieder eine andere Frage.

---

39 Dieser Fachbegriff meint somit *nicht* dasselbe wie die alltägliche Rede von (Werte-)Pluralismus, die auch einfach ausdrücken kann, dass Menschen sehr unterschiedliche Meinungen darüber haben, was wie wertvoll sei.

Ein Politischer Theoretiker, demzufolge es sich mit Gerechtigkeit ungefähr genauso verhält, war der oben bereits erwähnte G. A. Cohen (2008, 4–6). Rawls hingegen stellt sich Gerechtigkeit eher als ein Sammelbecken für alle moralisch relevanten Erwägungen in der Bewertung sozialer Institutionen vor – was sich etwa darin ausdrückt, dass er die drei Prinzipien seiner Theorie (Freiheitsprinzip, Prinzip der fairen Chancengleichheit, Differenzprinzip) trotz ihrer erheblichen inhaltlichen Unterschiede gleichermaßen als *Gerechtigkeitsprinzipien* bezeichnet. Wenn Sie Gerechtigkeit in einem solchen weiten Sinne verstehen, dann werden Ihnen alle Fragen der Normativen Politischen Theorie letztlich als Gerechtigkeitsfragen erscheinen – solche nach der Rolle von Freiheit ebenso sehr wie Belange der Demokratietheorie. Pluralist*innen wären demgegenüber wohl eher geneigt zu sagen, dass man sich bspw. in der Demokratietheorie mit einer ganz anderen Frage befasst als in der Gerechtigkeitstheorie.

Verbale Dispute

Sofern sich beide Seiten darüber einig sind, welche Erwägungen insgesamt relevant bzw. welche Forschungsfragen zu beantworten sind, ist ein solcher Dissens bloß einer darüber, nach welchem begrifflichen Schema wir diese Erwägungen und Fragen sortieren sollten. Und das ist aller Wahrscheinlichkeit nach wiederum keine tiefe inhaltliche Frage – sondern z.B. eine Frage dessen, welche Problemstellungen wir mit unseren jeweiligen Theorien bearbeiten wollen und wie wir unseren Forschungsdiskurs effizient organisieren.[40] Wichtig ist allerdings, dass Sie im Blick behalten, *wie* Sie (bzw. die Theorien, auf die Sie Bezug nehmen) den Begriff verwenden – denn sonst geraten Sie in die Gefahr eines vebalen Disputs, bei dem Sie und Ihre Gegner*innen keine eigentliche Meinungsverschiedenheit haben, sondern nur aneinander vorbeireden.

Weiterführende Literatur

Mason, Elinor. 2023. „Value Pluralism". In *The Stanford Encyclopedia of Philosophy*, herausgegeben von Edward N. Zalta und Uri Nodelman, Summer 2023. Stanford: Metaphysics Research Lab, Stanford University. https://plato.stanford.edu/archives/sum2023/entries/value-pluralism/.

Miller, David. 2021. „Justice". In *The Stanford Encyclopedia of Philosophy*, herausgegeben von Edward N. Zalta, Fall 2021. Stanford: Metaphysics Research Lab, Stanford University. https://plato.stanford.edu/entries/justice/.

40 Eine traditionsreiche analoge Debatte um konkurrierende deskriptive Begriffsschemata findet sich in der Wissenschaftstheorie unter dem Stichwort des *ontologischen Pluralismus* (hierzu D. Ludwig und Ruphy 2021, Abschn. 4).

6.4 Reflective Equilibrium

6.4.1 Die Grundidee des Überlegungsgleichgewichts

Im vorangegangenen Abschnitt haben wir ein paar technische Begriffe geklärt. Das ist für Sie hilfreich, damit Sie richtig einordnen, wovon Leute im Fachdiskurs da eigentlich sprechen und sie Ihrerseits so verwenden, dass keine Missverständnisse entstehen. Aber sie helfen Ihnen natürlich noch nicht dabei, Aussagen über Rechte, Pflichten, Prinzipien zu *bewerten*.

Das am weitesten verbreitete methodologische Modell dafür, wie wir das in der Politischen Theorie (und genauso in der Ethik) tun, ist das des *Überlegungsgleichgewichts* (oder auf Englisch des *reflective equilibrium*) – was auch ein wenig damit zu tun haben mag, dass John Rawls (1999) es in seiner *Theory of Justice* eingeführt hat und so einiges aus diesem Buch in diesem Fach einen bleibenden Eindruck hinterlassen hat. Die Grundidee des Überlegungsgleichgewichts ist es, dass es in unserem Nachdenken über normative Prinzipien darauf ankommt, Kohärenz innerhalb eines Sets von drei Arten von Auffassungen herzustellen:

1. unseren *considered judgments* – das heißt unseren wohlbedachten moralischen Urteilen bzw. Intuitionen,
2. vorgeschlagenen oder bereits bewährten Prinzipien und
3. relevanten Hintergrundannahmen.

Kohärenz und Konsistenz

Kohärenz herzustellen bedeutet einerseits Konsistenz zu wahren (vgl. 6.1.3, 4.4.2). Wenn also zwischen den Aussagen ein Widerspruch besteht, müssen Sie irgendeine der beteiligten Aussagen so modifizieren, dass der Widerspruch aufgelöst wird. Stellen Sie sich das vielleicht vor wie ein Netz mit etlichen Knotenpunkten: Wenn Sie an einem Punkt ziehen, müssen sich irgendwelche anderen Knoten bewegen, damit die Verbindungen nicht reißen.

Kohärenz beinhaltet aber noch ein wenig mehr als Konsistenz: Wir können Kohärenz dadurch erhöhen, dass wir neue Beziehungen zwischen den Elementen herstellen – zum Beispiel Begründungsbeziehungen, in denen manche Elemente andere Elemente erklären oder die Konzeptualisierung eines Elements gut zu der eines anderen passt. Stellen Sie sich das vielleicht so vor, dass Sie einen Knoten besser in das Netz einbinden, indem Sie mehr Verbindungen zu anderen Knoten etablieren oder ihn enger in das Netz hineinrücken und es dadurch dichter machen.

Modifikation von Urteilen und Prinzipien

Der springende Punkt an dieser Idee ist nun, dass wir *sowohl* intuitive Urteile *als auch* abstrahierte Prinzipien berücksichtigen, uns zwischen ihnen hin und her bewegen und beide im Lichte der anderen revidieren können. Es ist also nicht so, dass wir „bottom-up" einfach nur unsere anfänglichen Urteile im Gewand einer Theorie inventarisieren. Aber auch nicht so, dass wir „top-down" mit einer Theorie anfangen und dann alle Urteile als irrig verwerfen, die nicht dazu passen.

Das kann man gut an einem Beispiel aus der Logik veranschaulichen – und tatsächlich hatte Nelson Goodman (1955, 63–64) in diesem Zusammenhang bereits genau diese Idee des Überlegungsgleichgewichts beschrieben. Wie Sie in Kapitel 4 gesehen haben, beruhen Argumente auf Schlussregeln: Wir gehen davon aus, dass wir aus Prämissen bestimmter Art eine weitere Aussage (die Konklusion) schließen dürfen. Aber wie kommen wir darauf, was eine gültige Schlussregel ist und was nicht? Es scheint so, dass wir denkbare Kandidaten für Regeln in Einklang damit bringen, was wir in einer diversen Auswahl von Fällen für gültige Schlüsse halten. Würde eine Schlussregel das Ergebnis liefern, dass klarerweise sinnvolle Schlüsse ungültig sind, dann würden wir die Regel verwerfen und nach einer treffenderen suchen. Umgekehrt interessieren wir uns aber natürlich gerade dafür, eine Regel zu finden, weil wir sie verwenden wollen, um gültige von ungültigen Fällen zu unterscheiden. Und dabei kann es sehr gut vorkommen, dass uns ein Schluss zunächst belastbar erschien, wir ihn aber dann verwerfen, weil wir sehen, dass er mit der Regel, die unsere Intuitionen über viele andere Fälle am besten einfängt, unvereinbar ist. Deswegen haben wir den Eindruck, dass wir über die Gültigkeit einzelner Schlüsse durchaus etwas *dazulernen* können, wenn wir uns mit den allgemeinen Regeln gültiger Schlüsse auseinandersetzen – das wäre ja nicht der Fall, wenn die Gültigkeit von Schlüssen einfach direkt von unserem Bauchgefühl abhinge.

Enges vs. weites Überlegungsgleichgewicht

Soweit erfordert die Idee des Überlegungsgleichgewichts von uns weder über unseren eigenen Tellerrand hinauszuschauen noch unsere anfänglichen Urteile grundsätzlich infrage zu stellen. Sobald wir dies tun, nehmen wir den Schritt von einem *narrow* zu einem *wide reflective equilibrium*. John Rawls (1999, 41–42) hat für das Unterfangen des Überlegungsgleichgewichts einmal eine Analogie zur Grammatik unserer Sprache vorgeschlagen. Auch wenn umstritten ist, ob diese Analogie letztlich tragfähig ist (Daniels 1996, Kap. 4), sind doch zumindest folgende Ähnlichkeiten an dieser Stelle hilfreich: Angenommen, wir sehen uns den Korpus all Ihrer sprachlichen Äußerungen an. Dann könnten wir versuchen, eine Grammatik zu formulieren, die beschreibt, welchen allgemeinen Regeln dieser Sprachgebrauch folgt. Diese persönliche Grammatik ließe offen, dass Sie manchmal Dinge sagen, die die Regeln Ihres eigenen Sprachgebrauchs verletzen – eben weil wir manchmal einfach inkonsistent sind oder Fehler machen (so wie auch eine kompetente Mathematiklehrerin manchmal Rechenfehler macht oder einen Lösungsweg nicht sieht). Ungefähr so erfasst ein *enges* Überlegungsgleichgewicht die moralischen Prinzipien, die *Ihre* Urteile nach gebotener Reflexion am besten widerspiegeln.

Über ein solches enges Überlegungsgleichgewicht können wir nun aber in zwei Weisen hinausgehen: Erstens ist es denkbar, dass andere aus denselben ‚Rohdaten' andere Regeln rekonstruiert hätten: Sie hätten an bestimmten Wegzweigungen andere Entscheidungen getroffen, wie ein Prinzip anzupassen ist, um Inkonsistenzen aufzuheben oder wie Kohärenz unter den Prinzipien am besten befördert werden kann. Im Grunde ist das in etwa die Situation, in der wir uns finden, wenn wir in der Normativen Politischen Theorie verschiedene konkurrierende Theorien vor uns haben. Solche alternativen engen Gleichgewichte könnten wir uns nun einerseits im Abgleich zu unserer ‚Lösung' ansehen, um zu beurteilen, ob wir uns der Alternative an irgendwelchen Stellen anschließen möchten. Manchmal gibt es durchaus Fälle, in denen zwei Theorien dieselben Urteile zu bestimmten Fragen fällen, aber unterschiedlich ausbuchstabieren, warum das die richtigen Urteile sind. Wenn wir vor allem von unseren Urteilen in bestimmten Fällen überzeugt sind, ist es möglich, dass eine alternative Erklärung davon uns noch mehr überzeugt. Andererseits werden diese alternativen Theorien zu unserer eigenen an manchen Stellen im Widerspruch stehen – dann können wir uns ansehen, welche Kritik sie daran vorbringen und sehen, zu welchen Modifikationen diese Gegenargumente uns zwingen. Die meisten Vertreter*innen konkurrierender Gerechtigkeitstheorien denken zum Beispiel, dass ihre „Gegner*innen" an der einen oder anderen Stelle *falsch* liegen und versuchen, das in ihrer Kritik herauszustellen. Häufig, sogar in aller Regel, erscheint uns solche Kritik keineswegs gerade heraus unverständlich: Wir sehen schon, dass sie ein Problem an unserer Theorie aufzeigt. Dann kann uns das einen Anlass geben, Modifikationen zu suchen, wie man dieses Problem lindern oder vermeiden kann.

Bedenken Sie außerdem, dass wir bislang ja nur Urteile (oben (1)) und Prinzipien (2) zu Fragen aus dem angestrebten Gegenstandsbereich unserer Theorie (bspw. Verteilungsgerechtigkeit) miteinander abgeglichen haben. Aber natürlich gibt es noch viele andere Dinge, die wir annehmen und die womöglich einen Effekt darauf haben, wie plausibel die Prinzipien in unserem engen Gleichgewicht erscheinen. Eine zweite Weise, über ein enges Überlegungsgleichgewicht hinauszugehen, besteht daher darin, anderweitige Theorien (oder Hintergrundannahmen, oben (3)) in unser Überlegungsgleichgewicht mit einzubeziehen (Daniels 1979). Denn das müssen nicht nur konkurrierende normative Theorien sein: Für die Frage, wie plausibel ein Prinzip ist, das unsere Pflichten gegenüber zukünftigen Personen betrifft, können etwa Annahmen über die Identität und Existenz von Personen eine durchaus wichtige Rolle spielen (Parfit 1987, Kap. 16).

Überlegungsgleichgewicht als regulative Idee

Klar ist: Spätestens in einem *wide reflective equilibrium* liegt eine Menge auf dem Tisch. Allein nachzuverfolgen, wie sich welche unserer Überzeugungen an anderen Stellen unseres theoretischen Netzwerks auswirken, ist eine herausfordernde Aufgabe – ganz abgesehen davon, dass wir zu manchen Fragen, die wir als relevant erkennen, vielleicht noch gar keine Überzeugungen haben oder sich unsere Überzeugungen zu einem späteren Zeitpunkt ändern mögen. Daher ist es wichtig im Blick zu behalten: Die Idee des Überlegungsgleichgewichts versucht greifbar zu machen, was wir denn überhaupt tun, wenn wir uns daran machen, die Plausibilität eines normativen Prinzips zu beurteilen. Der Gedanke ist nicht, dass wir jemals *alle denkbaren* Urteile, Prinzipien und Hintergrundannahmen berücksichtigt haben, die Frage abhaken und unser unerschütterliches Überlegungsgleichgewicht ad acta legen. In Rawls' (1993, 97) Worten: „The struggle for reflective equilibrium continues indefinitely, in this case as in all others."

Weiterführende Literatur

Cath, Yuri. 2016. „Reflective Equilibrium". In *The Oxford Handbook of Philosophical Methodology*, herausgegeben von Herman Cappelen, Tamar Szabó Gendler, und John Hawthorne, 213–30. Oxford: Oxford University Press.

Daniels, Norman. 1996. *Justice and Justification: Reflective Equilibrium in Theory and Practice*. Cambridge: Cambridge University Press.

Knight, Carl. 2023. ‚Reflective Equilibrium'. In *The Stanford Encyclopedia of Philosophy*, edited by Edward N. Zalta and Uri Nodelman, Winter 2023. Stanford: Metaphysics Research Lab, Stanford University. https://plato.stanford.edu/archives/win2023/entries/reflective-equilibrium/.

Rawls, John. (1951) 1999. „Outline of a Decision Procedure for Ethics". In *Collected Papers*, herausgegeben von Samuel Freeman, 1–19. Cambridge, MA: Harvard University Press.

Scanlon, T. M. 2002. „Rawls on Justification". In *The Cambridge Companion to Rawls*, herausgegeben von Samuel Freeman, 139–67. Cambridge: Cambridge University Press.

6.4.2 Das Überlegungsgleichgewicht in der Praxis

Manchmal könnte man deshalb den Eindruck haben, dass Politische Theoretiker*innen das Überlegungsgleichgewicht immer dann aus dem Ärmel zaubern, wenn jemand skeptisch nachfragt, was sie da treiben – und es dann genauso schnell dort wieder verschwindet, wenn sie zurück an ihre eigentliche Arbeit gehen. Vermutlich werden Sie nie in einer Einleitung lesen: „In diesem Aufsatz verwende ich die Methode des Überlegungsgleichgewichts, um zu zeigen, dass ..." Das hat vor allem zwei Gründe: Erstens ist es zwar durchaus eine Methode, indem es uns ein Modell eines systematischen Vorgehens bietet, das uns begründeterweise bessere Chancen bieten soll, zu gerechtfertigten Überzeugungen zu kommen als unsystematische Vorgehensweisen. Aber sie ist, wie nahezu alle Methoden in der Philosophie, sehr abstrakt und wenig spezialisiert, sodass es einfach nicht sehr informativ ist, sie namentlich auszuweisen. Wenn Sie denken, dass Sie ein schlagendes Gegenbeispiel gegen ein normatives Prinzip haben, dann sagen Sie meistens einfach, dass Sie ein Gegenbeispiel vorbringen werden. Das ändert aber nichts daran, dass Sie damit ein zunächst plausibles Prinzip mit einem Urteil über einen Fall konfrontieren, das uns dazu zwingen soll, das Prinzip zu modifizieren – auf eine Weise, die man mit der Idee des Überlegungsgleichgewichts beschreiben kann.

Kooperativer Forschungsdiskurs

Zweitens ist es vermutlich hilfreicher, sich das stückweise Herstellen und neuerliche Austarieren dieses Gleichgewichts weniger als das Unterfangen eines einzelnen Aufsatzes vorzustellen und mehr als ein kollaboratives Unterfangen innerhalb eines Forschungsdiskurses – so wie Erkenntnissuche auch in anderen wissenschaftlichen Disziplinen essentiell arbeitsteilig ist. Fallbeispiele erwägen, Intuitionen dazu abgleichen, mögliche Modifikationen von Prinzipien eruieren und miteinander vergleichen, neue Prinzipien vorschlagen, zusätzliche Gegenargumente erwägen – genau das sind ja all die Dinge, die wir in unserem Fach machen, indem wir Aufsätze schreiben, die aufeinander reagieren, auf Konferenzen miteinander diskutieren und versuchen, eine Debatte durch neue Perspektiven vorwärts zu bringen. Auch wenn Sie individuell in Ihrer Arbeit nicht den Weg von ersten *considered judgements* bis zu einem vorläufigen *wide reflective equilibrium* durchexerzieren, kann es immer noch sein, dass Ihr Vorgehen am besten als Beitrag zu einem solchen Unterfangen zu verstehen ist.

Praktische Schachzüge

Allerdings kann man die Idee des Überlegungsgleichgewichts auch ein wenig handlungsanleitender auffassen und es damit ein wenig aus dem Schattendasein hervorholen. Denn je nachdem, wo Sie gerade stehen, legt es Ihnen ja durchaus Schritte nahe, die Sie sinnvollerweise als nächstes unternehmen könnten:

Wenn es in einer bestimmten Frage (vielleicht einem neuartigen Problem, das in dieser Form noch nicht viel untersucht wurde) verschiedene Einzelurteile gibt (z.B. Meinungen, die in der politischen Diskussion auftauchen), dann können Sie sich fragen, wie man diese Urteile am besten systematisieren könnte; welches allgemeinere Prinzip sie am besten wiedergeben würde.

Wenn Sie ein plausibel erscheinendes Prinzip vorfinden, können Sie sich auf die Suche begeben, ob Ihnen irgendein Fallbeispiel einfällt, in dem das Prinzip nicht klarerweise die richtige Antwort liefert (in der Frage, was für ein Urteil ein allgemeines Prinzip falsifizieren würde, können Sie auf Kap. 4.4.1 zurückgreifen). Wurden in der Diskussion bisher vielleicht immer Fallbeispiele einer bestimmten Art verwendet? Dann spielen Sie doch einmal gedanklich damit, wie andersartig Sie einen Fall aufziehen könnten, für den immer noch dieses Prinzip relevant sein sollte.

Genauso können Sie auch abgleichen, was alternativ in der Debatte vertretene Prinzipien über zentrale Fälle, die Ihr Prinzip erklären kann, sagen würden. Kommen sie zu demselben Schluss? Falls ja, worin besteht dann der Vorteil Ihres Prinzips? Falls nein, kann Ihr Prinzip die Fälle erklären, die das konkurrierende Prinzip gut erklären kann?

Wenn es ein Fallbeispiel gibt, das mit einem bestehenden Prinzip in Spannung steht, können Sie nach unterschiedlichen Optionen suchen, wie Konsistenz wiederhergestellt werden könnte und die möglichen ‚Reparaturen' abstecken, damit wir ein klareres Bild unserer Entscheidungssituation haben.

Wenn es unterschiedliche Optionen gibt, Konsistenz herzustellen, können Sie untersuchen, welche der Optionen darüber hinaus Kohärenz am besten befördert: Wie gut passen diese Optionen in einem größeren Bild mit anderen Prinzipien und Urteilen zusammen? Ist es naheliegend, eine Lösung hier analog zu einer Lösung an anderer Stelle aufzuziehen? Erlaubt eine der Optionen es uns, das Prinzip als einen Spezialfall eines allgemeineren Prinzips zu sehen?

Wenn es konkurrierende, für sich genommen plausible Prinzipien gibt, können Sie auch sehen, ob es einen Weg gibt, wie man sie miteinander vereinbar machen könnte, indem Sie etwa jedem einen jeweiligen Anwendungsbereich zuweisen, oder indem Sie ein zusätzliches abstrakteres Prinzip einführen, unter das beide subsumiert werden können, oder sie zueinander in Abhängigkeit stellen und somit Vorrangregeln für Konfliktfälle etablieren.

Wenn eine Auseinandersetzung mit einem bestimmten Fall die Modifikation eines Prinzips nahelegt, können Sie überprüfen, ob das so modifizierte Prinzip immer noch zu unseren Urteilen in den Fällen passt, die es ursprünglich erklären sollte.

6.4.3 Intuitionen

Wie wir gesehen haben, sieht das Überlegungsgleichgewicht eine nicht irrelevante Rolle für unsere moralischen *Intuitionen* vor (oder, wie Rawls insistieren würde, für unsere *Urteile* – ob das nun einen mehr als verbalen Unterschied macht, können wir hier einmal außen vor lassen). Vielleicht bereitet Ihnen das Bauchschmerzen: Ist sich auf unsere Intuitionen zu berufen, nicht einfach eine unseriöse Spielart „gefühlter Wahrheit"? Und zeigen nicht Erkenntnisse aus psychologischen Experimenten, dass Menschen sehr unterschiedliche Intuitionen haben können, die auch von allerlei unerheblichen Umweltfaktoren beeinflusst werden (z.B. Eskine, Kacinik, und Prinz 2011; Côté, Piff, und Willer 2013)?

Intuitionen vs. considered judgments

Bezüglich der letzteren Sorge sollten wir zunächst einmal berücksichtigen, dass die Idee der *considered judgments* durchaus Raum dafür lässt, dass nicht alle Intuitionen von gleichem Rang sind: Es geht darum, wie Sie eine Situation nach aufrichtiger und sorgfältiger Erwägung beurteilen würden, wenn Sie sich in einer Situation befinden, die der ungehinderten Ausübung Ihres Urteilsvermögens zuträglich ist. Das ist nicht notwendigerweise dasselbe wie jeder beliebige „Schuss aus der Hüfte". Wie Knight (2017, 56) es für geboten hält anzumahnen:

> „No upset, fright, tiredness, or intoxication. This may seem obvious, but there are plenty of cases where political theorists do their work when subject to personal distress, or to a deadline, or late at night, or (so I hear) over a glass of wine or two."

Natürlich ist es durchaus richtig, dass uns auch sorgfältig erwogene Intuitionen in die Irre führen können. Doch erstens ist es ja gerade der Sinn des Überlegungsgleichgewichts, dass wir unsere Intuition nicht einfach eins zu eins transkribieren: Vielmehr räumen wir ihnen zunächst ein gewisses Gewicht im Abgleich mit bewährten Prinzipien und anderen Intuitionen ein, das in der Gesamtschau auch überwogen werden kann. Und zweitens ist die Idee des Überlegungsgleichgewichts durchaus offen für Informationen, die den Wert bestimmter Formen von Intuitionen begründet in Zweifel ziehen. Sollten wir etwa erklären können, dass der evolutionsgeschichtliche Entstehungshintergrund unsere Intuitionen in bestimmten Situation gänzlich unzuverlässig erscheinen lässt (Singer 2005), dann spricht nichts dagegen, den Wert solcher Urteile ebenso zu schmälern wie im Fall von Übermüdeten oder Betrunkenen (C. Knight 2017, 54–55).

Intuitionen und Urteile über Gründe

Aber es stimmt natürlich, dass dieses Vorgehen Intuitionen überhaupt Gewicht beimisst – wir behandeln es als informativ, wie überzeugend uns etwas erscheint und ob wir etwas als einen *starken* oder *schwachen* Grund für oder gegen etwas wahrnehmen. Es ist aber nicht klar, wie weit wir es ohne jeglichen Bezug auf derlei Urteile überhaupt bringen würden. Oder positiver formuliert: ob es die Moral scharf von anderen Bereichen unterscheidet, deren Vorgehensweise wir normalerweise für unbedenklich halten. Denken Sie daran, dass Rawls sich dieses Konzept aus der Logik abgeschaut hatte, in der wir Schlussregeln letztlich auch nicht bewerten können, ohne auf Beispiele von Schlüssen zu rekurrieren, die uns als überzeugende Schlüsse erscheinen.[41] Auch für die (Natur-)Wissenschaften sieht es wohl nicht viel anders aus – insbesondere, wenn wir berücksichtigen, dass es ihnen kaum je um so banale empirische Aussagen wie „dort steht ein Tisch" oder „alle Menschen in diesem Seminarraum sind unter 30" geht, sondern um Erklärungen und Voraussagen auf der Grundlage gesetzmäßiger Zusammenhänge (dazu näher Ernst 2008). Natürlich kratzen wir damit nur an der Oberfläche von Debatten in der Epistemologie und Wissenschaftstheorie, die Sie dazu weiter erkunden könnten. Vielleicht sind Sie für den Moment aber auch mit jener differenzierteren Form entrüsteten Aufstampfens zufrieden, der Ronald Dworkin (1996, 118) hier einmal Ausdruck verliehen hat:

> „Of course I do not mean that our convictions are right just because we find them irresistible, or that our inability to think anything else is a reason or ground or argument supporting our judgment.[...] I mean that any reason we think we have for abandoning a conviction is itself just another conviction, and that we can do no better for any claim, including the most sophisticated skeptical argument or thesis, than to see whether, after the best thought we find appropriate, we think it so. If you can't help believing something, steadily and wholeheartedly, you'd better believe it."

Weiterführende Literatur

Daniels, Norman. 1979. „Wide Reflective Equilibrium and Theory Acceptance in Ethics". *The Journal of Philosophy* 76 (5): 256–82.

Nichols, Shaun. 2014. „Process Debunking and Ethics". *Ethics* 124 (4): 727–49.

Railton, Peter. 2014. „The Affective Dog and Its Rational Tale: Intuition and Attunement". *Ethics* 124 (4): 813–59.

41 Jedenfalls gilt das, wenn wir die Praxis unseres intuitiven logischen Urteilens explizieren wollen. Logiker*innen steht es freilich frei, beliebige logische Systeme zu stipulieren, die für irgendwelche besonderen Zwecke nützlich sind.

6.5 Gedankenexperimente konstruieren

In jedem Fall macht der Gedanke des Überlegungsgleichgewichts aber klar, dass das Urteilen über Fälle in unserem Nachdenken über moralische Prinzipien eine wichtige Rolle zukommt (das ist sogar unabhängig davon unstrittig, ob einen das Bild des Überlegungsgleichgewichts gänzlich überzeugt). Aber was genau macht Fälle gut geeignet für eine gezielte Untersuchung eines normativen Problems? Und worauf sollte man gerade bei der Konstruktion von abstrakteren Gedankenexperimenten achten?

Wie Slavny et al. (2020) hilfreich herausarbeiten, verwenden wir Fallbeispiele mit durchaus unterschiedlichen Funktionen; und das typischerweise in unterschiedlichen Stadien der Auseinandersetzung mit einem normativen Problem. Auch wenn diese Funktionen freilich nicht immer scharf voneinander abzugrenzen sind und ein Fall manchmal für mehrere Zwecke ähnlich gut geeignet ist, ist es für Sie dennoch hilfreich, sich genau zu überlegen, was Sie in erster Linie mit einem bestimmten Fallbeispiel erreichen möchten. Lassen Sie uns einen Blick auf deren vorgeschlagene Typologie werfen.

6.5.1 Ausgangsfälle

Manchmal stellt ein Fallbeispiel den Ausgangspunkt dar, der eine Frage aufwirft und unsere Überlegungen überhaupt erst anstößt. Dabei handelt es sich dann häufig um ein reales Problem oder aber ein herausforderndes Dilemma[42], das uns innehalten lässt – weil wir schlichtweg nicht wissen, was wir dazu sagen sollen; oder aber weil wir eine klare Intuition haben, wir aber nicht den Finger darauf legen können, was sie erklären könnte.

Solche Beispiele können mindestens drei wertvolle Funktionen für Ihre Arbeit erfüllen: Erstens legen Sie damit sozusagen einen Tonklumpen auf den Werktisch und sagen: *Das* ist das Material, das ich bearbeiten möchte. Das ist keineswegs irrelevant, weil es ja allerhand normative Probleme und Phänomene gibt, die man diskutieren könnte und es daher durchaus etwas wert ist, klar vor Augen zu haben, was Sie untersuchen möchten. Zweitens kann ein Beispiel gleichzeitig plausibel machen, dass es sich bei diesem Tonklumpen tatsächlich um *interessantes* Material handelt: Ein anschauliches Fallbeispiel kann Ih-

42 Dilemma hier im alltagssprachlichen Sinne eines ausweglosen Problems, für das uns keine gute Lösung ersichtlich ist. In einem engeren Sinne bezeichnet ein Dilemma eine Argumentationsstrategie, die zeigt, dass es genau zwei Möglichkeiten gibt, wie eine Aussage wahr sein könnte, aber beide falsch erscheinen: $P \rightarrow (Q \vee R), \neg Q, \neg R \vdash \neg P$.

nen dabei helfen, Ihr Argumentationsziel zu motivieren und Ihrer Leserschaft zu zeigen, dass es hier ein Puzzle zu lösen gibt (vgl. 2.2.1). Und drittens kann ein Fallbeispiel, das Ihr untersuchtes Problem gut aufruft und veranschaulicht, auch für den weiteren Fortgang Ihres Vorhabens hilfreich sein, insofern es Ihnen einen klaren Referenzpunkt dafür gibt, was eigentlich das Problem war, das Sie lösen wollten. Wenn man sich einmal ins Ausdifferenzieren und Einbeziehen allerlei detaillierter Argumente begeben hat, kann so eine Art Leuchtturm manchmal nicht schaden.

Allerdings sind solche Fälle eben zumeist auch ein sehr ungeformter Klumpen Rohmaterial. Nicht selten empfinden wir sie als Dilemma, das unsere Intuitionen in unterschiedliche Richtungen zieht oder uns Rätsel aufgibt, weil sie tatsächlich aus einer noch undurchsichtigen Vermischung verschiedener moralisch relevanter, wie auch so mancher irrelevanter, Aspekte bestehen und es bei genauerer Betrachtung eine Menge Fragen gibt, die der Fall aufwirft und die uns in unterschiedliche Richtungen führen würden.

6.5.2 Kontrollierte Fälle

Im Gegensatz dazu verwenden wir Fallbeispiele manchmal auch, um gezielt einzelne relevante Faktoren zu isolieren und sozusagen wie ein Präparat herzurichten. Solche Fälle dienen dazu, ein Modell dieser fraglichen relevanten Faktoren, die in allerlei vielschichtigeren realen Fällen auftauchen, zu bieten, das es uns ermöglicht, sie besser zu untersuchen – im Grunde nicht anders, als wir das mit idealisierten und vereinfachten Modellen im Allgemeinen tun (vgl. Kap. 5.4). Dementsprechend ist es für solche Fälle entscheidend, dass die fraglichen strukturellen Analogien zum Zielsystem des Modells tatsächlich gegeben sind. Umgekehrt kann man versuchen, die Urteile, die ein derartiges Gedankenexperiment stützen soll, zu entkräften, indem man aufzeigt, dass der Fall eine relevante Disanalogie zu dem, was er repräsentieren soll, birgt. Typischerweise ist das der Fall, weil er zusätzliche plausiblerweise moralisch relevante Faktoren beinhaltet, die unser Urteil verzerren könnten bzw. nicht allein von dem angestrebten Faktor abhängen lassen.

Nehmen Sie zum Beispiel diesen etwas bizarr anmutenden Fall, den Judith Thomson (1971, 48–49) in einem einflussreichen Aufsatz zum Thema Abtreibung angeführt hat: Ein begnadeter Violinist leidet an einer seltenen Krankheit und ist dem Tode geweiht. Die ‚Society of Music Lovers' hat herausgefunden, dass alleine Sie den richtigen Bluttyp haben, um die Krankheit zu behandeln: Für neun Monate müssen Ihre Blutkreisläufe miteinander verbunden werden, dann wird der Violinist geheilt sein. In diesem Wissen haben die Musikliebhaber Sie entführt, betäubt und mit ihm verbunden. Nun erwachen Sie in einem Krankenhausbett und der Arzt sagt Ihnen: Tut ihm leid, er habe das auch nicht gewollt, nur leider könne er Sie nicht abstöpseln, denn dann würde der Violinist sterben und schließlich habe er ja ein Recht auf Leben.

Dass unsere Intuitionen über diesen Fall uns allgemein etwas über Abtreibung sagen, kann man versuchen zu bestreiten, indem man eine relevante Disanalogie aufzeigt. Zum Beispiel erscheint es durchaus vorhersehbar, dass Sex zu Schwangerschaften führen kann und das weiß man in der Regel auch, wenn man sich dazu entscheidet. Dann scheint es aber, dass man für eine Schwangerschaft wenigstens in gewissem Maße mit Verantwortung trägt, wohingegen eine gewaltsame Entführung einen einfach aus heiterem Himmel überkommt.

Das Ziel, einzelne Faktoren zu isolieren und Ähnlichkeitsbeziehungen zu gewährleisten, kann natürlich auch dazu führen, dass wir die Fälle etwas unrealistischer oder mit zunächst willkürlich wirkenden Einschränkungen konstruieren müssen: Denken Sie z.B. an den oben (6.3.5) angeführten Fall des helmlosen Motorradfahrers Bert: In der kleinen Geschichte, die Fleurbaey (1995, 40) uns über ihn erzählt, gibt es eine Reihe von Details, die allesamt darauf abzielen, Bert als vollständig verantwortlich für seinen späteren Unfall zu zeichnen, weil Berts Verantwortung für seine Situation der entscheidende moralische Faktor ist, der untersucht werden soll.

Müssen Fallbeispiele realistisch sein?

Ein Fallbeispiel für solche unrealistisch erscheinenden Festlegungen und manchmal etwas bizarren Geschichten zu kritisieren, würde aber den Sinn und Zweck dieser Art von Fällen missverstehen: Hier geht es eben nicht darum, eine realitätsnahe Situation wiederzugeben oder alle Nuancen und verschiedenen Eventualitäten abzubilden, sondern darum, uns eine anschauliche Möglichkeit zu geben, unsere Intuitionen zu Situationen zu prüfen, in denen genau dieser eine Faktor die entscheidende Rolle spielt.

Allerdings können Fälle durchaus auch zu einem problematischen Grade unrealistisch geraten. In diese Richtung bewegt sich vielleicht schon der Fall, mit dem Thomson (1971, 59) selbst auf Schwächen Ihres oben geschilderten Gedankenexperiments reagiert hat: Nunmehr lädt sie uns ein, uns vorzustellen, wir lebten in einer Welt, in der ‚Babypollen' durch die Luft driften. Wenn diese bei geöffnetem Fenster in Innenräume gelangen und sich in Teppichen oder Möbelpolstern verfangen, sprießen aus ihnen plötzlich Embryonen, die an Ort und Stelle heranwachsen. Sie möchten das nicht und haben daher eine spezielle Art dichter Fliegengitter installiert, die die Pollen abhalten sollen – die besten Gitter auf dem Markt. Nun hat aber just eines Ihrer Gitter einen seltenen kleinen Produktionsfehler, der es eines Tages doch einem

Babypollen erlaubt, durchzudringen und sich in Ihrem Teppich zu verwurzeln. Haben Sie das Recht, das sprießende Baby zu beseitigen?

Hier ist zwar einerseits schon erkenntlich, worauf der Fall abzielt: Er soll abbilden, dass vollkommener Verzicht auf Sex für die meisten Menschen eine hohe Bürde zu sein scheint und auch sorgfältige Verhütungsmaßnahmen fehlschlagen können. Aber es scheint auch, dass eine Welt, in der es normal ist, dass Babypollen durch die Luft fliegen, unfallartig plötzlich Babys aus Teppichen sprießen und das mutmaßlich ist, wie sich die menschliche Spezies fortpflanzt, sehr verschieden von unserer Welt ist. Sich zu überlegen, wie man in einer so fremdartigen Situation intuitiv urteilen würde, ist keine triviale Aufgabe.

Vergleichen Sie das mit dem folgenden, ebenfalls unrealistischen Fallbeispiel von Robert Nozick (1974, 34) zu sogenannten unverschuldeten Bedrohungen: Sie liegen am Boden eines tiefen Brunnenschachts. Eine unschuldige Person wird oben gewaltsam in den Brunnen geworfen. Tun Sie nichts, wird sie Sie erschlagen – allerdings wird die fallende Person überleben, weil Sie ihren Einschlag abgefedert haben. Dürfen Sie die Strahlenkanone, die Sie zufällig bei sich führen, zücken und die herabstürzende Person verdampfen? Hier ist die fiktive Laserwaffe einfach ein Mittel, irrelevante Faktoren auszuschließen und die angestrebte Entscheidung zu ermöglichen (weil der fallende Körper verschwinden muss, damit Sie sich dadurch retten können). Dass es solche Waffen gar nicht gibt, Sie diese in der misslichen Lage wohl kaum bei sich hätten und vermutlich nicht schnell genug reagieren könnten, tut nichts weiter zur Sache.

6.5.3 Argumentationsfälle

Sowohl Ausgangsfälle als auch kontrollierte Fälle verfolgen in erster Linie heuristische Zwecke: Sie sollen uns eher dazu dienen etwas zu *entdecken* und zu *erkunden* (wie z.B. eine relevante Problemstellung bei Ersteren oder moralisch relevante Faktoren bei Letzteren) als dazu herauszufinden, ob eine bestimmte Position gerechtfertigt oder einer Alternative vorzuziehen ist. Aber auch für diese letzteren Zwecke können uns Fallbeispiele behilflich sein.

Gegenbeispiele

Die einfachste Art und Weise, wie Fallbeispiele eine argumentative Rolle spielen können, ist in Form eines *Gegenbeispiels*: Wenn ein Prinzip impliziert, dass in einem Fall X richtig ist, aber tatsächlich in diesem Fall X falsch erscheint, dann ist X ein Gegenbeispiel, welches das Prinzip in Zweifel zieht. Ein Gegenbeispiel kann man entkräften, indem man eine *alternative Erklärung* für unser Urteil in dem Fall anbietet: Denken Sie etwa wieder daran, wie man versuchen könnte, den Bert-Fall zu erklären, ohne das attackierte Gerechtigkeitsprinzip aufzugeben

(s. 6.3.5). Dementsprechend macht ein gutes Gegenbeispiel aus, dass Sie solche alternativen Erklärungen so weit wie möglich ausschließen. Also kommt es genau wie eben für kontrollierte Fälle besprochen darauf an, den kritischen moralischen Faktor möglichst sauber zu isolieren. Gegenbeispiele sind also einfach kontrollierte Fälle, die ein Urteil hervorrufen sollen, das einem diskutierten Prinzip widerspricht. Eine Art von Fällen, die Sie auf der Suche nach Gegenbeispielen insbesondere berücksichtigen können, sind extreme Fälle, die ein Prinzip über die Proportionen normalerweise erwartbarer Fälle hinaus austesten. Wenn Sie zum Beispiel ein Prinzip betrachten, das besagt, dass man nie das Leben einer unschuldigen Person opfern darf, um andere zu retten, und man dabei vielleicht zunächst an fünf andere Menschen denkt, dann liegt es nahe zu fragen: Auch nicht, wenn man dadurch 100.000 Leben retten kann? Umgekehrt lohnt es sich, einem Prinzip, das mit dem Gedanken an erhebliche Ungleichheiten besagt, dass Ungleichheit immer schlecht ist, entgegenzustellen: Auch wenn manche nur ein paar Euro mehr haben als andere? Allerdings kann man bezüglich unrealistischer Extremfälle auch diskutieren, ob in moralische Prinzipien gewisse Randbedingungen realistischer Anwendungszwecke eingebaut sind – etwa so, wie man mit einer mathematischen Funktion vielleicht nur einen gewissen Bereich modellieren will.

Plausibilisierung

Es ist aber auch denkbar, Fallbeispiele zur *Unterstützung* eines Prinzips anzuführen. Einerseits kann ein Fallbeispiel illustrieren, was aus einem möglicherweise eher abstrakten Prinzip in bestimmten Situationen folgt, und damit plausibel machen, dass das Prinzip tatsächlich gut mit unseren *considered judgments* übereinstimmt. Andererseits können Beispiele auch bestimmte Begründungsbeziehungen illustrieren, die in Ihrer Argumentation für ein Prinzip eine Rolle spielen. Typischerweise werden solche Fälle verwendet, wenn ein Zusammenhang in dem angeführten Beispiel leichter zu erkennen ist als in den Fällen, um die es eigentlich geht. Sie sagen dann: Genauso wie hier X aus Y folgt, folgt auch bei unserem eigentlichen Thema X aus Y (entsprechend entkräften Sie ein so verwendetes Beispiel, indem Sie eine relevante Disanalogie aufzeigen). Um einen solchen Zusammenhang oder die ‚Funktionsweise' einer bestimmten Art von Fällen zu verdeutlichen, muss das Fallbeispiel aber nicht notwendigerweise eines sein, auf das das letztlich diskutierte Prinzip anwendbar ist. Genauso ist es nicht der Punkt dieser Verwendung eines Falls, dass uns unser Urteil über den Fall selbst irgendetwas Interessantes sagen würde.

Auswahl von Fallbeispielen

Typischerweise decken Prinzipien eine ausufernde Menge konkreter Situationen ab, die Sie möglicherweise als Fallbeispiele anführen könnten. Wie entscheiden Sie sich, welches Beispiel Sie nehmen? Wie wir bereits im vorherigen Abschnitt gesagt hatten: Ihr Beispiel sollte erstens das, was es zeigen soll, möglichst präzise isolieren und zweitens dennoch klar nachvollziehbar sein. Drittens ist es prinzipiell zu bevorzugen, wenn Sie im Zuge Ihrer Auseinandersetzung mit einem Prinzip möglichst diverse Fälle heranziehen. Während es denkbar ist, dass ein und derselbe Fall all die verschiedenen hier besprochenen Funktionen abdecken kann, kann es Ihrer Sache daher behilflicher sein, verschiedene Fälle zu verwenden.

Kanonische Fälle

Allerdings ist viertens kreative Originalität auch nicht immer eine Tugend: Wenn es in einer Debatte bereits etablierte Fallbeispiele gibt, die bestimmte Faktoren gut isolieren oder in der Vergangenheit zur Plausibilisierung bestimmter Prinzipien verwendet wurden, dann kann es der Nachvollziehbarkeit der Debatte auch zuträglich sein, wenn Sie Ihrerseits auf diese Fälle Bezug nehmen. Manchmal erlauben einem solche Referenzpunkte einen schnellen Test, ob zwei Positionen miteinander kompatibel sind – zum Beispiel, wenn Ihre Leserin in einem anderen theoretischen Projekt durch eine starke Intuition zu einem bestimmten Fall motiviert ist und sich dafür interessiert, ob Ihre Position zu einer etwas anderen theoretischen Frage mit dieser Intuition kompatibel ist. In der Tat können Fälle in solcher Weise dazu dienen, eine Debatte zu systematisieren, indem sie logische Zusammenhänge abstecken: Wenn man in diesem Fall *das* sagt, dann muss man in diesen und jenen Fragen auch *das* sagen. Andererseits kann die Bezugnahme auf bereits etablierte Fälle auch hilfreich sein, um zu zeigen, welche Implikationen Ihre Position für einen Fall hat, den ein konkurrierendes Prinzip gut zu erklären schien. So können Sie klar darstellen, dass Alternativen keinen ‚Wettbewerbsvorteil' gegenüber Ihrem Vorschlag haben.

6.5.4 Theoriekonstruktion durch Gedankenexperimente

Zu guter Letzt finden sich manchmal auch Gedankenexperimente, deren Zweck es ist, die weitere Ausarbeitung einer Theorie anzuleiten, indem sie die Erwägungen, auf die es dabei ankommen soll, anschaulich hervorheben und irrelevante Erwägungen ausblenden, sodass man aus dem hypothetischen Szenario hinaus leichter entscheiden kann, was die zugrundegelegten Annahmen implizieren. Das berühmteste Beispiel dafür ist wohl der Urzustand bei Rawls (1999): Rawls denkt, dass es bei der Wahl von Prinzipien für gerechte Institutionen vor allem darauf ankommt, dass sie fair sind. Also konstruiert er ein Szenario, in dem bestimmte Informationsbeschränkungen (der ‚Schleier des Nichtwissens') Unfairness ausschließen sollen, sodass er sagen kann: „Stellen Sie sich vor, Sie wären in dieser Situation. Was Sie dann wählen würden, wäre fair." Der Vorzug des hypothetischen Szenarios ist hier wiederum ein argumentativer, insofern es uns erlaubt, leichter zu entscheiden, was aus einer Verpflichtung auf Fairness folgt. Allerdings geht es nicht darum, eine bestimmte Folgerungsbeziehung in einem Fallbeispiel, das zu Ihren Zielfällen in relevanter Weise analog ist, zu illustrieren, sondern darum, ein übergreifendes ‚Setup' für folgende Argumentationsschritte zu etablieren: Letztlich wird eine bestimmte Klasse von Gegenargumenten (nämlich von solchen der Unfairness) einfach in eine anschauliche Situation eingebaut, sodass wir sie nicht einzeln durchexerzieren müssen (allgemein sind hypothetische Vertragssituationen in der kontraktualistischen Tradition von Staatsbegründungen hierfür Beispiele).

Gegen so verwendete Szenarien können Sie entsprechend entweder vorbringen, dass sie die ‚Selektionsfunktion', die sie für die weitere Argumentation spielen sollten, nicht richtig ausfüllen – etwa so wie John Harsanyi (1975) argumentierte, dass man in Rawls' Urzustand gar nicht die Prinzipien wählen würde, die Rawls für fair hält. Oder aber Sie kritisieren direkt jene Vorannahmen, die das Szenario umsetzen soll – in diesem Fall würden Sie bei Rawls hinterfragen, warum genau Fairness eigentlich das ausschlaggebende Kriterium für Gerechtigkeitsprinzipien sein soll.

Weiterführende Literatur

Brownlee, Kimberley, und Zofia Stemplowska. 2017. „Thought Experiments". In *Methods in Analytical Political Theory*, herausgegeben von Adrian Blau, 21–45. Cambridge: Cambridge University Press.

Brun, Georg. 2017. „Thought Experiments in Ethics". In *The Routledge Companion to Thought Experiments*, herausgegeben von Michael T. Stuart, Yiftach J. H. Fehige, und James Robert Brown, 195–210. Abingdon: Routledge.

Slavny, Adam, Kai Spiekermann, Holly Lawford-Smith, und David V. Axelsen. 2020. „Directed Reflective Equilibrium: Thought Experiments and How to Use Them". *Journal of Moral Philosophy* 18 (1): 1–25.

6.6 Erkenntnisinteressen in der Normativen Politischen Theorie

Hoffentlich konnte Ihnen dieses Kapitel soweit schon ein etwas klareres Bild davon vermitteln, was wir eigentlich treiben, wenn wir uns in der Politischen Theorie mit normativen Fragen befassen und welcher grundlegender Konzepte wir uns bedienen, um darüber zu sprechen. Diese methodischen Grundlagen lassen aber noch weitgehend offen, was man sich in einer Studien- oder Forschungsarbeit dann eigentlich vornimmt: Was ist eigentlich etwas, was Politische Theoretiker*innen *im Rahmen einer Arbeit* herausfinden wollen? Das heißt: Was macht geeignete Argumentationsziele (vgl. Kap. 2.2) für eine solche Arbeit aus?

Eine Möglichkeit, diese Frage zu beantworten, bestünde darin, verschiedene Erkenntnisinteressen innerhalb der Politischen Theorie *inhaltlich* zu charakterisieren. Einen sehr knappen Überblick dieser Art fanden Sie bereits in Kap. 3.2. Darüber hinaus wären Sie zu diesem Zweck jedoch mit einem Lehrbuch zu *Inhalten* der Politischen Theorie besser beraten. Im Übrigen wird Ihnen in der Regel die Lektüre der Lehrveranstaltung, für die Sie eine Arbeit anfertigen, ein Ausgangsverständnis der Themen, die für Ihre Arbeit geeignet wären, vermittelt haben (vgl. Kap. 2.4). Allerdings gibt es auch eine methodologischere Lesart der Frage, was wir in unserer Forschungspraxis eigentlich herausfinden wollen: Kann man noch etwas Allgemeines über die *Arten* von Argumentationszielen, die wir verfolgen, sagen?

Eine naheliegende Unterscheidung in dieser Frage ist die folgende: Manchmal kommt es uns eher darauf an, etwas dazu zu sagen, wie wir bestimmte politische Probleme lösen oder Institutionen gestalten sollten. Manchmal hingegen kommt es uns mehr darauf an, die allgemeinen Werte und Prinzipien, die für unser Nachdenken über solche normativen Fragen eine Rolle spielen, grundlegend besser zu verstehen – ohne dass wir davon unmittelbar praktische Lösungsvorschläge erwarten. Lassen Sie uns daher in diesem letzten Abschnitt anhand von Beispielen einen kurzen Blick auf solche *problemorientierten* (6.6.1) und *theorieorientierten* Vorhaben (6.6.2) werfen. Nebenbei werden wir dabei noch einmal auf ein paar Konzepte (etwa die Unterscheidung ‚idealer' von ‚non-idealer' Theorie in 6.6.3) und Schachzüge zu sprechen kommen, die Ihnen helfen, Ihr Vorhaben kompetent zu beschreiben und ein paar Stolperfallen zu vermeiden.

Zuvor noch ein Wort der Warnung: Wenn wir im Folgenden verschiedene Erkenntnisinteressen, die man in der Normativen Politischen Theorie verfolgen kann, skizzieren, kommen wir schnell in die Nähe hitziger Diskussionen darüber, welche davon nun die *eigentliche* Aufgabe der Politischen Theorie ausmachen. Sind sie gleichrangig?

Oder ist eine Art von Forschung unser genuiner Kompetenzbereich, während die anderen bloß derivative Nebenschauplätze sind? All das gibt selbst eine spannende Debatte ab – hier klammern wir sie aber weitgehend aus und beobachten lediglich Arten von Erkenntniszielen, die von Politischen Theoretiker*innen de facto regelmäßig verfolgt werden und plausiblerweise unter das Dach unseres Faches fallen.

6.6.1 Problemorientierte Forschung

Politische Theorie für politische Praxis

Wie wir in Kap. 3.2 festgehalten hatten, zielen normativen Aussagen letztlich darauf ab, *praktische Fragen* zu beantworten – so etwas wie: Was sollen wir tun? Wie sollen wir die Welt gestalten? Solche Fragen tauchen in der Politik auf, weil wir in der politischen Sphäre in vielerlei Weise direkt handeln und vor allem durch dieses Handeln unser Gemeinwesen gestalten (vgl. 3.1). Eine naheliegende Erwartung daran, was Normative Politische Theorie leisten könnte, wäre dann ja: zur Klärung ebensolcher Fragen beizutragen. Sollte Deutschland mehr Flüchtlinge aufnehmen? Wie sollte künstliche Intelligenz reguliert werden? Sollte das Wahlalter herabgesetzt werden? Solche Fragen verlangen schließlich nach politischen Lösungen und damit stellt sich die Frage, was für oder gegen bestimmte Lösungsoptionen spricht. Und tatsächlich gibt es durchaus eine Spielart von Vorhaben innerhalb der Politischen Theorie, die in diesem Sinne *problemorientiert* sind: Ihr Erkenntnisinteresse besteht in erster Linie darin, etwas zur Lösung eines relativ eng umschriebenen Policyproblems beizusteuern – und nicht (oder nur nachrangig) darin, etwas Neues über themenübergreifende Theorien herauszufinden. In einer Arbeit dieser Art könnten Sie dann beispielsweise eine bestimmte Position vorstellen und verteidigen, ein neues Argument entwickeln oder ein von anderen vorgebrachtes kritisieren.

Abgrenzung zu Nachbardisziplinen

Debatten über angewandte Fragestellungen wie die obigen werden je nach Thema nicht immer unter dem Label „Politische Theorie“ geführt: Während Diskussionen zu Migration, Waffenbesitz, Diskriminierung, Folter, Hassrede, Pornografie oder Kriegsführung eher als Politische Theorie deklariert werden, werden Sie Aufsätze zu Impfpflichten, der Verteilung medizinischer Güter, Sterbehilfe, Abtreibung, künstlicher Intelligenz oder Tierschutz eher in Journals für angewandte Ethik finden. Manche Themen werden auch in der Rechtsphilosophie oder theorieaffinen juristischen Journals diskutiert – etwa wenn es um Themen geht, die auch als klassische Grundrechte geläufig sind (z.B. Meinungsfreiheit) oder wenn zur Debatte steht, ob etwas strafbar sein sollte (z.B. Drogenkonsum, Inzest). Lassen Sie sich davon aber nicht irritieren – solange es sich um eine *systematisch normative* und eine *politische* Fragestellung handelt, können Sie diese im Rahmen

Politischer Theorie auch bearbeiten. Ersteres ist an der Schnittstelle zur Rechtswissenschaft nicht immer gegeben, da hier öfter auch Erwägungen eine Rolle spielen, die sich auf die Auslegung eines bestimmten Rechtssystems beziehen (und damit eher nach der *gesetzmäßigen* statt der normativ richtigen Policy fragen, vgl. Kap. 3.2). Letzteres ist an der Schnittstelle zur angewandten Ethik nicht immer der Fall, weil diese auch diskutiert, was wir *individuell* tun sollten; wohingegen wir uns für Policies und damit die kollektive Regulierung individuellen Handelns oder direkt staatliches Handeln interessieren (vgl. Kap. 3.1). Es ist aber auf jeden Fall empfehlenswert, bei Ihrer Literaturrecherche auch an diese angrenzenden Felder zu denken.

Problembezogene Theoriebildung

Arbeiten, deren Argumentationsziele durch praktische Probleme motiviert sind, können ungeachtet dieses Problembezugs mal mehr und mal weniger selbst nach Theoriebildung aussehen. Am einen Ende dieses Spektrums steht tatsächlich eine klar anwendungsbezogene Policyfrage im Fokus des Vorhabens, die – ggf. mit gewissen Einschränkungen – am Ende auch beantwortet werden soll, sodass sich unmittelbare Handlungsempfehlungen ableiten lassen. Diese ‚Reinform' problembezogenen Arbeitens ist im akademischen Diskurs zugegebenermaßen eher selten und hat überwiegend in Papieren von Ethikkommissionen und Expertengremien ihren angestammten Platz. Je nach Kontext Ihrer Lehrveranstaltung könnte ein solches Vorhaben für eine Studienarbeit aber durchaus in Frage kommen (hierzu näher hilfreich Wolff 2019).

Am anderen Ende des Spektrums liegen fest im akademischen Forschungsdiskurs verankerte Debatten, die rein theorieorientierter Forschung auf den ersten Blick sehr ähneln, insofern sie Theorien zu bestimmten Fragestellungen entwickeln und diskutieren, die über einzelne Fälle hinausgehen, in Begriffen allgemeiner Prinzipien und Definitionen formuliert sind und oft auf einer Abstraktionsebene verbleiben, die noch nicht unmittelbar praktische Handlungsempfehlungen liefert. Im Unterschied zu ‚klassischer' Theoriebildung beschränken sich ihre Ambitionen jedoch auf abgegrenzte Problembereiche. Ein gutes Beispiel dafür liefert etwa die in den letzten Jahrzehnten lebendige Debatte über Klimagerechtigkeit (Caney 2020; Moellendorf 2015): Wie sähe eine gerechte Verteilung der globalen Lasten des Klimawandels zwischen Staaten (und womöglich anderen Akteuren) aus? Erhebliche Teile dieser Debatte drehen sich um Vorzüge von, und Gegenbeispiele zu, denkbaren Verteilungsprinzipien – etwa dem Prinzip, dass Verursacher des Klimawandels für diesen haften müssen oder dem Prinzip, dass in erster Linie Zahlungsfähigkeit statt Verantwortung das Kriterium für Kostenübernahme sein sollte (etwa Caney 2010).

Um maßgeblich problemorientierte Forschungsvorhaben kann es sich dabei dennoch handeln: Die Motivation, über diese Themenbereiche näher zu diskutieren, muss nämlich nicht in erster Linie der Erwartung entspringen, etwas über allgemeine Prinzipien der Gerechtigkeit (oder das Wesen der Demokratie oder Freiheit usw.) zu lernen. Sie könnte auch darin begründet sein, dass es in diesem Bereich drängende, reale politische Fragen gibt, die diese Politischen Theoretiker*innen fundierter beantworten möchten. Das äußert sich nicht zuletzt darin, dass solche Debatten sich häufig um Fragestellungen drehen, die prinzipiell Teil des Anwendungsbereichs einer allgemeinen Theorie sind: Vermutlich sollte uns eine allgemeine Theorie der Verteilungsgerechtigkeit (zusammen mit einer allgemeinen Theorie der Schadenskompensation) letztlich auch sagen können, wie Klimawandellasten gerecht zu verteilen sind. Diese allgemeinen Theorien vollständig zu entwickeln ist einerseits aber schlicht nicht das, was Theoretiker*innen interessiert, wenn sie zu Klimagerechtigkeit forschen: Sie möchten etwas zu Antworten auf bestimmte drängende Fragen beisteuern statt den Umweg über Theorien zu gehen, die weit über diese Belange hinausgehen.

Wie viel Theorie?

Andererseits wirft das Unterfangen, nach Lösungen für praktische Probleme zu suchen, grundsätzlich die interessante Frage auf: Wie viel *Theorie* brauchen wir denn eigentlich, um praktische Fragen zu bearbeiten? Irgendwie scheint es ja, dass wir an allgemeinen normativen Theorien gerade deswegen arbeiten, weil wir herausfinden wollen, was wir tun sollen und solche Theorien eben Theorien dessen sind, was wir tun sollen. Das legt eine Art Top-down-Modell zur Lösung konkreter normativer Probleme nahe: Erst bauen wir uns eine abstrakte Theorie und dann speisen wir den Einzelfall einfach in die Theorie ein und sehen, was sie uns ausspuckt. Grundsätzlich ist es zwar schon richtig, dass es wenigstens als so etwas wie eine regulative Idee der Anspruch normativer Theorien ist, dies letztlich zu ermöglichen (wer das – wie etwa Bernard Williams (1985) – ablehnt, hält das Vorhaben derartiger Theoriebildung schlichtweg für unsinnig). Allerdings ist nicht so klar, ob Sie mit diesem Bild in dieser Art von Vorhaben so gut beraten wären. In der angewandten Ethik gibt es eine lange und hitzige Debatte dazu, welchen Stellenwert allgemeine Theorien denn nun in der Erörterung konkreter praktischer Fragen haben sollten (dazu etwa Daniels 1996, Kap. 16). Ungeachtet dieser methodologischen Streitigkeiten würden Sie mit der Idee, einfach in einem Ethik- oder Gerechtigkeits-Lehrbuch nachzuschlagen und Ihren Fall dann mit der Theorie, die Sie dort finden, zu „lösen", mindestens auf drei rein praktische Schwierigkeiten stoßen.

Welche Theorie denn?

Erstens sind abstrakte normative Theorien häufig *work in progress* – anders als etwa in der Physik sind wir uns viel weniger einig, welche allgemeine Theorie, die man dann in dieser Weise anwenden könnte, wir denn nun (einstweilen) akzeptieren sollten. Im Zuge unserer Auseinandersetzung darüber wird häufig an der einen oder anderen Stelle weiter gebaut, sodass es keineswegs immer eine kanonische, unter ihren Vertreter*innen unkontroverse Version einer allgemeinen Theorie gibt, die sich als offensichtlicher Kandidat zur Klärung eines Einzelfalls anbietet. Natürlich schließt das alles nicht aus, dass man bestimmte Theorien einmal anwendet. Es wäre aber wohl kein glücklicher Vorsatz, erst noch abzuwarten, bis die abstrakt arbeitenden Kolleg*innen einem die „fertige" aktuelle Moraltheorie liefern.

Unterbestimmtheit

Zweitens sind abstrakte Theorien, nun ja, abstrakt, sodass aus der Art und Weise, wie eine Theorie in der abstrakten Debatte dargestellt und diskutiert wird, nicht notwendigerweise unmittelbar ersichtlich ist, was sie für Ihren Fall impliziert. Genauso wie Gesetze im Einzelfall ausgelegt werden müssen, bedürfen auch moralische Prinzipien in aller Regel der näheren Interpretation. Das könnte daran liegen, dass die Theorie tatsächlich nicht präzise genug formuliert ist, um zu klären, was sie über den Fall sagt (was womöglich auch gar nicht möglich oder sinnvoll wäre) – etwa wenn moralische Kontraktualist*innen feststellen, dass eine Entscheidung moralisch zulässig ist, wenn niemand ein sie erlaubendes Prinzip aus vernünftigen Gründen ablehnen kann (Scanlon 1998, 153). Es kann daran liegen, dass die Theorie zwar durchaus ein Urteil impliziert, dieses aber in Begriffen spezifiziert ist, deren Operationalisierung und empirische Messung sich als schwierig gestaltet – etwa wenn Utilitarist*innen ihre Urteile von der Verrechnung individueller Lusterfahrungen von Millionen betroffener Menschen von jetzt bis ans Ende des Universums abhängig machen. Oder es kann darin bestehen, dass eine bestimmte normative Theorie nicht geeignet ist, zwischen den hier zur Diskussion stehenden Alternativen zu entscheiden, weil sie aus ihrer Perspektive gleichwertig erscheinen – etwa wenn Rawls (2001, § 41) befindet, dass seine Theorie der Gerechtigkeit als Fairness sowohl mit einer Demokratie mit Privateigentum als auch mit liberalem Sozialismus vereinbar ist. Und schließlich ist es auch möglich, dass Ihr Fall schlicht nicht die Anwendungsbedingungen einer Theorie erfüllt, die dazu etwas zu sagen scheint – etwa weil Rawls' (1999, §§ 55-59) Einlassungen zu zivilem Ungehorsam auf wohlgeordnete demokratische Rechtsstaaten beschränkt sind und daher zu autoritären Staaten einfach nichts zu sagen haben (mehr zu idealer vs. non-idealer Theorie in 6.6.3).

Theorie-Neutralität und overlapping consensus

Drittens geben Ihnen allgemeine Moral- und Gerechtigkeitstheorien manchmal aber auch zu viel statt zu wenig an die Hand – nämlich insofern eine bestimmte Theorie anzuführen Sie auf viel mehr festlegen würde, als Sie zur Klärung des Falls eigentlich brauchen. Vielleicht ist es so, dass eine bestimmte Moraltheorie X über Ihren Fall die Konklusion K impliziert, die Sie verteidigen möchten. Vielleicht aber würden Vertreter*innen anderer Moraltheorien Y und Z gleichermaßen denken, dass man in diesem Fall K tun sollte. Dann würden Sie sich einerseits unnötig angreifbar machen, wenn Ihr Argument für K auf der Prämisse beruhte, dass X die beste Moraltheorie ist: Freilich können Sie so für K argumentieren, aber Sie vernachlässigen damit andere Möglichkeiten, wie K sich auch als wahr erweisen könnte und setzen sich der Kritik der Y- und Z-Vertreter*innen aus, die sich auf Ihre *Gründe für* K bezieht, obwohl es Ihnen bei dieser Art von Projekt eigentlich im Kern darauf ankommt, ob man *K* tun sollte. Manchmal folgt das schlicht aus einem plausiblen konkreteren Prinzip P, von dem vielleicht nicht einmal geklärt ist, ob neben X auch Y und Z es implizieren. So beginnt etwa Caney (2010) seine Diskussion der Verteilung von Klimawandellasten mit der Ausgangsannahme, es sei weitgehend unkontrovers, dass Verursacher*innen eines bestimmten Schadens für diesen Schaden aufkommen müssen. Im Weiteren dreht sich sein Aufsatz darum, wann und warum dieses Prinzip im Fall des Klimawandels unzureichend wird und wie man es modifizieren oder ergänzen könnte – eine weitergehende theoretische Begründung des Verursacherprinzips liefert er jedoch nicht; und daran nahm in der Debatte auch kaum jemand Anstoß.

Wo allerdings ersichtlich ist, dass konkurrierende alternative Theorien für konkrete Fragen zu überlappenden Urteilen kommen, erlaubt uns das, diese Urteile mit größerer Sicherheit zu vertreten als das in der Entscheidung zwischen allgemeinen Theorie angebracht wäre. So kann es für Sie von Vorteil sein, sich entweder *agnostisch* gegenüber größeren Theorien zu zeigen, wo Sie nichts zu einer Festlegung zwingt, oder aber Ihr Argument besonders stärken, wenn Sie gezielt zeigen können, dass *verschiedene* prominente Theorien über Ihren Fall zur selben Konklusion kommen. Letzteren Ansatz wählt etwa Katie McShane (2016) in einem Aufsatz, in dem sie dem vorherrschenden Paradigma nationaler wie internationaler Klimapolitik vorwirft, moralische Interessen von Tieren unzulässigerweise nicht in Betracht zu ziehen: Dazu zeigt sie zunächst, dass über verschiedene prominente ethische Theorien hinweg ein weitgehender Konsens besteht, dass zumindest *manche* Tiere *mancherlei* moralisch zu berücksichtigende Interessen haben, in wichtigen klimapolitischen Dokumenten aber *ausschließlich* menschliche Interessen Berücksichtigung finden. Diesen Umstand hätte McShane auch wesentlich schärfer kritisieren können, wenn sie sich eine bestimmte, besonders ‚tierfreundliche' Moraltheorie herausgepickt hätte. Dass sie das nicht tut und von einem weitgehend unkontroversen Konsens ausgeht, stärkt ihr Argument aber erheblich: Ihre Gegner*innen können sich nun nicht mehr darauf zurückziehen, dass sie einfach nicht die eine, kontroverse Position teilen, die McShanes Kritik zugrundeliege.

Wenn Ihr wesentliches Interesse nicht darin besteht, etwas über Theorien herauszufinden oder Theorien für bestimmte Themenbereiche zu bilden, sondern schlichtweg zu klären, was man in einem bestimmten (Typ von) Fall tun sollte, benötigen Sie also ein wenig Fingerspitzengefühl, wie viel abstraktes Instrumentarium Sie auffahren sollten, um zu erfassen, was für diese Frage wirklich relevant ist. Der beste Weg, ein Gefühl dafür zu gewinnen, ist wie so oft, sich anzuschauen, wie andere Leute es denn machen. Beobachten Sie genau, was diese Leute tun und fragen Sie sich, was Sie davon halten. Blättern Sie doch einfach einmal auf der Ausschau nach passenden Aufsätzen, die für Sie interessant klingen, durch ein paar jüngere Ausgaben z.B. des *Journal of Applied Philosophy*, von *Philosophy & Public Affairs* oder *Ethics & International Affairs*.

Wenn Sie als Politische*r Theoretiker*in nun aber nicht die Wunderwaffe einer alles erklärenden Theorie zücken können, stellt sich Ihnen vielleicht die Frage: Was genau haben Sie in der Klärung solcher Fragen denn dann anzubieten, was ‚Theorie-Laien' in Talkshows, an Stammtischen oder auch im Bundestag nicht leisten?

Systematisierung von Debatten

Wie wir schon zu Beginn des Kapitels feststellten: Manchmal besteht die wissenschaftliche Auseinandersetzung mit normativen Fragen nicht darin, etwas ganz anderes zu tun als Laien, sondern einfach darin, es systematischer, mit geschulter Argumentationskompetenz, analytischer Sorgfalt und unparteilicher Umsicht zu tun. Das kann zum Beispiel auch beinhalten, in einer verfahrenen oder verwirrten öffentlichen Debatte ein wenig ‚aufzuräumen', indem Sie klären, was genau aus welchen Auffassungen folgt, welche Positionen miteinander kompatibel sind, wo eigentlich die Dissense verlaufen und wo unscharf verwendete Begriffe dazu führen, dass gegnerische Parteien aneinander vorbeireden oder Argumente verschleiert werden. Das kann gerade in polarisierten Debatten, die öffentlich auf vage Slogans reduziert werden (denken Sie an „pro life" / „pro choice"), durchaus hilfreich sein. LaFollette (2000) knöpft sich so beispielsweise die Debatte um Waffenbesitz vor und versucht zu klären, was genau aus einem Recht darauf denn folgen würde und aus welchen Gründen es ein solches Recht geben könnte. Giubilini (2020) präsentiert ein bestimmtes Argument für eine Impfpflicht und exerziert dann eine möglichst umfassende Reihe an denkbaren Gegenargumenten durch, die er zu entkräften versucht.

Ideentransfer aus anderen Kontexten

Im Zuge dessen profitieren Sie im Unterschied zu Menschen, die sich noch nie näher mit Politischer Theorie befasst haben, auch von einem breiteren Horizont, der Ihnen manchmal eine Idee geben kann, in welcher Richtung noch vernachlässigte relevante Erwägungen liegen oder sind dafür sensibilisiert, dass eine bestimmte Idee komplizierter ist, als es auf den ersten Blick scheinen mag. Manchmal kann das eine Art Entdeckungsverfahren sein – Ihnen steht sozusagen der Steinbruch abstrakter theoretischer Debatten zur Verfügung, um neue

Argumente zu identifizieren und Argumente differenzierter zu bewerten. Giubilini schlägt im oben erwähnten Aufsatz zum Beispiel ein Argument der Fairness in Analogie zu Steuerlasten vor, das ihm wahrscheinlich nicht eingefallen wäre, wenn er sich nie mit der Literatur zu Verteilungsgerechtigkeit beschäftigt hätte. Dasselbe gilt für Lippert-Rasmussen (2006), der ein bestimmtes Argument für racial profiling mit einer Art von Einwand angreift, die G. A. Cohen (1992) in anderem Kontext in einer klassischen Debatte mit John Rawls vorgebracht hat.

Zusammenhänge mit komplexeren Problemen

Andererseits gelangt man von vermeintlich konkreten Fragen bei genauerer Betrachtung auch häufig schnell zu sehr abstrakten, grundsätzlichen Problemen, von denen abhängt, was wir über das konkrete Problem denken sollten: Von Diskussionen um Gefängnisreformen führt ein kurzer Weg zur Debatte um Willensfreiheit, von Abtreibung zum Begriff der Person und von Folter zur Idee der Menschenwürde. Auch hier ist im Vorteil, wer für die Schwierigkeiten dieser großen Probleme ein differenzierteres Bewusstsein hat und voreilige Schlüsse und Stolperfallen vermeidet. Umgekehrt sollten Sie beachten, dass manche solcher ‚Evergreen'-Themen gerade deswegen so verzwickt sind, weil sie eben mit komplexen Problemen aus ganz anderen Ecken der Philosophie in Verbindung stehen – nicht immer sind die zugehörigen Debatten leicht zugänglich, wenn Sie ansonsten noch nie etwas mit (theoretischer) Philosophie zu tun gehabt haben. Sich einem konkreten politischen Problem zuzuwenden, heißt meistens jedenfalls nicht, abstrakte theoretische Fragen vom Hals zu bekommen (und das ist natürlich auch gerade, was diese Dinge so spannend macht).

Weiterführende Literatur

Daniels, Norman. 1996. „Wide Reflective Equilibrium in Practice". In *Justice and Justification: Reflective Equilibrium in Theory and Practice*. Cambridge Studies in Philosophy and Public Policy, 333–52. Cambridge: Cambridge University Press.

Dempsey, Michelle Madden, und Matthew Lister. 2016. „Applied Political and Legal Philosophy". In *A Companion to Applied Philosophy*, herausgegeben von Kasper Lippert-Rasmussen, Kimberley Brownlee, und David Coady, 311–27. Chichester: Wiley.

Howard, Jeffrey. 2019. „The Public Role of Ethics and Public Policy". In *The Routledge Handbook of Ethics and Public Policy*, herausgegeben von Annabelle Lever und Andrei Poama, 25–36. Abingdon: Routledge.

Wolff, Jonathan. 2019. „Method in Philosophy and Public Policy". In *The Routledge Handbook of Ethics and Public Policy*, herausgegeben von Annabelle Lever und Andrei Poama, 13–24. Abingdon: Routledge.

———. 2020. *Ethics and Public Policy: A Philosophical Inquiry*. 2. Aufl. Abingdon: Routledge.

6.6.2 Theorieorientierte Forschung

Während solcherlei angewandte Fragestellungen vor dem Hintergrund des politischen Tagesgeschäfts vielleicht besonders naheliegend erscheinen mögen, stellen sie zugegebenermaßen nicht den Hauptteil der Arbeit der meisten Politischen Theoretiker*innen dar. Meistens ist es doch so, dass konkrete Policy-Probleme oder Ungerechtigkeiten unser Erkenntnisinteresse zwar vielleicht *motivieren*, es sich im Kern aber darauf richtet, wie *allgemeine Theorien* in unserem Fach aussehen sollten – insbesondere zu jenen Grundfragen, die im Wesen der Organisation gesellschaftlichen Zusammenlebens liegen und sich nicht abhängig von der politischen Tagesordnung stellen: Dann fragen wir uns grob gesagt, was Gerechtigkeit, Freiheit und Demokratie eigentlich sind und wie man eine Gesellschaft einrichten sollte, um diese Werte zu realisieren.

Wenn wir allgemeine normative Theorien bilden, dann ist ein wesentliches Ziel, das wir verfolgen, Urteile zu einzelnen Fällen und Problembereichen (wie sie Gegenstand des vorigen Abschnitts waren) zu *erklären* – in jenem weiten Sinne, dass wir durch allgemeine Prinzipien verständlich zu machen versuchen, warum wir aus gutem Grund so und so urteilen (vgl. 6.3.3). Nichts anderes bedeutet die Grundidee des Überlegungsgleichgewichts, die wir in Abschnitt 6.4 eingeführt hatten. Im Grunde sind die typischen Schachzüge solcher theorieorientierter Arbeiten also schlichtweg die Schachzüge des Überlegungsgleichgewichts, wie wir sie dort besprochen und in Abschnitt 6.4.2 konkretisiert sowie für das zentrale Werkzeug der Gedankenexperimente in 6.5 näher ausgeführt hatten. Wenn Sie Inspiration für ein theorieorientiertes Argumentationsziel suchen, sollte es sich für Sie also zunächst lohnen, dorthin noch einmal zurückzublättern. In diesem Abschnitt werden wir uns daher auf zweierlei beschränken: einerseits einige typische Schachzüge noch einmal an konkreteren Beispielen zu illustrieren und andererseits dabei zwei methodische Fragen herauszustellen, die es in der Arbeit mit allgemeinen Theorien im Blick zu behalten gilt: die Unterscheidung zwischen interner und externer Kritik und Argumentationsstrategien in der Entscheidung zwischen ko-extensionalen Theorien.

Lassen Sie uns also noch einmal einen Blick auf zwei klassische Positionen aus einer klassischen Debatte werfen: jener um Verteilungsgerechtigkeit. Wie so vieles in der Normativen Politischen Theorie hat die Frage, wann eine Verteilung von Gütern innerhalb einer Gesellschaft gerecht ist, zwar eine reiche Vorgeschichte – als John Rawls 1971 seine *Theory of Justice* veröffentlichte, war sie aber ein wenig in einen Dornröschenschlaf gefallen, aus dem dieses Buch sie zweifellos aufweckte. Rawls' Prinzip der Verteilungsgerechtigkeit, das sogenannte Differenzprinzip, erwies sich in der neu entfachten Debatte als einflussreich: Sein Vorschlag ist, dass eine Verteilung die moralische Gleichheit der Betroffenen nicht nur durch eine Gleichverteilung der Güter widerspiegeln kann, sondern auch dann gerecht ist, wenn eine ungleiche Verteilung von Gütern die Position der schlechtestgestellten Gruppe im Vergleich zu einer Gleichverteilung verbessert. Wenn Sie schon einmal eine Einführungsvorlesung in Politischer Theorie besucht haben, stehen die Chancen ziemlich gut, dass Sie davon gehört haben.

Externe vs. interne Kritik

Dass diese Idee sehr einflussreich war, heißt aber natürlich gerade nicht, dass sie nur auf Zustimmung gestoßen wäre. Angenommen, Sie möchten nun zeigen, dass Rawls zu Verteilungsgerechtigkeit nicht das sagt, was er sagen sollte. Dann stehen Ihnen immer noch zwei Optionen offen, wie Sie diese Kritik ausgestalten könnten: Erstens könnte es sein, dass Rawls etwas anderes sagen sollte, weil das, was er sagt, schlichtweg *falsch* und eine andere theoretische Option vorzugswürdig ist. In diesem Fall bieten Sie eine *externe* Kritik an seiner Theorie. Zweitens könnten Sie aber auch im Sinn haben, dass das, was Rawls sagt, nicht das ist, was *Rawls selbst* dazu sagen sollte – vor dem Hintergrund seiner eigenen Theorie. Diese Form von *interner* Kritik verfolgte beispielsweise G. A. Cohen (1992; 1997) in einem klassischen Schlagabtausch mit Rawls. Selbst wenn man den Gedanken attraktiv findet, alle in der Gesellschaft so gut wie möglich zu stellen, kam ihnen vielleicht gerade schon die Frage in den Sinn: Wieso sollte es eigentlich dazu kommen, dass dieses Ergebnis nur durch Ungleichheit erreichbar ist? Ein wesentlicher Hintergedanke von Rawls war hier, dass ökonomische *Anreize* die Gesamtproduktivität der Wirtschaft steigern können: Manche Personen (Cohen nennt sie „die Talentierten") fühlen sich erst durch die Aussicht auf ein überdurchschnittliches Einkommen dazu angespornt, ihre besondere Produktivität voll auszuschöpfen. Tun sie das, wächst dadurch aber die Gesamtleistung der Wirtschaft, von der durch Besteuerung wiederum ein Teil denjenigen zugute kommen kann, die durch ebendiese Anreize nunmehr weniger verdienen als andere. Cohen (1997, Abschn. IV–V) wandte dagegen nun ein, dass innerhalb einer Gesellschaft, die Rawls' Theorie realisiert, die Talentierten ihre Produktivität nicht ‚drosseln' würden, um mehr für sich herauszuhandeln. Laut Rawls müsssen sie nämlich selbst die Prinzipien der Gerechtigkeit befürworten. Innerhalb dieser Theorie kann es Cohen zufolge aber keine sinnvolle Einschränkung ihres Anwendungsbereichs geben, die individuelle Akteure davon befreien würde, sich in ihrem Handeln auch an diesen von ihnen befürworteten Prinzipien zu orientieren. Das führt ihn zu folgender Schlussfolgerung:

> „[T]here is hardly any serious inequality that satisfies the requirement set by the difference principle, when it is conceived, as Rawls himself proposes to conceive it, as regulating the affairs of a society whose members themselves accept that principle." (G. A. Cohen 1997, 6)

Damit lehnt Cohen das Differenzprinzip nicht grundsätzlich ab. Er bezweifelt aber, dass es das gutheißt, was Rawls im Sinn hat. Und so ist Cohens Kritik ein Musterbeispiel interner Kritik: Rawls hat, Cohen zufolge, sein eigenes Prinzip nicht richtig verstanden (an anderer Stelle leistet Cohen (z.B. 2008) dann auch noch externe Kritik und verwirft das Differenzprinzip von vornherein – das aber ist ein anderes Vorhaben).

Die Möglichkeit einer internen Kritik ergibt sich letztlich daraus, dass die *beste Interpretation* einer Theorie, die jemand vorbringt, nicht immer das ist, was er oder sie tatsächlich sagt oder sagen wollte – ein Problem, das regelmäßig auch in der Ideengeschichte eine Rolle spielt (vgl. Kap. 7). Für die Zwecke systematischer Theoriebildung ist diese Möglichkeit relevant, weil die Frage, ob wir das Differenzprinzip akzeptieren sollten, eben nicht davon abhängt, was *Rawls* dazu sagt, sondern davon, was es *tatsächlich* impliziert. Beachten Sie diesen Zusammenhang aber auch in die umgekehrte Richtung: Wenn Sie zeigen, dass das, was Rawls zum Differenzprinzip sagt, keinen Sinn ergibt, zeigen Sie damit streng genommen noch nicht, dass *jede* (insbesondere die *bestmögliche*) Version des Differenzprinzips keinen Sinn ergibt. Das gilt umso mehr, wenn Ihre Kritik sich nicht auf zentrale Aussagen der Theorie an und für sich bezieht, sondern auf Dinge, die Vertreter*innen der Theorie eben auch gesagt haben – so wie man das Differenzprinzip gleichermaßen vertreten kann, ohne Anreizsysteme für zulässig zu halten. Kasper Lippert-Rasmussen (2018, 34) hat das einmal mit einer griffigen Unterscheidung herausgestellt:

Theorie-fokussierte vs. Theoretiker*innen-fokussierte Kritik

> „A critique is theory-focused if, and only if, it targets one or more claims that are said to be what the theory consists of. A critique is theorist-focused if, and only if, it targets one or more claims that are asserted by individuals who are described as subscribing to the relevant theory."

Freilich kann auch letztere Option uns einen gewissen Erkenntnismehrwert liefern: Wir lernen dann, dass man *so* jedenfalls nicht für eine gegebene Konklusion argumentieren kann. Wichtig ist aber, genauso wie bei der Unterscheidung externer und interner Kritik, vor allem, dass Sie sich klar machen und eindeutig kommunizieren, welcher Art Ihre Kritik ist.

Lassen Sie uns noch einen Blick auf eine weitere Debatte werfen, die einen zweiten methodisch beachtenswerten Punkt illustriert. Eine sehr breite Strömung in der Literatur zu Verteilungsgerechtigkeit – manchmal liberal-egalitaristische Theorien genannt – arbeitete nach Rawls unter der Annahme, dass es bei Gerechtigkeit im Kern um die Ansprüche geht, die sich in unserem Zusammenleben als moralisch *Gleiche* ergeben. Manche Vertreter*innen alternativer Verteilungsprinzipien führen so etwa an, dass moralische Gleichheit in Verteilungsfragen eigentlich etwas anderes erfordert als das, was Rawls im Blick hatte – beispielsweise Glücksegalitarist*innen in der Folge von Dworkin (1981). Harry Frankfurt (1987, 21) legte hingegen noch einen fundamentaleren Gegenvorschlag auf den Tisch:

> „[M]any people believe that economic equality has considerable moral value in itself. [...] In my opinion, this is a mistake. Economic equality is not, as such, of particular moral importance. With respect to the distribution of economic assets, what is important from the point of view of morality is not that everyone should have the same but that each should have *enough*."

Partiell ko-extensionale Prinzipien

Wenn Sie nun zunächst einmal abklopfen möchten, ob Sie Frankfurts Vorschlag intuitiv plausibel finden, werden Sie sich vor einem Problem wiederfinden: Viele Verteilungen – und insbesondere viele Verteilungen in realen Gesellschaften – sind natürlich so beschaffen, dass Güter *sowohl* ungleich verteilt sind *als auch* manche nicht genug haben. Vermutlich gilt beides für Deutschland. Wenn Sie die in Deutschland bestehende Güterverteilung nun ungerecht finden, sagt Ihnen das also wenig darüber, ob Sie nun mit Frankfurt befinden sollten, dass sich Gerechtigkeit im Kern um Suffizienz dreht oder aber doch um Gleichheit. Allgemeiner gefasst: Häufig liefern uns konkurrierende Prinzipien für eine Reihe von Fällen – und vielleicht gerade auch für die realen Fälle, über die wir auch etwas sagen können möchten – dieselben Urteile (d.h. sie sind für diese Fälle *ko-extensional*). Im Grunde begegnete uns dieses Problem schon einmal in 6.3.3, als wir bloß allgemeine normative Aussagen von Prinzipien unterschieden: Dort hatten wir herausgestellt, dass es bei Prinzipien darauf ankommt, die Faktoren zu isolieren, die etwas richtig oder falsch *machen*. Hier besteht ja aber gerade ein Dissens darüber, was dieser moralisch relevante Faktor ist: Gleichheit oder Suffizienz?

Eine gute Idee wäre es dann, diese Faktoren so zu isolieren, dass Sie sie getrennt voneinander manipulieren und bewerten können – so wie wir es in Abschnitt 6.5.2 zu kontrollierten Fällen besprochen hatten. Auf diesem Weg können Sie dann erkunden, ob Sie im Netz des Überlegungsgleichgewichts irgendwelche ‚Datenpunkte' finden, die durch das eine Prinzip *besser* erklärt werden können als durch das andere.

Das könnte z.B. bedeuten, dass eines der Prinzipien bestimmte Einzelurteile ohne weitere Zusatzannahmen erklären kann oder schlichtweg die besser mit unseren Intuitionen übereinstimmenden Urteile liefert. Dazu kann es sich manchmal auch lohnen, über den Tellerrand des Themenbereichs, um den es Ihnen eigentlich geht, hinauszuschauen. Wenn Sie denken, dass der Wert der Gleichheit für Verteilungsgerechtigkeit zentral ist, dann wäre es z. B. interessant, ob wir Gleichheit womöglich auch in Kontexten Bedeutung beimessen, die nichts mit Güterverteilung zu tun haben.

Vollständige Ko-Extensionalität und theoretische Sparsamkeit

Wenn Sie keinen solchen Unterschied finden, dann sollten Sie vermutlich das Prinzip wählen, das die *einfachere* Erklärung liefert. Dabei ist mit „einfacher" nicht gemeint, wie leicht sich das Prinzip anwenden lässt, sondern wie voraussetzungsreich es ist – in der Regel läuft das darauf hinaus, im Zweifelsfall dem Prinzip (bzw. dem für einen inhaltlichen Bereich notwendigen Set an Prinzipien, d.h. der *Theorie*) den Vorzug zu geben, das seinen Urteilen eine geringere Anzahl moralisch relevanter Faktoren zugrundelegt. Das ist im Grunde dasselbe Gebot der Sparsamkeit wie bei induktiven Schlüssen auf die beste Erklärung empirischer Beobachtungen: Wenn Sie eine Fliege zunächst rechts dieses Buches sitzen sehen und ein paar Minuten später links des Buches, dann könnten Sie das sowohl dadurch erklären, dass (a) dieselbe Fliege von rechts nach links geflogen ist, ohne dass Sie es bemerkt haben oder (b) die rechte Fliege sich in einer spontanen quantenmechanischen Anomalie dematerialisiert hat und zugleich eine andere, identisch aussehende Fliege in den Raum geflogen ist und sich links niedergelassen hat. Ohne weitere Anhaltspunkte sollten Sie (a) wählen – schlichtweg weil es bei gleicher Effektivität die weniger voraussetzungsreiche Erklärung bietet. In ähnlicher Weise gehen wir meistens davon aus, dass wir in der Entscheidung zwischen zwei normativen Theorien, die unsere Urteile in einem bestimmten Gegenstandsbereich ähnlich gut widerspiegeln, im Zweifelsfall die Theorie wählen sollten, die unser Inventar normativer Postulate weniger ‚aufbläht'. Liam Shields (2016, 17–18) hat diesen Punkt just in der Diskussion um Suffizienzprinzipien einmal negativ so formuliert, dass normative Prinzipien *unverzichtbar* für eine vollständige Theorie sein sollten:

> „Whether we should accept some principle of justice as our guide depends on whether that principle is indispensable to a sound and complete account of justice. [...] A principle of distributive justice is indispensable only when we cannot do without it in the most plausible account of justice."

Praktische Vorzüge theoretisch redundanter Prinzipen

Beachten Sie aber, dass dieser Anspruch in erster Linie dann relevant ist, wenn es uns darum bestellt ist zu verstehen, wie unsere besten normativen *Theorien* beschaffen sein sollten – und womöglich nicht gleichermaßen, wenn wir ein problemorientiertes Unterfangen verfolgen. Ingrid Robeyns (2017) hat zum Beispiel einmal mit der Position des Limitarismus (die besagt, dass eine Verteilung ungerecht wird, wenn manche *zu viel* haben) ein Verteilungsprinzip vorgeschlagen, das sich in der Folge genau jener Kritik ausgesetzt fand, für eine vollständige Theorie der Verteilungsgerechtigkeit *nicht notwendig* zu sein: Wie Robert Huseby (2022) herausstellte, sind die Forderungen des Limitarismus unter den Umständen, die Robeyns voraussetzt, ko-extensional mit Forderungen egalitaristischer oder suffizientaristischer Prinzipien. Robeyns' Argument für den Limitarismus hänge aber zusätzlich von normativen Überzeugungen ab, die am besten dadurch erklärt werden, dass man entweder Egalitarist*in oder Suffizientarist*in ist. Wenn das so ist, dann scheint es, dass wir den Limitarismus einfach aus unserem Theorieinventar streichen können, ohne irgendetwas zu verlieren. Gegen diesen Einwand hat sich Robeyns versucht zu verteidigen, indem sie betont, inwiefern ihr Ziel eigentlich ein problem- statt theorieorientiertes ist:

> „[W]e might have different argumentative concerns depending on whether we are engaged in theory-driven research or problem-driven research. For example, a novel concept might be reducible to concept A in context 1, and to concept B in context 2, but since policy-making and social action might affect both context 1 and context 2, that novel concept might nevertheless have some guiding force there. A newly introduced concept might, at a high level of abstraction, be reducible to another (existing) concept. Despite that, the new concept might be much more illuminating or it might be more action-guiding on the ground, which would justify its existence." (Robeyns 2022, 252–53)

Ob es uns gerade letztlich darum geht, herauszufinden, was Gerechtigkeit oder Freiheit oder Demokratie *im Kern ausmacht* oder aber darum, wie wir diesen Werten in bestimmten Situationen am besten gerecht werden, kann also durchaus einen Unterschied dafür machen, wie die Theorien, die wir aufstellen, aussehen sollten: Wenn es uns darauf ankommt, zu *verstehen*, wann Ungerechtigkeit in Verteilungsfragen vorliegt und wieso, dann können wir auf den Limitarismus womöglich verzichten. Wenn es uns aber darauf ankommt, uns unter bestimmten tatsächlichen Umständen in unseren Entscheidungen die Richtung zu weisen, bietet uns das zusätzliche Prinzip vielleicht Erkenntnisse, die wir um der ‚puren' Theorie willen nicht bräuchten.

Weiterführende Literatur

Sowohl Wolff als auch Kymlicka sind Beispiele für exzellente systematische Einführungen, die Ihnen einen Eindruck davon vermitteln können, wie Debatten in der Politischen Theorie verlaufen und wie man Positionen bewerten und einordnen kann:

Kymlicka, Will. 2002. *Contemporary Political Philosophy: An Introduction*. 2. Aufl. Oxford: Oxford University Press.

Wolff, Jonathan. 2022. *An introduction to political philosophy*. 4. Aufl. Oxford: Oxford University Press.

6.6.3 Ideale versus non-ideale Theorie

Zu Beginn dieses Abschnitts hatten wir angesprochen, dass wir die Frage, inwieweit Politische Theorie auf tatsächliche politische Probleme oder aber das abstrakte Verstehen normativer Zusammenhänge abzielen *sollte*, hier einmal ausklammern. Falls Sie mit dieser Frage trotzdem schon einmal in Berührung gekommen sind, dann sind Sie vermutlich auch über die Unterscheidung zwischen *idealer* und *non-idealer Theorie* gestolpert. Dieses Begriffspaar ist so geläufig, dass es sich lohnt, in diesem letzten Unterabschnitt kurz darauf einzugehen. Die Debatte, die sich auch gegenwärtig noch um diese zwei Begriffe entspinnt, ist tatsächlich auch allermeistens durch die Frage motiviert, inwiefern Normative Politische Theorie vorrangig problem- oder aber theorieorientiert sein sollte.[43]

Allerdings fallen diese Gegenüberstellungen nicht notwendigerweise zusammen: Wie wir gleich sehen werden, könnte man prinzipiell auch aus primär theoretischer Motivation non-ideale Theorien über Umstände entwickeln, die den unseren rein gar nicht ähneln und uns für unsere praktischen Probleme mithin wenig an die Hand geben – auch wenn non-ideale Theoriebildung in aller Regel mit Blick auf unsere tatsächliche Welt betrieben wird. Zudem meinen Politische Theoretiker*innen mit der Rede von „non-idealer" versus „idealer" Theorie leider keineswegs immer dasselbe. Laura Valentini (2012) hat einmal herausgearbeitet, dass es mindestens drei logisch voneinander unab-

43 Die Debatte verläuft dabei in der Regel so, dass der Mainstream der Normativen Politischen Theorie (sei es nun zu Recht oder Unrecht) seit Rawls' (1999) *Theory of Justice* als durch ideale Theoriebildung dominiert gezeichnet wird und non-ideale Gegner*innen (wie bspw. Mills 2005; Sen 2006) diesem Mainstream vorwerfen, zu realen Problemen unter keineswegs idealen Umständen nichts zu sagen zu haben. Rechtfertigungen idealer Theoriebildung finden sich zuallermeist in Verteidigungen gegen solche Vorwürfe (etwa Stemplowska 2008; Estlund 2020).

hängige Unterscheidungen gibt, die unter diesen Labeln firmieren. Lassen Sie uns auf diese drei im Folgenden einen kurzen Blick werfen.

Non-ideale Theorie als „bedingte" ideale Theorie

Die zwei prominentesten Spielarten der Unterscheidung könnte man vielleicht auf den gemeinsamen Punkt bringen, dass non-ideale Theorie so etwas wie bedingte ideale Theorie ist. Wie wahrscheinlich ist es, dass Sie drei Sechser in Folge würfeln? Genau: $\frac{1}{6} * \frac{1}{6} * \frac{1}{6} = \frac{1}{216}$. Wie wahrscheinlich aber ist es unter der Bedingung, dass Sie bereits zwei Sechser gewürfelt haben? Das ist eine andere Hausnummer: $\frac{1}{6}$. Wenn wir nach bedingten Wahrscheinlichkeiten fragen, dann sehen wir uns nur ein bestimmtes Universum möglicher Fälle an (die Würfel-Sequenzen, bei denen die ersten zwei Würfe Sechser waren) und klammern das, was uns zu dieser Wegscheide (dem dritten Wurf) gebracht hat, aus unserer Rechnung aus.[44] Auf ähnliche Weise kann man sich non-ideale Theorie so vorstellen, dass sie danach fragt, was wir unter bestimmten (womöglich ungerechten) Umständen tun sollten, die wir selbst aber aus der Bewertung durch unsere normative Theorie ausklammern – wir betrachten sie einfach als gegeben und fragen, was *dann* geboten ist.

1. Sinn: vollständige und teilweise Einhaltung

Eine Quelle solcher Vorbedingungen kann der Grad sein, zu dem die Forderungen einer normativen Theorie tatsächlich befolgt werden (in der Literatur geläufig als *full* vs. *partial compliance*). In diesem Sinne befasst sich ideale Gerechtigkeitstheorie mit der Frage, was Gerechtigkeit „an und für sich" erfordert, wohingegen non-ideale Theorie untersucht, was Gerechtigkeit von den übrigen Akteuren *unter der Bedingung* erfordert, dass sich manche Akteure *nicht* daran halten, was ideale Gerechtigkeit von ihnen erfordern würde (Estlund 2020, 6; Rawls 1999, 215–16).

Dass das zwei unterschiedliche Fragen sind, sieht man gut an folgendem, Estlund (2020, 29) entlehnten Beispiel: Ihre ehemalige WG-Mitbewohnerin, die zwischenzeitlich ein Auslandspraktikum absolviert, bittet Sie nach einem hektischen Schlusssprint, morgen früh ihre Abschlussarbeit auszudrucken, binden zu lassen und vor 10:00 Uhr im Prüfungsamt abzugeben. Nehmen Sie einfach einmal an, dass Sie wegen verschiedenerlei Gefallen tief in ihrer Schuld stehen, nichts weiter vorhaben und daher moralisch verpflichtet sind, ihrer Bitte zu entsprechen. Nun wissen Sie aber auch, dass Sie eine notorische Schlafmütze sind und so gut wie nie vor 10:00 Uhr aus dem Bett kommen. Da mag zwar ein Wecker klingeln und Sie könnten theoretisch durchaus aufstehen, wenn Sie ihn hören. Das bekommen Sie für Ihre

44 Ein unserem Fach näherstehendes Beispiel bedingter Wahrscheinlichkeit sind Signifikanzniveaus in der inferentiellen Statistik (vgl. Kap. 4.3.1): Wie wahrscheinlich ist es, dass eine Verteilung in der Grundgesamtheit vorliegt, gegeben dass sie in dieser Stichprobe vorliegt?

eigenen Prüfungen auch mal hin – doch in allen anderen Fällen hat die Verlockung des warmen Betts Sie fest in ihren Fängen und so werden Sie sich de facto herumdrehen und die Abgabefrist verschlafen. Sollten Sie Ihrer Freundin zusagen, die Arbeit abzuliefern? Darauf scheint es nun zwei Antworten zu geben. Einerseits: ja natürlich! Denn so hatten wir den Fall schließlich beschrieben: Sie sollten ihr zusagen und die Arbeit gewissenhaft abliefern. Sie stehen ja in ihrer Schuld, haben nichts anderes vor und sind prinzipiell in der Lage, Ihre Pflicht zu erfüllen. Andererseits aber scheint klar, dass Sie ihr nicht zusagen sollten, die Arbeit abzugeben – denn Sie werden es ja tatsächlich nicht tun! In einem Szenario, in dem Sie einen Teil Ihrer Pflicht nicht erfüllen, ändert sich somit, was Sie *gegeben diese Umstände* dann tun sollten. Die erste Antwort ist die idealer Theorie: An und für sich sollten Sie in solch einer Situation zusagen und abliefern. Die zweite Antwort ist die non-idealer Theorie: Gegeben dass Sie nicht abliefern werden, sollten Sie nicht zusagen.

Wie Ihnen jetzt schon auffallen wird, sind so verstandene non-ideale Fragestellungen für problemorientierte Forschung besonders wichtig – schlicht deswegen, weil in der realen Welt sehr oft manche politischen Akteure nicht das tun, was sie eigentlich tun sollten. Eine idealtheoretische Frage ist,[45] wie wir die Lasten des Klimawandels zwischen Staaten verteilen sollten. Was aber, wenn sich bestimmte westliche Industriestaaten tatsächlich weigern, die erforderlichen Ausgleichszahlungen an Staaten des globalen Südens zu erbringen (z.B. Caney 2016)? Oder wenn sich manche Mitgliedsstaaten der EU schlichtweg weigern, ihren gerechten Beitrag zur Aufnahme Geflüchteter zu leisten?

Methodische Implikationen

Das Handwerkszeug, dessen wir uns bedienen können, um mögliche Antworten auf diese Frage zu untersuchen, ist letztlich genau dasselbe, das wir im Rest dieses Kapitels bereits besprochen haben. Der entscheidende Unterschied ist allein der, dass wir vom Mischpult all der Akteure, von denen unsere normative Theorie etwas fordern könnte, manche unserem Zugriff entziehen und sagen: was diese hier tun werden, ist schon gesetzt.[46] Wie wir an dem Beispiel der Abschlussarbeit gesehen haben, kann das dazu führen, dass wir in idealer und non-idealer Theorie zu unterschiedlichen Antworten kommen: Beide sind völlig richtig –

45 Wenigstens wenn wir für den Moment einmal außen vor lassen, ob die Verursachung des Klimawandels bis zum Zeitpunkt der Betrachtung schon eine Verletzung von Pflichten der Gerechtigkeit beinhaltet.

46 Damit lassen wir ihnen gegenüber im Grunde denjenigen Rechtfertigungsanspruch fallen, den wir gegenüber moralischen Akteuren üblicherweise voraussetzen (vgl. 6.1.5) – wir behandeln die Pflichtverletzenden eher wie eine Naturgewalt, mit der wir uns arrangieren müssen.

sie beantworten nur eben nicht dieselbe Frage.[47] Entsprechend ist es für Sie erstens wichtig, sich selbst und Ihren Leser*innen klar zu machen, *welche* Frage Sie beantworten möchten. Und zweitens ist es wichtig, aus idealen Theorien nicht ohne Weiteres auf non-ideale Antworten zu schließen und umgekehrt: Wenn der Geltungsbereich einer Theorie auf ideale Umstände eingeschränkt ist (wie weitestgehend etwa bei Rawls' *Theory of Justice*), dann sagt sie streng genommen über non-ideale Umstände einfach nichts aus. Was eine stimmige non-ideale Erweiterung der Theorie abgeben würde, bedarf dann jedenfalls gesonderter Argumentation. Ob wir in diesem Übergang wesentlich auf unsere Erkenntnisse aus der idealen Theorie angewiesen sind – wie es Rawls (Rawls 1999, 8; 2001, 13) erwartete – oder wir sie mehr oder weniger unabhängig davon bearbeiten können, ist umstritten.

2. Sinn: Machbarkeit und Utopien

Ein zweiter Sinn hängt die Unterscheidung daran auf, wie praktisch umsetzbar die Forderungen einer Theorie erscheinen. Normative Theorien sagen uns in der einen oder anderen Weise etwas darüber, was wir tun und wie wir unser Zusammenleben gestalten sollten. Indem sie das tun, erfordern sie häufig (oder mindestens potentiell), bestehende Institutionen, Traditionen und Machtstrukturen zu verändern. Solche Veränderungen des Status Quo müssen umgesetzt werden. Das beinhaltet jedoch nicht nur technische Herausforderungen in der Umgestaltung und Steuerung komplexer Systeme (Wie genau baut man denn ein Wirtschaftssystem im laufenden Betrieb um?), sondern bedarf auch der Kooperationsbereitschaft von allerlei Akteuren – beides wird Ihnen sowohl aus der empirischen Politikwissenschaft als auch aus dem Nachrichtengeschehen wohlvertraut sein. In der Folge werden die Forderungen mancher normativen Theorien mit höherer Wahrscheinlichkeit von einem aktuellen Status Quo aus erfolgreich umsetzbar sein als andere: Ungefähr davon reden wir, wenn wir manche Ideen als *realistischer* als andere bezeichnen und umgekehrt manche Forderungen als *utopisch* abstempeln. Diese Gegenüberstellung ist ein zweiter Sinn, in dem die Unterscheidung zwischen idealer und non-idealer Theorie verwendet wird: Politische Realist*innen (etwa Williams 2005; Geuss 2008) kritisieren ideale Theoriebildung dann dafür, in dem Sinne zu ‚idealisiert' zu sein, dass sie von bestehenden Machtstrukturen und historischen Rahmenbedingungen zu stark abstrahiere und For-

47 Manche Theoretiker*innen vertreten ungeachtet dessen die Ansicht, dass ideale Pflichten fundamentaler sind als non-ideale, die nur unter kontingenten Voraussetzungen zustande kommen (etwa Estlund 2020, 29–32). Umgekehrt gibt es auch Moraltheorien, für die beide Fragen effektiv zusammenfallen: Für das utilitaristische Prinzip, eine Handlungsoption zu wählen, die in der Situation den erwarteten Gesamtnutzen maximiert, ist es völlig unerheblich, ob diese Situation beinhaltet, dass manche gegen das utilitaristische Prinzip verstoßen haben.

derungen aufstelle, die gar nicht umsetzbar sind. Die alternative Form non-idealer Theorie sollte dann solche Eigenschaften des Status Quo wiederum als eine Art Vorbedingung von normativer Kritik ausklammern: *Gegeben* diese und jene politischen Umstände und Handlungsdispositionen relevanter Akteure – was sollten wir *dann* tun?

Dass eine bestimmte institutionelle Ordnung oder ein bestimmtes Ergebnis praktisch nicht erreichbar ist, hat wie gesagt sehr oft etwas damit zu tun, dass manche Betroffenen die Pflichten, die sie dafür erfüllen müssten, verletzen. Angenommen wir würden etwa eine kosmopolitische Theorie, die allen Menschen ein Recht auf globale Freizügigkeit zuspricht, als ‚utopisch' abstempeln, weil ‚Staaten da nicht mitmachen werden'. Das wäre ein Machbarkeitseinwand. Aus Perspektive dieser Theorie ließe sich der Sachverhalt aber auch einfach so beschreiben, dass Staaten, die ‚nicht mitmachen', einfach ihre Pflichten verletzen – also ein Nichteinhaltungs-Problem vorliegt. Dass Machbarkeit und (erwartete) Einhaltung eng zusammenhängen, trägt wesentlich dazu bei, dass diese zwei Sinne der Unterscheidung idealer und non-idealer Theorie öfters einmal verschwimmen. Prinzipiell sind sie aber voneinander unabhängig: Es ist durchaus denkbar, dass eine realistisch umsetzbare Theorie keinerlei Aussagen zum Umgang mit partieller Nichteinhaltung ihrer Normen beinhaltet – und genauso, dass die Vorgaben einer Theorie über unsere Pflichten unter Bedingungen partieller Nichteinhaltung völlig utopisch sind.

Dass die Unterscheidung zwischen machbaren und utopischen Theorien für die Politische Theorie unabhängig von der Frage der Nichteinhaltung wichtig ist, wird man vor allem dann vertreten, wenn man denkt, dass es wichtig für Prinzipien der Gerechtigkeit (oder andere normative Prinzipien) ist, dass sie realistisch umsetzbar sind. Dabei ist es wichtig, zwei Formen mangelnder Machbarkeit zu unterscheiden. Wenn Kritiker*innen eine Theorie als ‚utopisch' abstempeln, dann haben sie in der Regel im Sinn, dass Betroffene Pflichten dieser Theorie nicht erfüllen werden, *obwohl sie es könnten*: Es ist einfach so, dass ein empirisch plausibles Bild der menschlichen Psychologie (oder auch der Funktionsweise von Unternehmen oder Staaten) die Erfüllung dieser Pflichten unwahrscheinlich erscheinen lassen. Sie werden es schlichtweg ‚nicht über sich bringen' können. Wenn wir eine Theorie also mit dem Anspruch vorbringen, uns etwas über die Einrichtung einer Gesellschaft von *Menschen wie uns* zu sagen, dann sollten wir berücksichtigen, was diese realistischerweise bereit sein werden zu tun – wir sollten, wie Rousseau es für die Untersuchungen in seinem *Contrat Social* gelobte, „Menschen [so nehmen], wie sie sind, und die Gesetze, wie sie sein können" (Rousseau [1762] 2020, 5).

Motivationales Kriterium

Tatsächlich unterwarf prominenterweise auch Rawls (1999, 119) seine Prinzipien einem Kriterium der Stabilität, das beinhaltet: Gute Prinzipien der Gerechtigkeit müssen bei Mitgliedern einer Gesellschaft, die durch diese Prinzipen geordnet ist, den Wunsch hervorbringen können, ihnen gemäß zu handeln und so ‚ihre eigene Unterstützung generieren'. Diese Sichtweise wurde wiederum von denjenigen infrage gestellt, die bezweifeln, dass unsere motivationalen Defizite an und für sich etwas an unseren Pflichten ändern: Angenommen Sie bringen es aufgrund der Ihnen wesenseigenen Faulheit und Nachlässigkeit einfach nicht über sich, sich zur fristgerechten Abgabe Ihrer Hausarbeit zu motivieren – warum sollte das dagegen sprechen, dass Sie sie fristgerecht abgeben müssen?

Sollen impliziert Können

Sollen impliziert Können Eine andere Form von Machbarkeitsdefizit ist hingegen typischerweise nicht im Fokus der Unterscheidung idealer und nicht-idealer Theorie (aber dennoch bedeutsam): nämlich der Fall, dass Sie eine vermeintliche Pflicht schlichtweg nicht erfüllen *können*. Angenommen, Kim Jong Un würde glaubhaft versichern, Nordkorea demokratisch zu reformieren, wenn Sie vor ihm aus dem Stand ohne Hilfsmittel vier Meter hoch hüpfen. Sind Sie moralisch verpflichtet, das zu tun? Von einer solchen Pflicht zu sprechen, scheint vielen unsinnig zu sein: Wie sollten Sie zu etwas verpflichtet sein, das Sie gar nicht imstande sind zu tun? Diese Sichtweise wird geläufig in der Formel *„Sollen impliziert Können"* (engl. *Ought Implies Can*) ausgedrückt und auf Immanuel Kant zurückgeführt (hierzu näher Stern 2004). Freilich wirft das die Frage auf, was mit „Können" hier eigentlich genau gemeint ist. Klar ist, dass wir im Unterschied zu der ersten Form von Machbarkeitsproblem viele Dinge tun *können*, die wir realistischerweise unter keinen Umständen tun *werden* (Estlund 2020, 27): beispielsweise in der Mitte der Statistikklausur lauthals die Nationalhymne zu singen. Ungeachtet haariger Details ist mit dem *Können* hier in der Regel eine praktische Fähigkeit in ungefähr dem folgenden Sinne gemeint: Wenn Sie es beabsichtigen, versuchen und nicht aufgeben, dann klappt es in aller Regel.[48]

Ob und aus welchen Gründen genau *Ought Implies Can* eine Anforderung an normative Prinzipien darstellt, wird auch in der jüngeren Literatur noch kontrovers diskutiert (z.B. Streumer 2003; Graham 2011; Kühler 2015; H. Smith 2018). Wer es jedoch akzeptiert – und das tut wohl die Mehrheit –, der versteht dieses Prinzip in der Regel[49] als eine

48 Im Kern ist das die berühmte konditionale Analyse von Fähigkeiten – zu vielerlei Einwänden und Alternativen siehe Maier (2021).

49 Die Alternative besteht darin, dass nicht eigentlich Sollen, sondern Vorwerfbarkeit Können voraussetzt: Dann denkt man, dass Sie durchaus eine Pflicht haben können, vier Meter in die Höhe zu springen – nur kann man Ihnen keinen

begriffliche These über normative Aussagen (Vranas 2007): Wer wissentlich sagt, dass jemand etwas tun soll, was er oder sie gar nicht tun kann, scheint schlichtweg nicht recht zu verstehen, was es bedeutet, etwas tun zu sollen. Anders verhält es sich bei der Frage, ob eine Theorie *realistisch umsetzbar* ist: Hier steht zur Diskussion, ob realistische oder utopische Theorien den Zwecken der Politischen Theorie besser gerecht werden – prinzipiell ergeben aber auch äußerst utopische Theorien durchaus Sinn.

Methodische Implikationen

Wie wir anfangs gesagt hatten, ist die methodologische Debatte darüber, wie realistisch oder utopisch Politische Theorie sein darf oder sollte, zu ausufernd, um sie hier auszubreiten. Für Ihre eigenen Arbeiten lohnt es sich aber, dessen ungeachtet mindestens zwei Punkte mitzunehmen: Erstens versteht sich, dass problemorientiert motivierte Forschung eine stärkere Tendenz zu realistischerer Theoriebildung haben wird und umgekehrt die mutmaßlichen Defizite utopischer Theorien theorieorientierte Forschende weniger Sorgenfalten verursachen. Ihr zentrales Erkenntnisinteresse gibt Ihnen hier also schon eine Indikation, wie Sie sich tendentiell positionieren könnten. Zweitens sollte in aller Regel kein Einwand dagegen bestehen, sowohl eine realistischere Fragestellung als auch eine utopischere in einer Arbeit zu verfolgen, solange Sie Ihr Argumentationsziel klar spezifizieren und keine Ansprüche darauf erheben, dass andere Betrachtungsweisen desselben Themengebiets nicht gleichermaßen sinnvoll sein mögen. Selbst hartgesotten utopische Idealtheoretiker*innen sollten anerkennen, dass es eine valide non-ideale normative Frage ist, welche der voraussichtlich umsetzbaren Lösungen eines Problems vorzugswürdig ist.[50] Umgekehrt besteht eventuell ein etwas größeres Risiko, dass hartgesottene Realist*innen ein ‚utopisches' Forschungsvorhaben für schlechthin naiv und müßig halten – derlei Neigungen sollten Sie aber im Laufe einer Lehrveranstaltung registriert haben.

3. Sinn: Endzustände und Übergänge

Im ersten Sinn der Unterscheidung war ideale Theorie sozusagen Theorie für ‚ideale Akteure'. Im zweiten Sinn war sie ‚idealisiert', insofern sie sich nicht grundsätzlich auf das, was unter bestehenden Umständen voraussichtlich umsetzbar ist, beschränkt. In einem dritten Sinn nun können wir es als mögliche Aufgabe normativer Theorie verstehen, uns ein ‚Ideal' vorzugeben: ein Ziel, das wir erreichen möch-

---

Vorwurf machen, wenn Sie es dann nicht schaffen. Das setzt voraus, dass die Handlungsaufforderung, die einer Pflicht innewohnt, mit der Unmöglichkeit dieser Handlung, logisch vereinbar ist.

50 In der Tat ist in der Ethik ein solcher ‚Pragmatismus' viel verbreiteter, insofern dort individuelle Handlungsoptionen im Fokus stehen und das Handeln anderer Akteure viel geläufiger einfach als weiterer Teil der Situationsbeschreibung erscheint.

ten – im Unterschied zu dem Weg, den wir nehmen müssen, um dorthin zu kommen. Auch diese Gegenüberstellung findet sich bei Rawls, der die Rolle beider Fragestellungen hier gut auf den Punkt bringt:

> „Die nichtideale Theorie fragt, wie dieses langfristige Ziel erreicht werden oder wie man sich ihm, vermutlich in kleinen Schritten, nähern könnte. Sie fragt nach politischen Programmen und Handlungsmöglichkeiten, die moralisch zulässig, politisch möglich und aller Wahrscheinlichkeit nach auch wirksam sind. Eine so verstandene nichtideale Theorie setzt voraus, dass wir bereits über eine Idealtheorie verfügen, denn solange das Ideal nicht zumindest in seinen Umrissen identifiziert ist – und mehr können wir nicht erwarten –, fehlt der nichtidealen Theorie ein Zielpunkt, in Bezug auf den sich ihre Fragen beantworten lassen." (Rawls 2002a, § 13.1)

Wiederum ergeben sich in der Frage des richtigen Wegs zu einem Ziel vielerlei Überlappungen mit den beiden anderen Sinnen non-idealer Theorie: Wie sollten wir damit umgehen, dass manche sich nicht an das halten werden, was zur effizientesten Erreichung idealer Gerechtigkeit von ihnen gefordert wäre? Solche Probleme könnten uns etwa umtreiben, wenn in einem Staat mit bislang freizügigem Waffenrecht privater Waffenbesitz verboten werden soll. Genauso wird sich die Frage stellen, welche schrittweise Veränderungen vom Status Quo aus jeweils realistisch machbar erscheinen, um tatsächlich zu dem erforderlichen Ziel zu gelangen. Diese Frage ist etwa in Bezug auf die Nachhaltigkeitstransition in der Klimapolitik ein klassischer Streitpunkt.

Reformen und legitime Erwartungen

Dass transitionale non-ideale Theorie aber auch unabhängig von Nichteinhaltung und Machbarkeit eigene normative Fragen aufwirft, sieht man besonders gut an der moralischen Relevanz legitimer Erwartungen, die wir auf Basis bestehender Institutionen ausbilden und unserem Handeln zugrundelegen (vgl. Rawls 1993, 189). Nehmen Sie etwa an, dass wir nach reiflicher Überlegung zu dem Schluss kommen, dass die Institution des Vererbens von Eigentum Ideale der Leistungsgerechtigkeit und fairen Chancengleichheit unzulässig unterwandert. Vielleicht kommen wir so zu der Auffassung, dass das gerechte institutionelle Regime, das wir anstreben sollten, Erbschaften abschafft oder extrem hoch besteuert. Folgt daraus, dass wir die entsprechenden Gesetze von heute auf morgen abändern sollten? Vielleicht nicht: Immerhin haben sich Menschen in ihren Lebensplänen bislang daran orientiert, dass sie ihren Besitz an ihre Nachkommen vererben werden und womöglich aus diesem Grund wichtige Entscheidungen getroffen, die allein durch mit ihrem erwarteten Erbe verbundene Ziele gerechtfertigt waren. Diese Menschen mit einer abrupten Änderung der Gesetze vor den Kopf zu stoßen, schiene plausiblerweise unfair: Denn auch wenn wir wissen, dass sich Gesetze ändern können, sind wir doch in der Regel berechtigt, eine gewisse Konstanz zentraler Institutionen vorauszusetzen. Wie wir den Übergang zu einer erbschaftsfreien Gesellschaft gestalten sollten, stellt uns daher vor weitere normative Fragen, die durch die Ausgabe des Zielpunkts keineswegs geklärt sind. Das ist insbesondere wichtig im Kopf zu behalten, um Einwänden vorzubeugen, die eine ideale Zielspezifikation unberechtigterweise als einen Policyvorschlag zur unmittelbaren Umsetzung auffassen. Umgekehrt lässt ein idealtheoretisches Ergebnis, das Sie überzeugt, womöglich noch vielerlei Forschungsfragen über den besten Weg zu dessen Erreichung offen.

Zwei Einschränkungen des Vorrangs idealer Ziele

Wenn man die Gegenüberstellung idealer und non-idealer Theorie als Frage des Ziels und des Wegs zu dessen Erreichung versteht, dann liegt es besonders nahe, non-ideale Theorie als idealer Theorie nachgelagert zu sehen – so wie Rawls es in obigem Zitat ausdrückte. Amartya Sen hat jedoch auf zwei wichtige Einschränkungen dieser Vorrangstellung hingewiesen: Erstens ist es manchmal gar nicht notwendig eine Konzeption *vollständiger* Gerechtigkeit zu haben, um erkennen zu können, welche Veränderungen eine Gesellschaft zumindest *gerechter* machen würden (Sen 2006, 223–26). Wenn Sie verreisen, müssen Sie letztlich natürlich wissen, wo Sie hin wollen. Aber wenn Sie allgemein wissen, dass Sie nach Italien möchten, dann ist es zunächst schon mal ziemlich klar, dass ein Stück gen Süden zu fahren Sie in die richtige Richtung bringt – die genaue Route können Sie im Zweifelsfall dann immer noch in Österreich klären.

Während im Fall einer Reise klar ist, wie Sie den Abstand zu Ihrem Ziel bemessen, ist das jedoch zweitens für normative Zielzustände nicht immer so klar. Wenn Ihre ideale Theorie in obigem Beispiel eine bestimmte Konzeption von Leistungsgerechtigkeit und Chancengleichheit spezifiziert, ermöglicht Ihnen diese nicht zwangsläufig eine Beurteilung, ob ein bestimmter Zwischenschritt vom Status Quo aus, die Gesellschaft nun vergleichsweise leistungsgerechter macht oder nicht. Non-ideale Theorien bedürfen hier also einer Vergleichsmetrik, die ideale Theorien nicht notwendigerweise beinhalten (Sen 2006, 220–21).

Das ist nicht zuletzt deshalb der Fall, weil ideale Theorien in Begriffen dargelegt sein können, die für ihre praktische Umsetzung wesentlich konkretisiert und operationalisiert werden müssen, wie wir bereits in 6.6.1 angesprochen hatten. Glücksegalitaristische Theorien der Verteilungsgerechtigkeit besagen etwa, dass eine Verteilung von Gütern nur dann gerecht ist, wenn niemand allein infolge unverantworteten Glücks oder Pechs besser- oder schlechtergestellt ist als andere (Lippert-Rasmussen 2016, 1). Eine Beschreibung auf dieser Abstraktionsebene mag – mit der einen oder anderen Verfeinerung – hinreichen, um die normative Attraktivität eines solchen Prinzips zu beurteilen. Genauso ist aber klar, dass wir vor allerlei Fragen stehen werden, wenn es zu entscheiden gilt, welche Fälle des Besitzes welcher Güter nun tatsächlich eine Folge puren Zufalls sind und welche nicht. Der Weg zu einer glücksegalitaristisch gerechten Gesellschaft ist also nicht nur eine Frage gerechter Veränderungen (wie oben im Beispiel der Erbschaftssteuer), sondern allein schon eine Frage der Operationalisierung des Ideals in möglichen politischen Maßnahmen (Swift 2008, 363–64). Wenn Sie in solchen Fällen die vielleicht durchaus interessante Frage untersuchen, welche von verschiedenen umsetzbaren Policies eine abstrakte Zielvorgabe besser erreicht, befassen Sie sich in einem bestimmten Sinne also auch mit non-idealer Theorie.

Weiterführende Literatur

Estlund, David. 2020. *Utopophobia: On the Limits (If Any) of Political Philosophy*. Princeton: Princeton University Press.

Miller, David. 2011. „Taking Up the Slack? Responsibility and Justice in Situations of Partial Compliance“. In *Responsibility and Distributive Justice*, herausgegeben von Carl Knight und Zofia Stemplowska, 230–45. Oxford: Oxford University Press.

Robeyns, Ingrid. 2008. „Ideal Theory in Theory and Practice“. *Social Theory and Practice* 34 (3): 341–62.

Southwood, Nicholas. 2018. „The Feasibility Issue“. *Philosophy Compass* 13 (8): e12509.

Stemplowska, Zofia. 2008. „What's Ideal About Ideal Theory?“ *Social Theory and Practice* 34 (3): 319–40.

Valentini, Laura. 2012. „Ideal vs. Non-Ideal Theory: A Conceptual Map“. *Philosophy Compass* 7 (9): 654–64.

7. Methodische Grundlagen der Ideengeschichte

„Seit ein Gespräch wir sind und hören voneinander“
– Friedrich Hölderlin, *Friedensfeier*

Wenn Sie eine Studienarbeit im Bereich der Ideengeschichte schreiben, werden Sie sich allerhand Fragen stellen. Dieses Kapitel widmet sich einigen wichtigen davon: Was machen wir eigentlich in der Ideengeschichte (7.1)? Was kann ich interpretieren (7.2)? Auf Grundlage welcher Erwägungen kann ich in meiner Arbeit argumentieren und wie funktioniert das eigentlich (7.3)?

Um Ihnen eine Sorge zu nehmen: Für eine erfolgreiche ideengeschichtliche Arbeit müssen Sie sich weder ausschließlich als Historiker*in oder Philosoph*in betrachten, noch müssen Sie für eine der methodologischen Denkschulen, die Ihnen vielleicht noch aus Kapitel 3.4 bekannt sind, Partei ergreifen. Wie Blau (2017, 244; eigene Übers.) korrekt bemerkt, gibt es viele „Grundsätze der guten Interpretation, die für uns alle,“ also Ideengeschichtler*innen jeder Couleur, gelten.

Für eine Studienarbeit in der Ideengeschichte müssen Sie im Wesentlichen zu vier Dingen bereit sein. Sie müssen lesen, Sie müssen interpretieren, Sie müssen argumentieren. Außerdem müssen Sie – und das ist die hoffentlich einzige schlechte Nachricht in diesem Kapitel – i.d.R. auch etwas Zeit mitbringen. Das hat unter anderem mit der vielfältigen Methodik der Ideengeschichte zu tun – wie wir sehen werden, können Sie sich sowohl historisch als auch philosophisch orientierter Ansätze bedienen – sowie mit dem großen Umfang möglicherweise relevanter Erwägungen und Quellen.

7.1 Was machen wir eigentlich in der (politischen) Ideengeschichte?

Interpretation versucht, die Bedeutung eines Textes zu erfassen.[51] Sie wird dann notwendig, wenn er in einer oberflächlichen Betrachtung „verwirrt, unvollständig, unscharf, oder scheinbar widersprüchlich“

51 Eine andere Verwendung dieses Begriffs ist für uns nicht relevant. Wir sprechen auch von einer Interpretation, wenn jemand ein Werk mit Blick auf die eigenen Umstände (um)deutet, zur Beantwortung neuer Fragen benutzt usw. So kann eine Theaterregisseurin ein Stück interpretieren, indem sie künstlerische Schwerpunkte setzt.

(Taylor 1985, 15 eigene Übersetzung), erscheint. Aber warum können wir (historische) Texte in aller Regel nicht oberflächlich betrachten? Weshalb müssen wir sie überhaupt interpretieren?

Semantische und pragmatische Bedeutung

Die Notwendigkeit zu interpretieren lässt sich aus zwei Blickwinkeln verdeutlichen. Einmal ist Interpretation deswegen angebracht, weil Äußerungen nicht nur eine *semantische Bedeutung* haben, die wir als kompetente Sprecher*innen einer Sprache verstehen können, indem wir die Worte, die wir vor uns stehen haben, betrachten, sondern auch eine *pragmatische*. Damit meinen wir, etwas vereinfacht gesprochen, die Bedeutung einer Äußerung in dem Kontext, in dem sie getätigt wurde. Sie umfasst die *kommunikativen Absichten* einer Sprecherin (bzw. eines Autors) – das, was sie sagen oder auch tun wollte. Nehmen Sie beispielsweise die Äußerung „Ganz schön kalt hier." Die *semantische Bedeutung* dieses Satzes ist eindeutig, wahrscheinlich mussten Sie nicht stutzen, als Sie ihn gelesen haben. Ohne weitere Informationen über seinen Kontext können wir allerdings nur spekulieren, was die Person, die ihn getätigt hat, damit gemeint haben könnte. Ist sie gerade ins Zimmer gekommen und wollte ihrer Mitbewohnerin sagen, „Kannst Du bitte das Fenster schließen?" Oder meinte sie vielleicht „Immer lässt Du das Fenster offen!"? Ohne relevante Hintergrundinformationen (an wen eine Äußerung gerichtet war, wo sie getätigt wurde, in welchem Verhältnis Sprecherin und Zuhörer stehen) können wir die pragmatische Bedeutung einer Äußerung nicht verstehen. Allerdings kann eine Betrachtung dieser Hintergrundinformationen auch zum Vorschein bringen, dass jemand mit einer Äußerung nicht einfach eine Aussage getroffen hat, sondern auch eine besondere anderweitige Handlung vollzogen (die sog. *Illokution* der Äußerung). Den Satz „Ich kündige!" zu äußern kann, je nach Kontext, sehr unterschiedliche Handlungen vollziehen: Haben Sie ihn gegenüber Ihrer Chefin geäußert (und damit *gekündigt*) oder gegenüber Ihrem Mitbewohner (und sich damit über Ihren frustrierenden Arbeitsalltag *beschwert*)?

Keine Ideengeschichte ohne Interpretation

Wir sollten neben der alltäglichen Beobachtung, dass eine isolierte Betrachtung einer Äußerung allenfalls ihre semantische Bedeutung ans Tageslicht bringen kann, allerdings auch hervorheben, dass Interpretation besonders tief in der Ideengeschichte verwurzelt ist. Ein Grund ist Ihnen vielleicht noch aus Kapitel 3.4 bekannt und liegt in der Distanz zwischen Ihnen und dem Text, den Sie verstehen möchten. Sie sind nicht nur chronologisch von diesem entfernt, sondern lesen ihn in einem grundverschiedenen linguistischen, wissenschaftlichen und sozialen Kontext. Dieser Graben stellt insbesondere für Versuche, einen Text oder einzelne Äußerungen über ihre semantische Bedeutung hinaus zu erfassen, ein massives Hindernis dar. Quentin Skinner erklärt das am Beispiel der „Behauptung Machiavellis, dass Söldnerarmeen immer eine Gefahr für die Freiheit darstellen“ (Skinner 2009, 79). Die semantische Betrachtung dieser Aussage präsentiert keinerlei Schwierigkeiten, aber um zu erklären, „was Machiavelli [mit ihr] beabsichtigte oder meinte“ (Skinner 2009, 80), benötigen wir Informationen über ihren Kontext. Es ist z.B. relevant, ob diese Ansicht über Söldnerarmeen in Machiavellis Zeit weit verbreitet war (dann pflichtet er ihr vielleicht schlicht bei) oder nicht (dann könnten wir vielleicht sagen, dass er die vorherrschende Position kritisieren oder verändern wollte) (Skinner 2009, 80). Zeit- bzw. Diskursgenoss*innen Machiavellis mussten sich diese Fragen wahrscheinlich eben nicht explizit stellen, schließlich wussten sie über die geläufigen Ansichten bereits Bescheid.

Alltagsäußerungen vs Kommunikation durch Werke

Ein weiterer Grund für die besondere Bedeutung von Interpretation liegt in der Tatsache, dass die Werke, mit denen Sie es in der Ideengeschichte zu tun haben, „bewusste Versuche Bedeutung durch Sprache zu vermitteln“ (Bevir 2004, 1; eigene Übersetzung) darstellen. Im Unterschied zu trivialen Alltagsäußerungen können Sie bei veröffentlichten Büchern in der Regel davon ausgehen, dass ihre Autor*innen sich genau überlegt haben, was sie auf welche Weise sagen möchten. Häufig kündigen sie ihre Aussageabsichten sogar ausdrücklich an. Rousseau schreibt auf der ersten Seite seines *Gesellschaftsvertrags*, er wolle „untersuchen, ob es in der bürgerlichen Ordnung irgendeine rechtmäßige und sichere Regel für das Regieren geben kann“ (Rousseau [1762] 2020, 5). Machiavelli erklärt gegenüber Lorenzo de Medici, dem er seinen *Fürsten* widmet, dass er in diesem Buch sein „Wissen von den Taten großer Männer, wie ich es mir selbst auf der Grundlage langjähriger Erfahrung bei der Auswertung des Zeitgeschehens, darüber hinaus aber auch durch permanente Beschäftigung mit dem Altertum, angeeignet habe“ ([1532] 2019, 3) zusammenfassen wolle. In Anbetracht solcher Zielsetzungen wird auch klar, weshalb sich die philosophische Herangehensweise an die Ideengeschichte (vgl. 3.4.3) weiterhin einiger Beliebtheit erfreut. Wenn Rousseau ([1762] 2020, 5) seinen *Gesellschaftsvertrag* als Untersuchung der Möglichkeit „rechtmäßiger und sicherer Regeln für das Regieren“ beschreibt, liegt es natürlich nahe, dass wir uns fragen, zu welchen Ergebnissen sie ihn geführt hat und wie er diese begründet.

Vor dem Hintergrund dieses Interpretationsverständnisses können wir jetzt auch das Verhältnis der Ideengeschichte zur Positiven und Normativen Politischen Theorie besser nachvollziehen. Sie entsinnen sich vielleicht noch des deduktiv-nomologischen Erklärungsschemas aus Kapitel 3.3.2. Eine Erklärung besteht aus einem *Explanandum* (dem, was erklärt werden soll) und einem *Explanans*, das diese Erklärung leistet.

Dieses Muster findet auch in den Geschichtswissenschaften Anwendung – die Erklärungstheorie Carl Hempels (1942; 1962) aus Kapitel 3.3.2 war ursprünglich sogar als Charakterisierung von Erklärungen in geschichtswissenschaftlichen Arbeiten gedacht. Erklärungen dieser Art sind auch häufig ein Bestandteil ideengeschichtlicher Forschung. Der Erklärungsbegriff hat aber zwei weitere (alltagssprachliche) Bedeutungen, die auch in der Ideengeschichte relevant sind und die sich grob mit der Unterscheidung decken, die wir in Kapitel 3.4 zwischen dem historisch und dem philosophisch orientierten Zugang zur Ideengeschichte getroffen haben.

Erklärungsbegriff in der Ideengeschichte

Wir sprechen auch dann von einer Erklärung, wenn wir die Handlungen und Aussagen einer Person nachvollziehbar machen, indem wir beispielsweise die Gründe, die sie motiviert haben, so und nicht anders zu handeln (oder zu sprechen) oder die beabsichtigte Bedeutung ihrer Handlung oder Worte identifizieren. So können wir auf die Frage „Warum ist meine Kollegin heute nach Feierabend zurück ins Büro gekommen?“ antworten „Weil sie ihren Pullover vergessen hat“. Wir unterscheiden die Gründe, die sie „in ihrem Kopf“ zur Handlung motiviert haben, von den normativen Gründen, die tatsächlich für oder gegen ihre Handlung gesprochen haben. Die Tatsache, dass es für eine Handlung solche (objektiven) Gründe gab, lässt eben nicht den Schluss zu, dass diese auch die (subjektiven) Gründe waren, aus denen gehandelt wurde.[52]

Handlungsgründe als Erklärung

Umgangssprachlich machen wir uns in der Regel nicht die Mühe, Handlungs- bzw. Äußerungserklärungen, in denen Warum-Fragen durch die Angabe von motivierenden Gründen beantwortet werden, von solchen zu unterscheiden, in denen ihre pragmatische Bedeutung festgestellt wird. Ein Beispiel für diese Unterscheidung kommt von Skinner (2002, 135–36), der die Absicht in Machiavellis Behauptung, es sei für einen „Fürsten [...] unerlässlich zu lernen, nicht gut sein zu können“ mit einer Weigerung, sich an die Konventionen des Genres der sogenannten Fürstenspiegel zu halten, identifiziert (siehe auch Machiavelli [1532] 2019, 119). Er *erklärt* uns die beabsichtigte Bedeutung der Äußerung, also was Machiavelli damit tun oder ausdrücken wollte. Die Erklärung „Er wollte die Genrekonvention sprengen“ erstreckt sich aber eben nicht auf die weiter dahinterstehenden Handlungsgründe, z.B. Machiavellis Frustration mit dem politischen Idealismus seiner Zeit oder seinen Wunsch zu schockieren (Skinner 2002, 136).

Handlungsgründe und pragmatische Bedeutung

52 Stellen Sie sich z.B. ein historisches Werk vor, das die Monarchie kritisiert, dessen Autor aber nicht durch die guten Gründe, die wirklich gegen diese Regierungsform sprechen, motiviert war, sondern durch persönliche Abneigung gegenüber seinem Monarchen.

Zu guter Letzt meinen wir in der Ideengeschichte mit Erklärungen auch Versuche, Theorien, Theorieelemente und Begriffe durch Rekonstruktion verständlich zu machen (siehe auch Atkinson 1978, 98ff). Sie können jemandem die Naturrechtstheorie Pufendorfs (1672) *erklären*, indem Sie aufzeigen, welche Thesen Pufendorf vertritt, wie er für diese argumentiert, und unter welchen methodologischen und/ oder philosophischen Paradigmen er operiert. Auch hier geht es nicht um kausale Erklärungen, sondern um eine spezifische Art der Interpretation. Interpretation als philosophische Rekonstruktion erklärt die *Bedeutung* eines Werkes, indem sie z.B. argumentative Zusammenhänge, die durch eine oberflächliche Betrachtung nicht klar wurden, darstellt. Dieser Zugang zu klassischen Werken der Politischen Theorie ist Ihnen vielleicht sogar aus Einführungsveranstaltungen in der Politischen Theorie bekannt. Dort wird in einer Woche die Gesellschaftsvertragstheorie Rousseaus auf ihre wesentlichen Elemente heruntergebrochen und in der darauffolgenden die Rechtsphilosophie Hegels.

Philosophische Rekonstruktion als Erklärung

In der ideengeschichtlichen Forschung können Ihnen also mindestens drei Erklärungstypen unterkommen: 1) kausale Erklärungen; 2) die Darstellung von Handlungsgründen bzw. Sprecherintentionen; 3) philosophische Rekonstruktionen. Erklärungen der ersten Art, die sowohl in den Sozialwissenschaften als auch in den Geschichtswissenschaften verbreitet sind, werden in diesem Kapitel nicht vordergründig behandelt. Hier geht es primär um empirische Fragen, die außerhalb des Gegenstandsbereichs der Politischen Theorie liegen.

Insbesondere Neulingen raten wir zu einer ökumenischen Herangehensweise: Beschränken Sie sich im Formulieren Ihres Argumentationsziels nicht von vornherein auf eine dieser Kategorien. Sagen Sie einfach konkret, was Ihr Erkenntnisproblem ist und welche Lösung Sie dafür anbieten (vgl. Kap. 2). So umschiffen Sie den Methodendiskurs, in dem Sie sich insbesondere im Rahmen einer Seminararbeit kaum produktiv involvieren können.

7.2 Was kann ich interpretieren?

Sie können in einer ideengeschichtlichen Arbeit also (mindestens) folgende Dinge tun: eine Theorie, Elemente einer Theorie, oder einzelne Argumente rekonstruieren oder die Handlungen bzw. Handlungsabsichten einer Autorin deuten. Welche Art von Erkenntnisziel Sie verfolgen, kann, wie oben gezeigt, zumindest in Teilen auch von Ihren methodologischen Überzeugungen abhängen. Eine weitere Dimension eines Forschungsvorhabens ist sein Rahmen oder Gegenstandsbereich. Werden Sie die gewählte Art der Analyse auf einen Text, auf mehrere Texte eines*r oder mehrerer Autor*innen, oder vielleicht auf eine Denkschule, eine Epoche oder eine Region anwenden?

Besonders wenn der Rahmen Ihrer Arbeit vorgegeben wurde, z.B. durch eine Seminararbeit oder eine Prüfungsfrage, kann es sein, dass Ihr Erkenntnisziel auf die Deutung eines *einzelnen Textes* beschränkt ist. Vielleicht möchten Sie die Absichten hinter Frantz Fanons *Die Verdammten dieser Erde* im Kontext der afrikanischen antikolonialen Bewegungen der 1950er und 1960er Jahre deuten oder die Kernargumente aus John Stuart Mills *Über die Freiheit* rekonstruieren. Ein (scheinbar) relativ begrenzter Gegenstandsbereich bedeutet leider nicht, dass man weniger Arbeit hat. Im Gegenteil! Wer in der Unibibliothek schon mal vor der Sekundärliteratur zu den Dialogen Platons gestanden hat, wird wissen, dass auch diese eigentlich oft erfrischend kurzen Werke ganze Regale umfangreicher Interpretationen um sich geschart haben.

Deutung eines einzelnen Text

Vielleicht dreht sich Ihre Arbeit auch um *mehrere Texte* derselben Autorin. Hier ergibt sich die Möglichkeit der vergleichenden Analyse. Sie können z.B. die Rechtfertigung und Beschaffenheit globaler politischer Institutionen in Kants Aufsätzen *Zum Ewigen Frieden* und *Theorie und Praxis* mit denen in seinem politikphilosophischen Hauptwerk *Die Metaphysik der Sitten* vergleichen. Forschung dieser Art wirft häufig spannende Fragen auf. Wenn Sie beispielsweise wesentliche Unterschiede zwischen den Kant'schen Aufsätzen und der *Metaphysik der Sitten* festgestellt haben, bietet es sich an zu fragen, wie sie zu erklären sind. Natürlich besteht immer die Möglichkeit, dass Kant in der Zwischenzeit von neuen Argumenten überzeugt wurde oder dass er Fehler in seiner alten Denkweise entdeckt hat. Es kann aber auch sein, dass sie auf unterschiedliche Absichten, die hinter den untersuchten Werken stehen, zurückzuführen sind – die Aufsätze hatten beispielsweise ein ganz anderes Zielpublikum und Format als die *Metaphysik der Sitten*. Paul Weithmans Buch *Why Political Liberalism?* (2010) veranschaulicht die vielfältigen Möglichkeiten, Zusammenhänge zwischen mehreren Texten eines Autors herzustellen. Weithmans These ist, dass Rawls bereits in seinem ersten Hauptwerk *Eine Theorie der Gerechtigkeit* zeigen wollte, dass eine (nach seinen Prinzipien) gerechte Gesellschaft auch ohne „einen Hobbes'schen Souverän oder eine Herrschaftsideologie" stabil sein kann (2010, 6, eigene Übersetzung). Weithman argumentiert weiter, dass Rawls nach Publikation der *Theorie* dann Zweifel kamen an seinem eigenen Versuch, die Stabilität einer gerechten Gesellschaft zu zeigen. *Politischer Liberalismus*, ein späteres Werk Rawls', solle daher als neuer Anlauf, derselben Problematik zu begegnen, gedeutet werden.

Deutung mehrerer Texte eines Autors

Eine weitere Möglichkeit, den Gegenstandsbereich ihrer Forschung einzugrenzen, besteht in einer Auseinandersetzung mit den *Werken* *verschiedener Autor*innen*. Wie wir in Kapitel 3.4 gesehen haben, hatten frühe ideengeschichtliche Übersichtswerke oft das Ziel, durch die Darstellung verschiedener Autor*innen und Epochen historische Kontinuitäten aufzuzeigen. Heutzutage erfüllen vergleichende Arbeiten meist andere Zwecke wie die Beurteilung möglicher Einflüsse unterschiedlicher Denker*innen aufeinander oder das Nachvollziehen verschiedener Versuche, wichtige Ereignisse und Ideen zu verarbeiten.

Deutung mit Bezug auf Werke verschiedener Autor*innen

> Ein beispielhafter Schlüsselmoment ist die Französische Revolution, die den Anlass für zahlreiche Klassiker der Politischen Theorie bot wie Edmund Burkes ([1790] 1991) *Über die französische Revolution* und Mary Wollstonecrafts ([1790] 1996) *Verteidigung der Menschenrechte* (beide Teil der sogenannten *pamphlet wars*). Die genauen Zusammenhänge zwischen Thesen und Ideen dieser Werke, ihre Autorschaft, aber auch die Frage, welche der zahlreichen Pamphlete und Bücher damals Beachtung fanden, es aber nicht in den politiktheoretischen Kanon geschafft haben (und weshalb), sind ein geläufiger Forschungsgegenstand (u.a. Hodson 2007; Bromwich 1995; D. I. O'Neill 2007).

Vergleichende Arbeiten haben häufig das Ziel, verbreitete Ansichten über historische oder philosophische Verwandtschaften zwischen zwei Werken in Frage zu stellen. Um auf obiges Beispiel zurückzukommen: O'Neill (2007) argumentiert, dass eine verbreitete Annahme über den Disput zwischen Burke und Wollstonecraft, laut der sich dieser auf unterschiedliche Thesen zur Rolle gesellschaftlicher Utopien und insbesondere zur sozialen und politischen Gleichstellung von Frauen zurückführen lässt, zu kurz greife. Die Kerndifferenz zwischen den beiden Autor*innen, so O'Neill, liege in unterschiedlichen Antworten auf die Frage, ob Demokratie den Zivilisationsfortschritt fördere (Wollstonecraft) oder in seinen Grundfesten bedrohe (Burke).

Vergleiche in der Ideengeschichte

Auch der Einfluss verschiedener Werke und Autor*innen aufeinander ist ein häufiges Erkenntnisziel: So ist Mary Wollstonecraft insbesondere bekannt für ihre *Verteidigung der Rechte der Frau*, einen frühen feministischen Text. Heute weniger beachtet ist ihre oben erwähnte *Verteidigung der Menschenrechte*, eine Replik auf Edmund Burkes Kritik an der französischen Menschenrechtserklärung. Jetzt wäre ein mögliches Erkenntnisziel herauszufinden, inwiefern Wollestonecrafts Disput mit Burke, der ihr den Anlass gab, ein neuzeitliches Rechtsverständnis zu artikulieren und zu verteidigen, ihre spätere Verteidigung der Frauenrechte geprägt hat.

Solche Vergleiche können sich auch auf eine ganze Denkschule, Epoche, Region oder politische Strömung beziehen. Jennifer Pitts (2018) setzt sich in ihrer Studie *Boundaries of the International* mit der

Frage auseinander, in welchem Zusammenhang die simultane Entwicklung des modernen Völkerrechts im 18. und 19. Jahrhundert mit der zeitgleichen Expansion und Konsolidierung des europäischen Imperialismus steht. Pitts hat sich hier einen historischen Rahmen gesetzt, der weit über seine einzelnen Protagonist*innen hinausgeht. Sie will nicht (nur) jeweils wissen, was John Stuart Mill über den Imperialismus gedacht hat, ob Emer de Vattels *Droit de gens* – ein Schlüsseltext der Epoche – seinem universalistischen Anspruch gerecht wird, oder welche Argumente Edmund Burke in seiner Rolle als Leiter des Amtsenthebungsverfahren gegen den ehemaligen Gouverneur Bengalens und Generalgouverneur Indiens, Warren Hastings, vorgebracht hat. Stattdessen stellt und beantwortet Pitts diese und andere Fragen als *Bestandteile* eines Versuches, die juristischen, philosophischen und politischen Entwicklungen der Epoche in ihrer Ganzheit zu deuten.

Untersuchung ideengeschichtlicher Strömungen

Hausarbeiten und Prüfungsfragen, deren Rahmen eine Epoche oder eine Denkschule ist, zielen häufig darauf ab, mögliche Unterschiede zwischen verschiedenen Vertreter*innen zu ergründen oder deren Entwicklung über einen gewissen Zeitraum oder verschiedene Werke zu betrachten. Vielleicht sollen Sie die Funktion des Naturzustandes in verschiedenen Gesellschaftsvertragstheorien vergleichen oder eruieren, inwiefern die Auseinandersetzung mit Theorien der Aufklärung das Menschenbild von Vertreter*innen der sogenannten Gegenaufklärung geprägt hat.

Ein weiterer Ansatz besteht im Nachverfolgen einzelner Begriffe oder Ideen, möglicherweise über einen langen historischen Zeitraum. Dieser ist unter anderem mit der von Reinhart Koselleck geprägten *Begriffsgeschichte* assoziiert, findet sich aber auch in Forschung, die spezifische methodologische Prämissen Kosellecks nicht teilt. So setzt z.B. de Dijn (2020, 11) ihrem Forschungsprojekt das Ziel, „die Geschichte der Freiheit von der Antike bis zur Gegenwart zu skizzieren." Da Begriffe und Ideen, wie de Dijn Skinner beipflichtet, keine „eigenständigen historischen Akteure" darstellen, ist es bei solchen Unterfangen besonders wichtig, ihre historische Entwicklung – Aneignungen, Neudeutungen, neue Anwendungsbereiche, usw. – an tatsächlichen Akteuren festzumachen (2020, 11). Damit entgeht man der Gefahr, sich von metaphorischen Redeweisen nicht zu unpassenden Personifizierungen abstrakter Begriffe hinreißen zu lassen (z.B. wenn man von Freiheitsgedanken sprechen würde, die „eine Nation infiziert haben").

Begriffsgeschichte

Studien dieser Art werden zumeist intellektuellen Entwicklungen und Zusammenhängen viel Aufmerksamkeit widmen: Etwa der Frage, wo sich der Freiheitsbegriff John Lockes in den Biographien und öffentlichen Äußerungen von Frederick Douglass wiederfindet oder wie er hier verändert und weitergedacht wird. Allerdings wird das in aller

Regel nicht ausreichen: Auch gesellschaftliche und politische Umstände können eine zentrale Rolle spielen. Im Vorwort zu seiner Ideengeschichte der Anerkennung steckt Honneth (2018, 18) beispielsweise seinen methodologischen Fokus ab, indem er die Frage stellt, „ob möglicherweise die soziokulturellen Bedingungen eines Landes mit dafür verantwortlich waren, dass die Idee der Anerkennung dort eine spezifische Einfärbung genommen hat."

Wie an den oben aufgeführten Beispielen bereits deutlich wird, ist eine klare Abgrenzung der Gegenstandsbereiche ideengeschichtlicher Arbeiten in der Praxis häufig nicht möglich (und auch nicht wünschenswert). Epochenspezifische Arbeiten setzen beispielsweise häufig einen Schwerpunkt auf eine*n bestimmte*n Denker*in. In solchen Fällen spielt die Interpretation der Theorien dieser Person eine maßgebliche Rolle für die weitergehende Deutung der Epoche oder Denkschule. So verstricken sich beispielsweise zwei Thesen in Mantenas Buch *Alibis of Empire* (2010). Erstens, dass die ideologische Legitimation des britischen Imperialismus nicht, wie von anderen Forscher*innen teils angenommen, durchgängig auf einem liberalen Fortschrittsbegriff beruhte, sondern in der Zeitspanne 1857 bis 1914 einen Wandel zu einer Art Kulturalismus vollzog. Dieser besagte, dass ethnische und kulturelle Unterschiede eine Durchsetzung europäischer Zivilisations- und Staatsmodelle in anderen Weltteilen unmöglich machen und dass traditionelle Gesellschaften in diesen Weltteilen durch indirekte Fremdherrschaft dauerhaft ‚beschützt' werden müsse (Mantena 2010, 7). Mantenas zweite These ist, dass die Schriften Henry Maines maßgeblich für diesen Wandel verantwortlich sind. Um ihrem Erkenntnisziel gerecht zu werden, muss Mantena also nicht nur die britische Expansion in Asien und Afrika behandeln, sondern auch Maines Theorien rekonstruieren und zeigen, wie diese von seinen Zeitgenossen wahrgenommen wurden.

Abgrenzung des Gegenstandsbereichs

Der angemessene Rahmen Ihres Forschungsprojektes wird sich häufig erst im Laufe Ihrer Arbeit bestimmen lassen. Wenn Sie sich in einer Seminararbeit mit Theorien des politischen Widerstandes in den 1960er und 1970er Jahren beschäftigen und überlegen, wie Sie dieses Thema weiter eingrenzen können, sollten Sie sich fragen, ob es bestimmte Denker*innen, politische Figuren, Theorien oder Schlüsselereignisse gibt, die die Inhalte und Veränderungen dieser Theorien erhellen können. Oftmals ist eine solche Eingrenzung erst möglich, wenn Sie bereits mit Ihrer Recherche begonnen haben. Welche Autor*innen und Texte in den Gegenstandsbereich Ihrer Arbeit fallen, hängt also nicht nur von von ihrer Forschungsfrage ab ab, sondern möglicherweise auch von zeithistorischen Umständen oder dem intellektuellen Umfeld, in dem sich die Autor*innen bewegten.

7.3 Wie interpretiere ich?

Unter „Methode“ hatten wir in Kap. 1 verstanden: „ein nach Mittel und Zweck planmäßiges [...] Verfahren, das zu technischer Fertigkeit bei der Lösung theoretischer und praktischer Aufgaben führt.“ In der Ideengeschichte ist die Aufgabe, vor der Sie stehen, die einer Interpretation, i.d.R. eines Werkes von historischer Signifikanz. Sie interpretieren dieses, weil Sie es (bzw. darin enthaltene Theorien) verstehen möchten, z.B. indem Sie es philosophisch rekonstruieren oder in seinen historischen Kontext einbetten.

Methodik der Ideengeschichte

Die ideengeschichtliche Methodik ist in der Theorie umstritten und in der Praxis vielfältig. Selbst Forscher*innen, die sich aktiv mit dem Wesen ideengeschichtlicher Forschung auseinandersetzen, haben erstaunlich wenig konkrete Methodengrundsätze formuliert, die auch für Anfänger*innen unmittelbar verwendbar wären. In seinem einflussreichen Plädoyer für eine historische Orientierung der Ideengeschichte, identifiziert Skinner zwar häufige Fehltritte in der Interpretation, „räumt aber die Schwierigkeit ein, aus seinen *a priori* Argumenten mehr als negative methodologische Grundsätze herzuleiten“ (2002, 140, eigene Übersetzung).

Im Folgenden versuchen wir, diesem Trend zumindest etwas entgegenzuwirken, indem wir positive erste Schritte in der Interpretation historischer Werke identifizieren. Diese fallen schlussendlich vager aus, als es in den Methoden der Normativen und Positiven Politischen Theorie der Fall war. Wie wir sehen werden, ist das aber nicht nur auf die beschriebene Lücke in der Literatur zurückzuführen, sondern auch auf die genuinen Charakteristika ideengeschichtlicher Forschung selbst. Unsere Hoffnung ist es, Ihnen zumindest einen ersten Eindruck davon zu geben, wie Sie für eine Interpretation argumentieren können.

Wir gehen hierbei wie folgt vor. Zunächst beschreiben wir drei Methodengrundsätze, die weitestgehend unabhängig von Ihrem konkreten Erkenntnisziel gelten (7.3.1). Dann zeigen wir, welche konkreten Schritte sich jeweils für historische und philosophische Rekonstruktionen anbieten (7.3.2 und 7.3.3).

7.3.1 Allgemeine Methodengrundsätze

Die Argumentationsgrundlagen, die Sie bereits kennengelernt haben (Kap. 4), gelten in der ideengeschichtlichen Interpretation ebenso wie in der Positiven und Normativen Politischen Theorie. Sie werden allerdings in aller Regel nicht so explizit und schematisch angewandt, wie es zumindest in einigen Ecken dieser Unterdisziplinen der Fall ist. Man kann sich ideengeschichtliche Argumentation auf mehreren Ebenen vorstellen, auf denen Sie versuchen, Ihre Leser*innen von etwas zu überzeugen.

1) *Sie argumentieren für Ihr Erkenntnisziel oder Ihre Forschungsfrage bzw. Ziele und Fragen einer bestimmten Art.* Auf dieser Ebene ist unter anderem Ihre Auffassung der Disziplin – was wir in der Ideengeschichte tun bzw. tun sollten – entscheidend. Wenn Sie z.B. die Ansicht der Cambridge School teilen, dass die Darstellung von Sprecherintentionen, nicht aber die freistehende philosophische Rekonstruktion einer Theorie ein legitimes Erkenntnisziel ausmacht, schränkt das die Fragen, die Sie über ein Werk stellen können, massiv ein. Vergleichen Sie beispielsweise folgende Beschreibungen zwei sehr unterschiedlicher Projekte, die jeweils die Werke von John Rawls interpretieren.

Cambridge School

Pogge möchte „wesentlichen Elemente" der Rawls'schen Theorie zugänglich und klar darstellen und verfolgt dabei unter anderem das Ziel, seinen Leser*innen mögliche argumentative Schwachstellen aufzuzeigen, damit sie erwägen können, wie die Theorie „in Anbetracht neuer Argumente und Einwände [...] verbessert und angepasst" werden könnte" (2007b, xi, eigene Übersetzung). Forrester hingegen platziert die Schriften Rawls' sowie seiner Anhänger*innen und Kritiker*innen in ihrem Nachkriegskontext und fragt, „wie politische Philosoph*innen auf politische Ereignisse geantwortet haben" (2019, xxi, eigene Übersetzung). Sie argumentiert u.a., dass „mit Blick auf Rawls' eigene Theorie [...] der Zweite Weltkrieg und die politische Welt, die sich in seiner Folge aufgetan und wieder verschlossen hat [ausschlaggebend waren]" (2019, xxii, eigene Übersetzung). Wenn wir sagen, dass diese zwei Forscher*innen Rawls unterschiedlich deuten, meinen wir eben nicht, dass sie divergierende Antworten auf ähnliche Forschungsfragen geben, sondern dass sie grundverschiedene Ansichten darüber vertreten, welche Art von Zugang zu seinen Werken überhaupt angemessen ist. Forrester begründet ihre Präferenz unter anderem damit, dass Rawls und seine Zeitgenoss*innen in einem partikularen historischen „Problemraum" aktiv waren, ohne den wir ihre Theorien gar nicht einordnen können (xxii). Der Versuch, diese zu verstehen, muss daher mit einer „Rekonstruktion ihres unmittelbaren ideologischen Kontextes" beginnen (2019, xxii, eigene Übersetzung, siehe auch 278–279).

Historische Interpretation eines Werkes

2) *Sie argumentieren für Ihre Interpretation, verstanden als Antwort auf eine konkrete Forschungsfrage.* Wenn Ihr Erkenntnisziel eine philosophische Rekonstruktion des Freiheitsbegriffs bei Mill ist, dann argumentieren Sie in Ihrer Arbeit für die These, dass der Freiheitsbegriff bei Mill genau so, wie Sie ihn beschreiben, verstanden werden soll. Hinter diesem „so" kann sich allerdings viel verstecken. Stellen Sie sich beispielsweise vor, dass Sie folgende Rekonstruktion von Mills Herleitung des Rechts auf Meinungsfreiheit für korrekt halten:

Philosophische Rekonstruktion als Interpretation

Mills Herleitung des Rechts auf Meinungsfreiheit

(1) Die Perfektionierung des menschlichen Charakters ist ein intrinsisch wertvolles Ziel.
(2) Unsere Gesellschaft kann sich diesem Ziel nur annähern, wenn sie vermehrt moralische und wissenschaftliche Wahrheiten ans Licht bringt.
(3) Gesellschaften, deren Mitglieder moralische und wissenschaftliche Behauptungen frei tätigen und kritisieren können, finden mit höherer Wahrscheinlichkeit zu solchen Wahrheiten.
(4) Deshalb sollte Menschen ein Recht auf freie Meinungsäußerung gewährleistet werden.[53]

Der Inhalt der These, für die Sie argumentieren (nämlich, dass Ihre Rekonstruktion zutreffend ist), lässt sich meist nicht auf eine Einzelaussage reduzieren, sondern kann auch noch weiter verschachtelte und verzweigte Rekonstruktionen enthalten als unser Beispiel.

Wir könnten uns dieses natürlich auch als eine Abfolge von Zwischenkonklusionen vorstellen, aus denen sich Ihre Gesamtinterpretation dann zusammensetzt. So gesehen argumentieren Sie sukzessive für die vier Elemente Ihrer Rekonstruktion der Mill'schen Rechtfertigung der Meinungsfreiheit. Sie zeigen erst aus welchen Prämissen folgt, dass Mill Behauptung (1) vertreten hat (oder vielleicht dass (1) eine rationale Wiedergabe seiner Ideen ist) und im zweiten Schritt, weshalb wir ihm Behauptung (2) zuschreiben sollten, usw. Diese Darstellung läuft aber Gefahr einen wichtigen Aspekt zu übergehen, nämlich die Tatsache, dass eine ideengeschichtliche Interpretation oft ausdrücklich die ganzheitliche Rekonstruktion einer Argumentation oder Theorie zum Ziel hat. Schließlich existieren die Zwischeninterpretationen (dass Mill (1) vertritt, dass er (2) vertritt, usw.) keineswegs unabhängig voneinander. Dass Mill Prämisse (3) vertritt, gibt uns einen guten Grund, ihm ebenfalls die Schlussfolgerung (4) zuzuschreiben. Umgekehrt gilt aber eben auch, dass die Tatsache, dass (4) Teil seiner Argumentation ist, ein Anlass sein kann, ihn so zu deuten, dass er (3) ebenfalls vertritt.

Zwischeninterpretationen und Gesamtinterpretation

Es ist deshalb auch nicht verwunderlich, dass insbesondere Interpret*innen, die sich mit umfangreichen Werken oder Theorien beschäftigen, häufig davon sprechen, dass sie bestimmte Akzente setzen oder bisher vernachlässigte Aspekte eines Werkes aufzeigen. Bestehende Deutungen werden nicht in Gänze *widerlegt*, sondern z.B. *korrigiert* oder *ergänzt*. So erklärt Pettit beispielsweise über seine Hobbes-Interpretation, dass er hoffe seine Leser*innen davon „zu überzeugen, dass [durch] die Thematik der Spracherfindung," die er in seiner Rekonst-

Neuakzentuierung durch Interpretation

53 Diese Rekonstruktion ist übrigens durchaus umstritten! Wenn sie Ihr Interesse geweckt hat, dann schauen Sie doch mal in Mills Über die Freiheit und überlegen sich, ob Sie anhand des Textes eine Alternative entwickeln können.

ruktion betont, die Kohärenz und Originalität der Hobbes'schen Werke erkennbar wird (2009, 4, eigene Übersetzung).[54] Und Westphal (2016, 3) motiviert seine Rekonstruktion des moralischen Konstruktivismus bei Kant unter anderem mit dem Gedanken, dass sich so zeigen lässt, dass dessen Moral- und Naturrechtstheorien anders als häufig angenommen ohne einige besonders umstrittene Annahmen, z.B. über den intrinsischen Wert der Menschenwürde oder das Potenzial moralischer Motivation, auskommen können. Beide Interpreten müssen daher bestehende Lesarten also nicht komplett ablehnen, sondern können sich diese sogar zu weiten Teilen aneignen.

Historische Zugänge zur Ideengeschichte

Auch im Falle historischer Zugänge zur Ideengeschichte ist es häufig der Fall, dass die Kernthese(n) einer Autorin komplexe Inhalte so stark verallgemeinern muss, dass es kaum möglich ist, sie vollständig in formelle Argumentationsmuster zu übersetzen. Um unser Beispiel von weiter oben aufzugreifen: Ganz allgemein beschrieben, will uns Forrester (2019) davon überzeugen, dass wir die „Rawls'sche Theorie [...] wie alle politischen Theorien als Produkt ihrer Zeit" (2019, 279; eigene Übersetzung) begreifen sollten. Etwas konkreter will sie unter anderem zeigen, dass Rawls sowie einige seiner Zeitgenossen durch die philosophischen Konzepte, die sie entwickelt haben, bewusst auf politische Entwicklungen ihrer Zeit reagiert haben. Daher stellt sich die Frage, inwieweit die Dominanz des Rawls'schen Frameworks auch unter anderen politischen Randbedingungen begründet ist. So argumentiert Forrester, dass die jahrzehntelange Dominanz dieses Frameworks die theoretischen Möglichkeiten späterer politischer Philosoph*innen eingeschränkt habe (Forrester 2019, 266–67).

3) *Sie argumentieren für Ihre Teilinterpretationen.* Es kann hilfreich sein, sich Interpretation auf mehreren Ebenen vorzustellen. Einerseits geben Sie eine relativ allgemein gehaltene Antwort auf Ihre Forschungsfrage. Das ist die Ebene, auf der Pettit behauptet, dass der Fokus auf Sprachentwicklung eine kohärente Rekonstruktion der Theorie Hobbes' ermöglicht (2009) und auf der Forrester (2019) sagt, dass die Rawls'sche Gerechtigkeitstheorie als Antwort auf partikulare politische Probleme der 1950er bis 1970er Jahre gelesen werden sollte.

Gleichzeitig müssen Sie die einzelnen Äußerungen, Begriffe, Werke, auf die sich diese Gesamtinterpretation bezieht, interpretieren. Diese *Teilinterpretationen* machen in der Regel den Großteil Ihrer Arbeit aus. Sie erläutern Ihren Leser*innen, weshalb bestimmte, für die

54 Was Pettit genauer darunter versteht, wird hier deutlich: „More specifically, it is the idea that by nature human beings are more or less as other animals, and that what makes them different, giving them the capacity for thought, is the impact of a cultural development: the invention of speech at some distant time in the past" (2009, 2).

Gesamtinterpretation wichtige Elemente so und nicht anders verstanden werden sollten.

Diese Unterscheidung zwischen Gesamt- und Teilinterpretationen lässt sich in der Forschung, die ganze Epochen oder Denkschulen interpretiert, besonders klar erkennen, wie folgendes Beispiel illustriert: Getachew (2019) deutet die politischen Theorien, die von Anführer*innen der antikolonialistischen Bewegungen der Nachkriegsjahrzehnte vertreten wurden, als Versuch, den vorherrschenden imperialistisch und rassistisch geprägten Vorstellungen globaler Politik eine neue Vision entgegenzustellen. Sie führt hierfür den Begriff „worldmaking" ein und wendet sich gegen eine Standardlesart antikolonialistischer Ideologien, die diese primär als Aneignung des nationalstaatlich geprägten Rechts auf kollektive Selbstbestimmung seitens neu aufstrebender Staaten deuten. So ausgedrückt betrifft Getachews Interpretation das Gedankengut einer geographisch, politisch und kulturell diversen Gruppe von Denker*innen. Aber das sagt uns ja noch nichts darüber, wie wir einzelne Werke auffassen sollten. Ob Getachew ihre Leser*innen für Ihre Gesamtinterpretation gewinnen kann, hängt davon ab, ob sie es (a) schafft, einzelne Werke und Äußerungen plausibel zu deuten und (b) diese Teilinterpretationen vernünftig miteinander in Zusammenhang zu bringen. So interpretiert sie beispielsweise George Padmores (1903-1959) Wende zum Nationalismus als Reaktion auf Bestrebungen der Sowjetunion, insbesondere den afrikanischen Antikolonalismus, dessen Vordenker*innen sich in vielen Fällen (inklusive Padmore) ursprünglich in der kommunistischen Tradition verortet hatten, für ihre Seite im Kalten Krieg zu reklamieren und instrumentalisieren (2019, 76–77). Padmore, so Getachew, habe den westlich geprägten Begriff der nationalen Selbstbestimmung allerdings nicht eins zu eins übernommen, sondern ihm im Lichte der Kolonialismus- und Sklavereierfahrung eine neue Bedeutung gegeben: Selbstbestimmung war für Padmore nicht an sich wertvoll, sondern ein erstes Mittel in der Überwindung von Fremdherrschaft und Sklaverei – ein Prozess, der schließlich in einer panafrikanischen Föderation enden sollte (2019, 77). Getachew versucht ihre Leser*innen also davon zu überzeugen, wie eine konkrete Entwicklung in den Werken eines bestimmten Denkers, zu verstehen ist. Wenn ihr das gelingt, kann sie die Teilinterpretation „Padmore hat sich aus politischen Gründen dem Nationalismus zugewandt, das eigentliche Ziel seiner antikolonialistischen Ideologie war aber eine panafrikanische Union" als Argument innerhalb ihrer Gesamtinterpretation verbuchen.

Oben haben wir unterschieden zwischen einer Gesamtinterpretation (z.B. „Mills Herleitung der Redefreiheit besteht aus folgenden Behauptungen..." oder „Wir müssen Rawls' Gerechtigkeitstheorie als philosophische Antwort auf historisch kontingente Herausforderungen seiner

Zeit verstehen“) und den Teilinterpretationen, auf die sie sich bezieht. Nun können wir uns fragen, in welchem Zusammenhang diese Ebenen stehen. Und auf welcher Ebene sollten Sie überhaupt beginnen?

Eine mögliche (und wir meinen: plausible) Antwort auf diese Fragen ist: Es ist weder so, dass immer Ihre Urteile über die plausibelste Interpretation von einzelnen Texten oder Aussagen Vorrang haben, noch so, dass umgekehrt immer die plausibelste Gesamtinterpretation die Teilinterpretationen determiniert. Vielmehr sollten wir beiden Ebenen zugestehen, unsere Urteile auf der anderen Ebene beeinflussen zu können und eine möglichst plausible Kombination von Teil- und Gesamtinterpretationen anstreben (siehe auch Kap. 6.4.1). Manchmal ist es sinnvoll, in Anbetracht der verfügbaren Teilinterpretationen Ihre Lesart eines Werkes insgesamt zu ändern. Um auf unser vorheriges Beispiel zurückzukommen, können wir uns z.B. fragen, ob Getachew (2019) bei ihrer Gesamtinterpretation antikolonialistischer Theorien bleiben sollte, wenn sie im Laufe ihrer Recherche zu einer anderen Teilinterpretation der nationalistischen Wende Padmores gekommen wäre (z.B. dass er nationale Selbstbestimmung nicht als Sprungbrett für einen panafrikanischen Zusammenschluss gesehen hat). Diese Frage lässt sich allerdings nicht mit alleinigem Blick auf Padmore beantworten. Schließlich betrifft Getachews These eine Vielzahl antikolonialistischer Bewegungen. Wenn sich herausstellt, dass deren Theorien ihrer Charakterisierung mehrheitlich entsprechen, würden wir wahrscheinlich nicht so weit gehen, sie zu verwerfen.

Gleichzeitig beeinflusst die Gesamtinterpretation, wenn sie zumindest vorläufig vernünftig erscheint, wie wir Padmores Werke deuten sollten. Die Tatsache, dass andere Denker*innen, die mit Padmore in wechselseitigem Einfluss standen, nationalstaatliche Unabhängigkeit als Sprungbrett zu einer neuen globalen Ordnung verstanden haben, gibt uns zumindest einen Grund, sein Werk entsprechend einzuordnen. Wenn es diesen Kontext nicht gäbe, oder wenn wir ihn schlicht nicht kennten, würden wir vielleicht den Stellenwert des Panafrikanismus innerhalb seiner Theorie weniger hoch einschätzen.

Diese Art von Versuch, ein Gleichgewicht zwischen verschiedenen Ebenen herzustellen, zeichnet allerdings nicht nur Forschung aus, die sich wie Getachew mit einer Vielzahl von Denker*innen und Texten auseinandersetzt, sondern kann, wie sie später sehen werden, ebenfalls eine nützliche Heuristik in der Interpretation einzelner Werke darstellen.

Umgang mit alternativen Interpretationskandiaten

Um ein Überlegungsgleichgewicht herzustellen, wägen Sie also ab, ob Ihre Gesamtdeutung die sinnvollste/vernünftigste Art und Weise darstellt, die Vielzahl an Teilinterpretationen, die Ihre Recherche hervorgebracht hat, miteinander in Zusammenhang zu bringen. In der

Praxis bedeutet das, dass Sie sich an dieses Gleichgewicht schrittweise herantasten. Mal bestimmt Ihre Gesamtinterpretation maßgeblich, wie Sie einzelne Elemente ihres Forschungsgegenstands deuten. Mal ändern Sie diese Gesamtinterpretation, weil sie mit Letzteren nicht in Einklang zu bringen ist.

Überlegungsgleichgewicht

In diesem Hin-und-her ist es hilfreich, naheliegende alternative Interpretationen zum Vergleich heranzuziehen. So können Sie sich mit jedem Schritt Ihrer Forschung fragen, ob ihre Vergleichsinterpretation diese neue Erwägung vielleicht besser mit an Bord nehmen kann – z.B. wenn Sie einen weiteren antikolonialistischen Text aus der für Sie relevanten Epoche gelesen oder eine weitere Verwendung des Begriffs „Weltbürgerrecht" in den Werken Kants oder seiner Zeitgenossen entdeckt haben. Wie alle Wissenschaften findet ideengeschichtliche Forschung nicht im luftleeren Raum statt. Es ist wichtig, dass Sie sich hierfür zumindest anfangs an bestehenden Interpretationen orientieren. Wie Ball erklärt, handelt es sich bei Interpretation „um eine Art Triangulation zwischen dem Text und zwei (oder mehreren) Interpretationen dieses Textes. Wir können gar nicht anders, als die Interpretationen anderer in Betracht zu ziehen [und] ihre Adäquatheit und ihren Wert neu einzuschätzen" (2004, 28, eigene Übersetzung).

7.3.2 Erste Schritte in der historischen Interpretation

Vorgehensweise bei ideengeschichtlicher Arbeit

Wie beginnen Sie eine *historisch* orientierte Forschungsarbeit in der Ideengeschichte? Und was bedeutet es, in einer solchen Arbeit gut für Ihre Interpretationen zu argumentieren? Die folgenden Schritte können Ihnen zumindest als erste Orientierung dienen. Ganz rigide sollten Sie sie aber nicht befolgen. Wie wir sehen werden, ist es sogar wünschenswert, dass Sie im Laufe Ihrer Forschung auf weitere Quellen stoßen bzw. deren Relevanz neu bewerten.

Biographische Kerndaten und -fakten

Als ersten Schritt sollten Sie sich biographische Kerndaten und -fakten notieren: Wann hat die*der Theoretiker*in gelebt? Wann sind die Werke, um die es Ihnen geht, publiziert worden? Wann wurden sie verfasst? Vielleicht erinnern Sie sich noch an das Beispiel aus Kapitel 3.4: Lasletts (1967) schlichte Erkenntnis, dass John Locke die *Two Treatises* Jahre früher verfasste als zuvor angenommen, hat die bis dato vorherrschende Deutung dieses Werkes ausgeschlossen. Auch die Publikationsumstände können von Bedeutung sein. So wissen wir über Kant, dass er dem Setz- und Veröffentlichungsprozess seiner Werke nur wenig Beachtung geschenkt hat. In einigen Fällen hat er beispielsweise die Reinschriften, die als Satzvorlagen an Verlag und Drucker gingen, nicht selbst angefertigt (B. Ludwig und Stark 1988, 13–18). Infolgedessen gab es in den veröffentlichten Fassungen bedeutungsrelevante Veränderungen, im Falle der *Metaphysik der Sitte* in der Reihenfolge von Absätzen und ganzen Sektionen (B. Ludwig und Stark 1988, 41–43). Sie sollten prüfen, ob es weitere zentrale historische oder biographische Umstände gibt, die noch relevant werden könnten. So hatte Machiavelli, dessen *Fürst* die These verteidigt, dass „die wichtigste Grundlage, die alle Staaten [...] benötigen, gute Gesetze und gute Milizen sind" ([1532] 2019, 93) zuvor selbst ein Söldnerheer ins Leben gerufen. Und Rawls initiierte eine Petition mit der Forderung, dass die Universität, an der er lehrte, Ausnahmeregelungen verurteile, durch die sich Studenten aus wohlhabenden Familien um den Wehrdienst im Vietnamkrieg drücken konnten (Forrester 2019, 50-51). Rawls, von dem sonst kaum tagespolitische Äußerungen und Positionen überliefert sind, änderte im selben Zeitraum seine philosophischen Ansichten zu zivilem Ungehorsam und Kriegsdienstverweigerung aus Gewissensgründen.

Prüfung zentraler historischer oder biographischer Umstände

Ferner sollten Sie die zu untersuchenden Werke natürlich genau lesen. Aber was bedeutet dieser Gemeinplatz wissenschaftlichen Arbeitens für uns genau? *Sie sollten der Versuchung widerstehen, im Text zu springen oder sich nur auf die für Ihre Forschungsfrage eindeutig relevanten Passagen zu beschränken.* Angenommen Sie beschäftigen sich in Ihrer Arbeit mit dem Eigentumsrecht in Kants *Metaphysik der Sitten.* Vielleicht möchten Sie herausfinden, ob Kants Eigentumsverständnis interessante Neuerungen gegenüber vorherrschenden zeitgenössischen Ansichten enthält oder in welchem Ausmaß er den Erwerb von Eigentum auch außerhalb rechtsstaatlicher Institutionen, im Naturzustand, für legitimierbar hält. Kant unterscheidet in seinem Buch zwischen Sachenrecht (Ansprüche auf physische Gegenstände), persönlichem Recht (durch einen Vertrag erworbene Ansprüche auf die Handlungen bzw. Unterlassungen anderer Personen) und dem „auf dingliche Art persönlichen Recht" (1986a, 6:276). Die letzte Kategorie umschließt Eherecht, Elternrecht und das sogenannte Hausherrenrecht und liest sich aus heutiger Sicht sowohl verwirrend als auch antiquiert. Die Versuchung, sie zu überspringen, ist also durchaus verständlich, insbesondere wenn Sie beim Formulieren Ihrer Forschungsfrage bereits Eigentum *an Dingen* im Sinn haben. Sie sollten ihr aber dennoch widerstehen. Erstens, weil Sie sonst Gefahr laufen, wichtige Aspekte der Kant'schen Eigentumstheorie zu verpassen. Die Tatsache, dass Ihnen diese Kategorie befremdlich erscheint und vom heutigen Eigentumsverständnis abweicht, ist kein Grund, sie zu übergehen, sondern gibt uns Anlass, genauer nachzuhaken. Weshalb schließt Kant sie in seine Diskussion des Privatrechts ein? Inwiefern kombiniert sie seiner Ansicht nach Elemente der anderen beiden Kategorien? Und hätten zeitgenössische Leser*innen der *Metaphysik* sie ebenfalls befremdlich gefunden? Zweitens sollten Sie zumindest anfangs annehmen, dass der

Sorgfältige erste Lektüre des Werkes

Autor davon ausgegangen ist, dass sein Werk als Ganzes konsumiert wird. Hier geht es aber nicht etwa darum, seiner vagen Hoffnung zu entsprechen, dass sein Werk auch von späteren Generationen noch verschlungen wird, sondern darum, dass wir seine intendierte Bedeutung andernfalls nicht nachvollziehen können. Einerseits liegt es nahe, dass eine Autorin dem gesamten Werk und nicht *nur* einzelnen Abschnitten oder Aussagen, die darin enthalten sind, eine Bedeutung zugedacht hat. Andererseits können wir auch die beabsichtigte Bedeutung einzelner Äußerungen nicht rekonstruieren, wenn wir mögliche Bezüge auf vorangegangene Inhalte verpassen.

Genaue Betrachtung des historischen Kontexts

Nach der sorgfältigen Lektüre des Werkes sind Sie in der Lage, den historischen Kontext genauer zu betrachten. Welche Aspekte Sie in einer solchen Einbettung hervorheben, hängt unter anderem von Ihren methodologischen Überzeugungen ab. So haben Marxist*innen gegenüber Vertreter*innen der Cambridge School schlicht unterschiedliche Ansichten darüber, welche Art der historischen Analyse es uns ermöglicht, Texte und Ideen vergangener Zeiten zu verstehen. Wir raten daher davon ab, hier dogmatisch vorzugehen und haben einen anderen Vorschlag: Lassen Sie sich so gut es geht von den untersuchten Werken leiten. Wenn ein Autor klar zu erkennen gibt, dass er politische Ziele verfolgt, liegt es nahe, sich zu fragen, welche politischen Lager es zu seiner Zeit gab, welche Ereignisse und Ideologien in aller Munde waren und wie andere Autor*innen mit diesen umgegangen sind. Wenn ein Werk ausdrücklich die Beantwortung einer theoretischen Frage verfolgt – vielleicht erinnern Sie sich noch an das Ziel, das Rousseau bereits im ersten Satz seines *Gesellschaftsvertrags* erklärt – dann macht es Sinn, nachzuforschen, ob und wie andere Theoretiker*innen, mit deren Werken er vertraut war, diese Frage beantwortet haben. Wenn Sie bereits wissen, dass ein Werk (wie Kants *Metaphysik der Sitten* (1968a)) aus der Vorlesungstätigkeit des Autors entstanden ist, können Sie sich überlegen, wie andere Professor*innen und Lehrbücher dieselbe Materie behandelt haben. Wenn Sie bei der Lektüre des *Fürst* oder der *Discorsi* bemerkt haben, dass Machiavelli sich detailliert an lange zurückliegenden historischen Beispielen, z.B. aus der Gründungszeit Roms, abarbeitet, wirft das die Frage auf, ob diese historischen Episoden in seinem Umfeld bereits ein Gesprächsthema waren oder ob sie eine Eigenart seiner Werke sind.

Bestimmung des relevanten historischen Kontexts

Im Versuch, den historischen Kontext einzugrenzen, den Sie für eine erfolgreiche Interpretation eines Textes rekonstruieren müssen, sollten Sie aufpassen; keine Annahmen aus Ihrem eigenen Zeitalter und Umfeld zu importieren. Es besteht immer die Möglichkeit, dass sich „genau jene Aspekte der Vergangenheit, die auf den ersten Blick ohne Relevanz für die Gegenwart zu sein scheinen, bei näherer Betrachtung als von unmittelbarster philosophischer Bedeutung erweisen“ (Skinner 2009,

146). Wenn Sie sich in Ihrer Darstellung des intellektuellen Milieus Kants beispielsweise stark auf damals populäre Zeitschriften wie die *Berlinische Monatsschrift* konzentrieren, weil Ihnen geläufig ist, dass wissenschaftliche Journals heutzutage einen guten Zugang zum Forschungsstand einer Disziplin ermöglichen, verpassen Sie leicht, dass die Zeitschriften aus Kants Ära eine ganz andere Rolle gespielt haben. Aber selbst wenn Sie diesen Ratschlag beachten, ist es natürlich möglich, dass Sie bedeutungsrelevante „Aspekte der Vergangenheit" schlicht nicht im Blick haben – insbesondere wenn das fragliche Werk keine eindeutigen Hinweise auf deren Relevanz beinhaltet. Bei den Beispielen historischer Forschung, die Sie in diesem Kapitel kennenlernen (Skinner über Machiavelli, Forrester über Rawls, Getachew über Antikolonialismus) handelt es sich um langjährige Projekte, deren Autor*innen die Gelegenheit hatten, relativ frei und ergebnisoffen zu einer ganzen Epoche oder Denkschule zu forschen. Das erhöht die Wahrscheinlichkeit, dass man auf unerwartete Erkenntnisse stößt, die wiederum einen frischen Blick auf wichtige Werke ermöglichen, natürlich immens. Für studentische Arbeiten scheint uns eine anfängliche Eingrenzung des historischen Kontextes, der rekonstruiert werden soll, aber schlicht unumgänglich. Sie können diesen „Nachteil" allerdings teilweise aufholen, indem Sie nicht nur Sekundärliteratur über ein Werk oder einen Autor, sondern auch solche über deren Epoche oder Milieu konsultieren.

Sekundärliteratur zur Epoche verwenden

Welche Möglichkeiten gibt es nun aber konkret für die historische Kontextrekonstruktion? *Sie können den linguistischen Kontext eines Werkes darstellen.* Der bevorzugte Schwerpunkt der Cambridge School, die den historischen Ansatz in der Ideengeschichte wiederbelebt hat, liegt auf dem sprachlichen Umfeld einer Autorin. Was war die Bedeutung einzelner Worte? War diese Bedeutung umstritten? Durchlief sie gerade einen Veränderungsprozess? Welcher Rahmen für diese Art der Rekonstruktion relevant ist, lässt sich nicht verallgemeinern. Pocock, der diesen linguistischen Ansatz geprägt hat, betont, dass in ein und demselben Werk eine Vielzahl von „Subsprachen" zum Vorschein kommen kann „die jeweils über ihr eigenes Vokabular verfügen können, [sowie] ihre Regeln, Vorbedingungen und Implikationen, ihren Ton und Stil" (2010a, 129).

Historische Kontextrekonstruktion und sprachliches Umfeld

Sie können den philosophischen, wissenschaftlichen oder intellektuellen Kontext eines Werkes herausarbeiten. Häufig gehen linguistische Kontextrekonstruktionen mit Versuchen einher, das wissenschaftliche oder intellektuelle Umfeld seiner Autorin darzustellen. Wir wollen wissen, wie Menschen in diesem Umfeld *gedacht* haben, welche Argumente, Ideen und Theorien zirkulierten. Skinner (2009, 175) spricht von der Notwendigkeit die „fremden *mentalités* früherer Epochen" zu ergrün-

Philosophischer, wissenschaftlicher und intellektueller Kontext

den. Das ist insbesondere dann relevant, wenn Sie herausfinden möchten, ob die Ideen und Schwerpunkte, die Sie bei der Lektüre des Werkes bemerkt haben, bereits weit verbreitet waren – was vielleicht den Schluss zulässt, dass ein Autor sie aufgegriffen hat, ihnen zustimmen oder vielleicht Zugehörigkeit zu dem Personenkreis, in dem sie populär waren, signalisieren wollte. Es kann sich aber auch herausstellen, dass er diese abgeändert oder umgedeutet hat. Skinners eigene Interpretationen (2004, 118–59) der Renaissance zeigen beispielsweise, dass bestimmte Fragen, z.B. über die Beschaffenheit republikanischer Institutionen und über das Verhältnis von Freiheit und Tugend, in der Luft lagen. Diese Erkenntnis ändert seinen Blick auf Machiavellis Werke: Wenn Machiavelli sich dort mit diesen Themen auseinandersetzt, müssen wir die Möglichkeit in Betracht ziehen, dass er hier bewusst versucht Fragen zu beantworten, von denen er annehmen konnte, dass sie in den Köpfen seiner Leser bereits präsent waren.

Politischer und ideologischer Kontext

Sie können den politischen oder ideologischen Kontext rekonstruieren. Sie können ebenso die politischen und ideologischen Dynamiken einer Ära darstellen. Das ist, wie erwähnt, dann unabdingbar, wenn ein Werk sich selbst als politisches Dokument (oder Handlung) versteht oder in seiner Zeit wahrscheinlich so aufgefasst wurde. Die Reden und Publikationen Martin Luther Kings waren eben nicht als Beiträge zu akademischen Diskursen intendiert, auch wenn sie später in diese eingegliedert wurden (sie sind in der Politischen Theorie z.B. ein etablierter Bestandteil der Auseinandersetzung mit den Legitimitätsbedingungen zivilen Ungehorsams). Kings Schriften müssen mit Blick auf seine Rolle an der Spitze einer politischen Bewegung interpretiert werden und um das zu tun, müssen wir sein politisches Umfeld rekonstruieren. Wer waren die anderen Akteure? Welche Ziele hat King verfolgt? Wie haben seine Widersacher*innen die Bürgerrechtsbewegung wahrgenommen? Wie McMahon (2014, 26) anmerkt, „gibt es keinen Grund, weshalb Ideengeschichtler*innen […] Ideen nicht dorthin folgen sollten, wo sie gelebt wurden, [dabei] erforschen, wie sie institutionelle Gestalt angenommen haben und wie sie verbreitet und produziert wurden." Aber auch bei Werken, die sich nicht explizit als politische Dokumente verstehen, kann es essenziell sein, diesen Kontext zu rekonstruieren. In Anbetracht der Tatsache, dass sich viele klassische Werke der Frage widmen, welche Staatsform zu bevorzugen ist, weshalb, und was es bedeuten würde sie umzusetzen, empfiehlt es sich wahrscheinlich herauszufinden, in welchen politischen Institutionen ein*e Autor*in gelebt hat, welche institutionellen Reformen in ihrer Zeit diskutiert wurden und auf welche tatsächlich verfügbaren Alternativen, z.B. anderswo in der Welt, geschaut wurde.

7.3.3 Erste Schritte in der philosophischen Rekonstruktion

Nachdem wir uns angeschaut haben, wie Sie einen historischen Zugang zu einem Werk finden können, widmen wir uns im Folgenden der philosophischen Rekonstruktion. Was bedeutet es, die philosophischen Inhalte eines Textes darzustellen? Und wie argumentieren Sie für eine solche Interpretation?

Philosophische Rekonstruktion

In diesem Abschnitt erläutern wir Ihnen mögliche Aspekte einer philosophischen Rekonstruktion. Wie wir sehen werden, können Sie einzelne Argumente rekonstruieren (z.B. in der Standardform) aber auch allgemeine Argumentationsverläufe (z.B. mit Hilfe von Argumentationsbäumen) herausarbeiten. Darüber hinaus können Sie Argumente, Ideen und Begriffe differenzieren. Ferner müssen Sie entscheiden, welche Teile eines Werkes – sowohl innerhalb einzelner Textpassagen als auch im ganzen Werk – berücksichtigt werden sollten und welche nicht, und auf Grundlage welcher Schriften eine Rekonstruktion erfolgen sollte. Mit diesen Möglichkeiten vor Augen, werden wir uns schließlich überlegen, wie Sie für eine philosophische Interpretation argumentieren können.

Spektrum philosophischer Rekonstruktionen

Vielleicht erinnern Sie sich noch an die Methoden der Rekonstruktion (s. Kap. 3.3.2 und 4.2). Diese zielt darauf ab, die logische Argumentationsstruktur eines Textes herauszuarbeiten, z.B. indem Sie einen Argumentationszusammenhang in die sogenannte Standardform übertragen oder komplexere Zusammenhänge in einem Argumentationsbaum darstellen. Die Rekonstruktion einzelner Argumente ist ein wichtiger Bestandteil der philosophischen Interpretation. Es lohnt sich bereits bei der ersten Lektüre eines Textes besonders zentral wirkende, kontroverse oder überraschende Behauptungen zu markieren. Hinterher können Sie dann versuchen, die Argumentation, in der eine Behauptung vorkommt, zu rekonstruieren. Das bietet sich besonders dann an, wenn bereits bei einer oberflächlichen Lektüre ersichtlich war, dass überhaupt eine Argumentation vorhanden ist und in welcher Textpassage diese zu finden ist. So beginnt Kant beispielsweise einen Abschnitt seiner *Rechtslehre* mit der Aussage „Die gesetzgebende Gewalt kann nur dem vereinigten Willen des Volkes zukommen" (1968a, 6:313). Die folgenden drei Sätze stehen nicht nur in einem eindeutigen inhaltlichen Bezug zu dieser Behauptung, sondern enthalten auch Signalwörter (*denn, immer wenn, also, sofern*), die argumentative Zusammenhänge kennzeichnen (siehe Kap. 4.3.1 sowie Anhang zu Kap. 4). Um zu verstehen, wie Kant zur Konklusion über den gesetzgebenden Volkswillen gelangt, können Sie nun die dahinterstehenden Prämissen identifizieren. Wenn Sie beim Versuch einer solchen Rekonstruktion feststellen, dass eine Argumentation besonders komplex ist, kann ein

Rekonstruktion einzelner Argumente

Zentrale Behauptungen markieren

Argumentdiagramm Klarheit schaffen. Besonders wenn Sie eine Argumentation anschließend beurteilen möchten, können Sie auf eine solche strukturierte Darstellung häufig nicht verzichten.

Argumentationsstrukturen

Wenn wir Klassiker wie den *Leviathan* von Hobbes, Mills *Über die Freiheit* oder Fanons *Verdammte dieser Erde* philosophisch interpretieren, interessieren wir uns aber nicht nur für einzelne Thesen, für die ihre Autor*innen argumentieren, sondern stellen uns mitunter auch sehr allgemeine Fragen wie: Wie sollten wir Hobbes' Theorie des Gesellschaftsvertrags verstehen? Wie konzeptualisiert Fanon den Zusammenhang zwischen Unterdrückung und Gewalt? Wie verteidigt Wollstonecraft die Rechte der Frauen? Wie zentral sind Menschenrechte in den Schriften Nkrumahs? Um die philosophische Bedeutung eines Werkes zu verstehen, müssen wir auch seine allgemeine Argumentationsstruktur nachvollziehen, sozusagen aus der Vogelperspektive. Welche inhaltlichen Bögen spannt eine Autorin auf? Welche Schwerpunkte setzt sie? Welche Teile ihrer Argumentation spielen eine tragende Rolle in ihrem Werk und welche sind bloß Nebenschauplätze?

Verschiedene Abstraktionsebenen

Selbst wenn es möglich wäre, sämtliche in einem Werk enthaltenen Prämissen, Zwischenkonklusionen und Konklusionen formell sauber darzustellen, sollten Sie seine Argumentationsstruktur auch auf dieser Abstraktionsebene betrachten, und dabei versuchen, wesentliche Aspekte und allgemeine Attribute einer Theorie zu identifizieren. Wenn Sie einer Freundin die Handlung eines Films erklären, beschränken Sie sich ja auch, zumindest anfangs, auf das Wesentliche. Häufig treten auch auf dieser Ebene Interpretationsdifferenzen besonders deutlich zum Vorschein.

Argumentationsstruktur des Leviathan

Der wissenschaftliche Disput über die Argumentationsstruktur des *Leviathan* illustriert dieses Phänomen. Hobbes' Werk umfasst insgesamt vier Teile. Teile I und II leiten „die Rechte der souveränen Macht und die Pflichte der Untertanen nur von den Prinzipien der Natur [ab]" (1996, 315 (XXXII)). In den Teilen III und IV folgen dann die „Natur und die Rechte eines Christlichen Gemeinwesens," die, so Hobbes, nicht auf Fakten über Menschen und Gesellschaft basieren können, sondern nur auf dem „[prophetischen] Wort Gottes" (1996, 315 (XXXII)). Hobbes, so scheint es, hat politische Rechte und Pflichten doppelt erklärt, erst aus wissenschaftlicher Perspektive, dann aus biblischer. An der Frage, in welchem Zusammenhang die zwei Buchhälften stehen, scheiden sich nun seine Interpret*innen.[55]

Säkulare und/oder religiöse Begründung

Eine Interpretation sieht den Kern der Hobbes'schen Argumentation in der ersten Hälfte, also in der wissenschaftlichen Abhandlung in Teilen I und II. Diese, so Vertreter*innen dieser Interpretationslinie, enthielte

55 Wir folgen der Darstellung in McQueen (2022).

eine unabhängige Herleitung zentraler Thesen, z.B. über den Ursprung von Staatsbürgerpflichten. Die zweite Hälfte verfolge dann einen untergeordneten Zweck und versuche zu zeigen, dass diese Thesen mit christlichen Grundsätzen zu vereinbaren sind. Eine entgegengesetzte Lesart meint, dass beide Hälften essentiell sind: Laut Hobbes seien sowohl säkulare als auch biblische Begründungen notwendig zur Rechtfertigung von Staatsbürgerpflichten. Eine weitere Interpretationsart sieht nur in der ersten Hälfte überhaupt den Versuch einer systematischen Argumentation und deutet den Rest des Buches als weitgehend leere Rhetorik, die Hobbes' christliche Leserschaft und Regierung beschwichtigen sollte. Diese Auseinandersetzung über die korrekte Lesart des *Leviathan* trägt sich also auf einer sehr abstrakten Ebene zu: In welchem Zusammenhang stehen die zwei Hälften des Werkes? Das bedeutet natürlich nicht, dass sie nicht von Bedeutung dafür ist, wie einzelne Argumente und Passagen zu deuten sind (Teilinterpretationen), und umgekehrt. Hierbei ist zu beachten, dass der Gegenstand der Auseinandersetzung (das Verhältnis zwischen säkularen und biblischen Ideen) bestimmte Textstellen und einzelne Argumente in den Vordergrund rückt. Alle drei Lesarten sollten sich beispielsweise um eine plausible Teilinterpretation der Behauptung, dass sich das Wort Gottes nicht nur durch Offenbarung und Propheten ausdrückt, sondern auch in den „Gebote[n] der natürlichen Vernunft" (1996, 302 (XXXI)) bemühen.

Argumente und Begriffe differenzieren

Eine weitere Möglichkeit, ein Werk durch philosophische Rekonstruktion besser zu verstehen, besteht darin, Argumente zu differenzieren, die bei einer oberflächlichen Lektüre nicht erkennbar oder unterscheidbar sind.

Es kann z.B. sein, dass verschiedene Ideen oder Argumente in ihrer Beschreibung in einem Werk „verschwinden" oder vermischt werden, wie folgendes Beispiel illustriert: Rousseau versucht in seinem *Gesellschaftsvertrag* zu zeigen, dass sich die Freiheit von Individuen und ihre Unterordnung unter einen Souverän miteinander vereinbaren lassen. Diese Zielsetzung wurde von seinen Interpret*innen und Kritiker*innen zum Anlass genommen, nach einer Argumentationslinie zu suchen, in der Rousseau für diese Vereinbarkeit argumentiert (erfolgreich oder nicht).[56] Neue Interpretationen haben eine weitere Möglichkeit aufgezeigt: Rousseau habe zwei separate Argumente für seine These entwickelt. Neuhouser, der diese Lesart popularisiert hat, differenziert „zwei Wege, auf denen der Gemeinwille laut Rousseau die Freiheit individueller Bürger sichert oder realisiert", erstens als Ausdruck dieser Freiheit und zweitens als eine Bedingung dafür (1993, 363). Diese Unterscheidung ermöglicht es Leser*innen des *Gesellschaftsvertrags* u.a.

Gemeinwille und Freiheit bei Rousseau

56 Siehe z.B. Hegel 2021. Wir folgen hier der Darstellung in Neuhouser 1993.

Textstellen dem einen oder anderen Argumentationsstrang zuzuordnen, die Rousseaus Gedanken bei einer ersten Lektüre sonst schwammig oder sogar widersprüchlich erscheinen lassen. Nach Neuhousers Deutung müssen wir beispielsweise genau darauf achten, ob Rousseau in einer Textstelle von Freiheit oder von (Un)abhängigkeit spricht (1993, 373–85). Interpretationen, die diese Unterscheidung nicht treffen, laufen Gefahr, Textstellen, die in Wahrheit nur einer der beiden Argumentationslinien zuzuordnen sind, zu vermischen (Neuhouser 1993, 373).

Textbasis

Sie müssen ebenfalls entscheiden, ob Sie in Ihrer Rekonstruktion über ein einzelnes Werk hinausgehen. Das kann bereits sehr klar durch Ihr Erkenntnisziel erfordert werden. Vielleicht ist das Objekt Ihrer Interpretationen die Menschenrechtstheorie Wollstonecrafts und nicht ein spezifisches Werk dieser Autorin. In solchen Fällen sollten Sie allerdings begründen können, weshalb eine solche Rekonstruktion angemessen ist. Insbesondere bei Werken, die chronologisch auseinander liegen, stellt sich ja die Frage, ob es überhaupt vernünftig ist, diese als miteinander zusammenhängende Versuche *einer* Theorie zu behandeln. Aber auch rekonstruktionsimmanente Gründe können zu einer Ausweitung oder Eingrenzung der Textgrundlage für eine Interpretation führen. So können sich in einer Rekonstruktion Verständnislücken auftun, die durch das Einbeziehen weiterer Publikationen geschlossen werden können. Das ist insbesondere dann sinnvoll, wenn ein Text ausdrücklich auf Ideen Bezug nimmt, die anderswo im Oeuvre des Autors entwickelt wurden. Wenn Sie herausfinden wollen, welche Rolle Kants Kategorischer Imperativ in seinem politikphilosophischen Hauptwerk, dem ersten Teil der *Metaphysik der Sitten*, spielt, bietet es sich an, Ihre Rekonstruktion entsprechend auf die Werke auszuweiten, in denen der Kategorische Imperativ erklärt und entwickelt wird.

Umgekehrt kann es aber auch angebracht sein, die Textgrundlage Ihrer Rekonstruktion einzugrenzen. Ripstein (2009) erklärt beispielsweise über seine Interpretation der politischen Philosophie Kants, dass die *Metaphysik der Sitten* die vollständigste und kohärenteste Version dieser Philosophie darstellt. Er verzichtet daher „auf die Masse unveröffentlichter Notizen, Vorschriften und Vorlesungsmanuskripte, die mit [dieser] nicht ganz konsistent sind" (2009, x).

Kohärenz, Konsistenz, Vollständigkeit, Rationalität

In der philosophischen Rekonstruktion treffen Sie (explizit oder implizit) immer auch Annahmen über die Vollständigkeit, Kohärenz, Konsistenz und Rationalität einer Theorie.

Dieser Umstand lässt sich am Beispiel der Rekonstruktion eines Argumentes in Standardform leicht nachvollziehen. Sie treffen mit einer solchen Deutung ja eine Aussage darüber, dass die Prämissen und die Konklusion in einem bestimmten, rationalen Zusammenhang stehen.

Das wirft die Frage auf, wie angemessen es überhaupt ist, unser gegenwärtiges Rationalitätsverständnis auf historische Texte anzuwenden. Es ist auch nicht klar, dass Sie dieser Problematik ausweichen können, indem Sie in einer Rekonstruktion auf nicht-rationale Argumentationszusammenhänge hinweisen, z.B. darauf, dass die Prämissen, die Sie in einem Text finden, eine Konklusion, die sich dort ebenfalls herauslesen lässt, nicht logischerweise ergeben. Auch eine Interpretation, die einer Autorin einen Argumentationsfehler zuschreibt, wendet dadurch ja einen Rationalitätsmaßstab an, der möglicherweise nicht ihr eigener (oder der ihres Publikums) war.

Rationalitätsstandards

Kohärenzannahmen sind nicht nur dann implizit, wenn Sie fragen, ob ein Werk *eine* zusammenhängende Theorie zu X beinhaltet, sondern besonders auch dann, wenn Sie sich fragen, ob z.B. das sich politiktheoretische Gesamtwerk einer Autorin in einer einheitlichen Rekonstruktion darstellen lässt. Skinner hat in diesem Zusammenhang vor einer Tendenz in der Ideengeschichte gewarnt, die Werke einer Autorin so lange zu durchkämmen und zu interpretieren, bis eine solche einheitliche Rekonstruktion zu Tage kommt. „Dieses Verfahren verleiht dem Denken der großen Philosophen Kohärenz und den Anschein eines geschlossenen Systems; möglicherweise haben sie aber [...] weder das eine noch das andere realisiert, oder sie habe nicht einmal intendiert, diese Ziele zu erreichen“ (Skinner 2009, 36). Er führt das Beispiel der politischen Philosophie John Lockes an. Locke, so Skinner, wurde lange so stark mit seinem vertragstheoretisch orientierten Spätwerk identifiziert, dass seine früheren Werke, die weitaus konservativer und monarchiefreundlicher waren, gar keine Beachtung fanden. Diese Tendenz ginge so weit, dass Interpret*innen in Frage gestellt hätten, ob diese früheren Werke überhaupt als Teil der Locke'schen Theorie betrachtet werden sollten (Skinner 2009, 38).

Kohärenz bei der Rekonstruktion historischer Werke

Ähnliches gilt für Vollständigkeit und Konsistenz einer philosophischen Interpretation. Besonders in Rekonstruktionen, die sich über mehrere Werke eines Autors erstrecken, ist es eigentlich unvermeidlich, dass Sie Entscheidungen darüber treffen müssen, wie konsistent, also widerspruchsfrei, eine Argumentation oder Theorie ist. Wenn ein Werk scheinbar gegensätzliche Aussagen enthält, bestehen stets mehrere Möglichkeiten. Einerseits können Sie diese „ausbügeln“ und in Ihrer Rekonstruktion weglassen, z.B. wenn Sie Grund haben, davon auszugehen, dass es sich um einen Fehler hält, den die Autorin, wäre er ihr aufgefallen, korrigiert hätte. Sie können sie aber auch in Ihre Rekonstruktion einfließen lassen, d.h. sich für mehr Similarität entscheiden. Schließlich könnte die Möglichkeit bestehen, dass die scheinbar widersprüchlichen Aussagen besser als Teil verschiedener Argumentationen oder Theorien aufgefasst werden sollten. Dies würde aber

Vollständigkeit und Konsistenz

in der Konsequenz bedeuten, dass das fragliche Werk in Ihrer Darstellung an Kohärenz verliert.

Vermutlich fragen Sie sich nun, wie zwischen divergierenden Interpretationsprinzipien entschieden werden kann. Leider ist es nicht möglich, diese Frage ohne Bezug auf den konkreten Fall zu beantworten. Gleichwohl wollen wir Ihnen im nächsten Abschnitt einige Empfehlungen geben, um Sie in die Lage zu versetzen, eigenständig zwischen Alternativen möglicher Interpretationen eines Werkes zu entscheiden.

Sie haben nun einige wichtige Elemente einer philosophischen Rekonstruktion kennengelernt. Sie können u.a. einzelne Argumente sowie die allgemeine Argumentationsstruktur eines Werkes darstellen, Argumente und Begriffe differenzieren, und Annahmen über Kohärenz, Konsistenz, Vollständigkeit und Rationalität spezifizieren. Aber wie können Sie erkennen, ob eine philosophische Rekonstruktion auch vernünftig ist? Wie können Sie Ihre Leser*innen von Ihrer Interpretation überzeugen?

Ganz allgemein ausgedrückt, argumentieren Sie, dass Ihre Interpretationshypothese in Anbetracht der verfügbaren Evidenz die vernünftigste ist. Hier gilt es nochmal zu betonen, dass Sie nie im luftleeren Raum interpretieren sollten. Vielleicht erinnern Sie sich noch an Balls Beschreibung der Interpretation als „um eine Art Triangulation zwischen dem Text und zwei (oder mehreren) Interpretationen dieses Textes“ (2004, 28, eigene Übersetzung). Ihre eigene Deutung eines Textes muss sich stets an mindestens einer verfügbaren Alternative messen. Das ist besonders dann der Fall, wenn es bereits etablierte Interpretationen gibt. Doch dieses Hin und Her empfiehlt sich selbst dann, wenn es solche Deutungsalternativen nicht gibt oder wenn Ihnen diese nicht bekannt sind. Diese Empfehlung gilt auch für die Analyse einzelner Textstellen. Sie sollten Ihren Leser*innen nicht nur erklären, wie sich Ihre Lesart bestimmter Passagen in Ihre weiterführende Interpretation einfügt, sondern ebenfalls, weshalb diese naheliegenden anderen Lesarten der gleichen Textstelle überlegen ist. In der Praxis sieht das häufig so aus, dass man mit sich selbst diskutiert bzw. Teufels Advokat spielt.

Alternative Interpretationen als Maß

Aber was bedeutet es, auf Grundlage der verfügbaren Evidenz für eine Interpretation zu argumentieren? Und welche Evidenz haben wir hier im Sinn? Die zwei wesentlichen Kategorien in der philosophischen Rekonstruktion sind Textevidenz und philosophische Erwägungen. Sie sollten, so gut es geht, die semantische Bedeutung des Textes für sich beanspruchen. Je weiter Sie sich von dem, was klar im Text geschrieben steht, entfernen, desto wichtiger wird es, weitere Evidenz hinzuzuziehen. Wenn der Satz „Die gesetzgebende Gewalt kann nur dem vereinigten Willen des Volkes zukommen“ (1986a, 6:313) in der *Metaphysik der Sitten* vorkommt, dann ist das zumindest ein guter anfänglicher Grund

Textevidenz und philosophische Erwägungen

die Aussage, die er trifft, in Ihrer Rekonstruktion der Kant'schen Vertragstheorie zu verarbeiten. Eine alternative Deutung, z.B. eine, die Kant die Position zuschreibt, dass auch Einzelpersonen gesetzgebende Gewalt ausüben können, ist damit natürlich nicht ausgeschlossen, müsste diesen Bruch mit dem Text aber entsprechend glaubhaft machen.

Bei der anderen Evidenzkategorie handelt es sich um philosophische Erwägungen, die für (oder gegen) Rekonstruktionsannahmen eines Werkes sprechen.Selbst wenn der Text eine bestimmte Interpretation unmittelbar nahelegt, so wie in der Passage aus Kants *Metaphysik der Sitten* (in der die Äußerung zur gesetzgebenden Gewalt des Volkswillens dicht gefolgt wird von einer mit Signalwörtern durchsetzen Erläuterung) gehen Sie durch Ihre Rekonstruktion ja über seine unmittelbare semantische Bedeutung hinaus. Sie interpretieren Kant dahingehend, dass seine Aussage die Konklusion eines Argumentes darstellt, dessen Prämissen sie identifizieren. Auch eine besonders textnahe Interpretationshypothese ist prinzipiell widerlegbar. Sie kann sowohl durch weitere Textevidenz widerlegt werden, z.B. wenn Sie feststellen, dass die fragliche Passage mit den Worten „Rousseau behauptet" eingeleitet wird, aber auch durch philosophische Erwägungen, beispielsweise wenn eine sorgfältige Rekonstruktion der Kant'schen Theorie den Schluss zulässt, dass die Staatsgewalt unter bestimmten Umständen auch von anderen Akteuren als dem Volk ausgehen kann.

Philosophische Erwägungen

Textevidenz

Was bedeutet es, auf Grundlage von Textbasis und philosophischen Erwägungen gut zu argumentieren? Glasklare Prinzipien der philosophischen Rekonstruktion (z.B. dass bestimmte Formen von Textevidenz stets für die gleichen Rekonstruktionselemente sprechen) können wir Ihnen leider nicht mit auf den Weg geben. Dafür ist der Gegenstandsbereich der Ideengeschichte zu weitläufig und das Unterfangen einer Interpretation zu offen. Wie erwähnt, argumentieren Sie stets *vergleichend* für die beste verfügbare Interpretation. Wir möchten Ihnen dennoch zwei weitere Regeln der philosophischen Interpretation mit auf den Weg geben.

Triangulations-Prinzip

Das erste ist das Prinzip der Triangulation, das auch in den empirischen Sozialwissenschaften Anwendung findet. Es besagt, dass wenn verschiedene Methoden zur selben Schlussfolgerung führen, diese als besonders plausibel betrachtet werden kann. In unserem Fall: Wenn Textevidenz *und* philosophische Erwägungen klar für eine Interpretation oder Teilinterpretation sprechen, ist das ein gutes Zeichen. Wenn eine Schlussfolgerung, die logisch aus bereits rekonstruierten Prämissen folgt, dann auch noch unmissverständlich im Text artikuliert wird, sollte sie mitrekonstruiert werden. Es kann auch hilfreich sein, eine negative Formulierung des Triangulations-Prinzips im Kopf zu behalten: Wenn verschiedene Evidenzarten auf divergente Interpretationen schließen lassen, sollten Sie diese Teile Ihrer Rekonstruktion entsprechend abschwächen, oder sie gar auslassen. Und zumindest wäre es ein Grund weiter nachzuhaken. Das Triangulationsprinzip weist auch auf eine mögliche Überschneidung der historischen und philosophischen Herangehensweisen hin. Besonders in Konfliktfällen kann kontext-, intentions- oder motivationsbasierte Evidenz auch in einer philosophischen Rekonstruktion hilfreich sein (siehe auch Blau 2015, 1189–92).

Rekonstruktionsannahmen spezifizieren und plausibilisieren

Schließlich sollten Sie Ihre Rekonstruktionsannahmen spezifizieren und begründen. Wie wir gesehen haben, wird die Frage, welche Rekonstruktionsannahmen angemessen sind, kontrovers diskutiert. Kritiker*innen des philosophischen Zugangs zu politiktheoretischen Klassikern äußern die berechtigte Sorge, dass beispielsweise überzogene Kohärenz- und Rationalitätsannahmen die Bedeutung eines Werkes verschleiern könnten. So kann die Frage nach *der* politischen Theorie John Lockes der Vielfältigkeit seiner Ideen, und insbesondere ihren Entwicklungen und Widersprüchen, möglicherweise schlicht nicht gerecht werden. Ohne diesen schwierigen methodologischen Disput entscheiden zu können, möchten wir Ihnen folgende pragmatischen Grundsätze mit auf den Weg geben.

Erstens sollten Sie die in Ihrer Rekonstruktion verwendeten Annahmen so klar wie möglich benennen. Ihre Leser*innen sollten diese nicht erst aus Ihrer Rekonstruktion herauslesen müssen. Das hat den positiven Nebeneffekt, dass Sie sich selbst Orientierungshilfe verschaffen.

Zweitens sollten Sie diese Annahmen mit Blick auf Ihr Erkenntnisziel begründen bzw. in dieses einfließen lassen. Vergleichen Sie beispielsweise folgende Erkenntnisziele. 1) Hat die Vertragstheorie Lockes die Ressourcen, zentralen Einwänden, die historisch gegen sie vorgebracht worden sind (z.B. dass sie keine ausreichende Erklärung der stillschweigenden Zustimmung zum Gesellschaftsvertrag enthält) zu begegnen? 2) Welche Theorie des Gesellschaftsvertrags finden wir in den Werken Lockes? Es liegt nahe, in der Beantwortung dieser Fragen unterschiedliche Rationalisierungsannahmen zu treffen.

Dreierlei Gründe können für oder gegen bestimmte Rationalisierungannahmen sprechen. Erstens können Sie sich wie im Locke-Beispiel eng an Ihrem Erkenntnisziel orientieren. Wenn Ihr Erkenntnisziel eine (wie auch immer geartete) Rekonstruktion einer Theorie oder Argumentation ist, ist ein gewisses Maß an Rationalisierung (versus Similarität) ja bereits eingebaut. Zweitens können Sie Ihre Rationalisierungsannahmen auf Basis des untersuchten Textes rechtfertigen. Häufig werden bestimmte argumentative Zusammenhänge wie im obigen Beispiel aus Kants *Metaphysik der Sitten* im Werk bereits klar artikuliert. Ähnliches gilt aber z.B. auch für die Kohärenz einer Theorie: Wenn ein*e Autor*in verschiedene Passagen oder Werke als Teil einer Theorie, eines Projektes, oder einer Fragestellung erklärt, spricht das für einen Versuch, diese auch ganzheitlich zu rekonstruieren. Drittens können Sie Sich an einem Brückenschlag zur historischen Forschung versuchen und z.B. eruieren, welches Rationalitätsverständnis im Kontext des untersuchten Werkes vorherrschte, indem Sie zunächst die damals „vorherrschenden Normen für den Erwerb und die Rechtfertigung von Überzeugungen" herausarbeiten (Skinner 2002, 37, eigene Übersetzung).

In jedem Fall gilt zu beachten, dass Ihre Rationalisierungannahmen und deren Begründung auch dafür ausschlaggebend sein werden, wie textnah und -treu Ihre Rekonstruktion am Ende ist. Ab einem gewissen Punkt der Rationalisierung über den Text hinaus, sollten wir beispielsweise eigentlich nicht mehr davon sprechen, dass es sich um eine Deutung der Werke Lockes, handelt, sondern eher von einer Theorie, die von diesen Werken inspiriert ist. Gerade weil diese Grauzone zwischen ideengeschichtlicher Interpretation und eigenständiger Forschung in der Politischen Theorie sehr ausgeprägt ist, halten wir es aber für essenziell, dass Sie Ihr Erkenntnisziel und seine Rationalisierungannahmen klar artikulieren und begründen.

Weiterführende Literatur

Folgende praxisorientierte Publikationen sind besonders empfehlenswert:

Ball, Terence. 2004. „History and the Interpretation of Texts." In *Handbook of Political Theory*, herausgegeben von Gerald Gaus und Chandran Kukathas. London: Sage. 18–30.

Blau, Adrian. 2015. „History of Political Thought as Detective-Work." *History of European Ideas* 41(8): 1178–1194.

Blau, Adrian. 2017. „Interpreting Texts." In: *Methods in Analytical Political Theory*, herausgegeben von Adrian Blau, 243–269. Cambridge: Cambridge University Press.

Blau, Adrian. 2021. „How (Not) to Use the History of Political Thought for Contemporary Purposes." *American Journal of Political Science* 65(2): 359–372.

Einführungs- und Übersichtsbände zur Ideengeschichte und ihrer Methodik, inklusive deutsche Übersetzungen von Schlüsseltexten:

Mahler, Andreas und Martin Munslow (Hrsg.). 2014. *Texte zur Theorie der Ideengeschichte.* Stuttgart: Reclam.

McMahon, Darrin M. und Samuel Moyn (Hrsg.). 2014. *Rethinking Modern European Intellectual History.* Oxford: Oxford University Press.

Munslow, Martin und Andreas Mahler (Hrsg.). 2010. *Die Cambridge School der politischen Ideengeschichte.* Berlin: Suhrkamp.

Skinner, Quentin. 2009. *Visionen des Politischen.* Übersetzt von Robin Celikates und Eva Engels. Herausgegeben von Marion Heinz und Martin Ruehl. Frankfurt am Main: Suhrkamp.

8. Aus dem Kopf aufs Papier: Was macht einen guten wissenschaftlichen Text aus?

Selbst wenn Sie ein hervorragendes Erkenntnisproblem identifiziert (Kap. 2–3) und eine Argumentation entwickelt haben, die ein korrespondierendes Argumentationsziel überzeugend erreicht (mithilfe der Kap. 4–7), ist Ihre Arbeit leider noch lange nicht in trockenen Tüchern: Denn das, was Sie sich da brillant in Ihrem Kopf erdacht haben, ist für einen Forschungsdiskurs (und erst recht für Ihre Prüfung) erst dann etwas wert, wenn es den Weg aus Ihrem Kopf in den Kopf anderer Leute findet. Ihre Arbeit muss noch *eine schriftliche Arbeit* werden.

Vielleicht könnte man nun denken: Halb so schlimm! Da geht es doch nur noch darum, das alles *aufzuschreiben*. Das würde die Rolle des wissenschaftlichen *Schreibens* im wissenschaftlichen *Arbeiten* aber auf mindestens drei Weisen fatal unterschätzen: Erstens hängt die Qualität einer wissenschaftlichen Arbeit essentiell auch von der Form ab, in der ihre Inhalte „bloß präsentiert" sind. Denn es ist eben konstitutiver Bestandteil Ihres Forschungsvorhabens, Ihre Erkenntnisse anderen in einem kooperativen Forschungsdiskurs zugänglich zu machen: Bei Wissenschaft geht es nicht im Kern darum, dass Sie persönlich später mehr wissen als vorher, sondern darum, dass wir gemeinsam vorwärtskommen (vgl. Kap. 2.1, 6.4.2). Wie gut es Ihnen gelingt, Ihre Erkenntnisse zu kommunizieren, bestimmt daher durchaus mit, welchen Mehrwert Sie mit Ihrer Arbeit letztlich realisieren konnten.

Wissenschaft als kooperatives Unterfangen

Zweitens ist es keineswegs eine banale Aufgabe, feststehende Argumente und gewonnene Erkenntnisse effektiv zu „verpacken": Insbesondere am Anfang eines Studiums (oder auch am Anfang Ihrer Auseinandersetzung mit einem neuen Fachbereich) sollten Sie nicht unterschätzen, dass wissenschaftliches Schreiben eine eigenständige Kompetenz ist, die man erst erwerben und einüben muss – selbst wenn Sie schon allerlei Arten anderer Sachtexte geschrieben haben. Sehr viele Studienarbeiten, die auf unseren Schreibtischen landen, fallen deutlich schlechter aus, als sie es könnten, weil die Verfasser*innen daran scheitern, ihre Ideen und Argumente klar zu kommunizieren.

Gut zu schreiben ist nicht leicht!

Drittens ist aber allein schon das Bild, es gäbe einen bereits feststehenden Inhalt Ihrer Arbeit, den Sie dann nur noch in der passenden Form präsentieren müssten, praktisch schlicht unzutreffend. Freilich sollten Sie sich eingehende Gedanken über Ihre Arbeit machen, bevor Sie dann einmal ein Textdokument öffnen und sich ans Tippen machen.

Die allmähliche Verfertigung der Gedanken beim Schreiben

Grundsätzlich aber ist der Prozess des Artikulierens Ihrer Gedanken ganz besonders in ‚theorielastigen' Fächern einfach ein wichtiger Weg, überhaupt erst herauszufinden, was Sie denn eigentlich genau denken und sagen wollen. Und umgekehrt sind viele Fälle unklarer Texte letztlich nicht einfach ein Kommunikationsproblem, sondern ein Symptom nicht hinreichend geklärter Gedanken. Auf gute Texte zu achten, diszipliniert Sie daher auch darin, gut zu argumentieren.

Wir hoffen, dass wir Sie damit dafür erwärmen konnten, dem vermeintlich drögen Anfängerthema wissenschaftlichen Schreibens doch ein wenig Aufmerksamkeit zu schenken. Zum wissenschaftlichen Schreiben gibt es freilich anderswo ausführlichere Lehrbücher – am Ende des Kapitels finden Sie dazu einige Literaturhinweise. Und während manche Akzentsetzungen im Folgenden für die analytische Politische Theorie vielleicht ein wenig passgenauer sind als für andere Disziplinen oder Traditionen, ist letztlich kaum etwas davon wirklich spezifisch für unser Fach. In einem Buch zu *Methoden der Politischen Theorie* hat sich dieses Kapitel aus den obigen Gründen aber trotzdem unbedingt einen Platz verdient: Diese Dinge *müssen* Sie beachten, wenn Sie eine gute Arbeit in Politischer Theorie schreiben wollen.

Faul, dumm und gemein

Falls Sie trotzdem geneigt sind, dieses Kapitel zu überspringen und nur bereit sind, auf die Schnelle eine Idee mitzunehmen und sich tief in Ihren Kopf einzubrennen, dann lassen Sie es bitte diesen Ratschlag von James Pryor (2012; unsere Übers.) sein:

> „Stellen Sie sich vor, Ihr Leser sei *faul, dumm und gemein*. Er ist faul, weil er keine Lust hat herauszufinden, was Ihre verschlungenen Sätze genau bedeuten und was Ihr Argument ist, wenn es nicht schon offenkundig da steht. Er ist dumm, also müssen Sie ihm alles, was Sie sagen, in einfachen, mundgerechten Stücken erklären. Und er ist gemein, also wird er Ihren Text nicht wohlwollend lesen. (Wenn zum Beispiel etwas, das Sie sagen, auf mehr als eine Weise verstanden werden kann, wird er annehmen, dass Sie das gemeint haben, was am wenigsten plausibel ist.)"

Wenn Sie beim Schreiben Ihrer Arbeit einen solchen Leser im Kopf haben, sind Sie schon einmal auf einem guten Weg. Auf einen noch etwas besseren kommen Sie, wenn Sie weiterlesen.

8.1 Stil und die Ziele der Wissenschaft

Warum ist das obige Zitat von James Pryor so hilfreich? Weil es das anschaulich auf den Punkt bringt, was an Ihrem Schreibstil für die *Zwecke* Ihres wissenschaftlichen Schreibens wirklich wichtig ist.

Studienanfänger*innen denken manchmal, dass es bei wissenschaftlichem Schreiben darauf ankommt, sich stilistsche Kniffe anzueignen, die sie aus irgendwelchen Gründen mit Autorität und Expertise assoziieren: lange, staubige Sätze, die erst mit möglichst vielen Fremdworten Eindruck schinden und ihren Leser sodann in den Schlaf wiegen. Verschachtelte Passivkonstruktionen, die sich verrenken, um bloß das „Ich" der Verfasserin verschwinden zu lassen. Vergessen Sie das.

Kommunikative Ziele wissenschaftlicher Texte

Ein wissenschaftlicher Text versucht, anderen Menschen, die sich für dasselbe Fachgebiet interessieren, mitzuteilen, warum Sie glauben, dass wir in einer für das Fach relevanten Frage etwas bestimmtes glauben sollten. Genau das sollten Sie transparent auf den Tisch legen. Wenn Ihre Leserschaft Sie falsch versteht oder sich einfach nicht recht sicher ist, was Sie ihnen eigentlich sagen wollten, haben Sie nichts gewonnen. Selbst wenn Ihre Leser*innen aus Ihrem Text am Ende das Richtige entschlüsseln können, ist es immer noch eine Frage sowohl der Höflichkeit als auch der Effizienz in unserem gemeinsamen Unterfangen, ihnen dabei keine Steine in den Weg zu legen: Gestalten Sie Ihren Text daher immer so, dass der Inhalt möglichst leicht zugänglich ist. Nur so können Ihre Leser*innen ihre ganze Energie ins Nachdenken über Ihre Aussagen anstatt deren Verpackung investieren. Freilich sind wissenschaftliche Texte häufig einfach deshalb keine leichte Lektüre, weil wir uns mit schwierigen Inhalten beschäftigen. Das liegt in der Natur unseres Geschäfts. Wie wir darüber reden, liegt aber an uns:

Schwer zu verstehen sollte in einem wissenschaftlichen Text möglichst nie sein, wie Sie etwas sagen, sondern allenfalls was Sie sagen. !

Umgekehrt ist aber auch nichts gewonnen, wenn es Ihnen durch schillernde Rhetorik oder undurchschaubare Schachtelsätze gelingt, Ihrem Publikum Ihre Argumente als stichhaltig zu *verkaufen* – obwohl sie es eigentlich gar nicht sind. Vielleicht mag Ihnen das in einzelnen Fällen einen kurzfristigen Punktgewinn einbringen. Aber erstens wird es schlichtweg nicht den Gründen gerecht, aus denen wir Wissenschaft überhaupt erst betreiben. Und zweitens werden Sie in Studienarbeiten mit dem Versuch, Ihre Dozierenden hinters Licht zu führen, in aller Regel auf die Nase fliegen. Viel mehr Eindruck schinden Sie, wenn Sie in Ihrem Text als kooperativer Gesprächspartner auftreten, Ihre Karten offen auf den Tisch legen und Sie es anderen so leicht wie möglich machen, Ihre Ideen zu beurteilen und zielgerichtet darauf zu reagieren. Ziemlich genau das ist damit gemeint, wenn Theoretiker*innen fortwährend davon sprechen, dass *Klarheit* eine zentrale Tugend philosophischer Texte sei. In den Worten Karl Poppers (1984, 100):

Klarheit als zentrale Tugend

„Wer's nicht einfach und klar sagen kann, der soll schweigen und weiterarbeiten, bis er's klar sagen kann."

Abgesehen von der Schwierigkeit der Inhalte besteht also kein Grund, warum ein wissenschaftlicher Text schwieriger zu lesen sein sollte als ein guter Zeitungsartikel. Ein wichtiger Unterschied zu solchen Sachtexten ist aber: Wenn es einen Konflikt gibt zwischen Klarheit und Präzision auf der einen Seite und stilistischer Eleganz auf der anderen, dann gewinnt in wissenschaftlichen Texte die erstere.

Lassen Sie uns einen kurzen Blick auf drei typische Fallstricke werfen, bei denen die stilistischen Normen wissenschaftlicher Texte von Alltagstexten abweichen. Ein erster besteht in dem unter Deutschlehrer*innen beliebten Mantra, aus ästhetischen Gründen Wortwiederholungen zu vermeiden. Wenn es einen im Kontext bestimmter Theorien etablierten Fachbegriff gibt, der genau das bezeichnet, worum es Ihnen geht oder wenn Sie selbst einen Begriff für Ihre Zwecke definiert haben, dann bleiben Sie bei genau diesem Begriff – auch wenn er im Zweifelsfall in jedem zweiten Satz vorkommt. Das ist allemal besser, als Verwirrung darüber zu stiften, ob Sie mit einem vermeintlich synonymen Ausdruck nun dasselbe oder doch etwas anderes meinen.

Fachbegriffe konsequent verwenden

Manchmal begnügen wir uns in unserer alltäglichen Sprachverwendung auch damit, einen Sachverhalt vage zu benennen, weil wir erwarten, dass unsere Adressat*innen mit ihrem eigenen Wissen die Details gedanklich ergänzen werden, wenn es ihnen darauf ankommt. Das mag Platz sparen und harmlos klingen. Wenn es um Aussagen geht, die für die Stichhaltigkeit Ihrer Argumentation eine Rolle spielen, sollten Sie in einem wissenschaftlichen Text aber immer präzise benennen, was genau Sie meinen. Genau diesen Zweck erfüllen häufig Fachbegriffe. Genauso sollten Sie aber vage Ausdrücke wie „manche", „häufig", „meistens", „immer mehr", „man" usw. skeptisch beäugen. Hinterfragen Sie unscharfe Kategorien („westliche Staaten", „moderne Demokratien", „populistische Rhetorik") und vermeiden Sie im Normalfall impersonale und passivische Aussagen, wenn es ein handelndes Subjekt gibt („es wird argumentiert", „die Politik handelt", „es bestehen Zweifel", ... – wer argumentiert, handelt, zweifelt da?).

Aussagen präzise formulieren

Eine dritte Kategorie stilistischer Schachzüge, die in außerwissenschaftlichen Texten mitunter toleriert, aber Ihre Dozierenden schnell zur Weißglut bringen werden, sind Plattitüden und inhaltsleere Floskeln. Besonders häufig tummeln sie sich in Einleitung und Schluss:

Plattitüden und Floskeln vermeiden

„Seit jeher ist Gerechtigkeit für Menschen ein wichtiges Thema."

„Nicht nur in Deutschland sind Menschenrechte ein viel diskutiertes Thema."

„Wir leben in einer zunehmend komplexen Welt."
„In der heutigen Zeit gibt es immer mehr Populismus."
„Der Klimawandel ist im 21. Jahrhundert allgegenwärtig geworden."
„Die Freiheit des Einzelnen ist wichtig, kennt aber auch Schranken."

Ähnlich vagen Ausdrücken beziehen Plattitüden ihre vermeintliche Überzeugungskraft daraus, dass *irgendetwas* daran schon irgendwie stimmt – und daraus, dass man sie einfach schon so oft gehört hat, dass sie vertraut und deshalb irgendwie wahr klingen. Beides ist essentiell unwissenschaftlich. Wenn es darin etwas gibt, was Sie wirklich sagen wollen, dann sagen Sie es präzise, mit eigenen Worten und überzeugend.

Ihre Ideen in solcher Weise klar und präzise zu kommunizieren, ist, worauf es in einem wissenschaftlichen Text *für die Zwecke der Wissenschaft* ankommt – und wie wir finden, ist Pryors fauler, dummer, und gemeiner Leser eine prima Gedankenstütze dafür. Ein paar konkrete Kniffe dafür, wie Sie die klare Kommunikation Ihrer Ideen an bestimmten Stellen befördern können, werden wir uns im Folgenden in 8.2–8.7 näher ansehen. Wenn Sie es darüber hinaus noch schaffen, Ihren Leser*innen mit einem stilistisch geschliffenen Text ein flüssiges Lesevergnügen zu bereiten – nur her damit! In der Tat gibt es durchaus Wissenschaftler*innen, denen Mal um Mal elegante Texte gelingen, die ihnen ihren persönlichen Ton einschreiben und sie mit einer kleinen Prise Witz abrunden. Darüber sollten Sie sich in Ihrer Arbeit allerdings wirklich keine Sorgen machen. Ihr Text sollte in erster Linie einigermaßen angenehm lesbar sein.

Stilistische Eleganz

8.2 Fokus

Sie erinnern sich (Kap. 2.3.1): Ihr Argumentationsziel ist *Daseinszweck* und *Organisationsprinzip* Ihrer Arbeit. Alles, was Sie in der Arbeit tun, folgt daraus und muss sich darauf beziehen. Jeder Schritt in Ihrer Arbeit muss sich seinen Platz durch einen Beitrag zu diesem Ziel verdienen. Tun Sie so, als müssten Sie jeden Punkt gegen einen Kritiker, der Ihren Text zusammenstreichen will, verteidigen:

Können Sie begründen, warum es diesen Schritt zwingend braucht, um an Ihr Ziel zu kommen? Wenn nicht, *lassen Sie ihn raus.* !

Dazu brauchen Sie natürlich einen guten Überblick, wie Ihre einzelnen Schritte mit Ihrem Argumentationsziel zusammenhängen. Gerade dafür kann es wertvoll sein, Ihre eigene Argumentation einmal explizit zu rekonstruieren und womöglich zu visualisieren (vgl. Kap. 4.3.1).

Zumindest in kürzeren Hausarbeiten und in Essays sollten Sie sich zudem immer fragen:

Verfolgen Sie in Ihrer Arbeit an jeder Stelle *ein* Ziel? Oder eröffnen Sie an einer Stelle einen Nebenschauplatz, der eigentlich sein eigenes Ziel verfolgt?

Wenn Letzteres der Fall ist, streichen Sie ihn und konzentrieren Sie Ihre Kräfte auf Ihre eigentliche Aufgabe. Wenn Sie zeigen wollen, dass Sie interessante Querverbindungen erkannt haben, denen man weiter nachgehen könnte, können Sie das in Maßen in Fußnoten tun.

8.3 Metadiskurs und Strukturmarker

Wichtig ist aber nicht nur, dass *Sie* wissen, dass jeder Teil Ihrer Arbeit zur Erreichung Ihres Ziels beiträgt und wie er das tut. Genau das muss auch *Ihrer Leserin* klar sein.

Lassen Sie Ihren Leser nie im Unklaren darüber, welche genaue Funktion das, was Sie gerade tun, in Ihrem Gesamtvorhaben erfüllt.

Dafür ist es notwendig, dass Sie nicht nur tun, was Sie eben tun, sondern auch sagen, was Sie tun. Setzen Sie nicht voraus, dass das offensichtlich ist. Selbstverständlich ist es *für Sie* offensichtlich, weil Sie die ganze Zeit über Ihre Arbeit nachdenken. Ihr Job ist aber, sicherzustellen, dass es auch für jemanden offensichtlich ist, der Ihrer Arbeit gerade zum ersten Mal begegnet (Sie wissen schon: dumm, faul und gemein).

Um das zu erreichen, stehen Ihnen vor allem zwei Werkzeuge zur Verfügung: Erstens können Sie an bestimmten Stellen schlichtweg beschreiben, wie Ihre Arbeit aufgebaut ist. Das sollten Sie in aller Regel für die gesamte Arbeit einmal gegen Ende Ihrer Einleitung tun (vgl. 8.5, ein Beispiel finden Sie dort).

Solche Meta-Anmerkungen über den Aufbau Ihrer Arbeit können Sie aber (abhängig von der Länge Ihrer Arbeit) durchaus auch danach zwischendurch immer wieder sinnvoll einsetzen – immer dann, wenn Sie einen wesentlichen Abschnitt abgeschlossen haben und sich nun einem neuen Schritt zuwenden. Zum Beispiel so:

> „I now turn to the second part of this article, in which its main argument against anti-cosmopolitanism will be put forward. I will show why we should understand (3) in the weak sense (and weaker still than David Miller does), and that we should be sceptical towards basing decidedly anti-cosmopolitan conclusions on these grounds. I will begin this by saying

> more about how we should understand the concept of sharing a national identity.“ (Axelsen 2013, 460)

Genauso können Sie an einzelnen Stellen Ihrer Arbeit, deren Zweck man auf verschiedene Weisen verstehen könnte, Ihre Absichten explizit klären:

> „So you might wonder: if my argument relies on Collins's rebuttal of such counterexamples going through and if Collins argues for much the same conclusion as I do, why add my argument on top? The answer is simple: the deductive argument above lends stronger support to the conclusion than Collins's inductive one, which infers a universally quantified claim merely from the observation that no counterexamples to it have been identified as of yet. A deductive argument like the above shows why this is so: it is impossible for such counterexamples to exist. That, at any rate, will follow if one grants (i) and its explication (ii). Those denying that moral obligations should be action-guiding in the sense of (ii) may, however, still accept the main point of this section on Collins's grounds.“ (M. Schulz 2023, 328)

Häufig geschieht das, um die Reichweite Ihres Vorhabens einzugrenzen. In folgendem Beispiel wird das wiederum mit einer Erklärung der Argumentationsstruktur verknüpft:

> „I will not pursue these lines of argument, however. This does not mean that I think the assumptions made in the argument are unproblematic or immune to critique. Rather, I aim to show that rejecting one of the assumptions does not entail rejecting the central argument of this article. Rather, if one denies one or more of the assumptions made in the argument, this will simply give one further reason to accept my claims.“ (Axelsen 2013, 460)

Das zweite Werkzeug, mit dem Sie Ihrem Text eine transparente Struktur geben können, besteht in unscheinbaren kleinen Wörtern. Tatsächlich kommunizieren Sie die Struktur Ihres Textes oft schon nebenbei, ohne darauf zu achten – das können Sie verbessern, indem Sie bewusst darauf achten, argumentative Verknüpfungen und Gegenüberstellungen herzustellen:

Negative Vergleiche: demgegenüber; im Unterschied dazu; einerseits ... andererseits; anders als X; während; wohingegen; ... !
Positive Vergleiche: gleichermaßen; genauso; gleichlaufend; ähnlich; ...
Mehr vom selben: darüber hinaus; außerdem; zudem; aufbauend auf; des Weiteren; ...

Zurückweisung: dessen ungeachtet; allerdings; trotzdem; obwohl; dennoch; jedoch; aber; ...
Begründungen: weil; da; aus diesem Grund; unter Berücksichtigung von; gegeben dass; vorausgesetzt dass; unter der Bedingung dass; abhängig von; ...
Schlussfolgerungen: daher; somit; deshalb; also; sodass; folglich; daraus folgt, dass; ...
Reihungen mehrerer Punkte können Sie außerdem gezielt ankündigen und gliedern: „Gegen dieses Argument können drei naheliegende Einwände erhoben werden. Erstens [...]. Zweitens [...]. Zuletzt [...].“

8.4 Begriffe und Thesen definieren

Während wir uns im vorigen Abschnitt auf die *Struktur* Ihrer Argumentation bezogen haben, gilt aus genau denselben Beweggründen genau dasselbe auch für die Begriffe, die Sie verwenden, um Ihre Aussagen zu treffen: Vermeiden Sie Zweifel darüber, was Sie mit einem Begriff meinen, dadurch, dass Sie einfach explizit sagen, was Sie damit meinen. Manchmal genügt es dazu schon, ein mögliches Missverständnis kurz auszuschließen:

> „Many different kinds of things are said to be just and unjust: not only laws, institutions, and social systems, but also particular actions of many kinds, including decisions, judgments, and imputations. We also call the attitudes and dispositions of persons, and persons themselves, just and unjust. Our topic, however, is that of social justice.“ (Rawls 1999, 6)

Bei für Ihre Argumentation zentralen Konzepten lohnt sich aber häufig eine explizite Definition, im Idealfall mittels notwendiger und hinreichender Bedingungen:

> „X and Y relate as equals if, and only if:
> (1) X and Y treat one another as equals;
> (2) X and Y regard one another as equals.“ (Lippert-Rasmussen 2018, 71)

Gerade in Texten der analytischen Philosophie finden Sie neben Begriffsdefinition auch häufig wichtige Thesen, Prämissen eines Arguments, ganze Argumente oder aber auch Beschreibungen eines Fallbeispiels (vgl. 6.5) an einer Stelle in einer „kanonischen“ Form präzise formuliert und gelegentlich mit einem Namen versehen – etwa so:

> „*The Shift Thesis*: Once people have secured enough, there is a discontinuity in the rate of change of the marginal weight of our reasons to benefit them further.“ (Shields 2016, 30)

Das hat den Vorzug, dass Shields nun im weiteren Verlauf seines Textes immer wieder auf die *Shift Thesis* Bezug nehmen kann, ohne sie jedes Mal wiederholen zu müssen und dennoch klar ist, an welcher Stelle ihre verbindliche Formulierung nachzuschlagen ist – ungefähr so, wie wichtige Begriffe oft zu Beginn eines rechtlichen Vertrags einmal autoritativ definiert werden.

Explizit zu sagen, wie Sie einen Begriff in Ihrem Text verwenden, hilft nicht nur, möglichen Missverständnissen vorzubeugen, sondern eröffnet Ihnen auch etwas Beinfreiheit: Auch wenn es häufig hilfreicher ist, einer in der Debatte etablierten Verwendungsweise zu folgen, ist es grundsätzlich nämlich völlig zulässig, Begriffe für Ihre Zwecke nach Ihrem Belieben zu definieren (vgl. auch Kap. 3.3.1) – sofern Sie das eben transparent machen:

> „For present purposes, I will use the term ‚collective' broadly to denote any entity apt to bear duties and constituted by agents. A collective obligation, then, is simply one in which the position of the subject A of such a moral claim is occupied by a collective." (M. Schulz 2023, 323)

Das ist insbesondere dann hilfreich, wenn es bezüglich der Definition eines Konzepts in der Literatur Streitfragen gibt, die für die Zwecke Ihrer Argumentation aber gar nicht weiter erheblich sind, weil Ihr Argument mit jeder der vorgeschlagenen Definitionen funktionieren würde. Dann haben Sie schließlich auch keinen Grund, sich auf eine der Seiten zu schlagen und können das einfach kurz anmerken.

8.5 Einleitung

Die Einleitung ist der Punkt des ersten Kontakts mit Ihrem Leser. So gesehen ist es wenig überraschend, dass Sie hier wichtige Weichen stellen können, um den weiteren Verlauf dieser Begegnung möglichst reibungslos zu gestalten.

Eine vollständige Einleitung erfüllt im Kern drei Funktionen: !

1. Sie macht klar, was Sie tun werden (Argumentationsziel und Roadmap).
2. Sie macht klar, warum Ihr Vorhaben für einen bestimmten wissenschaftlichen Diskurs interessant und relevant ist (Erkenntnisproblem).
3. Sie situiert Ihr Vorhaben in dem Kontext, der erforderlich ist, um (1) und (2) zu verstehen.

Die Reihenfolge dieser Elemente ist prinzipiell Ihnen überlassen. Meistens macht es jedoch Sinn, die Einleitung mit der ‚Roadmap' zu beenden – also einem Absatz, in dem Sie die Struktur Ihrer Arbeit beschreiben. Werfen wir einen Blick auf ein Beispiel einer sehr kondensierten Einleitung, die dennoch alle drei Funktionen abdeckt:

> „These days, most ethicists agree that at least some nonhumans have interests that are of direct moral importance. [*Fußnote mit Belegen*] That is to say, there are at least some nonhuman interests that make a moral claim on us. Yet with very few exceptions, both climate ethics and climate policy have operated as though only human interests should be considered in formulating and evaluating climate policy. In this paper I argue that the anthropocentrism of current climate ethics and policy cannot be justified in light of well-explored and widely accepted understandings of the relevant concepts and principles within contemporary ethics.
>
> In what follows, I first describe the ethical claims upon which my analysis rests, arguing that they are no longer controversial within contemporary ethics. Next I review work in climate ethics and policy, demonstrating the absence of consideration of nonhuman interests in both domains. Finally, I consider five possible justifications for omitting nonhuman interests in the evaluation [of] climate policy options, arguing that none of these arguments succeeds." (McShane 2016, 189–90)

Im ersten Satz summiert die Autorin extrem knapp einen Forschungsstand, insoweit als er für ihr Vorhaben relevant ist. Der zweite Satz klärt die Bedeutung eines zentralen Konzepts dafür. Der dritte Satz stellt eine Beziehung zwischen dem Forschungsdiskurs aus dem ersten Satz und einem weiteren Diskurs her. Zugleich zeigt er einen überraschenden Kontrast auf: die Forschungslücke, in die dieser Aufsatz stoßen kann und die ihn interessant macht. Der vierte Satz sagt dann, wie er das macht: Er benennt die zentrale These (das Argumentationsziel) des Textes. Der darauffolgende Absatz ist die ‚Roadmap'.

Mehr oder weniger Kontext

Dabei sind die Kontextualisierung des Vorhabens und eine ausführlichere Roadmap die ersten Streichungskandidaten, wenn Sie Platz einsparen müssen. Die Zielsetzung Ihrer Arbeit können Sie schließlich auf keinen Fall weglassen und irgendwie motivieren sollten Sie Ihr Unterfangen auch. Haben Sie hingegen etwas mehr Platz, können Sie auch mehr Kontext für Ihr Vorhaben einbauen. Wichtig ist dabei aber, dass Sie dies trotzdem immer *gezielt* tun – laden Sie nicht einfach angesammelten Literaturschutt ab, sondern zeichnen Sie ein kleines Bild, in das Ihre Arbeit dann genau hineinpasst wie die fehlende Kirsche am Cocktailglas. Häufig versuchen Autor*innen in diesem Sinne, den Forschungsstand so darzustellen, dass er eine Frage aufwirft, die dann die Relevanz Ihres Textes begründet (was natürlich auch einigermaßen plausibel sein sollte):

> „The principle of proportionality started its triumphal march through human and constitutional rights law roughly a half century ago. [*Fußnote mit Belegen*] Surprisingly, however, it was only relatively recently that it began to attract the attention of constitutional rights theorists; [*Fn. mit Belegen*] and even more recently, some opposition to the principle has begun to form. [*Fn. mit Belegen*] So there are now a number of theories trying to demonstrate that proportionality is a valuable doctrine, and there are a few attempts to show the opposite. This paper does not directly contribute to this debate but rather hopes to open up a new field of discussion by directly engaging with the critics of proportionality. Rather than making a positive case for proportionality or a negative case against it, it examines the arguments of the critics of proportionality and asks whether they make a coherent case for rejecting it." (Möller 2012, 709–10)

Ziel inhaltlich identifizieren

Lassen Sie uns noch zwei wichtige Punkte unterstreichen, die immer wieder eine Schwachstelle studentischer Einleitungen ausmachen. Erstens: Benennen Sie Ihr Argumentationsziel (das heißt: Ihre These oder Ihre Antwort auf Ihre Fragestellung) in der Einleitung unbedingt *inhaltlich* und nicht bloß formal. Häufig findet sich eine Zielsetzung etwa in dieser Form:

> „In diesem Essay werde ich eines der Argumente Sandels rekonstruieren und dann ein Gegenargument liefern."

Damit hat die Verfasserin zwar schon gewissermaßen gesagt, was sie tun wird. Nur lässt sie uns eben dennoch völlig im Unklaren darüber, *welches* Argument sie rekonstruiert, *worin* ihr Gegenargument besteht und bei *welchem Ergebnis* ihre Argumentation dann letztlich ankommt. Genau darum geht es aber: Ihr Argumentationsziel in der Einleitung zu identifizieren, soll Ihren Leser*innen einerseits helfen, Ihre einzelnen Argumentationsschritte auf dieses Ziel zu beziehen und so Ihren Text besser nachvollziehen zu können. Und andererseits ist es Ihre Aufgabe, eine klar beurteilbare Zielmarke dafür auszugeben, wann Ihr Vorhaben erfolgreich war oder auch nicht: nämlich genau dann, wenn Sie am Ende das gezeigt haben, was Sie am Anfang zu zeigen angekündigt haben (vgl. 2.2.1). Dafür müssen Sie aber *inhaltlich* spezifizieren, was Sie zeigen werden.

Roadmap inhaltlich und funktional konkretisieren

Eine sehr ähnliche Schwachstelle weisen zweitens häufig auch Roadmaps auf, die die einzelnen Bestandteile der Arbeit zwar durchaus auflisten, aber überhaupt nicht inhaltlich konkretisieren oder keinerlei funktionale Zusammenhänge zwischen den einzelnen Schritten aufzeigen. Werfen Sie etwa einen Blick auf die folgende Einleitung:

> „Zuerst werde ich die These Caneys und seine hiermit verbundenen Argumente erläutern. Anschließend werde ich selbst auf die Argumentation reagieren und Caneys Begründung bewerten. Daraufhin werde ich Kritik an Caneys zentralem Prinzip äußern und auf eine von ihm dazu gestellte Frage eingehen. Im letzten Teil des Hauptteils werde ich eigene Ideen zum Ausbau des Prinzips präsentieren. Zum Schluss werde ich nochmals einen kurzen Überblick über die Erkenntnisse bereiten und einen kleinen Ausblick in die Zukunft geben."

Der Verfasser dieser Einleitung hat sich die Idee einer Roadmap sichtlich zu Herzen genommen – und dennoch hilft uns das Ergebnis denkbar wenig dabei, uns tatsächlich ein Bild von dem Text zu machen, den wir gleich lesen werden. Vergleichen Sie das mit diesem Auszug aus der Einleitung einer Studentin:

> „Im Folgenden soll sein Argument für die moralische Zulässigkeit von Suizid, da es die Grundlage für die Diskussion um Sterbehilfe bietet, genauer betrachtet werden. Es wird deutlich werden, dass durch das Anpassen der ersten Prämisse und eine angepasste Auslegung der weiteren die Reichweite des Arguments vergrößert werden kann. Nämlich so, dass Suizid nicht nur für Menschen, die unter großen Schmerzen leiden, zulässig sein kann. Die Frage nach der moralischen Bewertung von Sterbehilfe wird damit noch nicht beantwortet."

Im Unterschied zu dem vorigen Beispiel, vermittelt die Verfasserin Ihnen hier bereits einen sehr guten Überblick über Inhalte des kommenden Textes, weil sie jeweils sehr knapp die Kernidee der angeführten Bestandteile benennt und funktionale Zusammenhänge zwischen diesen herstellt – was durchaus machbar ist, ohne sich schon in der Einleitung in allen Details zu verlieren.

Egal wie kurz Ihre Einleitung im Zweifelsfall ausfallen muss – Sie können sie immer zu einer wertvollen Informationsquelle für Ihre Leser*innen machen, wenn Sie beachten:

!

1. Benennen Sie Ihr Argumentationsziel inhaltlich – z. B.: „In diesem Essay werde ich argumentieren, dass Schmitts Argument für X scheitert, ..."
2. Benennen Sie knapp die Kernidee(n) Ihrer Argumentation – z. B.: „... weil es auf der impliziten Annahme beruht, dass Y."
3. Leiten Sie daraus eine Roadmap ab, die so gut wie möglich inhaltliche Ankerpunkte benennt und argumentative Beziehungen herstellt, z. B.: „Dazu werde ich zunächst Schmitts Argument in rekonstruierter Form darstellen, um anschließend ..."

8.6 Schluss

Einleitung rückwärts

Eine tatsächlich nur ein wenig zu simple Binse des akademischen Schreibens geht so: In der Einleitung sagen Sie, was Sie tun werden. Im Hauptteil tun Sie es. Im Schluss sagen Sie, dass Sie es getan haben. Der Schlussteil, hört man manchmal, sei eine Einleitung in der Vergangenheitsform. Das klingt schnippisch, ist aber eigentlich sehr nahe an der Wahrheit.

Im Schlussteil Ihrer Arbeit fassen Sie die Ergebnisse Ihrer Argumentation unter Berücksichtigung Ihrer Argumentationsstruktur zusammen: Wiederholen Sie, was aus Ihrer Arbeit folgt (Konklusion entsprechend der Zielsetzung aus Ihrer Einleitung) und wie das, was Sie in Ihrem Essay getan haben, einen dazu bringt, diese Schlussfolgerung nunmehr für wahr (bzw. für begründet) zu halten (grob spiegelbildlich zur Roadmap). Nutzen Sie den Schluss vor allem *nicht* dazu, noch neue Ideen oder Argumente einzubringen, die für Ihr Argumentationsziel relevant sind.

Sollten Sie den Raum dafür haben, können Sie nach diesem Resümee spiegelbildlich zur Einleitung Ihre Arbeit wiederum in einen passenden Kontext einbetten – z. B. indem Sie sich auf die Kontextualisierung aus der Einleitung zurück beziehen und uns so daran erinnern, in welcher Weise genau Ihr Ergebnis interessant ist, oder relevante Implikationen Ihrer Ergebnisse aufzeigen. Wie überall gilt aber auch hier: Wenn Ihnen nur pure Floskeln einfallen („... verdient es, über die Grenzen dieser Arbeit hinaus Gegenstand weiterer Forschung zu werden"), lassen Sie es lieber weg.

In folgendem Beispiel finden Sie genau diese beiden Elemente widergespiegelt:

> „This essay has provided a moral defence of the culture of justification, that is, the idea that all laws and other acts of the state that affect a person must be substantively justifiable to that person and that individuals can rely on their constitutional rights to enforce this in court. As has become clear, the culture of justification is not only an influential idea and empirically successful practice in various liberal democracies around the world; it is also morally justifiable and indeed morally obligatory. My argument to this effect has relied on three building blocks. First and foremost, the foundation of the culture of justification lies in the fundamental status of each person as a justificatory agent, that is, an agent who has a right to justification. Second, it follows from the existence and moral relevance of reasonable disagreement that the right to justification demands that any act that affects a person be (at least) reasonable. Third, the status of persons as justificatory agents, that is, agents who can de-

mand acceptable reasons, implies that the right to justification must be institutionally protected; in other words, the existence of judicial review is required as a matter of principle.

What follows? The moral appeal of the culture of justification gives, in particular, judges and public law scholars good reason to continue with the project that, as Cohen-Eliya and Porat have shown, is already in full swing in the liberal democratic world: the gradual transformation and reinterpretation of constitutional law and doctrines so as to make them consistent with the requirements of the culture of justification. This includes [...]. This development towards a culture of justification is of great moral importance: we owe it to others and to ourselves, as justificatory agents, to make it a success." (Möller 2019, 1096–97)

8.7 Beispiele

Vielleicht haben Sie aus dem Deutschunterricht noch im Kopf, ein Argument bestünde aus These, Begründung und Beispiel. Das ist, wie wir in den Kapiteln 2.3 und 4 gesehen haben, streng genommen Unsinn: Es besteht keine Notwendigkeit, mechanisch zum Selbstzweck Beispiele anzuführen. Allerdings können gut gewählte Beispiele in Ihrer Arbeit durchaus verschiedene wertvolle Funktionen erfüllen.

Beispiele als Argumente

Einerseits können Beispiele natürlich selbst Teil Ihrer Argumentation sein (vgl. auch 6.5.3). Wenn Sie etwa gegen die These argumentieren, dass es immer moralisch falsch ist, Menschen zu töten, genügt es bereits, ein Beispiel anzuführen, in dem das nicht der Fall ist. Das Beispiel stellt dann das Gegenargument zu dieser These dar.

Beispiele zur Illustration

Andererseits können Beispiele eine Idee illustrieren und so einen Beitrag dazu leisten, Ihre Ideen effektiv zu kommunizieren. Diese Verwendung bietet sich insbesondere verknüpft mit einer abstrakten Darstellung an (wie im Beispiel in dem vorangegangenen Absatz). Ein Beispiel fügt Ihrer Aussage dann nichts Neues hinzu – es sichert einfach nur ab, dass Ihre Leser*innen dasselbe im Kopf haben wie Sie. In umgekehrter Reihenfolge können Sie Beispiele auch anführen, um einen klaren Fall von etwas, das Sie nachfolgend abstrakt beschreiben möchten, vor Augen zu haben und vielleicht einen bestimmten Punkt an dem Beispiel herauszuarbeiten (ähnlich auch 6.5.1). Das sehen Sie zum Beispiel in folgendem Zitat. Hier nähert sich der Autor einer Analyse dessen, was es bedeutet, dass zwei Personen in bestimmter Hinsicht Gleiche sind, über ein analoges Beispiel an:

„I ask: ‚Is the book any good?' You reply: ‚You mean good qua treatise on political philosophy, or good qua birthday present?' I reply: ‚I mean none of that. I just mean: is it good?‘ At this point, it would be reasonable of you to respond that you do not really know what I am asking. There is a distinction between predicative adjectives like ‚red‘ and attributive adjectives like ‚good‘ (Geach, 1956). Something is not red only qua being of a certain kind, e.g. a car, but something is good only qua being of a certain kind, as your reasonable request for clarification in our imaginary dialogue manifests. Something analogous is true about ‚relating as equals'. ‚Relating as equals‘ makes no sense unless we presuppose a certain understanding of the dimension on which we relate as equals.“ (Lippert-Rasmussen 2018, 63)

Weiterführende Literatur

Einen relativ knappen, aber exzellenten Leitfaden bietet Ihnen zum Beispiel das Harvard Writing Center:

Chudnoff, Elijah. 2007. *A Guide to Philosophical Writing*. Cambridge, MA: Harvard University: The Writing Center.

Umfangreiche Materialsammlungen bieten Ihnen auch:

The Writing Center, University of North Carolina at Chapel Hill. https://writingcenter.unc.edu/tips-and-tools/.

Harvard College Writing Center: Strategies for Essay Writing. https://writingcenter.fas.harvard.edu/pages/strategies-essay-writing.

Berkeley Student Learning Center: Writing Worksheets and Other Writing Resources. https://slc.berkeley.edu/writing-worksheets-and-other-writing-resources.

Pryor, James. 2012. „Guidelines on Writing a Philosophy Paper“. http://www.jimpryor.net/teaching/guidelines/writing.html.

Literaturverzeichnis

Ajzen, Icek. 1991. „The Theory of Planned Behavior“. *Organizational Behavior and Human Decision Processes* 50 (2): 179–211.

Ajzen, Icek, und Martin Fishbein. 1980. *Understanding Attitudes and Predicting Social Behavior*. Englewood Cliffs, NJ: Prentice-Hall.

Alexy, Robert. 1986. *Theorie der Grundrechte*. suhrkamp taschenbuch wissenschaft 582. Frankfurt am Main: Suhrkamp.

Anderson, Elizabeth. 1999. „What Is the Point of Equality?“ *Ethics* 109 (2): 287–337. https://doi.org/10.1086/233897.

Aquin, Thomas von. 2021. *Summe der Theologie*. Herausgegeben von Joseph Bernhart. Stuttgart: Alfred Kröner Verlag.

Archer, Margaret Scotford, und Jonathan Q. Tritter. 2000. „Introduction“. In *Rational Choice Theory: Resisting Colonization*, herausgegeben von Margaret Scotford Archer und Jonathan Q. Tritter, 1–16. London: Routledge.

Arendt, Hannah. 1977. *The Life of the Mind*. 2 Bde. San Diego: Hartcourt.

Arrow, Kenneth J. 1958. „Utilities, Attitudes, Choices: A Review Note“. *Econometrica* 26 (1): 1–23. https://doi.org/10.2307/1907381.

Ashford, Elizabeth. 2007. „The Duties Imposed by the Human Right to Basic Necessities“. In *Freedom from Poverty as a Human Right: Who Owes What to the Very Poor?*, herausgegeben von Thomas Pogge, 183–218. Oxford: Oxford University Press. https://doi.org/10.1093/oso/9780199226313.003.0008.

Atkinson, Ronald F. 1978. *Knowledge and Explanation in History: An Introduction to the Philosophy of History*. Ithaca: Cornell University Press.

Augustinus von Hippo. 2010. *De civitate dei*. Herausgegeben von Christoph Horn. München: Oldenbourg Verlag.

Austin, John L. 1962. *How to Do Things with Words*. Oxford: Oxford University Press.

Axelsen, David V. 2013. „The State Made Me Do It: How Anti-Cosmopolitanism Is Created by the State“. *Journal of Political Philosophy* 21 (4): 451–72. https://doi.org/10.1111/jopp.12005.

Ball, Terence. 2004. „History and the Interpretation of Texts“. In *Handbook of Political Theory*, herausgegeben von Gerald F. Gaus und Chandran Kukathas, 18–30. London: Sage.

Beck, Hanno. 2014. *Behavioral Economics: Eine Einführung*. Wiesbaden: Springer Fachmedien. https://doi.org/10.1007/978-3-658-03367-5.

Beckermann, Ansgar. 2014. *Einführung in die Logik*. 4. Aufl. Berlin: De Gruyter.

Behnke, Joachim. 2020. *Entscheidungs- und Spieltheorie*. 2. Aufl. Studienkurs Politikwissenschaft. Baden-Baden: Nomos.

Beitz, Charles R. 2005. „Cosmopolitanism and Global Justice“. *Current Debates in Global Justice*, 11–27. https://doi.org/10.1007/1-4020-3847-X_2.

Benhabib, Seyla. 1994. „Deliberative Rationalality [sic] and Models of Democratic Legitimacy“. *Constellations* 1 (1): 26–52. https://doi.org/10/bzm84t.

Bentham, Jeremy. 1789. *An Introduction to the Principles of Morals and Legislation*. London: T. Payne.

Berlin, Isaiah. 1995. *Freiheit. Vier Versuche.* Übersetzt von Reinhard Kaiser. Frankfurt am Main: S. Fischer.

———. 2006. „Two Concepts of Liberty". In *Contemporary Political Philosophy: An Anthology*, herausgegeben von Robert E. Goodin und Philip Pettit, 2. Aufl., Blackwell philosophy anthologies:391–417. Malden: Blackwell Publishing.

Bernauer, Thomas, Detlef Jahn, Sylvia Kritzinger, Patrick M. Kuhn, und Stefanie Walter. 2022. *Einführung in die Politikwissenschaft.* 5. umfassend überarbeitete Auflage. Studienkurs Politikwissenschaft. Baden-Baden: Nomos.

Bevir, Mark. 2004. *The Logic of the History of Ideas.* Cambridge: Cambridge University Press.

Blau, Adrian. 2015. „History of Political Thought as Detective-Work". *History of European Ideas* 41 (8): 1178–94. https://doi.org/10.1080/01916599.2015.1082768.

———. 2017. „Interpreting Texts". In *Methods in Analytical Political Theory*, herausgegeben von Adrian Blau, 243–69. Cambridge: Cambridge University Press. https://doi.org/10.1017/9781316162576.013.

Boix, Carles, Michael Miller, und Sebastian Rosato. 2013. „A Complete Data Set of Political Regimes, 1800–2007". *Comparative Political Studies* 46 (12): 1523–54. https://doi.org/10.1177/0010414012463905.

Bollen, Kenneth A., und Pamela Paxton. 2000. „Subjective Measures of Liberal Democracy". *Comparative Political Studies* 33 (1): 58–86. https://doi.org/10.1177/0010414000033001003.

Brenner, Andrew, Anna-Sofia Maurin, Alexander Skiles, Robin Stenwall, und Naomi Thompson. 2021. „Metaphysical Explanation". In *The Stanford Encyclopedia of Philosophy*, herausgegeben von Edward N. Zalta, Winter 2021. Stanford: Metaphysics Research Lab, Stanford University. https://plato.stanford.edu/archives/win2021/entries/metaphysical-explanation/.

Bromwich, David. 1995. „Wollstonecraft as a Critic of Burke". *Political Theory* 23 (4): 617–34. https://doi.org/10.1177/0090591795023004003.

Brucker, Johann Jakob. 1742. *Historia Critica Philosophiae.* Leipzig: Breitkopf.

Buchanan, James M. 1992. *The Calculus of Consent.* Ann Arbor: University of Michigan Press.

Bueno de Mesquita, Bruce. 2007. „Leopold II and the Selectorate: An Account in Contrast to a Racial Explanation". *Historical Social Research* 32 (4): 203–21. https://doi.org/10.12759/hsr.32.2007.4.203-221.

Bueno de Mesquita, Bruce, Alastair Smith, Randolph M. Siverson, und James D. Morrow. 2005. *The Logic of Political Survival.* Cambridge, MA: MIT Press.

Bunge, Mario. 1995. „The Poverty of Rational Choice Theory". In *Critical Rationalism, Metaphysics and Science: Essays for Joseph Agassi*, herausgegeben von I. C. Jarvie und Nathaniel Laor, 149–68. Dordrecht: Springer Netherlands.

Burke, Edmund. (1790) 1991. *Über die Französische Revolution: Betrachtungen und Abhandlungen.* Philosophiehistorische Texte. Berlin: Akademie Verlag.

Burth, Hans-Peter. 2010. *Normative Politikwissenschaft: eine analytische Grundlegung.* Bd. 80. Politica. Schriftenreihe zur Politischen Wissenschaft. Hamburg: Dr. Kovac.

Caney, Simon. 2008. „Human Rights, Climate Change, and Discounting". *Environmental Politics* 17 (4): 536–55. https://doi.org/10.1080/09644010802193401.

———. 2010. „Climate Change and the Duties of the Advantaged". *Critical Review of International Social and Political Philosophy* 13 (1): 203–28. https://doi.org/10.1080/13698230903326331.

———. 2016. „Climate Change and Non-Ideal Theory". In *Climate Justice in a Non-Ideal World*, herausgegeben von Clare Heyward und Dominic Roser, 21–42. Oxford: Oxford University Press. https://doi.org/10.1093/acprof:oso/9780198744047.003.0002.

———. 2020. „Climate Justice“. In *The Stanford Encyclopedia of Philosophy*, herausgegeben von Edward N. Zalta, Summer 2020. Metaphysics Research Lab, Stanford University. https://plato.stanford.edu/archives/sum2020/entries/justice-climate/.

Carnap, Rudolf, und Wolfgang Stegmüller. 1959. *Induktive Logik und Wahrscheinlichkeit*. Wien: Springer.

Chalmers, David J. 2015. „Why Isn't There More Progress in Philosophy?“ *Philosophy* 90 (1): 3–31. https://doi.org/10/gj83fb.

Chang, Ruth. 2002. *Making Comparisons Count*. Studies in Ethics. Abingdon: Routledge. https://doi.org/10.4324/9781315054391.

Cicero, Marcus Tullius. 2011a. *Der Staat / De re publica: Lateinisch-Deutsch*. Herausgegeben von Rainer Nickel. Berlin: Akademie Verlag.

———. 2011b. *Vom pflichtgemäßen Handeln / De officiis: Lateinisch-Deutsch*. Übersetzt von Rainer Nickel. Berlin: Akademie Verlag.

Cohen, Elizabeth F., und Cyril Ghosh. 2019. *Citizenship*. Key Concepts in Political Theory. Cambridge: Polity.

Cohen, Gerald A. 1992. „Incentives, Inequality, and Community“. In *The Tanner Lectures on Human Values*, herausgegeben von Grethe B. Peterson, 13:263–329. Salt Lake City: University of Utah Press.

———. 1997. „Where the Action Is: On the Site of Distributive Justice“. *Philosophy & Public Affairs* 26 (1): 3–30. https://doi.org/10.1111/j.1088-4963.1997.tb00048.x.

———. 2008. *Rescuing Justice and Equality*. Cambridge, MA: Harvard University Press. https://doi.org/10.4159/9780674029651.

Coleman, James S. 1991. *Grundlagen der Sozialtheorie [Foundations of Social Theory]*. Bd. 1 Handlungen und Handlungssysteme. München: Oldenbourg Verlag.

———. 1994. *Foundations of Social Theory*. Harvard University Press.

Côté, Stéphane, Paul K. Piff, und Robb Willer. 2013. „For Whom Do the Ends Justify the Means? Social Class and Utilitarian Moral Judgment“. *Journal of Personality and Social Psychology* 104 (3): 490–503. https://doi.org/10.1037/a0030931.

Cousin, Victor. 1861. *Historie générale de la philosophie*. Paris: Didier.

Dahl, Robert Alan. 2020. *On Democracy*. New Haven: Yale University Press.

Daniels, Norman. 1979. „Wide Reflective Equilibrium and Theory Acceptance in Ethics“. *The Journal of Philosophy* 76 (5): 256–82. https://doi.org/10/cb2h6n.

———. 1996. *Justice and Justification: Reflective Equilibrium in Theory and Practice*. Cambridge Studies in Philosophy and Public Policy. Cambridge: Cambridge University Press. https://doi.org/10.1017/CBO9780511624988.

Davidson, Donald. 1990. *Handlung und Ereignis*. Frankfurt am Main: Suhrkamp.

Dewey, John. 1903. „Democracy in Education“. *The Elementary School Teacher* 4 (4): 193–204. https://doi.org/10.1086/453309.

Dietrich, Franz, und Christian List. 2017. „What Matters and How It Matters: A Choice-Theoretic Representation of Moral Theories“. *The Philosophical Review* 126 (4): 421–79. https://doi.org/10/gjk93h.

Dijn, Annelien de. 2020. *Freedom: An Unruly History*. Cambridge, MA: Harvard University Press.

Dilthey, Wilhelm. 1981. *Der Aufbau der geschichtlichen Welt in den Geisteswissenschaften*. 8. Aufl. Frankfurt am Main: Suhrkamp.

Douglass, Robin. 2015. *Rousseau and Hobbes: Nature, Free Will, and the Passions.* Oxford: Oxford University Press.

Downs, Anthony. 1957. „An Economic Theory of Political Action in a Democracy". *Journal of Political Economy* 65 (2): 135–50.

———. 1965. „A Theory of Bureaucracy". *The American Economic Review* 55 (1/2): 439–46.

Dworkin, Ronald. 1981. „What Is Equality? Part 2: Equality of Resources". *Philosophy & Public Affair* 10 (4): 283–345.

———. 1996. „Objectivity and Truth: You'd Better Believe It". *Philosophy & Public Affairs* 25 (2): 87–139. https://doi.org/10.1111/j.1088-4963.1996.tb00036.x.

Easton, David. 1965. *A Systems Analysis of Political Life.* New York, NY: Wiley.

Elster, Jon. 1988. „The Nature and Scope of Rational-Choice Explanation". In *Science in Reflection*, herausgegeben von Edna Ullmann-Margalit, 110:51–65. Dordrecht: Springer Netherlands.

Epstein, Joshua M., und Robert L. Axtell. 1996. *Growing Artificial Societies: Social Science from the Bottom Up.* Brookings Institution. Complex Adaptive Systems. Washington, D.C: Brookings Institution Press.

Erlei, Mathias, Martin Leschke, und Dirk Sauerland. 2007. *Neue Institutionenökonomik.* 2., überarb. und erw. Aufl. Stuttgart: Schäffer-Poeschel.

Ernst, Gerhard. 2008. *Die Objektivität der Moral.* Paderborn: Mentis.

———. 2013. „Fortschritt in der Philosophie?" *Information Philosophie*, 8–15.

Eskine, Kendall J., Natalie A. Kacinik, und Jesse J. Prinz. 2011. „A Bad Taste in the Mouth: Gustatory Disgust Influences Moral Judgment". *Psychological Science* 22 (3): 295–99. https://doi.org/10.1177/0956797611398497.

Esser, Hartmut. 1999. *Soziologie: spezielle Grundlagen.* Bd. 1 Situationslogik und Handeln. Frankfurt am Main: Campus.

Estlund, David. 2020. *Utopophobia: On the Limits (If Any) of Political Philosophy.* Princeton: Princeton University Press. https://doi.org/10.1515/9780691197500.

Faust, Jörg, und Johannes Marx. 2004. „Zwischen Kultur und Kalkül? Vertrauen und sozialkapital im Kontext der neoinstitutionalistischen Wende". *Swiss Political Science Review* 10 (1): 29–55. https://doi.org/10.1002/j.1662-6370.2004.tb00347.x.

Fischbach, Kai, Johannes Marx, und Tim Weitzel. 2021. „Agent-Based Modeling in Social Sciences". *Journal of Business Economics* 91 (9): 1263–70. https://doi.org/10.1007/s11573-021-01070-9.

Fleurbaey, Marc. 1995. „Equal Opportunity or Equal Social Outcome?" *Economics and Philosophy* 11 (1): 25. https://doi.org/10.1017/S0266267100003217.

Forrester, Katrina. 2019. *In the Shadow of Justice: Postwar Liberalism and the Remaking of Political Philosophy.* Princeton, NJ: Princeton University Press.

Forst, Rainer. 2007. *Das Recht auf Rechtfertigung: Elemente einer konstruktivistischen Theorie der Gerechtigkeit.* Frankfurt am Main: Suhrkamp.

Frankfurt, Harry. 1987. „Equality as a Moral Ideal". *Ethics* 98 (1): 21–43. https://doi.org/10.1086/292913.

Freeman, Michael. 2022. *Human Rights.* 4., überarb. Aufl. Cambridge: Polity.

Fried, Barbara H. 2013. „But Seriously, Folks, What Do People Want?" *Stanford Law Review* 65 (6): 1249–67.

Frings, Cornelia. 2010. *Soziales Vertrauen.* Wiesbaden: VS Verlag für Sozialwissenschaften.

Frühbauer, Johannes J., Michael Reder, Michael Roseneck, und Thomas M. Schmidt, Hrsg. 2023. *Rawls-Handbuch: Leben – Werk – Wirkung*. Stuttgart: J.B. Metzler.

Gardiner, Stephen M. 2004. „Ethics and Global Climate Change". *Ethics* 114 (3): 555–600. https://doi.org/10.1086/382247.

Gauthier, David. 1987. *Morals by Agreement*. Oxford: Clarendon Press.

———. 1997. „Political Contractarianism". *Journal of Political Philosophy* 5 (2): 132–48.

Getachew, Adom. 2019. *Worldmaking after Empire: The Rise and Fall of Self-Determination*. Princeton: Princeton University Press.

Geuss, Raymond. 2008. *Philosophy and Real Politics*. Princeton: Princeton University Press.

Gilbert, Nigel, und Klaus Troitzsch. 2005. *Simulation for the Social Scientist*. Maidenhead: McGraw-Hill Education.

Giubilini, Alberto. 2020. „An Argument for Compulsory Vaccination: The Taxation Analogy". *Journal of Applied Philosophy* 37 (3): 446–66. https://doi.org/10/ghqjr4.

Goodin, Robert E. 1988. „What Is So Special about Our Fellow Countrymen?" *Ethics* 98 (4): 663–86. https://doi.org/10.1086/292998.

Goodman, Nelson. 1955. *Fact, Fiction, and Forecast*. Cambridge, MA: Harvard University Press.

Gossen, Hermann Heinrich. 1854. *Entwickelung der Gesetze des menschlichen Verkehrs, und der daraus fliessenden Regeln für menschliches Handeln*. Neue Ausg. Braunschweig: F. Vieweg.

Graham, Peter A. 2011. „‚Ought' and Ability". *The Philosophical Review* 120 (3): 337–82. https://doi.org/10.1215/00318108-1263674.

Green, Donald P., und Ian Shapiro. 1994. *Pathologies of Rational Choice Theory: A Critique of Applications in Political Science*. New Haven: Yale University Press.

Greshoff, Rainer. 2012. „Soziale Aggregationen als Erklärungsproblem". *Zeitschrift für Theoretische Soziologie*, September, 109–22. https://doi.org/10.17879/ZTS-2012-4064.

Grundmann, Thomas. 2017. *Analytische Einführung in die Erkenntnistheorie*. 2. Aufl. Berlin: De Gruyter. https://doi.org/10.1515/9783110530278.

Grüne-Yanoff, Till. 2009. „Learning from Minimal Economic Models". *Erkenntnis* 70 (1): 81–99. https://doi.org/10.1007/s10670-008-9138-6.

Grüne-Yanoff, Till, und Philippe Verreault-Julien. 2021. „How-Possibly Explanations in Economics: Anything Goes?" *Journal of Economic Methodology* 28 (1): 114–23. https://doi.org/10.1080/1350178X.2020.1868779.

Hare, R. M. 1981. *Moral Thinking: Its Levels, Method, and Point*. Oxford: Oxford University Press. https://doi.org/10.1093/0198246609.001.0001.

Harsanyi, John C. 1975. „Can the Maximin Principle Serve as a Basis for Morality? A Critique of John Rawls's Theory". *The American Political Science Review* 69 (2): 594–606. https://doi.org/10.2307/1959090.

Hart, Herbert Lionel Adolphus. 1982. *Essays on Bentham: Jurisprudence and Political Philosophy*. Oxford: Oxford University Press.

Haus, Michael. 2013. *Kommunitarismus: Einführung und Analyse*. Berlin: Springer-Verlag.

Hegselmann, Rainer. 1991. „Moralische Aufklärung, moralische Integrität und die schiefe Bahn". In *Zur Debatte über Euthanasie - Beiträge und Stellungnahmen*, herausgegeben von Rainer Hegselmann und Reinhard Merkel, 197–226. Frankfurt am Main: Suhrkamp.

Hempel, Carl G., und Paul Oppenheim. 1948. „Studies in the Logic of Explanation". *Philosophy of science* 15 (2): 135–75. https://doi.org/10.1086/286983.

Herfeld, Catherine, und Johannes Marx. 2023. „Rational Choice Explanations in Political Science". In *Oxford Handbook of Philosophy of Political Science*, herausgegeben von Harold Kinkaid und Jeroen van Bouwel, 54–85. Oxford: Oxford University Press.

Herzog, Lisa. 2019. *Politische Philosophie*. Basiswissen Philosophie. München: Fink.

Hibbs, Douglas A. 1977. „Political Parties and Macroeconomic Policy". *American Political Science Review* 71 (4): 1467–87. https://doi.org/10.2307/1961490.

Hobbes, Thomas. 1996. *Leviathan*. Herausgegeben von Hermann Klenner. Nachdr. Philosophische Bibliothek 491. Hamburg: Meiner.

———. 2012. *Leviathan*. Oxford: Clarendon Press.

Hodson, Jane. 2007. *Language and Revolution in Burke, Wollstonecraft, Paine, and Godwin*. Aldershot: Ashgate.

Hohfeld, Wesley N. 1913. „Some Fundamental Legal Conceptions as Applied in Judicial Reasoning". *Yale Law Journal* 23 (1): 16–59. https://doi.org/10.2307/785533.

Honneth, Axel. 2018. *Anerkennung: eine europäische Ideengeschichte*. Frankfurt am Main: Suhrkamp.

Honoré, A. M. 1961. „Ownership". In *Oxford Essays in Jurisprudence*, herausgegeben von A. G. Guest, 107–47. Oxford: Oxford University Press.

Horn, Norbert. 2011. *Einführung in die Rechtswissenschaft und Rechtsphilosophie*. 6., neu bearbeitete Auflage. Heidelberg: C.F. Müller.

Huseby, Robert. 2022. „The Limits of Limitarianism". *Journal of Political Philosophy* 30 (2): 230–48. https://doi.org/10.1111/jopp.12274.

Iustinianus. 1627. *Institutionum, Sive Primorvm Totivs Ivrisprudentiae Elementorum Libri Quatvor: Omnia à mendis quàm accuratissimè repurgata, atque vindicata*. Corpus Ivris Civilis Ivstinianei 5, 2. Lyon. https://doi.org/10.11588/diglit.2602.

Kahneman, Daniel. 2017. *Schnelles Denken, langsames Denken*. Übersetzt von Thorsten Schmidt. München: Penguin Verlag.

Kant, Immanuel. 1968a. *Metaphysik der Sitten*. Bd. 5. Kants Werke. Berlin: Akademie Verlag.

———. 1968b. *Zum Ewigen Frieden*. Bd. 8. Kants Werke. Berlin: Akademie Verlag.

Kelley, Donald R. 2002. *The Descent of Ideas: The History of Intellectual History*. Aldershot: Ashgate.

Klein, Dominik, und Johannes Marx. 2017. „Wenn Du gehst, geh ich auch! Die Rolle von Informationskaskaden bei der Entstehung von Massenbewegungen". *Politische Vierteljahresschrift* 58 (4): 560–92. https://doi.org/10.5771/0032-3470-2017-4-560.

———. 2018. „Trust in the Mirror. An Agent-Based Model on the Dynamics of Trust." *Historical Social Research* 43 (1): 234–58. https://doi.org/10.12759/HSR.43.2018.1.234-258.

Klein, Dominik, Johannes Marx, und Kai Fischbach. 2018. „Agent-Based Modeling in Social Science, History, and Philosophy. An introduction". *Historical Social Research* 43 (1): 7–27.

Knight, Carl. 2017. „Reflective Equilibrium". In *Methods in Analytical Political Theory*, herausgegeben von Adrian Blau, 46–64. Cambridge: Cambridge University Press. https://doi.org/10.1017/9781316162576.005.

Knight, Jack. 1998. „The Bases of Cooperation: Social Norms and the Rule of Law". *Journal of Institutional and Theoretical Economics (JITE) / Zeitschrift für die gesamte Staatswissenschaft* 154 (4): 754–63.

Koremenos, Barbara, Charles Lipson, und Duncan Snidal. 2001. „The Rational Design of International Institutions“. *International Organization* 55 (4): 761–99. https://doi.org/10.1162/002081801317193592.

Korsgaard, Christine M. 1996. *The Sources of Normativity*. Herausgegeben von Onora O'Neill. Tanner Lectures on Human Values. Cambridge: Cambridge University Press. https://doi.org/10.1017/CBO9780511554476.

Kramer, Matthew H., und Hillel Steiner. 2017. „Theories of Rights: Is There a Third Way?“ In *Rights: Concepts and Contexts*, 243–74. London: Routledge.

Kraut, Richard. 2022. „Plato“. In *The Stanford Encyclopedia of Philosophy*, herausgegeben von Edward N. Zalta, Spring 2022. Stanford: Metaphysics Research Lab, Stanford University. https://plato.stanford.edu/archives/spr2022/entries/plato/.

Krebs, Angelika. 1999. *Ethics of Nature*. Perspektiven der analytischen Philosophie 22. Berlin: De Gruyter. https://doi.org/10.1515/9783110802832.

Kroneberg, Clemens. 2014. „Frames, Scripts, and Variable Rationality: An Integrative Theory of Action“. In *Analytical Sociology*, herausgegeben von Gianluca Manzo, 95–123. Chichester: Wiley. https://doi.org/10.1002/9781118762707.ch04.

Kühler, Michael. 2015. „Demanding the Impossible: Conceptually Misguided or Merely Unfair?“ In *The Limits of Moral Obligation: Moral Demandingness and Ought Implies Can*, herausgegeben von Marcel von Ackeren und Michael Kühler, 116–30. Abingdon: Routledge. https://doi.org/10.4324/9781315740812-8.

Kunz, Volker. 2004. *Rational Choice*. Frankfurt am Main: Campus Verlag.

Kymlicka, Will. 2016. „Multicultural Citizenship“. In *Democracy: A Reader*, 547–52. New York: Columbia University Press.

Kymlicka, Will, und Wayne Norman. 2000. „Citizenship in Culturally Diverse Societies: Issues, Contexts, Concepts“. In *Citizenship in Diverse Societies*, herausgegeben von Will Kymlicka und Wayne Norman, 1:1–43. Oxford: Oxford University Press.

LaFollette, Hugh. 2000. „Gun Control“. *Ethics* 110 (2): 263–81. https://doi.org/10.1086/233269.

Landemore, Hélène. 2012. *Democratic Reason: Politics, Collective Intelligence, and the Rule of the Many*. Princeton University Press.

Laslett, Peter. 1967. „Introduction“. In *Two Treatises of Government*, von John Locke, 1–120. Cambridge: Cambridge University Press.

Lijphart, Arend. 1999. *Patterns of Democracy: Government Forms and Performance in Thirty-Six Countries*. New Haven: Yale University Press.

———. 2007. *Thinking about Democracy: Power Sharing and Majority Rule in Theory and Practice*. Abingdon: Routledge.

Lippert-Rasmussen, Kasper. 2006. „Racial Profiling Versus Community“. *Journal of Applied Philosophy* 23 (2): 191–205. https://doi.org/10/b54kq2.

———. 2016. *Luck Egalitarianism*. Bloomsbury Ethics. London: Bloomsbury.

———. 2018. *Relational Egalitarianism: Living as Equals*. Cambridge: Cambridge University Press.

List, Christian, und Laura Valentini. 2016. „The Methodology of Political Theory“. In *The Oxford Handbook of Philosophical Methodology*, herausgegeben von Herman Cappelen, Tamar Szabó Gendler, und John Hawthorne. Oxford: Oxford University Press. https://doi.org/10.1093/oxfordhb/9780199668779.013.10.

Lorenz, Kuno. 2004. „Methode“. In *Enzyklopädie Philosophie und Wissenschaftstheorie*, herausgegeben von Jürgen Mittelstraß, 2:876–79. Stuttgart: J. B. Metzler.

Lovejoy, Arthur. 2014. „Die Beschäftigung mit der Ideengeschichte“. In *Texte zur Theorie der Ideengeschichte*, herausgegeben von Andreas Mahler und Martin Muslow, 116–42. Stuttgart: Reclam.

Ludwig, Bernd, und Werner Stark. 1988. *Kants Rechtslehre*. Kant-Forschungen, Bd. 2. Hamburg: F. Meiner.

Ludwig, David, und Stéphanie Ruphy. 2021. „Scientific Pluralism“. In *The Stanford Encyclopedia of Philosophy*, herausgegeben von Edward N. Zalta, Winter 2021. Stanford: Metaphysics Research Lab, Stanford University. https://plato.stanford.edu/archives/win2021/entries/scientific-pluralism/.

Machiavelli, Niccolò. (1532) 2019. *Der Fürst: italienisch-deutsch*. Übersetzt von Enno Rudolph. Philosophische Bibliothek, Band 706. Hamburg: Felix Meiner Verlag.

Mahler, Andreas, und Martin Mulsow, Hrsg. 2014. *Texte zur Theorie der Ideengeschichte*. Stuttgart: Reclam.

Maier, John. 2021. „Abilities“. In *The Stanford Encyclopedia of Philosophy*, herausgegeben von Edward N. Zalta, Summer 2021. Stanford: Metaphysics Research Lab, Stanford University. https://plato.stanford.edu/archives/sum2021/entries/abilities/.

Mantena, Karuna. 2010. *Alibis of Empire: Henry Maine and the Ends of Liberal Imperialism*. Princeton: Princeton University Press.

Marchand, Suzanne. 2014. „Has the History of the Disciplines Had Its Day?“ In *Rethinking Modern European Intellectual History*, herausgegeben von Darrin M. McMahon und Samuel Moyn, 131–52. Oxford: Oxford University Press. https://doi.org/10.1093/acprof:oso/9780199769230.003.0007.

Marx, Johannes. 2006. *Vielfalt oder Einheit in den Theorien der internationalen Beziehungen: Eine systematische Rekonstruktion, Integration und Bewertung*. Internationale Beziehungen 3. Baden-Baden: Nomos.

———. 2010. „Is there a hard core of IR? Eine wissenschaftliche Betrachtung der Theorien der Internationalen Beziehungen“. *Zeitschrift für Internationale Beziehungen: ZIB* 17 (1): 39–73.

Marx, Johannes, und Christine Tiefensee. 2015a. „Auf die Couch! Beziehungsprobleme zwischen Rational Choice und Politischer Psychologie“. In *Politische Psychologie*, herausgegeben von Thorsten Faas, Cornelia Frank, und Harald Schoen, 511–32. Baden-Baden: Nomos. https://doi.org/10.5771/9783845254418-511.

———. 2015b. „Of Animals, Robots and Men“. *Historical Social Research* 40 (4): 70–91. https://doi.org/10.12759/hsr.40.2015.4.70-91.

———. 2015c. „Rationalität und Normativität“. *Zeitschrift für Politische Theorie* 6 (1): 19–37. https://doi.org/10.3224/zpth.v6i1.19901.

Marx, Karl, und Friedrich Engels. 1848. *Das Kommunistische Manifest*. Deutsches Textarchiv. London. https://www.deutschestextarchiv.de/marx_manifestws_1848

Matthes, Erich Hatala. 2018. „‚Saving Lives or Saving Stones?‘ The Ethics of Cultural Heritage Protection in War“. *Public Affairs Quarterly* 32 (1): 67–84.

McMahan, Jeff. 2005. „The Basis of Moral Liability to Defensive Killing“. *Philosophical Issues* 15 (1): 386–405. https://doi.org/10/bmfrqm.

McMahon, Darrin M. 2014. „The Return of the History of Ideas?“ In *Rethinking Modern European Intellectual History*, herausgegeben von Darrin M. McMahon und Samuel Moyn. Oxford: Oxford University Press. https://doi.org/10.1093/aprof:oso/9780199769230.003.0001.

McQueen, Alison. 2022. „Absolving God's Laws: Thomas Hobbes's Scriptural Strategies“. *Political Theory* 50 (5): 754–79. https://doi.org/10.1177/00905917221092424.

McShane, Katie. 2016. „Anthropocentrism in Climate Ethics and Policy“. *Midwest Studies In Philosophy* 40 (1): 189–204. https://doi.org/10.1111/misp.12055.

Meinecke, Friedrich. 1960. *Die Idee der Staatsräson in der neueren Geschichte*. Herausgegeben von Walther Hofer. München: R. Oldenbourg.

Meltzer, Allan H., und Scott F. Richard. 1981. „A Rational Theory of the Size of Government“. *Journal of Political Economy* 89 (5): 914–27. https://doi.org/10.1086/261013.

Mensch, Kirsten. 2000. „Niedrigkostensituationen, Hochkostensituationen und andere Situationstypen: ihre Auswirkungen auf die Möglichkeit von Rational-Choice-Erklärungen“. *Kölner Zeitschrift für Soziologie und Sozialpsychologie* 52 (2): 246–63. https://doi.org/10.1007/s11577-000-0031-9.

Mill, John Stuart. 1859. *On Liberty*. London: John W. Parker and Son. https://doi.org/10.1017/CBO9781139149785.

Miller, David. 1988. „The Ethical Significance of Nationality“. *Ethics* 98 (4): 647–62. https://doi.org/10.1086/292997.

———. 2007. *National Responsibility and Global Justice*. Oxford: Oxford University Press. https://doi.org/10.1093/acprof:oso/9780199235056.001.0001.

———. 2011. „Taking Up the Slack? Responsibility and Justice in Situations of Partial Compliance“. In *Responsibility and Distributive Justice*, herausgegeben von Carl Knight und Zofia Stemplowska, 230–45. Oxford: Oxford University Press. https://doi.org/10.1093/acprof:oso/9780199565801.003.0012.

Mills, Charles W. 2005. „‚Ideal Theory‘ as Ideology“. *Hypatia* 20 (3): 165–84.

———. 2019. *The Racial Contract*. Ithaca: Cornell University Press.

Moellendorf, Darrel. 2015. „Climate Change Justice“. *Philosophy Compass* 10 (3): 173–86. https://doi.org/10/gg5sn3.

Möller, Kai. 2012. „Proportionality: Challenging the Critics“. *International Journal of Constitutional Law* 10 (3): 709–31. https://doi.org/10.1093/icon/mos024.

———. 2019. „Justifying the Culture of Justification“. *International Journal of Constitutional Law* 17 (4): 1078–97. https://doi.org/10/gg2c32.

Nagel, Thomas. 2005. „The Problem of Global Justice“. *Philosophy & Public Affairs* 33 (2): 113–47.

Neuhouser, Frederick. 1993. „Freedom, Dependence, and the General Will“. *The Philosophical Review* 102 (3): 363. https://doi.org/10.2307/2185902.

Niskanen, William A. 1968. „The Peculiar Economics of Bureaucracy“. *American Economic Review* 58 (2): 293–305.

Norlock, Kathryn. 2019. „Feminist Ethics“. In *The Stanford Encyclopedia of Philosophy*, herausgegeben von Edward N. Zalta, Summer 2019. Stanford: Metaphysics Research Lab, Stanford University. https://plato.stanford.edu/archives/sum2019/entries/feminism-ethics/.

Nozick, Robert. 1974. *Anarchy, State and Utopia*. Oxford: Blackwell.

Nussbaum, Martha C. 2004. „Beyond the Social Contract: Capabilities and Global Justice“. *Oxford Development Studies* 32 (1): 3–18. https://doi.org/10.1080/1360081042000184093.

O’Connor, Cailin, und James Owen Weatherall. 2019. *The Misinformation Age: How False Beliefs Spread*. New Haven: Yale University Press.

Olson, Mancur. 1998. *Die Logik des kollektiven Handelns: Kollektivgüter und die Theorie der Gruppen*. Tübingen: Mohr Siebeck.

———. 2022. *The Rise and Decline of Nations: Economic Growth, Stagflation, and Social Rigidities*. New Haven: Yale University Press.

O'Neill, Daniel I. 2007. *The Burke-Wollstonecraft Debate: Savagery, Civilization, and Democracy*. University Park: Pennsylvania State University Press.

O'Neill, Onora. 1986. „Hunger, Needs, and Rights". In *Problems of International Justice*, herausgegeben von Steven Luper-Foy, 67–83. London: Westview.

Opp, Karl-Dieter. 2009. „Das individualistische Erklärungsprogramm in der Soziologie. Entwicklung, Stand und Probleme". *Zeitschrift für Soziologie* 38 (1): 26–47. https://doi.org/10.1515/zfsoz-2009-0102.

———. 2014. „Das Aggregationsproblem bei Mikro-Makro-Erklärungen". *Kölner Zeitschrift für Soziologie und Sozialpsychologie* 66 (1): 155–88. https://doi.org/10.1007/s11577-014-0259-4.

Ostrom, Elinor. 1990. *Governing the Commons: The Evolution of Institutions for Collective Action*. Cambridge: Cambridge University Press.

———. 2000. „Reformulating the Commons". *Swiss Political Science Review* 6 (1): 29–52. https://doi.org/10.1002/j.1662-6370.2000.tb00285.x.

Overgaard, Søren, Paul Gilbert, und Stephen Burwood. 2013. *An Introduction to Metaphilosophy*. Cambridge Introductions to Philosophy. Cambridge: Cambridge University Press. https://doi.org/10.1017/CBO9781139018043.

Palmer, Clare. 2011. „Does Nature Matter? The Place of the Nonhuman in the Ethics of Climate Change". In *The Ethics of Global Climate Change*, herausgegeben von Denis G. Arnold, 272–91. Cambridge: Cambridge University Press. https://doi.org/10.1017/CBO9780511732294.014.

Parfit, Derek. 1987. *Reasons and Persons*. 3. korr. Aufl. Oxford: Clarendon Press.

Pateman, Carole. 1988. *The Sexual Contract*. Stanford: Stanford University Press.

Petersmann, Ernst-Ulrich. 2008. „Human Rights, International Economic Law and ‚Constitutional Justice'". *European Journal of International Law* 19 (4): 769–98. https://doi.org/10.1093/ejil/chn041.

Pettit, Philip. 2009. *Made with Words: Hobbes on Language, Mind, and Politics*. Princeton, NJ: Princeton University Press.

Pinder, Mark. 2022. „What Ought a Fruitful Explicatum to Be?" *Erkenntnis* 87 (2): 913–32. https://doi.org/10.1007/s10670-020-00223-6.

Pitts, Jennifer. 2018. *Boundaries of the international: law and empire*. Cambridge, MA: Harvard University Press.

Platon. 2017. *Timaios*. Herausgegeben und übersetzt von Manfred Kuhn. Philosophische Bibliothek 686. Hamburg: Meiner.

Pocock, John. 1975. *The Machiavellian Moment: Florentine Political Thought and the Atlantic Republican Tradition*. Princeton: Princeton University Press.

———. 1985. *Virtue, Commerce, and History: Essays on Political thought and History, Chiefly in the Eighteenth Century*. Cambridge: Cambridge University Press. https://doi.org/10.1017/CBO9780511720505.

———. 2010a. „Der Begriff einer ‚Sprache'". In *Die Cambridge School der politischen Ideengeschichte*, herausgegeben von Martin Muslow und Andreas Mahler, 127–53. Frankfurt am Main: Suhrkamp.

———. 2010b. „Sprache und ihre Implikationen: Die Wende in der Erforschung des politischen Denkens". In *Die Cambridge School der politischen Ideengeschichte*, herausgegeben von Martin Muslow und Andreas Mahler, 88–126. Frankfurt am Main: Suhrkamp.

Pogge, Thomas. 1992. „Cosmopolitanism and Sovereignty". *Ethics* 103 (1): 48–75. https://doi.org/10.1086/293470.

———. 2007a. „Cosmopolitanism“. In *A Companion to Contemporary Political Philosophy*, herausgegeben von Robert E. Goodin, Philip Pettit, und Thomas Pogge, 2. Aufl., 1:312–31. Oxford: Blackwell. https://doi.org/10.1002/9781405177245.ch12.

———. 2007b. *John Rawls: His Life and Theory of Justice*. Übersetzt von Michelle Kosch. Oxford: Oxford University Press.

Popper, Karl. 1984. *Auf der Suche nach einer besseren Welt*. München: Piper.

Pryor, James. 2012. „Guidelines on Writing a Philosophy Paper“. 6. September 2012. http://www.jimpryor.net/teaching/guidelines/writing.html.

Putnam, Robert D. 1993. *Making Democracy Work: Civic Traditions in Modern Italy*. Princeton: Princeton University Press.

Railsback, Steven F., und Volker Grimm. 2019. *Agent-Based and Individual-Based Modeling: A Practical Introduction*. 2. Aufl. Princeton: Princeton University Press.

Rawls, John. 1993. *Political Liberalism*. The John Dewey essays in philosophy. New York: Columbia University Press.

———. 1999. *A Theory of Justice*. Überarb. Aufl. Cambridge, MA: Belknap Press.

———. (1967) 1999. „Distributive Justice“. In *Collected Papers*, herausgegeben von Samuel Freeman, 130–53. Cambridge, MA: Harvard University Press.

———. 2001. *Justice as Fairness: A Restatement*. Herausgegeben von Erin Kelly. Cambridge, MA: Harvard University Press.

———. 2002a. *Das Recht der Völker*. Übersetzt von Wilfried Hinsch. Ideen & Argumente. Berlin: De Gruyter. https://doi.org/10.1515/9783110898538.

———. 2002b. *Geschichte der Moralphilosophie*. Herausgegeben von Barbara Herman. Übersetzt von Joachim Schulte. Darmstadt: Wissenschaftliche Buchgesellschaft.

Raz, Joseph. 1972. „Voluntary Obligations and Normative Powers“. *Proceedings of the Aristotelian Society, Supplementary Volumes* 46: 79–102. https://doi.org/10.1093/aristoteliansupp/46.1.59.

———. 1984. „On the Nature of Rights“. *Mind* 93 (370): 194–214. https://doi.org/10.1093/mind/XCIII.370.194.

———. 1995. „Rights and Politics“. *Indiana Law Journal* 71 (1): 27–44.

Rescher, Nicholas. 1997. „H2O: Hempel-Helmer-Oppenheim, an Episode in the History of Scientific Philosophy in the 20th Century“. *Philosophy of Science* 64 (2): 334–60. https://doi.org/10.1086/392556.

Riker, William H. 1962. *The Theory of Political Coalitions*. New Haven: Yale University Press.

Rippl, Susanne, Christian Seipel, und Angela Kindervater. 2015. „Politische Sozialisation“. In *Politische Psychologie*, herausgegeben von Sonja Zmerli und Ofer Feldman, 69–84. Baden-Baden: Nomos.

Ripstein, Arthur. 2009. *Force and Freedom: Kant's legal and Political philosophy*. Cambridge, MA: Harvard University Press.

Robeyns, Ingrid. 2017. „Having Too Much“. In *Wealth*, herausgegeben von J. Knight und M. Schwartzberg, 1–44. NOMOS: Yearbook of the American Society for Political and Legal Philosophy, LVI. New York: NYU Press.

———. 2022. „Why Limitarianism?“ *Journal of Political Philosophy* 30 (2): 249–70. https://doi.org/10.1111/jopp.12275.

Rorty, Richard. 2014. „Vier Formen des Schreibens von Philosophiegeschichte“. In *Texte zur Theorie der Ideengeschichte*, herausgegeben von Andreas Mahler und Martin Muslow, 261–74. Stuttgart: Reclam.

Rosanvallon, Pierre. 2006. *Democracy Past and Future*. New York: Columbia University Press.

Ross, David. (1930) 2002. *The Right and the Good*. 2. Aufl. Oxford: Oxford University Press. https://doi.org/10.1093/0199252653.001.0001.

Rousseau, Jean-Jacques. (1762) 2020. *Vom Gesellschaftsvertrag oder Grundsätze des Staatsrechts*. Herausgegeben und übersetzt von Hans Brockard. Stuttgart: Reclam.

Scanlon, T. M. 1998. *What We Owe to Each Other*. Cambridge, MA: Belknap Press. https://doi.org/10.2307/j.ctv134vmrn.

Schmitt, Carl. (1932) 1963. *Der Begriff des Politischen*. Berlin: Duncker und Humblot.

Schulz, Jan, Daniel M. Mayerhoffer, und Anna Gebhard. 2022. „A Network-Based Explanation of Inequality Perceptions". *Social Networks* 70: 306–24. https://doi.org/10.1016/j.socnet.2022.02.007.

Schulz, Moritz A. 2023. „So What's My Part? Collective Duties, Individual Contributions, and Distributive Justice". Herausgegeben von Johannes Marx und Thomas Gehring. *Historical Social Research* 48 (3: Collective Agency): 320–49. https://doi.org/10.12759/hsr.48.2023.36.

Searle, John R. 1975. „A Taxonomy of Illocutionary Acts". In *Language, Mind and Knowledge*, herausgegeben von Keith Gunderson, 344–69. Minnesota Studies in the Philosophy of Science 7. Minneapolis: University of Minnesota Press.

Selten, Reinhard. 1975. „Reexamination of the Perfectness Concept for Equilibrium Points in Extensive Games". *International Journal of Game Theory* 4 (1): 25–55. https://doi.org/10.1007/BF01766400.

Sen, Amartya. 2006. „What Do We Want from a Theory of Justice?" *The Journal of Philosophy* 103 (5): 215–38. https://doi.org/10.5840/jphil2006103517.

Shafer-Landau, Russ. 1995. „Specifying Absolute Rights". *Arizona Law Review* 37: 209–25.

Shields, Liam. 2016. *Just Enough: Sufficiency as a Demand of Justice*. Edinburgh: Edinburgh University Press. https://doi.org/10.3366/edinburgh/9780748691869.001.0001.

Sidgwick, Henry. (1874) 1962. *The Methods of Ethics*. 7. Aufl. London: Palgrave MacMillan. https://doi.org/10.1007/978-1-349-81786-3.

Simmons, A. John. 1981. *Moral Principles and Political obligations*. Princeton: Princeton University Press.

Simon, Herbert A. 1955. „A Behavioral Model of Rational Choice". *The Quarterly Journal of Economics* 69 (1): 99–118. https://doi.org/10.2307/1884852.

———. 1959. „Theories of Decision-Making in Economics and Behavioral Science". *The American Economic Review* 49 (3): 253–83.

Singer, Peter. 1972. „Famine, Affluence, and Morality". *Philosophy and Public Affairs* 1 (3): 229–43.

———. 2005. „Ethics and Intuitions". *The Journal of Ethics* 9 (3/4): 331–52. https://doi.org/10.1007/s10892-005-3508-y.

Skinner, Quentin. 1969. „Meaning and Understanding in the History of Ideas". *History and Theory* 8 (1): 3–53. https://doi.org/10.2307/2504188.

———. 2002. *Visions of Politics: Regarding Method*. Cambridge University Press.

———. 2004. *Visions of Politics: Renaissance Virtues*. Visions of Politics Bd. 2. Cambridge: Cambridge University Press.

———. 2009. *Visionen des Politischen*. Herausgegeben von Marion Heinz und Martin Ruehl. Übersetzt von Robin Celikates und Eva Engels. Frankfurt am Main: Suhrkamp.

———. 2010. „Bedeutung und Verstehen in der Ideengeschichte". In *Die Cambridge School der politischen Ideengeschichte*, herausgegeben von Martin Muslow und Andreas Mahler, 21–87. Frankfurt am Main: Suhrkamp.

Slavny, Adam, Kai Spiekermann, Holly Lawford-Smith, und David V. Axelsen. 2020. „Directed Reflective Equilibrium: Thought Experiments and How to Use Them". *Journal of Moral Philosophy* 18 (1): 1–25. https://doi.org/10/ghjkx7.

Smith, Holly. 2018. *Making Morality Work*. Oxford: Oxford University Press. https://doi.org/10.1093/oso/9780199560080.001.0001.

Smith, Paul. 2002. „Drugs, Morality and the Law". *Journal of Applied Philosophy* 19 (3): 233–44. https://doi.org/10/cqmt5t.

Squazzoni, Flaminio. 2008. „The Micro-Macro Link in Social Simulation". *Sociologica*, Nr. 1: 1–28. https://doi.org/10.2383/26578.

Stegmüller, Wolfgang. 1967. „Gedanken über eine mögliche rationale Rekonstruktion von Kants Metaphysik der Erfahrung". *Ratio* 9 (1): 10.

———. 1983a. „Der Begriff der Erklärung und seine Spielarten". In Probleme und Resultate der Wissenschaftstheorie und Analytischen Philosophie, I *Erklärung Begründung Kausalität*, herausgegeben von Wolfgang Stegmüller, 110–90. Berlin, Heidelberg: Springer. https://doi.org/10.1007/978-3-642-61766-9_3.

———. 1983b. „Versuch einer pragmatisch-epistemischen Explikation der Familie informativer Erklärungsbegriffe. Darstellung und Weiterführung der Theorie von P. Gärdenfors". In *Die pragmatisch-epistemische Wende Familien von Erklärungsbegriffen Erklärung von Theorien: Intuitiver Vorblick auf das strukturalistische Theorienkonzept*, herausgegeben von Wolfgang Stegmüller, 957–77. Probleme und Resultate der Wissenschaftstheorie und Analytischen Philosophie, 1: Erklärung – Begründung – Kausalität. Berlin, Heidelberg: Springer. https://doi.org/10.1007/978-3-642-61774-4_3.

———. 2013. *Wissenschaftliche Erklärung und Begründung*. Probleme und Resultate der Wissenschaftstheorie und Analytischen Philosophie, 1. Berlin, Heidelberg: Springer. https://doi.org/10.1007/978-3-642-96190-8

Steiner, H. I. 1978. „Can a Social Contract Be Signed by an Invisible Hand?" In *Democracy, Consensus and Social Contract*, herausgegeben von P. Lively Birnbaum und G. J. Parry, 295–316. London: Sage.

Stemplowska, Zofia. 2008. „What's Ideal About Ideal Theory?" *Social Theory and Practice* 34 (3): 319–40. https://doi.org/10.5840/soctheorpract200834320.

Stern, Robert. 2004. „Does ‚Ought' Imply ‚Can'? And Did Kant Think It Does?" *Utilitas* 16 (1): 42–61. https://doi.org/10.1017/S0953820803001055.

Streumer, Bart. 2003. „Does ‚Ought' Conversationally Implicate ‚Can'?" *European Journal of Philosophy* 11 (2): 219–28. https://doi.org/10.1111/1468-0378.00184.

Sutor, Bernhard. 2013. „Theorie des gerechten Krieges: Problemskizze zur Entwicklung von den Anfängen bis zur Gründung der Vereinten Nationen (1945)". In *Handbuch Politische Gewalt: Formen – Ursachen – Legitimation – Begrenzung*, herausgegeben von Birgit Enzmann, 261–91. Wiesbaden: Springer. https://doi.org/10.1007/978-3-531-18958-1_12.

Swift, Adam. 2008. „The Value of Philosophy in Nonideal Circumstances". *Social Theory and Practice* 34 (3): 363–87. https://doi.org/10.5840/soctheorpract200834322.

Taylor, Charles. 1985. „Interpretation and the Sciences of Man". In *Philosophical Papers*, 2: Philosophy and the Human Sciences:15–57. Cambridge: Cambridge University Press. https://doi.org/10.1017/CBO9781139173490.013.

Thomson, Judith Jarvis. 1971. „A Defense of Abortion". *Philosophy & Public Affairs* 1 (1): 47–66.

Tuck, Richard. 2016. *The Sleeping Sovereign: The Invention of Modern Democracy*. Cambridge: Cambridge University Press. https://doi.org/10.1017/CBO9781316417782.

Valentini, Laura. 2012. „Ideal vs. Non-Ideal Theory: A Conceptual Map". *Philosophy Compass* 7 (9): 654–64. https://doi.org/10/gf9p6k.

Varian, Hal R. 2016. *Grundzüge der Mikroökonomik*. Berlin: De Gruyter. https://doi.org/10.1515/9783110478051.

Vranas, Peter B. M. 2007. „I Ought, Therefore I Can". *Philosophical Studies* 136 (2): 167–216. https://doi.org/10.1007/s11098-007-9071-6.

Waltz, Kenneth. 1959. *Man, the State and War*. New York: Columbia University Press.

Walzer, Michael. (1977) 2015. *Just and Unjust Wars: A Moral Argument with Historical Illustrations*. 5. Aufl. New York: Basic Books.

Weisberg, Michael. 2007. „Who Is a Modeler?" *The British Journal for the Philosophy of Science* 58 (2): 207–33. https://doi.org/10.1093/bjps/axm011.

———. 2016. „Modeling". In *The Oxford Handbook of Philosophical Methodology*, herausgegeben von Herman Cappelen, Tamar Szabó Gendler, und John Hawthorne, 262–86. Oxford: Oxford University Press. https://doi.org/10.1093/oxfordhb/9780199668779.013.26.

Weithman, Paul J. 2010. *Why Political Liberalism? On John Rawls's Political Turn*. Oxford political philosophy. Oxford: Oxford University Press.

Wendt, Alexander. 1992. „Anarchy is What States Make of It: The Social Construction of Power Politics". *International Organization* 46 (2): 391–425. https://doi.org/10.1017/S0020818300027764.

Westphal, Kenneth R. 2016. *How Hume and Kant Reconstruct Natural Law: Justifying Strict Objectivity without Debating Moral Realism*. Oxford: Clarendon Press.

Wilensky, Uri, und William Rand. 2015. *An Introduction to Agent-Based Modeling: Modeling Natural, Social, and Engineered Complex Systems with NetLogo*. Cambridge, MA: MIT Press.

Williams, Bernard. 1985. *Ethics and the Limits of Philosophy*. London: Fontana Press.

———. 2005. *In the Beginning Was the Deed: Realism and Moralism in Political Argument*. Princeton: Princeton University Press.

Wittgenstein, Ludwig. (1953) 1984. „Philosophische Untersuchungen". In *Tractatus logico-philosophicus, Tagebücher 1914-1916, Philosophische Untersuchungen*, von Ludwig Wittgenstein, herausgegeben von Wolfgang Breidert, 225–580. Werkausgabe, Bd. 1. Frankfurt am Main: Suhrkamp.

Wolff, Jonathan. 2019. „Method in Philosophy and Public Policy: Applied Philosophy versus Engaged Philosophy". In *The Routledge Handbook of Ethics and Public Policy*, herausgegeben von Annabelle Lever und Andrei Poama, 13–24. Abingdon: Routledge.

Wolin, Sheldon S. 2004. *Vision and Politics: Continuity and Innovation in Western Political Thought*. Princeton: Princeton University Press.

Wollstonecraft, Mary. (1790) 1996. *Verteidigung der Menschenrechte*. Herausgegeben von Hermann Klenner. Übersetzt von Jutta Schlösser. Haufe-Schriftenreihe zur rechtswissenschaftlichen Grundlagenforschung 8. Freiburg: Haufe.

Wringe, Bill. 2005. „Needs, Rights, and Collective Obligations". *Royal Institute of Philosophy Supplements* 57 (Dezember): 187–208. https://doi.org/10.1017/S1358246105057103.